데생 인형으로 쉽게 배우는

포즈 일러스트 테크닉

YANAMi 지음 | **박세영** 옮김

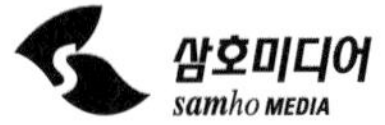

FOREWORD

시작하며

일러스트를 그리면서 '누가 모델 좀 해 주면 좋을 텐데……'라고 생각해 본 적이 한 번쯤 있을 겁니다. 이럴 때 친구나 가족에게 모델을 부탁하기도 하지만, 최근에는 3D 모델을 활용하는 등 선택지가 늘어나고 있습니다. 그중에서도 데생 인형(포즈 인형, 관절 인형이라고도 함)은 무척 간편한 그림 모델인 것 같습니다. 다만 정교하게 제작된 데생 인형일지라도 관절의 구조나 세부적인 부분은 인체와 달라서, 아무래도 포즈나 앵글에 따라 부자연스럽게 '인형' 티가 나는 부분이 있습니다. 이런 부분을 간과하고 그대로 옮기거나 대강 표현하면 균형감 있고 정교한 일러스트를 그리기 어렵습니다.

이 책에서는 데생 인형 모사(模寫)를 통해 다양한 포즈 그리기를 연습하고, 인형 특유의 어색한 실루엣을 보정해 인체에 가깝도록 표현하는 테크닉을 담았습니다. 유연하고 부드러우며, 생동감 넘치는 일러스트가 되도록 자세와 근육을 상세하게 표현하는 방법을 중점적으로 설명합니다. 가장 손쉽게 모델로 삼을 수 있는 데생 인형을 제대로 활용하기 위해서는, 먼저 '데생 인형 모사 시의 주의점'부터 읽어주세요. 그 후에 마음에 드는 포즈나 그릴 수 있을 법한 포즈부터 시험적으로 그려보세요.

처음부터 상세히 살을 붙이기보다는 몸통과 좌우 어깨, 골반 등이 어느 정도의 각도로 기울어져 있는지를 먼저 살펴봅니다. 일러스트에 수평이나 수직으로 자를 대어 보거나 십(十)자를 그려보면 생각보다 각 부위가 크게 기울어져 있음을 알 수 있을 것입니다. 본문에서도 배부터 수직으로 보조선을 그어보거나 몸통 밖에 사각형 테두리를 그리는 방법 등을 소개하고 있는데, 인체의 부드러운 곡선을 살리려면 먼저 적절한 각도로 자세를 기울이는 것이 중요합니다. 생각처럼 잘 그려지지 않으면 모델 사진과 자신의 그림을 자로 대어 비교해보세요.

아무쪼록 이 책이 데생 인형을 모델로 생동감 넘치는 다채로운 포즈를 쉽게 그리는 법을 익히고 인체 일러스트의 특성을 더욱 잘 이해하는 데, 좋은 계기가 되었으면 하는 바람입니다.

YANAMi

GALLERY

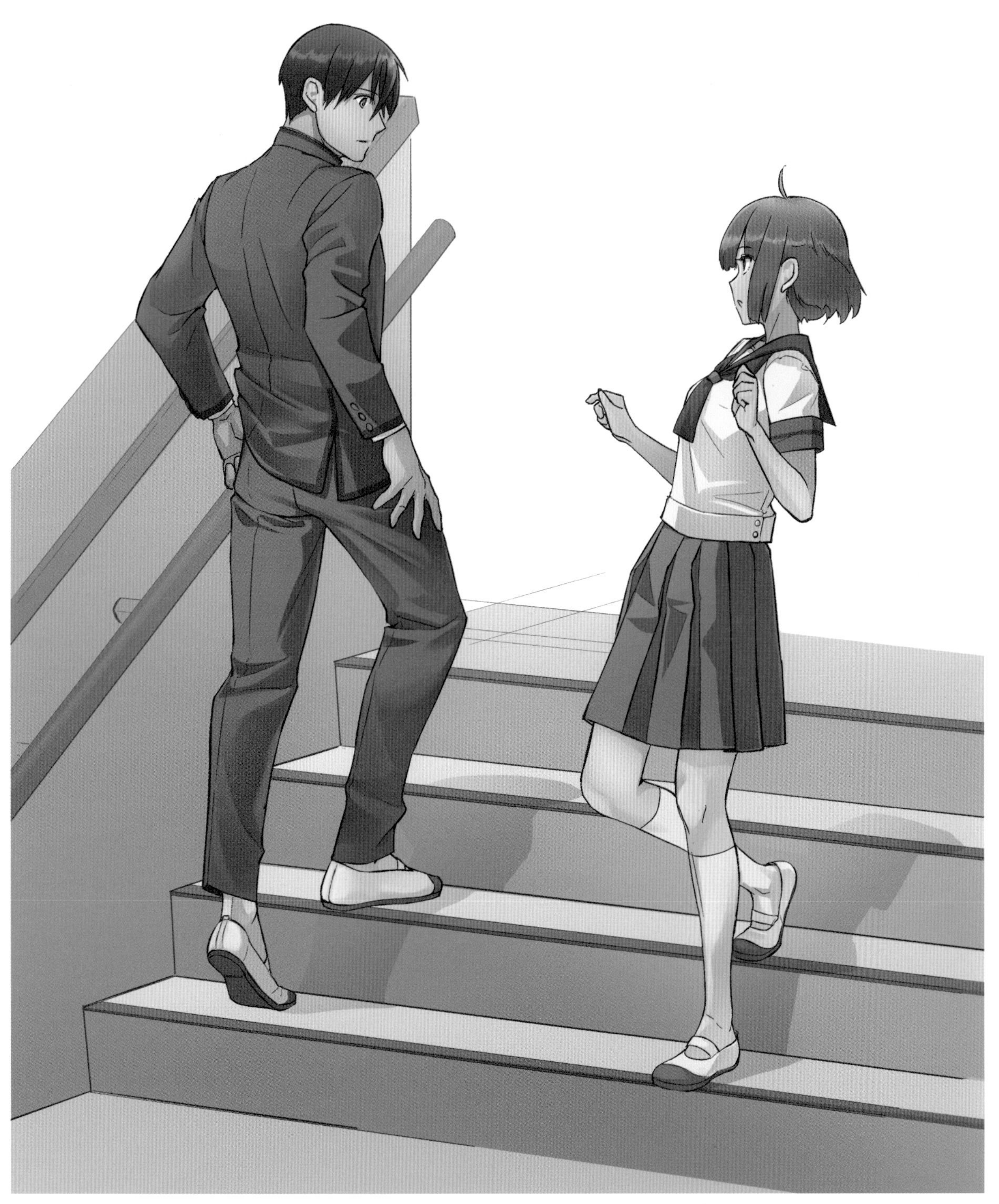

「계단에서 마주친 두 사람」 Illust Making→P.52

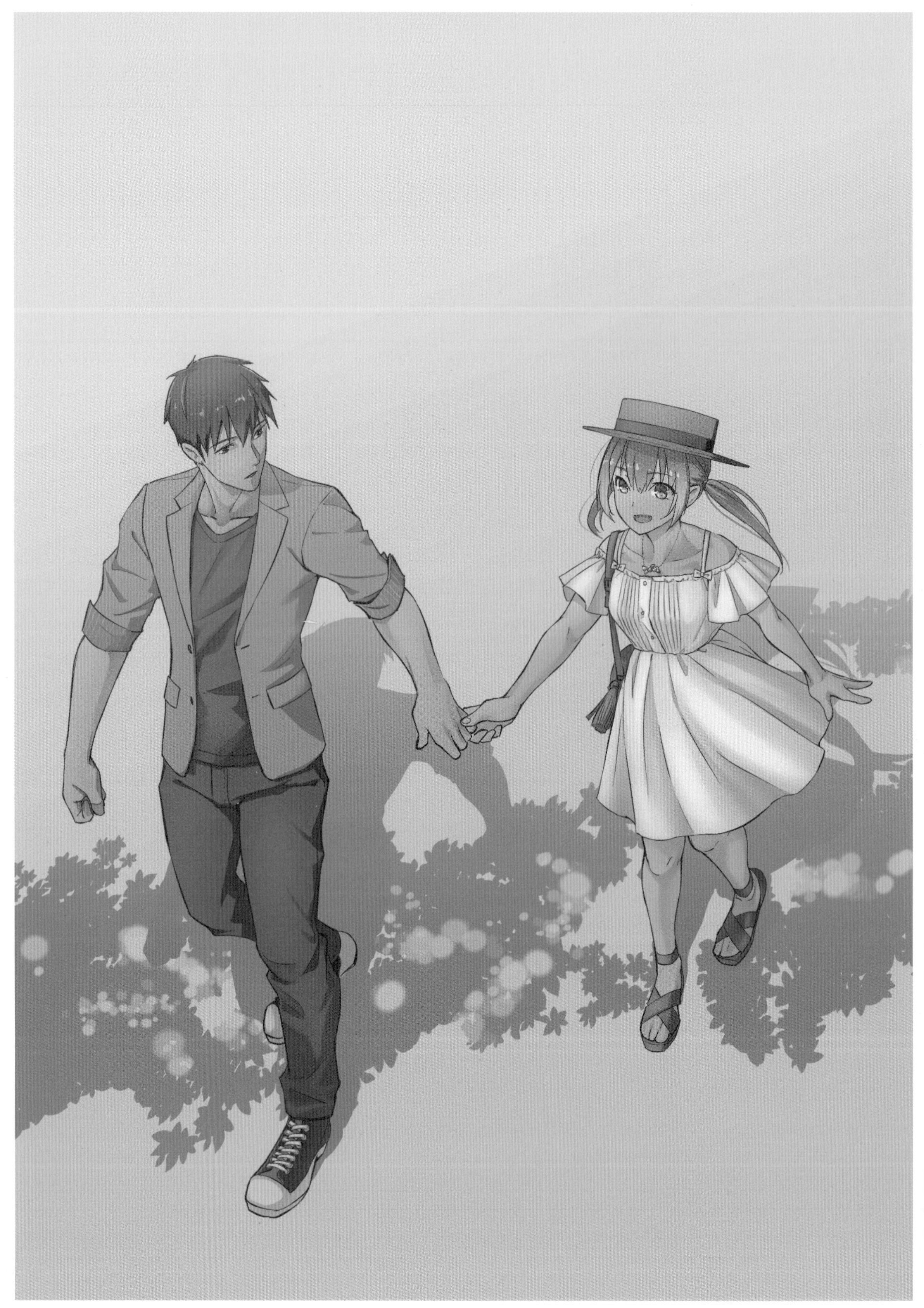

「손잡기」 Illust Making→P.92

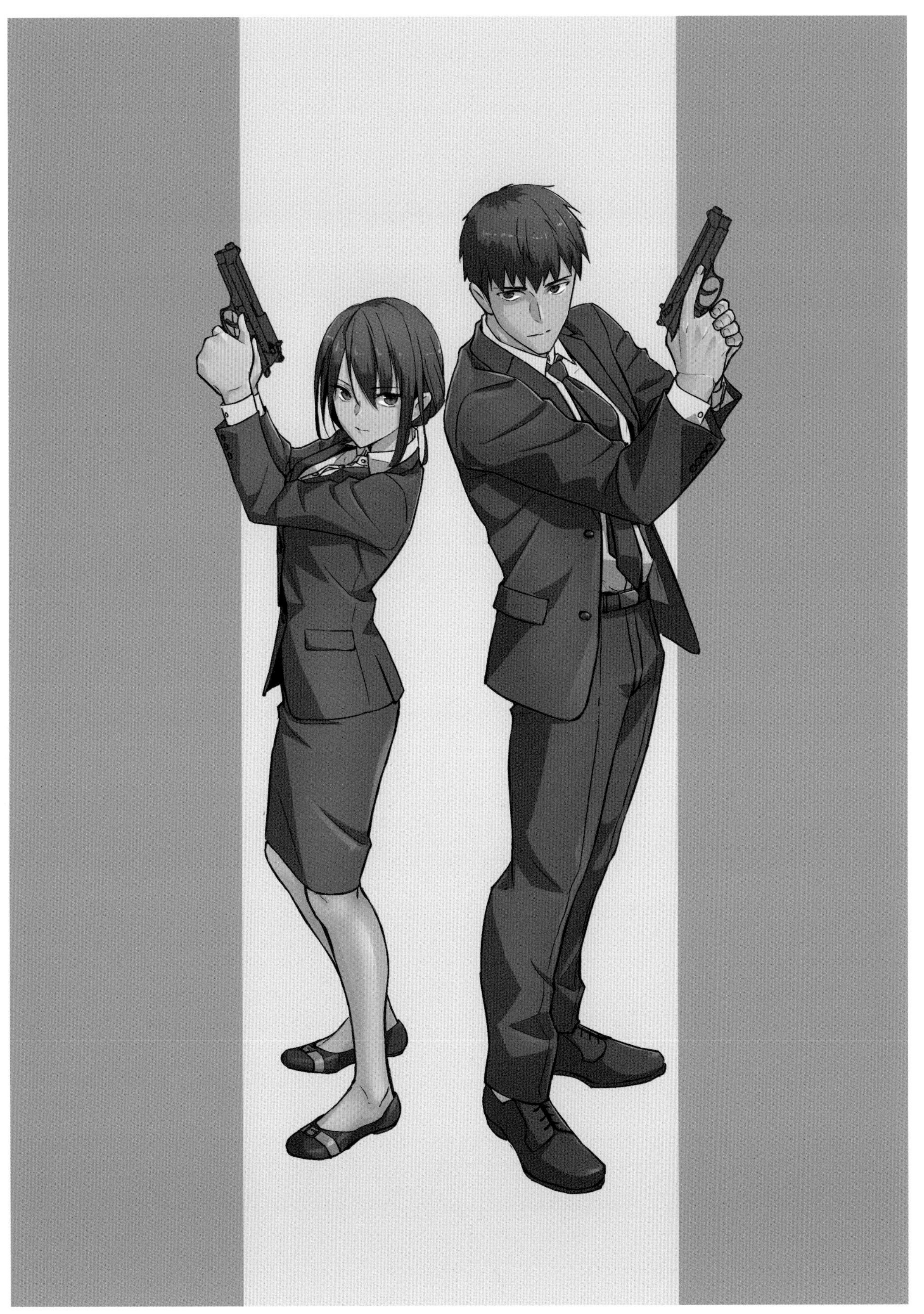

「등 맞댄 총잡이 콤비」 Illust Making→P.174

contents
차례

PART 1 만화 데생의 기본

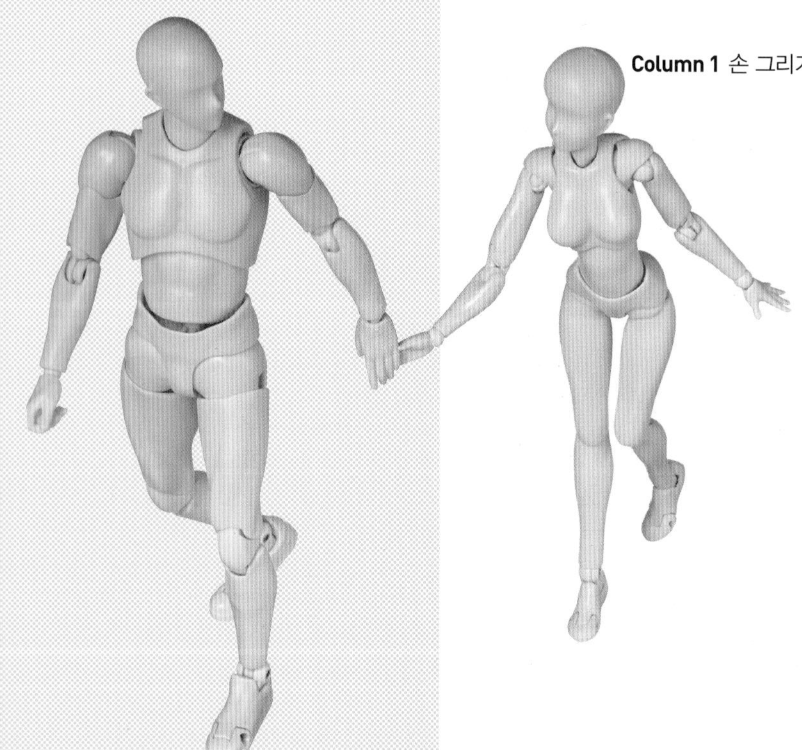

PART 2 일상의 포즈 그리기

PART 3 액션 포즈 그리기

책에서 사용한 데생 인형

이 책에서는 '반다이(일본의 대형 취미·캐릭터·엔터테인먼트 상품 제작사)'의 피규어 브랜드인 '타마시 네이션스'에서 출시한 피규어를 사용했습니다. 30군데 이상의 관절을 움직일 수 있고, 부속품인 교체용 손과 소품까지 활용하면 다양한 포즈를 자유롭게 연출할 수 있습니다.

데생 인형이 없는 사람도 책을 보면서 데생 연습을 할 수 있도록 실물 사이즈에 가까운 사진을 실었습니다. 실제 데생 인형을 갖고 계신 분은 이 책에 나와 있는 포즈를 만들어 모사해 보세요.

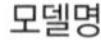

모델명

S.H.Figuarts Body KUN(Pale orange Color Ver.)_왼쪽
S.H.Figuarts Body CHAN(Pale orange Color Ver.)_오른쪽

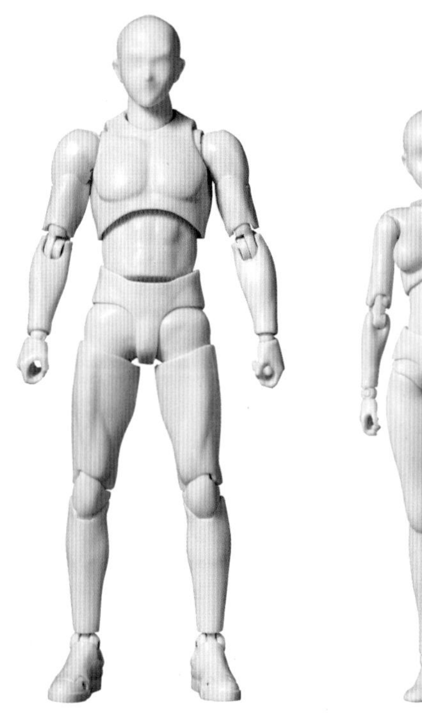

책 사용법

데생 인형을 모델로, 포즈 그리는 법을 크게 세 파트로 나누어 설명합니다. PART 1은 기초적인 포즈, PART 2는 일상생활에서 자주 볼 수 있는 포즈, PART 3에서는 인기 있는 액션 포즈를 소개합니다. 본인의 수준과 취향에 맞는 파트부터 도전해 보세요.

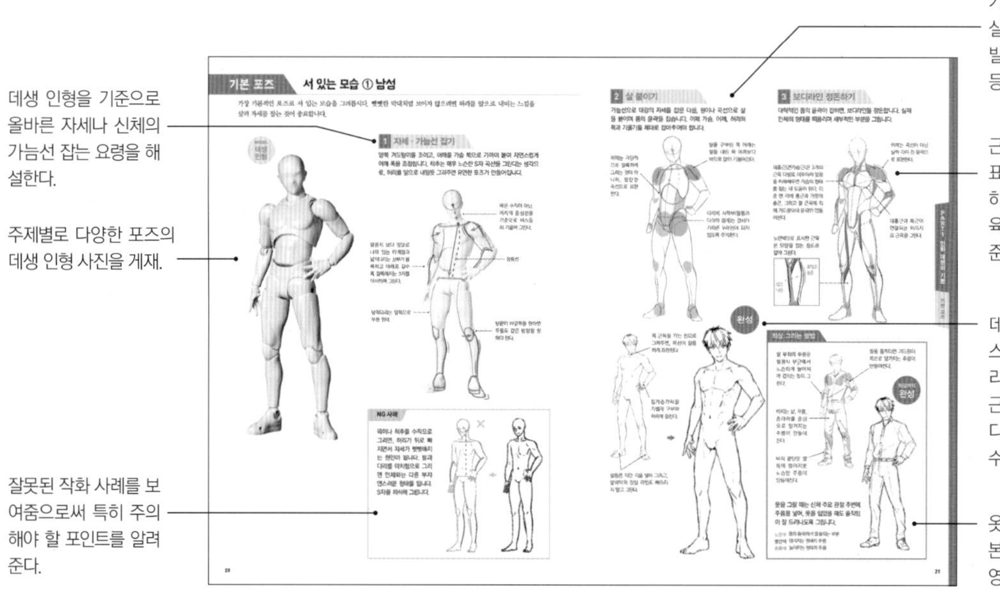
기본 포즈 서 있는 모습 ① 남성
1 자세·가늠선 잡기
2 살 붙이기
3 보디라인 정돈하기
완성
NG 사례
데생 인형을 기준으로 올바른 자세나 신체의 가늠선 잡는 요령을 해설한다.
주제별로 다양한 포즈의 데생 인형 사진을 게재.
잘못된 작화 사례를 보여줌으로써 특히 주의해야 할 포인트를 알려준다.
가늠선을 잡은 다음, 몸의 실루엣을 정돈하고 손과 발의 위치를 정하는 과정 등을 알기 쉽게 해설한다.
근육의 세부적인 부분을 표현하고 보디라인을 정돈하는 과정을 설명한다. 근육의 구조도 상세히 보여준다.
데생 인형을 모사한 일러스트 완성본. 나체로 마무리함으로써 포즈에 따른 근육 형태나 뼈의 굴곡 등 디테일한 묘사를 확인할 수 있다.
옷을 입힌 일러스트 완성본. 세밀한 옷 주름이나 음영 넣는 법 등을 설명한다.

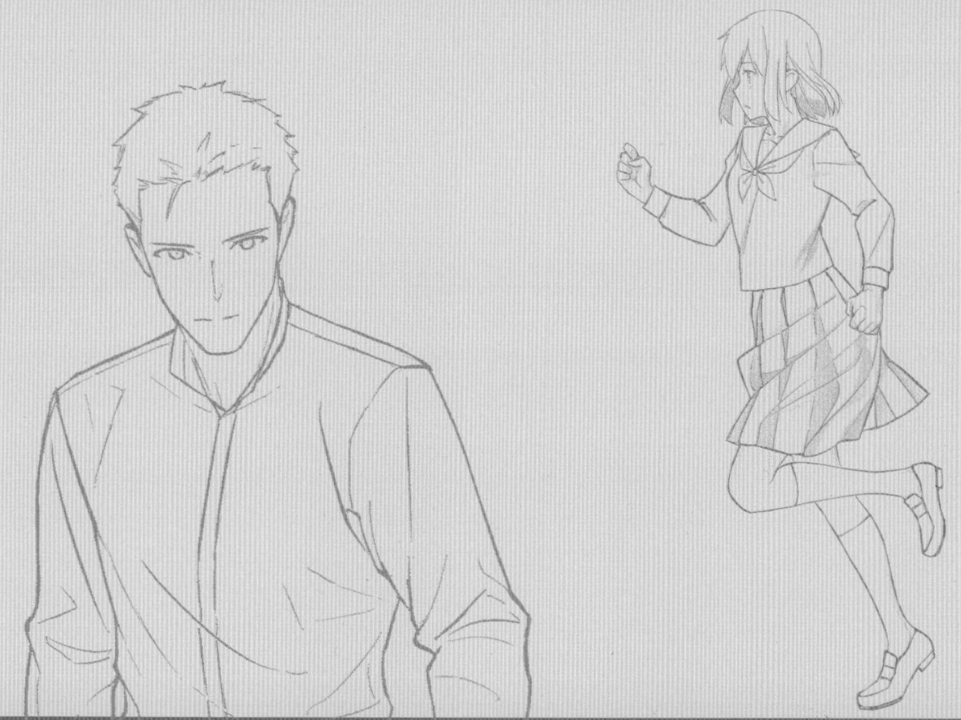

PART 1 | 만화 데생의 기본

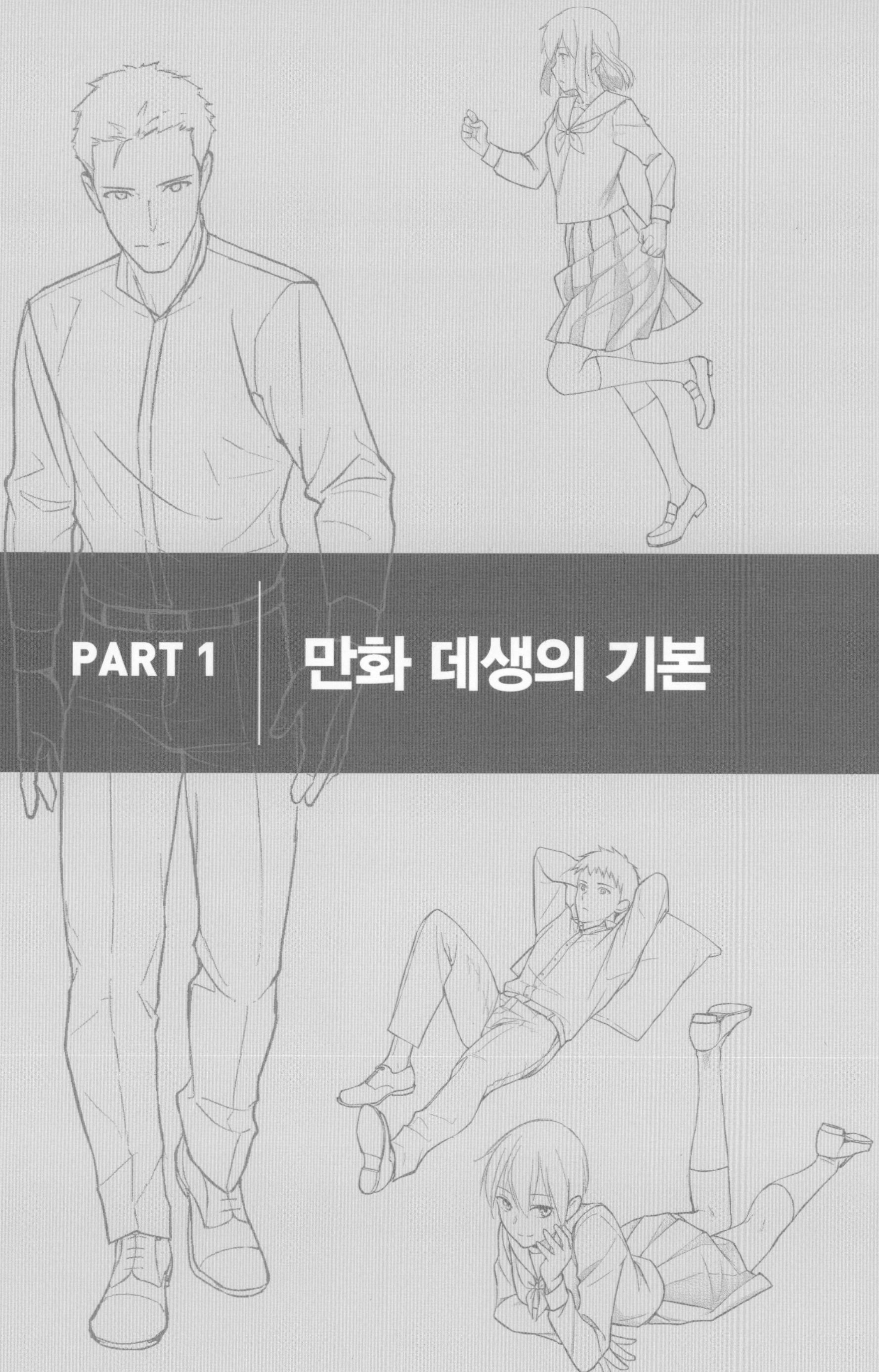

미리 알아두기 책에서 사용한 도구

이 책에서 사용한 도구를 소개합니다. 본인이 사용하기 편한 도구를 선택하여 데생해 보세요.

스케치(밑그림)에 사용한 도구

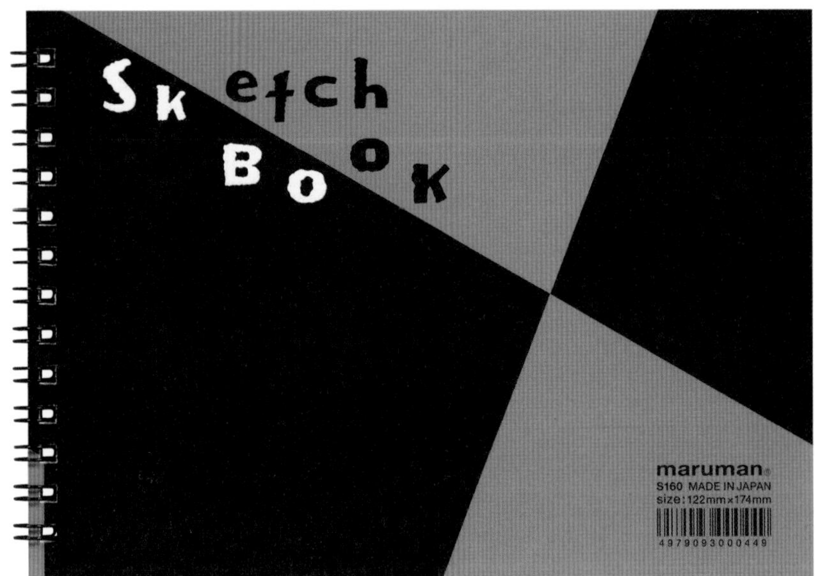

스케치북

데생을 할 때는 도화지처럼 잘 찢어지지 않는 두꺼운 종이가 좋다. 스케치북은 전체 구도를 한눈에 살펴보면서 그릴 수 있는 작은 사이즈를 권장한다.

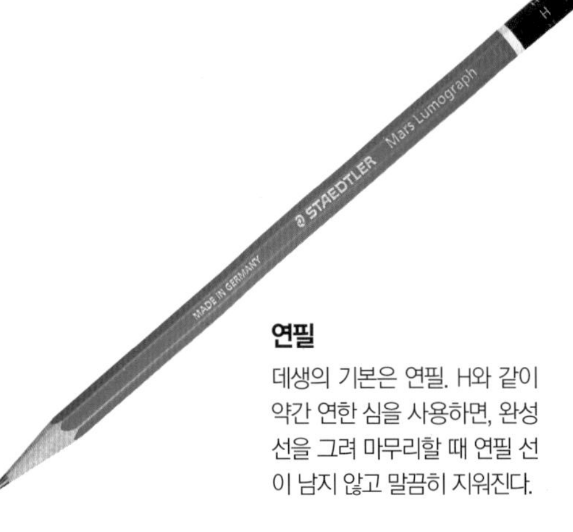

연필

데생의 기본은 연필. H와 같이 약간 연한 심을 사용하면, 완성 선을 그려 마무리할 때 연필 선이 남지 않고 말끔히 지워진다.

제도용 샤프

제도에 특화된 샤프라서 그리기 편하다. 연필보다 가는 선을 그릴 수 있으므로 세부 묘사를 할 경우 연필과 병용하면 좋다.

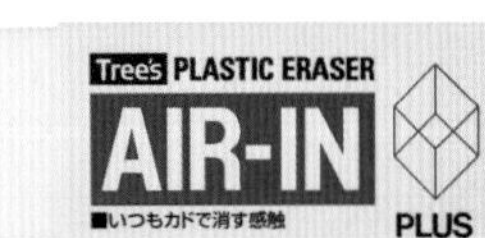

지우개

연필 선이 잘 지워지고 가급적 부드러운 타입을 선택한다.

떡지우개

선을 완전히 지우고 싶지 않을 때나 흐리게 그리고 싶을 때 사용한다. 지우개 대신 사용해도 좋다.

가늠선에 사용한 도구

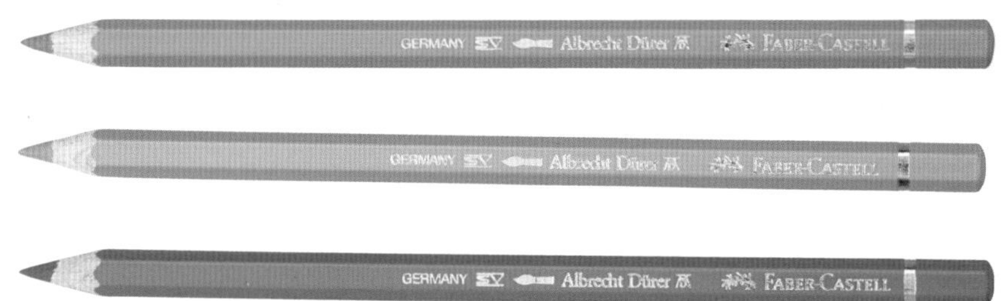

색연필

가늠선을 그릴 때나 가볍게 음영을 넣고 싶을 때 편리하게 사용할 수 있다. 스캔하거나 복사할 때 간단히 지울 수 있는, 청색이나 녹색 계열의 색연필을 권장.

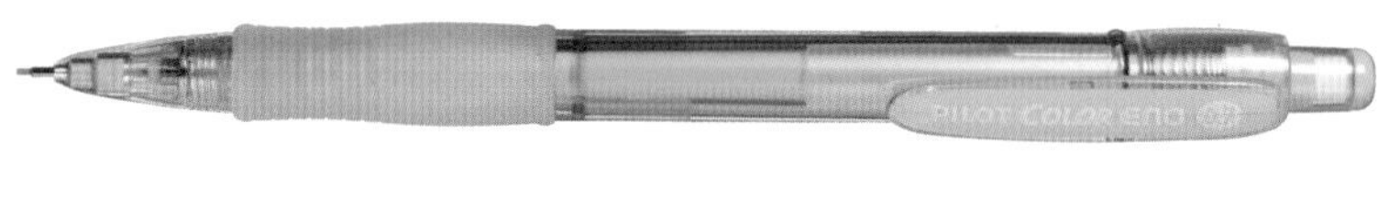

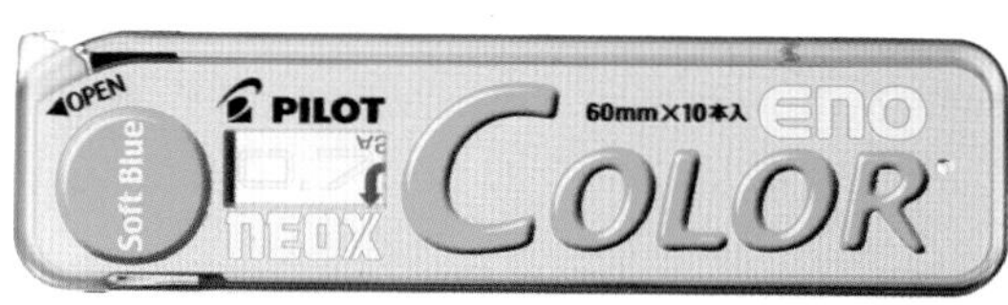

파이롯트 네옥스 컬러

컬러 샤프심 전용 샤프는 자유롭게 러프선을 그릴 수 있는 필수 아이템이다. 색연필과 달리 지우개로 깨끗이 지울 수 있다.

완성선 및 착색에 사용한 도구

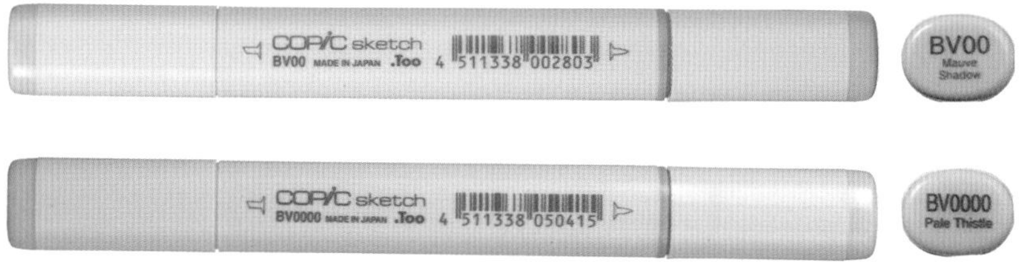

코픽 스케치 마카

색연필처럼 옅은 음영을 넣을 때 사용한다. 완성된 일러스트에 색을 칠할 때 사용해도 좋다. 연보라색 계열은 활용도가 높으므로 하나 정도 갖고 있으면 편리하다.

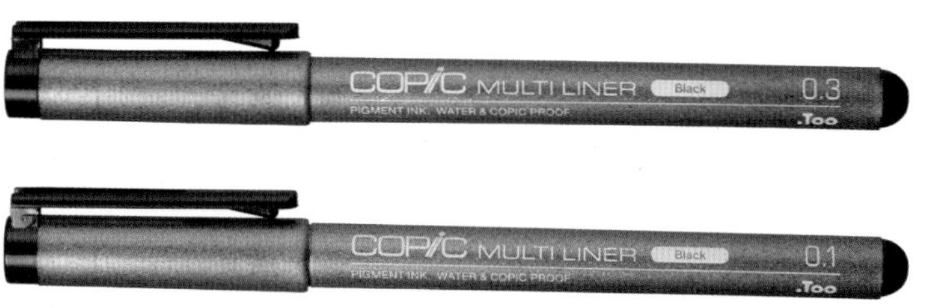

코픽 멀티 라이너

완성선을 그릴 때 사용한다. 펜촉 사이즈는 다양한데, 세밀한 부분까지 그리려면 0.1 ~ 0.3mm 정도의 얇은 타입이 편리하다.

※COPIC은 주식회사 TOO의 등록상표.

미리 알아두기 데생 인형을 모사할 때 주의점

데생 인형은 다양한 인체 포즈를 그릴 때 손쉽게 이용할 수 있는 편리한 모델입니다만, 인체와는 확연히 다른 점이 몇 가지 있습니다. 다음의 일러스트 예시를 통해 모사할 때 주의점을 알아봅시다.

1 몸통 그릴 때의 주의점

사람의 몸통은 데생 인형처럼 수평이나 수직으로 각 부위를 구분하는 선이 아니라, 사선으로 몸을 조이고 감싸는 근육의 흐름을 살려 전체적인 윤곽을 그려야 합니다.

남성

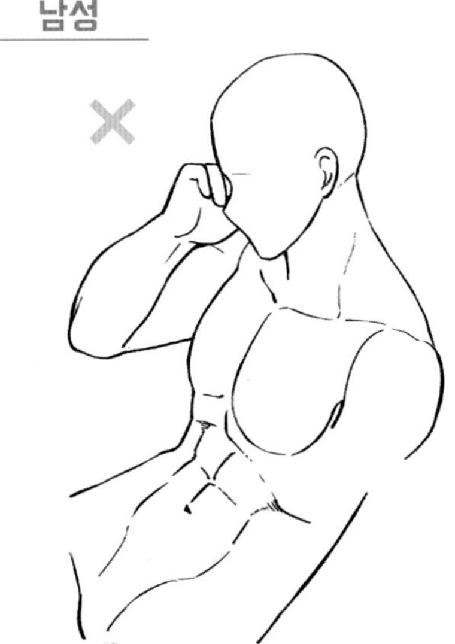

데생 인형의 몸통은 가슴(흉곽), 허리(복부), 엉덩이(골반) 세 부분으로 나뉘고, 어깨는 몸통 옆에 붙어 있다. 그대로 모사하면 명치와 정중선이 어긋나거나, 어깨 폭이 부자연스러워지므로 주의해야 한다.

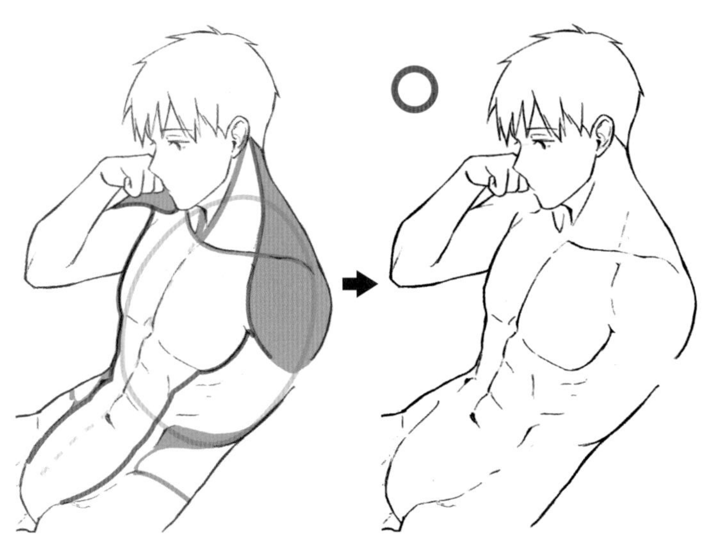

어깨는 비스듬한 사선 형태로 몸통과 연결되고(보라색) 가슴, 허리, 엉덩이는 몸통 측면(옆구리)으로 비스듬히 뻗은 근육에 의해 조여지면서 연결된다(분홍색). 또한 대흉근(가슴 근육)은 상완골(위팔뼈)과 복근을 감싸는 근막과 연결되어 있으므로 겨드랑이에서 샅까지 하나의 V자를 그리며 이어진다(빨간색).

여성

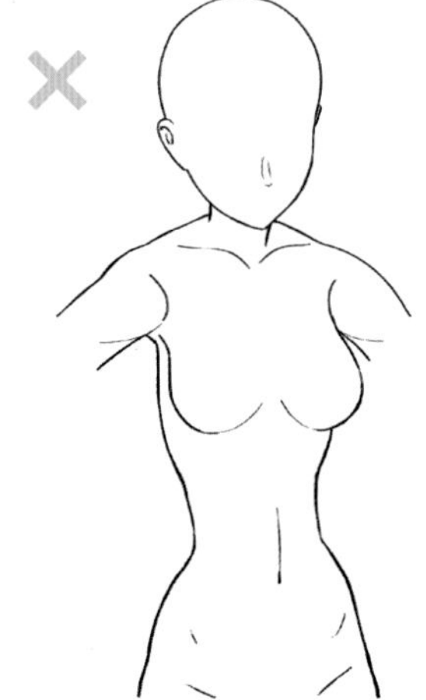

여성 데생 인형의 경우 데포르메(특정 부분을 강조하거나 왜곡해 표현하는 기법)가 강해, 허리가 극단적으로 가늘다. 어깨도 크게 부풀어져 있어 상대적으로 목이 짧아 보이므로 단순하게 서 있는 포즈에서도 어깨 윤곽선을 수정할 필요가 있다.

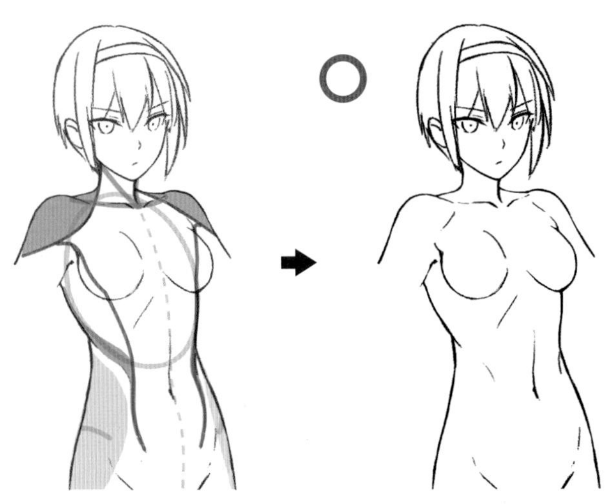

남성과 비슷한 형태로 어깨와 몸통이 이어져 있다. 쇄골 위로 보이는 승모근은 볼륨을 크게 줄여 목이 길어 보이게끔 조정한다(보라색). 허리는 옆구리 근육에 의해 잘록한 형태를 띠고(분홍색), 겨드랑이~배꼽은 근육을 따라 V자로 연결되다가 배꼽 아래에서 둥근 윤곽을 이룬다(빨간색). 남성과 크게 다른 점은, 허리의 잘록한 부분에서 넓적다리까지 피하지방으로 덮여 있기 때문에 근육과 뼈의 경계가 도드라지지 않고 매끄러운 'ハ' 모양의 윤곽을 이룬다는 점이다(노란색).

2 어깨 그릴 때의 주의점

어깨는 비스듬한 사선을 그리며 몸통과 연결되며 데생 인형보다 얼굴에 훨씬 가깝게 붙여 그려야 자연스럽습니다. 팔을 움직이면 등과 가슴의 근육도 반드시 함께 따라 움직인다는 점을 기억하세요.

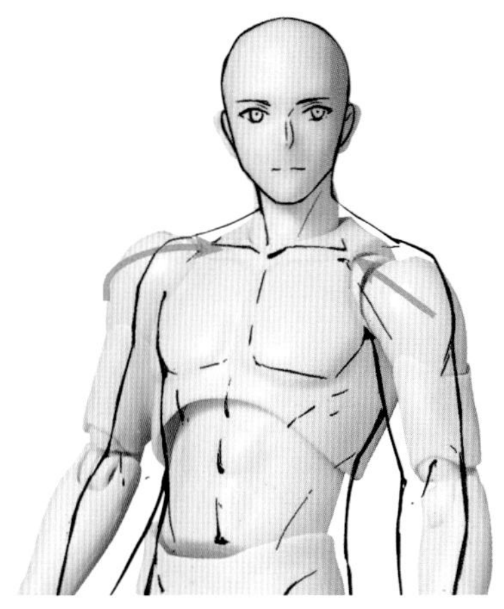

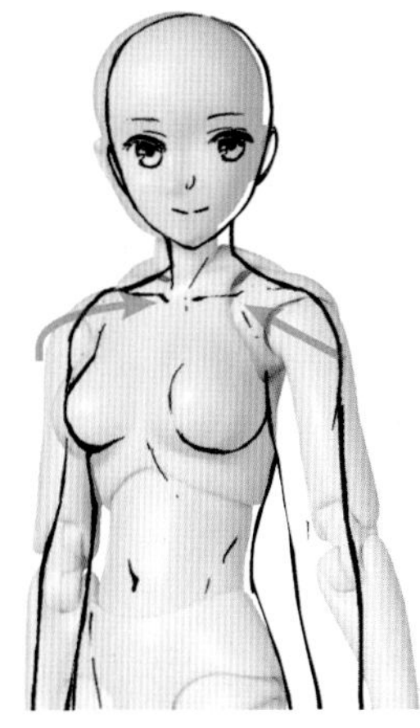

데생 인형은 팔을 자유롭게 조작할 수 있도록 겨드랑이에 약간 틈을 두고 벌어져 있다. 그러므로 일러스트로 모사할 때는, 어깨를 얼굴 쪽으로 가까이 붙이고 겨드랑이를 좁혀 그려야 한다. 팔도 어깨에 맞춰 몸통과 가깝게 옮겨 그린다. 특히 뒤쪽 어깨(그림에서 오른쪽 어깨)가 몸통과 동떨어진 듯 보일 수 있으므로 팔 일부가 몸통에 가려지듯이 붙여 그리는 등 요령 있게 어깨 폭을 좁혀 그려야 한다.

팔을 들어 올린 포즈의 경우

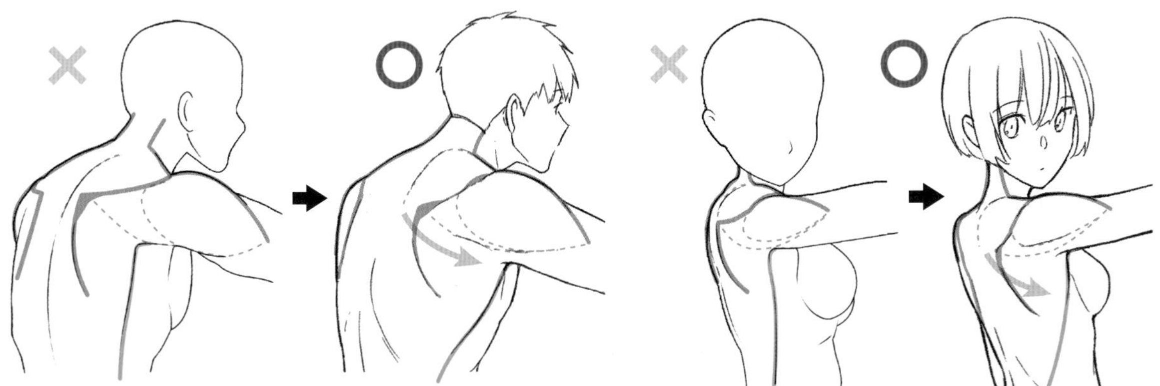

팔을 들어 올린 포즈를 뒤에서 본 모습. 팔을 크게 움직이면 상체가 약간 비틀어지므로 몸통 방향이 미세하게 바뀔 수 있다는 점을 주의해야 한다. 또한 견갑골이 당겨지면서 승모근이 변형되며, 광배근도 가슴 바로 옆까지 당겨지면서 겨드랑이가 몸 앞쪽으로 오게 된다.

팔을 크게 치켜드는 포즈의 경우

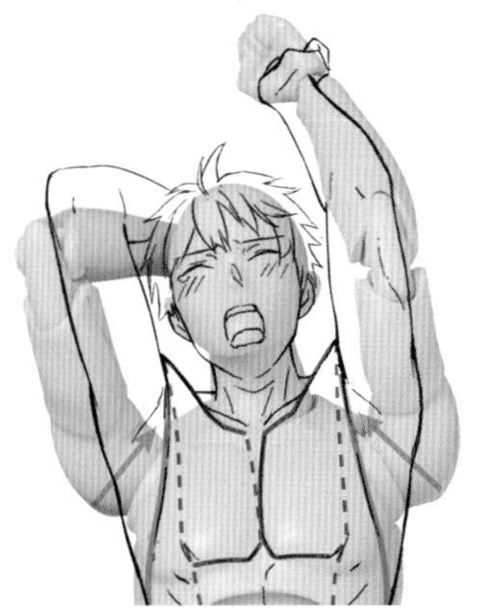

어깨는 얼굴과 더욱 가까워진다. 가슴 근육은 상완골과 복근에 붙어 있어, 길게 늘어나며 형태가 변한다.

하이 앵글로 본 모습

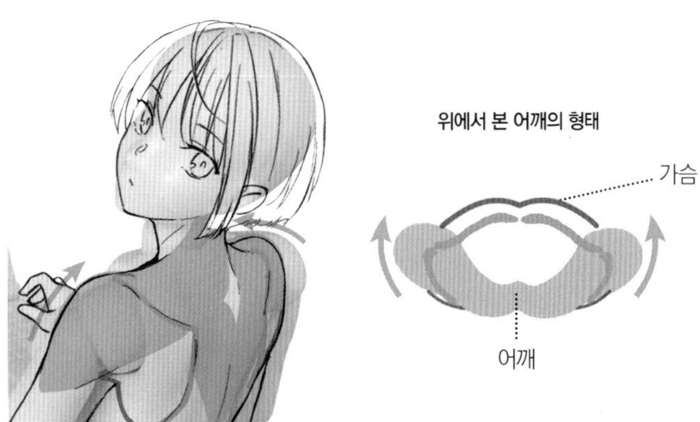

사람의 어깨는 몸 앞쪽으로 곡선을 그리며 나와 있다. 데생 인형보다 안쪽으로 어깨를 밀어 넣고, 등 쪽이 휘어지도록 잡아주면 자연스러운 형태가 된다.

3 팔다리를 그릴 때의 주의점

특유의 데포르메로 인해 팔다리가 길고 가늘게 제작된 여성 데생 인형의 경우, 팔이나 다리를 구부리는 포즈에서는 부자연스러움이 더욱 도드라져 보일 수 있으므로 원근감을 적용해 길이를 크게 조정할 필요가 있습니다.

팔

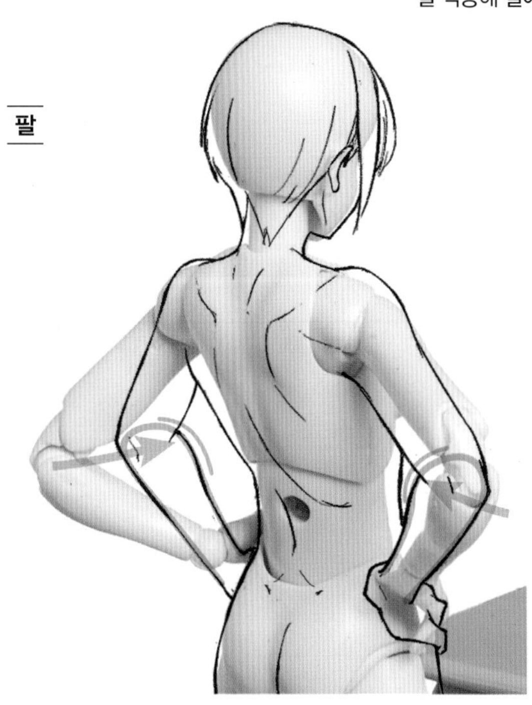

팔꿈치를 몸통 쪽으로 붙이고 원근법으로 위팔과 아래팔을 짧게 그리되, 아래팔 상부는 둥근 형태를 강조한다. 팔꿈치 부근이 봉긋하게 부풀어 오르고 손목 쪽으로 갈수록 가늘어지는 형태다.

다리

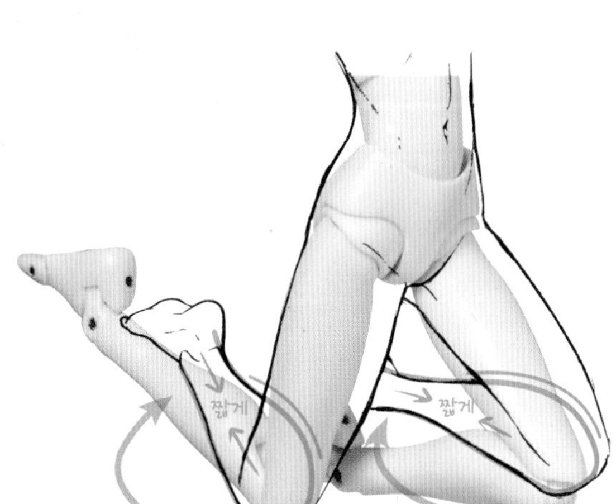

예시처럼 다리를 구부렸을 때는 무릎 아래의 길이를 단축해 그려야 포즈가 자연스러워진다. 또한 양쪽 발목이 가까워지도록 무릎 아래를 'ハ' 모양으로 그리면 한결 자연스러운 포즈가 만들어진다.

4 팔꿈치 · 무릎을 그릴 때의 주의점

데생 인형의 팔다리를 구부리면, 앵글에 따라 팔꿈치나 무릎에 부자연스러운 틈이 보이는 경우가 있습니다. 구부린 관절 안쪽이 밀착되지 않고 공간이 있으면 인체와는 상이한 형태가 되므로 세심히 조정해야 합니다.

팔꿈치

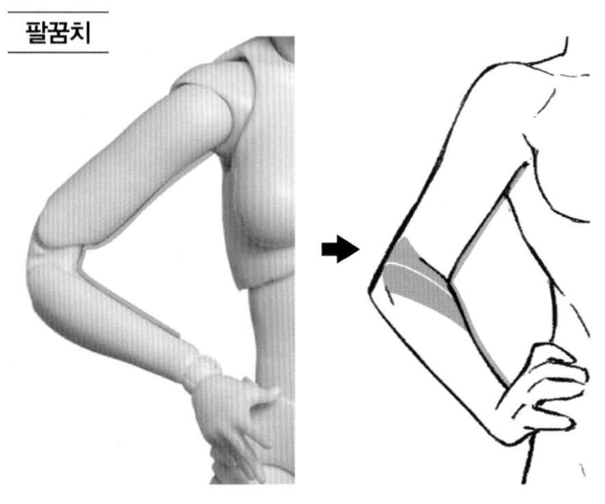

위팔과 아래팔은 주황색으로 표시한 근육으로 연결되어 있다. 팔을 구부릴 때 이 근육이 수축하면서 위팔과 아래팔이 밀착한다. 팔꿈치를 구부리는 데는 여러 근육도 동원되지만, 그 중에서 특히 도드라지는 근육이 주황색 근육이다.

무릎

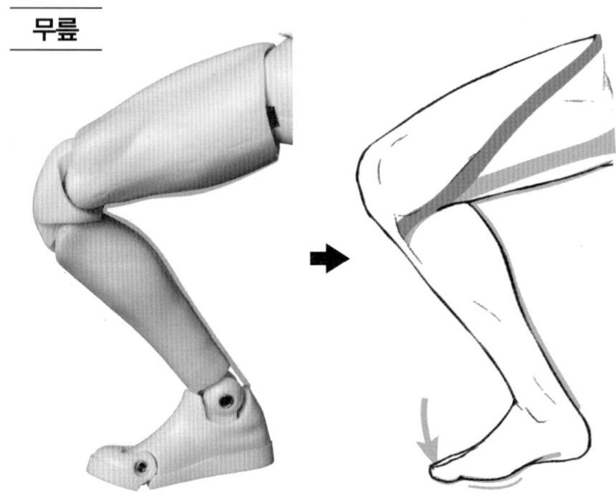

넓적다리와 종아리는 보라색으로 표시한 근육에 의해 밀착되어 보인다. 무릎을 굽히면 무릎 뒤가 움푹 파이고, 그 부분과 불룩한 종아리가 딱 맞닿아 틈이 생기지 않는다. 무릎 뒤를 붙이고 깊게 구부리면서 엄지발가락이 바닥과 밀착되도록 그리면 바닥을 단단히 내딛는 듯 보인다. 액션 포즈를 그릴 때 특히 유의하며 그린다.

5 몸통과 팔다리가 겹치는 부분이 많을 때의 주의점

웅크린 포즈처럼 몸의 실루엣이 한 덩어리처럼 보일 때는 몸 전체 윤곽부터 그리지 않도록 합니다.

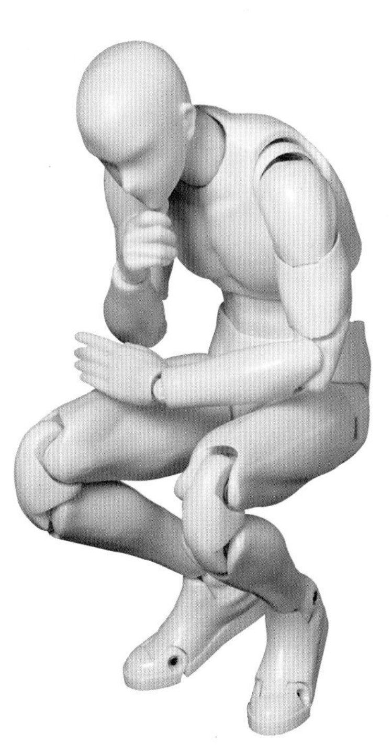

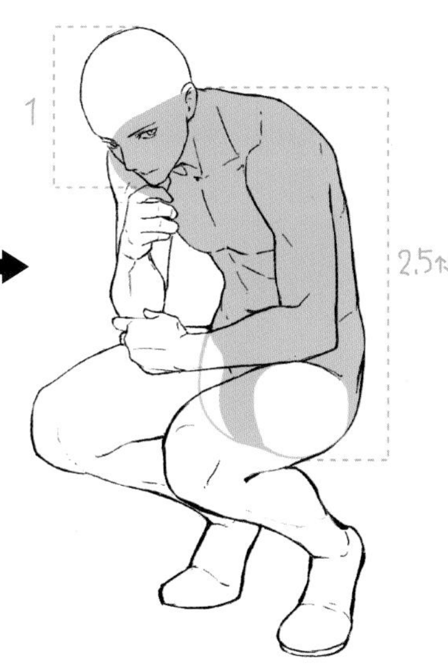

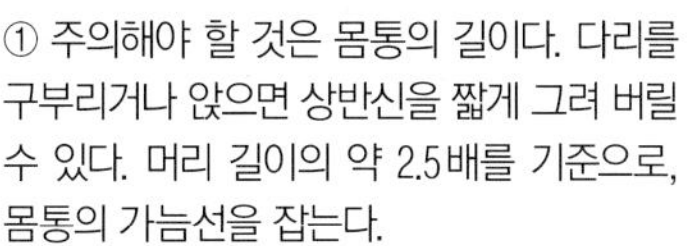

① 주의해야 할 것은 몸통의 길이다. 다리를 구부리거나 앉으면 상반신을 짧게 그려 버릴 수 있다. 머리 길이의 약 2.5배를 기준으로, 몸통의 가늠선을 잡는다.

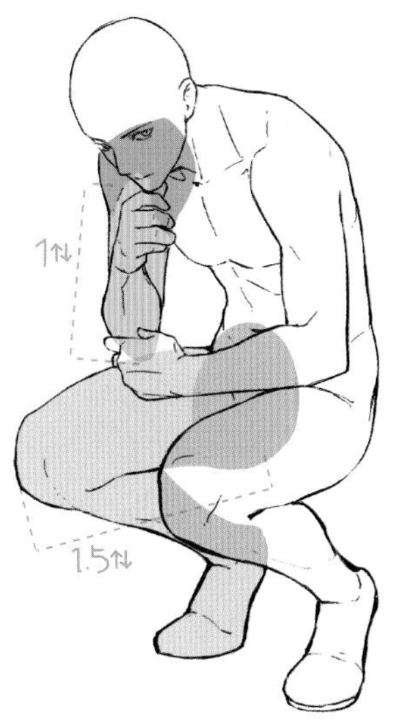

② 가려진 팔이나 다리 부분까지 고려해 가늠선을 잡는다. 위팔, 아래팔은 대략 머리 길이와 같게 잡고, 넓적다리와 종아리는 머리의 약 1.5배로 잡으면 적당하다. 손발은 원근법에 의해 길이가 줄어드는 경우가 많다.

6 하이 앵글에서 머리에 어깨가 가려질 때의 주의점

어깨의 좌우 균형은 몸 전체의 균형에도 영향을 미칩니다. 머리에 가려져 보이지 않는 부분도 가늠선을 잡은 다음, 머리를 그리는 게 좋습니다.

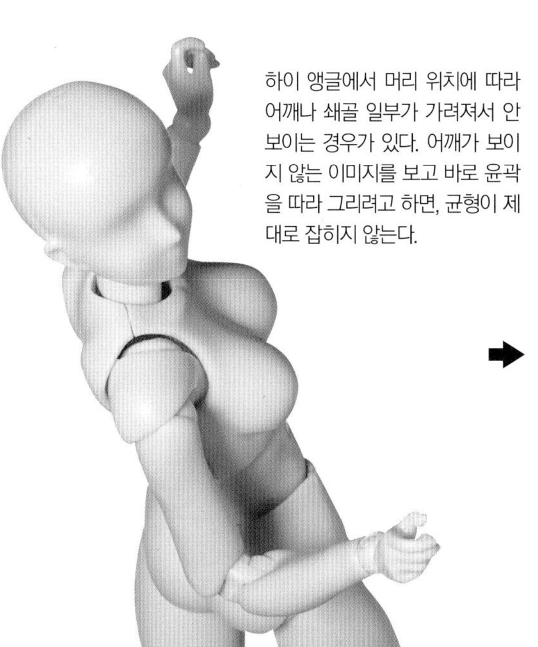

하이 앵글에서 머리 위치에 따라 어깨나 쇄골 일부가 가려져서 안 보이는 경우가 있다. 어깨가 보이지 않는 이미지를 보고 바로 윤곽을 따라 그리려고 하면, 균형이 제대로 잡히지 않는다.

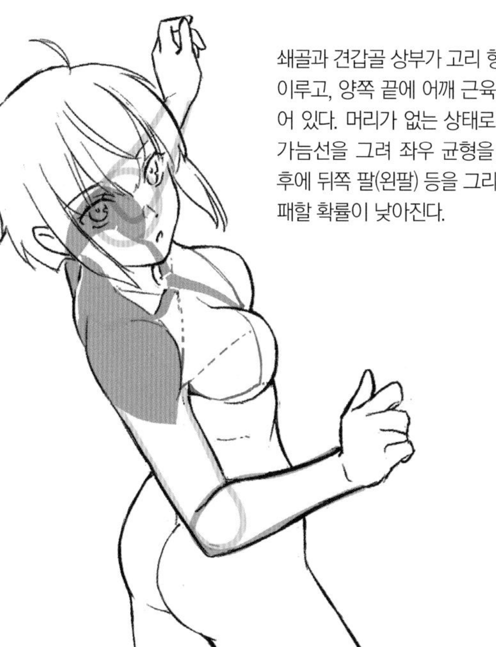

쇄골과 견갑골 상부가 고리 형태를 이루고, 양쪽 끝에 어깨 근육이 붙어 있다. 머리가 없는 상태로 어깨 가늠선을 그려 좌우 균형을 잡은 후에 뒤쪽 팔(왼팔) 등을 그리면 실패할 확률이 낮아진다.

미리 알아두기 남성과 여성의 신체적 특징

남녀의 신체 구조를 부위별로 비교해보면 다양한 차이가 있음을 알 수 있습니다. 각각의 골격과 체형, 특유의 실루엣을 일러스트에 적용하면, 보다 자연스럽고 생동감 넘치는 포즈를 그릴 수 있습니다.

남성의 특징

견갑극 견갑골(어깨뼈) 상부의 막대 모양 부분. 동그라미로 표시된 부위에서 쇄골과 만난다. 남성은 두꺼운 근육 사이로 이 부위가 움푹 들어간다.

삼각근

승모근 목 뒤, 어깨, 등 가운데를 덮고 있는 근육. 남성은 어깨 부위의 승모근이 특히 넓고 두꺼워서 목이 짧아 보인다.

상완삼두근 위팔 뒷면을 덮고 있는 근육.

어깨

남성은 여성보다 어깨가 넓고, 목이 짧아 보이는 것이 특징입니다.

몸통

남성의 몸통은 커다란 흉곽에 넓은 근육이 부착된 형태입니다.

대흉근

흉곽(가슴우리) 목과 횡격막 사이 커다란 바구니 모양의 골격. 늑골, 흉골, 흉추로 이루어져 있다. 흉골 맨 아래 양쪽 늑연골이 이루는 각(흉골하각)은 약 90도.

복직근 1단은 명치가 있는 부위, 2단은 늑골의 하단, 3단은 배꼽 위 근육이 있는 부위다. 아랫단으로 갈수록 커 보인다.

서혜인대로 움푹 파인 V자 라인. 남성은 이 부분이 가파른 각도로 뚜렷하게 눈에 띈다. 몸통과 다리의 경계(앉을 때 다리가 접히는 부위)이자 다리의 시작부인 보라색 점선과 다르다는 점에 주의.

등

위쪽이 넓고 아래로 좁아지는 역삼각형. 허리~엉덩이는 거의 절구통 모양이 됩니다.

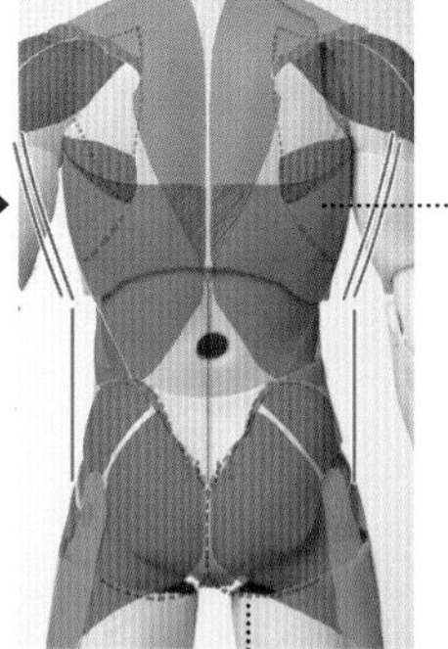

광배근 남성의 광배근은 폭이 넓고, 두께감이 있다. 앞에서도 볼륨이 보인다.

엉덩이 윤곽선(보라색 점선)은 아래로 약간 처진 형태다. 남성은 엉덩이 측면에 지방이 많지 않아 허리~엉덩이의 굴곡이 크지 않으며, 절구통에 가까운 실루엣을 띤다.

측면

배와 허리는 평평하고, 엉덩이는 둥근 원에 가까운 형태.

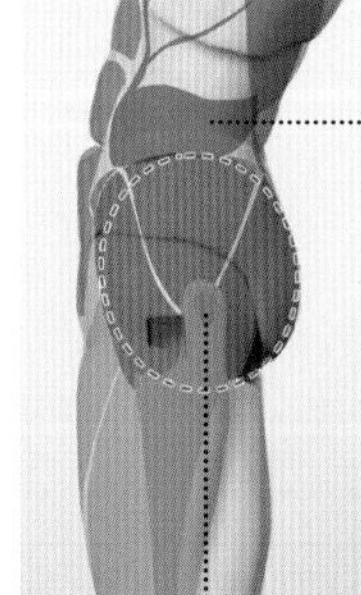

외복사근 옆구리를 덮고 있는 근육. 파란색 부분은 속근육의 두께가 더해져 둥글어진다.

대퇴골과 골반의 연결지점을 중심으로 오목하게 파인 엉덩이 보조개가 생긴다.

다리

근육질의 넓적다리는 무릎 안쪽 위에 눈물 형태의 근육(내측광근)이 도드라집니다.

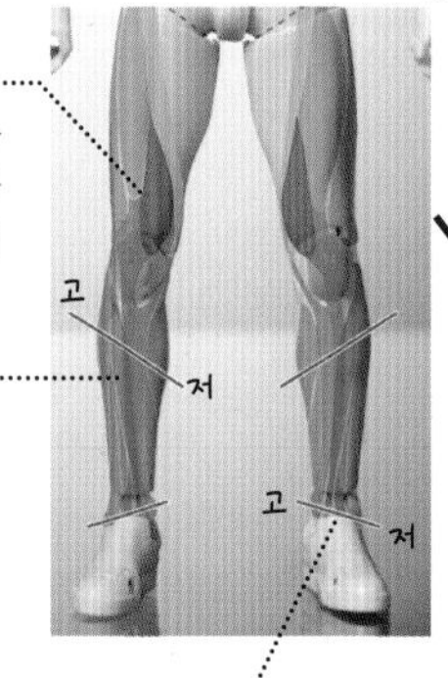

내측광근 넓적다리 앞쪽에 있는 대퇴사두근 중 안쪽 근육이다. 다리에서 특히 눈에 띄는 근육.

종아리 근육은 좌우 비대칭 형태로, 바깥쪽 근육이 안쪽보다 더 위에서 불거진다.

발목뼈는 반대로 바깥쪽이 안쪽보다 더 낮다.

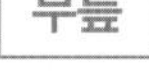

무릎

힘줄과 인대(회색)로 인해 오목하게 들어간 부분이 눈에 띕니다. 무릎관절의 외측부도 지방이 적어, 윤곽이 뚜렷하게 보입니다.

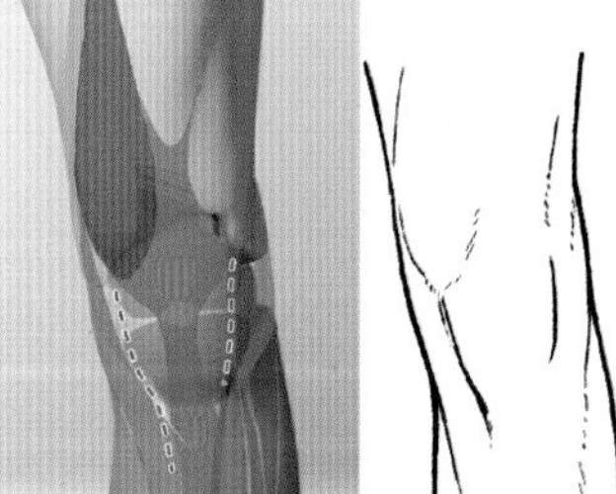

체형 남성은 골격이 크고 허리가 낮은 편이며, 옆구리가 짧습니다. 치골이 앞으로 돌출되어 있고, 허리 굴곡도 크지 않습니다.

턱, 유두, 배꼽, 치골의 간격이 균등하다.

남성은 머리, 어깨, 허리, 엉덩이의 간격이 균등하다. 허리와 배꼽은 비슷한 높이에 위치.

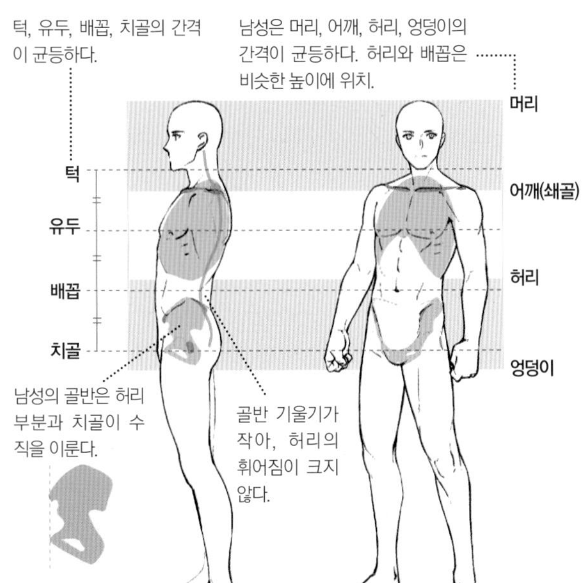

남성의 골반은 허리 부분과 치골이 수직을 이룬다.

골반 기울기가 작아, 허리의 휘어짐이 크지 않다.

자세 상반신은 샅 부위를 앞으로 약간 내밀고, 다리는 세로로 길게 늘여진 S자로 그립니다.

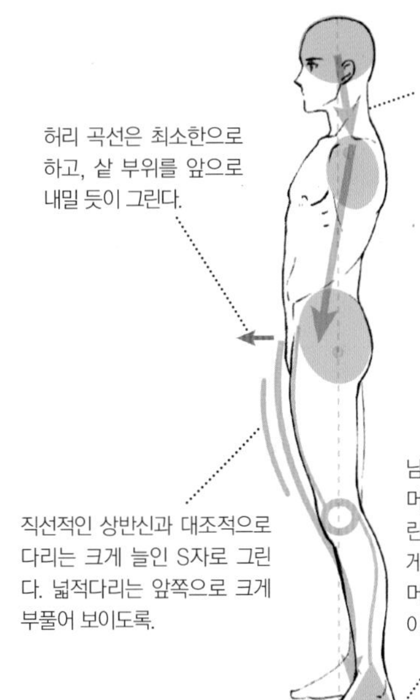

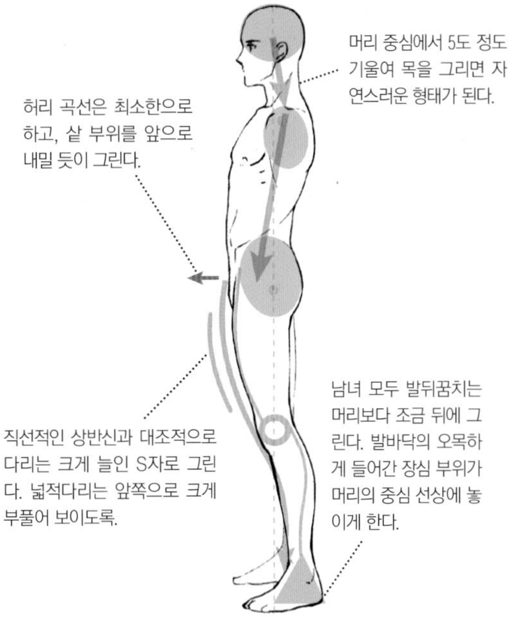

머리 중심에서 5도 정도 기울여 목을 그리면 자연스러운 형태가 된다.

허리 곡선은 최소한으로 하고, 샅 부위를 앞으로 내밀 듯이 그린다.

직선적인 상반신과 대조적으로 다리는 크게 늘인 S자로 그린다. 넓적다리는 앞쪽으로 크게 부풀어 보이도록.

남녀 모두 발뒤꿈치는 머리보다 조금 뒤에 그린다. 발바닥의 오목하게 들어간 장심 부위가 머리의 중심 선상에 놓이게 한다.

남성적인 실루엣 체형과 자세가 결합되어 남성 특유의 실루엣이 만들어집니다.

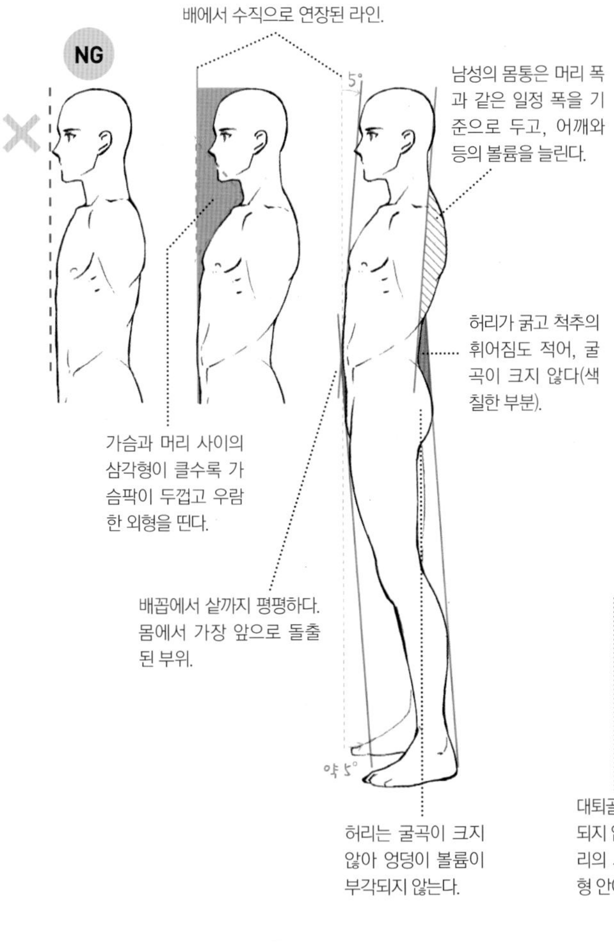

배에서 수직으로 연장된 라인.

NG

5°

남성의 몸통은 머리 폭과 같은 일정 폭을 기준으로 두고, 어깨와 등의 볼륨을 늘린다.

허리가 굵고 척추의 휘어짐도 적어, 굴곡이 크지 않다(색칠한 부분).

가슴과 머리 사이의 삼각형이 클수록 가슴팍이 두껍고 우람한 외형을 띤다.

배꼽에서 샅까지 평평하다. 몸에서 가장 앞으로 돌출된 부위.

약 5°

허리는 굴곡이 크지 않아 엉덩이 볼륨이 부각되지 않는다.

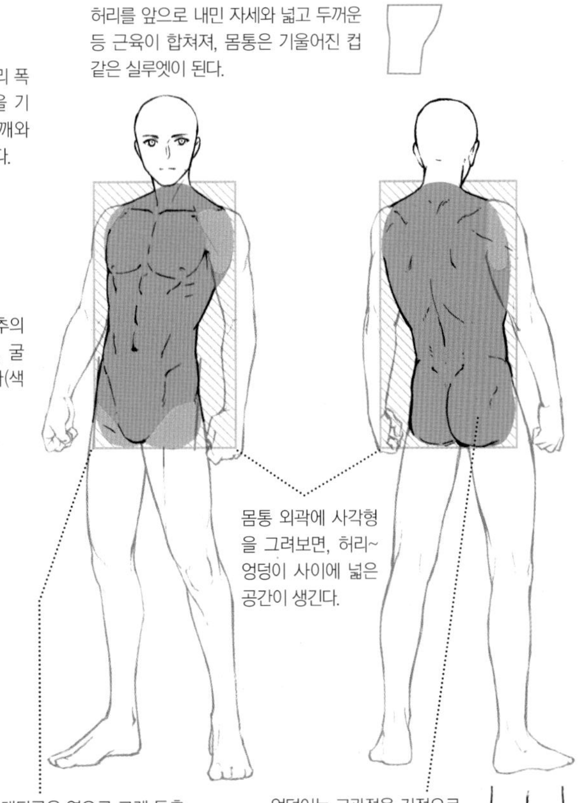

허리를 앞으로 내민 자세와 넓고 두꺼운 등 근육이 합쳐져, 몸통은 기울어진 컵 같은 실루엣이 된다.

몸통 외곽에 사각형을 그려보면, 허리~엉덩이 사이에 넓은 공간이 생긴다.

대퇴골은 옆으로 크게 돌출되지 않으므로 골반에서 다리의 시작부분까지 직사각형 안에 들어간다.

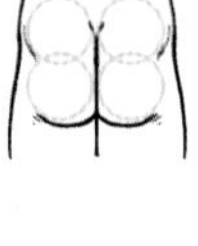

엉덩이는 고관절을 기점으로, 위아래 같은 볼륨으로 부풀어 있다. 전체적으로 네모난 형태를 띤다.

여성의 특징

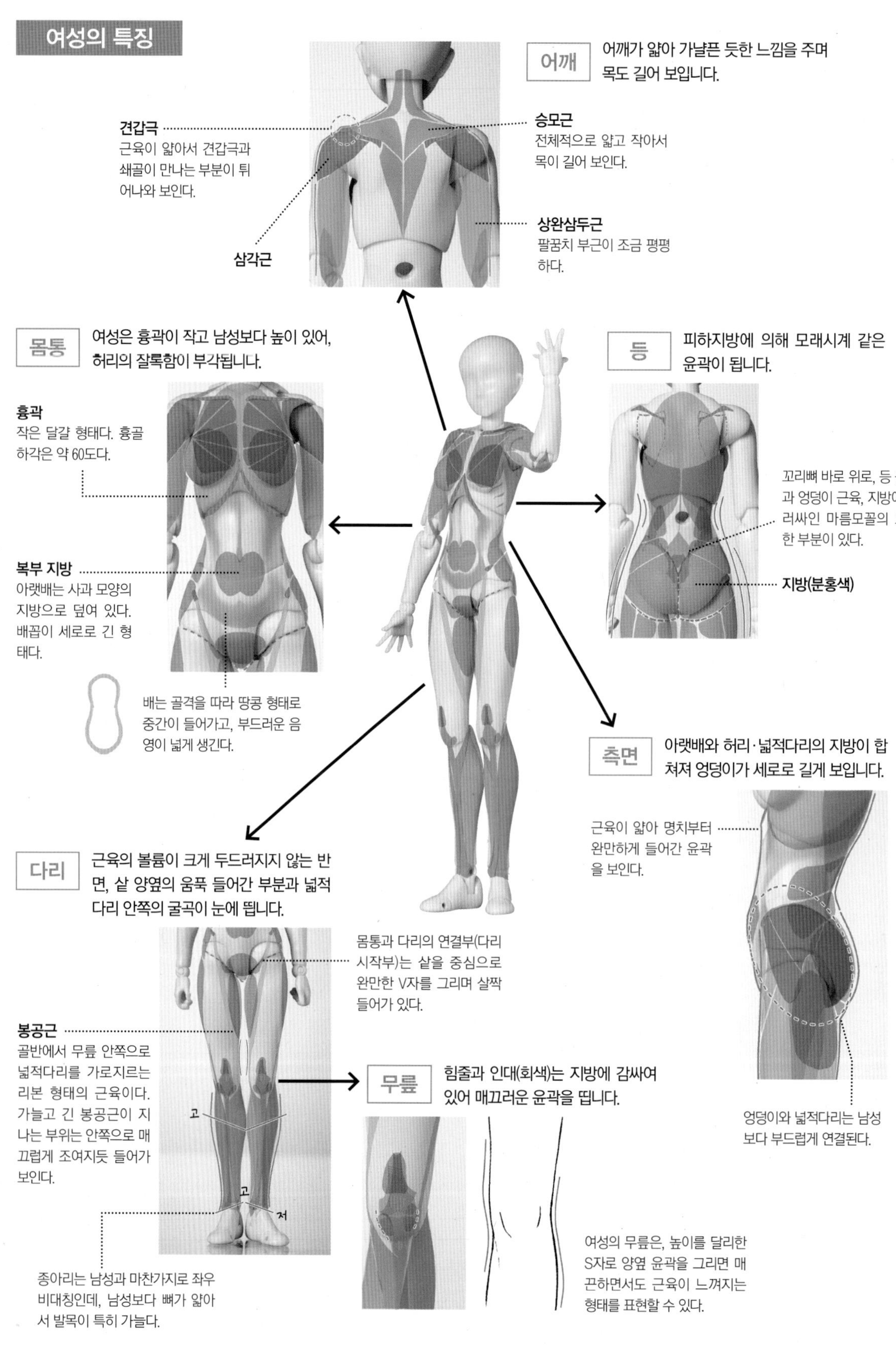

어깨
어깨가 얇아 가냘픈 듯한 느낌을 주며 목도 길어 보입니다.
견갑극
근육이 얇아서 견갑극과 쇄골이 만나는 부분이 튀어나와 보인다.
승모근
전체적으로 얇고 작아서 목이 길어 보인다.
상완삼두근
팔꿈치 부근이 조금 평평하다.
삼각근
몸통
여성은 흉곽이 작고 남성보다 높이 있어, 허리의 잘록함이 부각됩니다.
흉곽
작은 달걀 형태다. 흉골 하각은 약 60도다.
복부 지방
아랫배는 사과 모양의 지방으로 덮여 있다. 배꼽이 세로로 긴 형태다.
배는 골격을 따라 땅콩 형태로 중간이 들어가고, 부드러운 음영이 넓게 생긴다.
등
피하지방에 의해 모래시계 같은 윤곽이 됩니다.
꼬리뼈 바로 위로, 등 근육과 엉덩이 근육, 지방에 둘러싸인 마름모꼴의 오목한 부분이 있다.
지방(분홍색)
측면
아랫배와 허리·넓적다리의 지방이 합쳐져 엉덩이가 세로로 길게 보입니다.
근육이 얇아 명치부터 완만하게 들어간 윤곽을 보인다.
엉덩이와 넓적다리는 남성보다 부드럽게 연결된다.
다리
근육의 볼륨이 크게 두드러지지 않는 반면, 샅 양옆의 움푹 들어간 부분과 넓적다리 안쪽의 굴곡이 눈에 띕니다.
몸통과 다리의 연결부(다리 시작부)는 샅을 중심으로 완만한 V자를 그리며 살짝 들어가 있다.
봉공근
골반에서 무릎 안쪽으로 넓적다리를 가로지르는 리본 형태의 근육이다. 가늘고 긴 봉공근이 지나는 부위는 안쪽으로 매끄럽게 조여지듯 들어가 보인다.
고
고
저
종아리는 남성과 마찬가지로 좌우 비대칭인데, 남성보다 뼈가 얇아서 발목이 특히 가늘다.
무릎
힘줄과 인대(회색)는 지방에 감싸여 있어 매끄러운 윤곽을 띱니다.
여성의 무릎은, 높이를 달리한 S자로 양옆 윤곽을 그리면 매끈하면서도 근육이 느껴지는 형태를 표현할 수 있다.

체형 골격이 작아서 허리가 높고 옆구리가 긴 편입니다. 치골이 안쪽으로 들어가 있으며 허리의 굴곡이 큽니다.

자세 상반신은 허리 곡선이 두드러지며, 엉덩이가 뒤로 튀어나옵니다. 배꼽 아래 지방이 몸 앞으로 돌출됩니다.

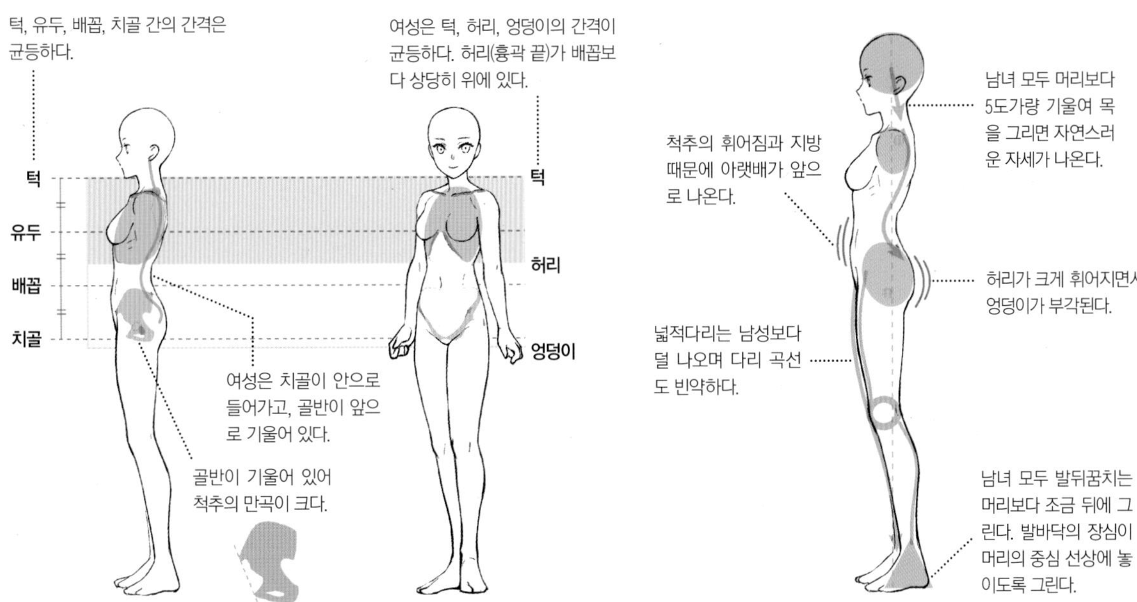

턱, 유두, 배꼽, 치골 간의 간격은 균등하다.
턱
유두
배꼽
치골
여성은 턱, 허리, 엉덩이의 간격이 균등하다. 허리(흉곽 끝)가 배꼽보다 상당히 위에 있다.
턱
허리
엉덩이
여성은 치골이 안으로 들어가고, 골반이 앞으로 기울어 있다.
골반이 기울어 있어 척추의 만곡이 크다.
남녀 모두 머리보다 5도가량 기울여 목을 그리면 자연스러운 자세가 나온다.
척추의 휘어짐과 지방 때문에 아랫배가 앞으로 나온다.
허리가 크게 휘어지면서 엉덩이가 부각된다.
넓적다리는 남성보다 덜 나오며 다리 곡선도 빈약하다.
남녀 모두 발뒤꿈치는 머리보다 조금 뒤에 그린다. 발바닥의 장심이 머리의 중심 선상에 놓이도록 그린다.

여성적인 실루엣 데포르메가 강해 몸이 상당히 가는 편이지만, 하반신은 지방 때문에 어느 정도 부피감이 있습니다.

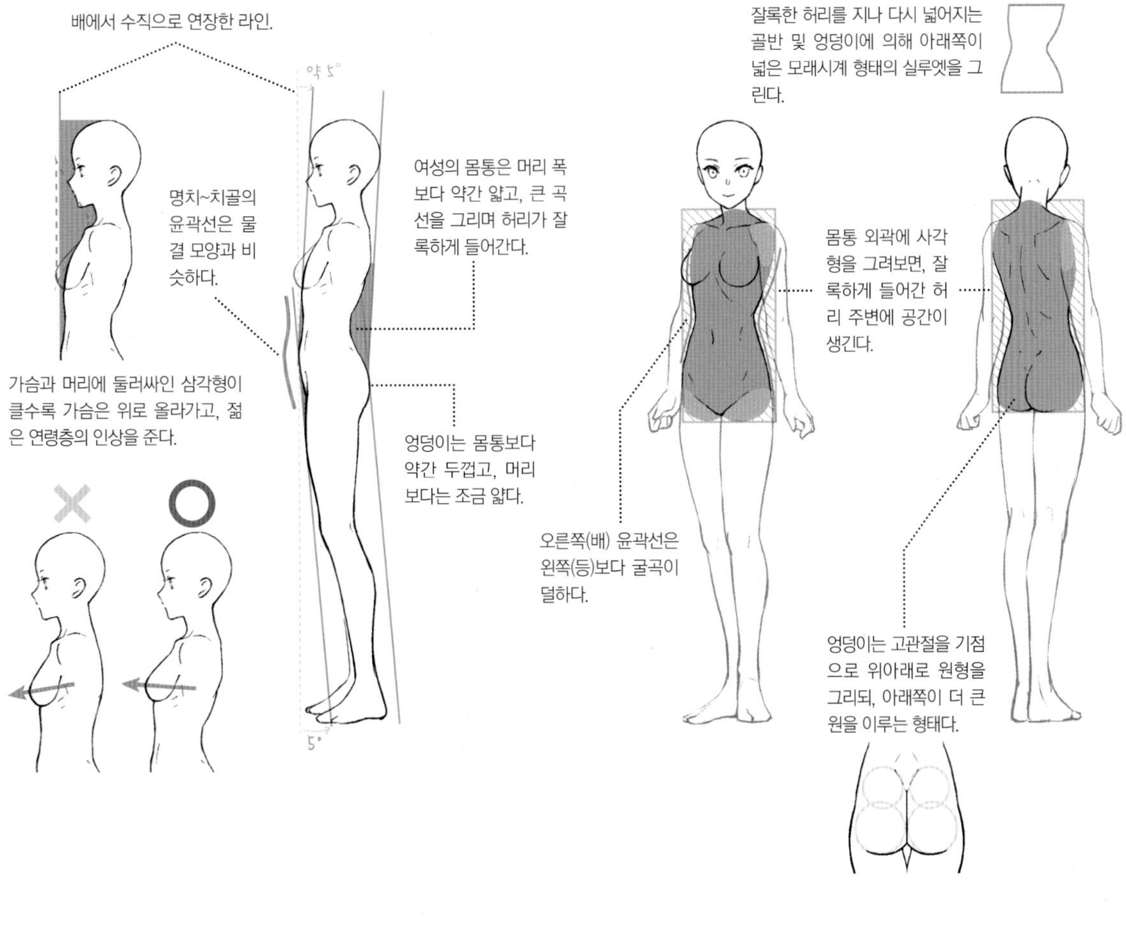

배에서 수직으로 연장한 라인.

약 5°

명치~치골의 윤곽선은 물결 모양과 비슷하다.

여성의 몸통은 머리 폭보다 약간 얇고, 큰 곡선을 그리며 허리가 잘록하게 들어간다.

가슴과 머리에 둘러싸인 삼각형이 클수록 가슴은 위로 올라가고, 젊은 연령층의 인상을 준다.

엉덩이는 몸통보다 약간 두껍고, 머리보다는 조금 얇다.

5°

잘록한 허리를 지나 다시 넓어지는 골반 및 엉덩이에 의해 아래쪽이 넓은 모래시계 형태의 실루엣을 그린다.

몸통 외곽에 사각형을 그려보면, 잘록하게 들어간 허리 주변에 공간이 생긴다.

오른쪽(배) 윤곽선은 왼쪽(등)보다 굴곡이 덜하다.

엉덩이는 고관절을 기점으로 위아래로 원형을 그리되, 아래쪽이 더 큰 원을 이루는 형태다.

기본 포즈 서 있는 모습 ① 남성

가장 기본적인 포즈로 서 있는 모습을 그려봅시다. 뻣뻣한 막대처럼 보이지 않으려면 허리를 앞으로 내미는 느낌을 살려 자세를 잡는 것이 중요합니다.

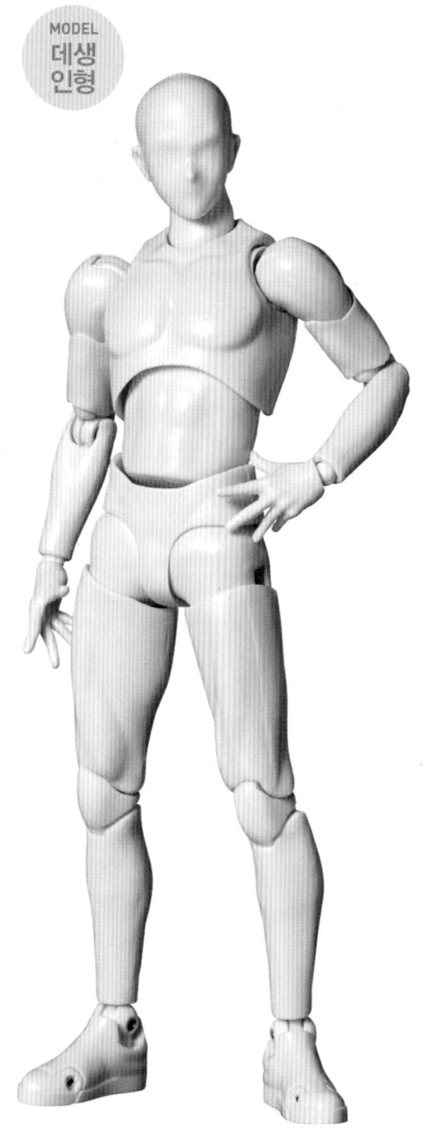
MODEL
데생 인형

1 자세 · 가늠선 잡기

양쪽 겨드랑이를 조이고, 어깨를 가슴 쪽으로 가까이 붙여 자연스럽게 어깨 폭을 조정합니다. 척추는 매우 느슨한 S자 곡선을 그린다는 생각으로, 허리를 앞으로 내밀듯 그려주면 유연한 포즈가 만들어집니다.

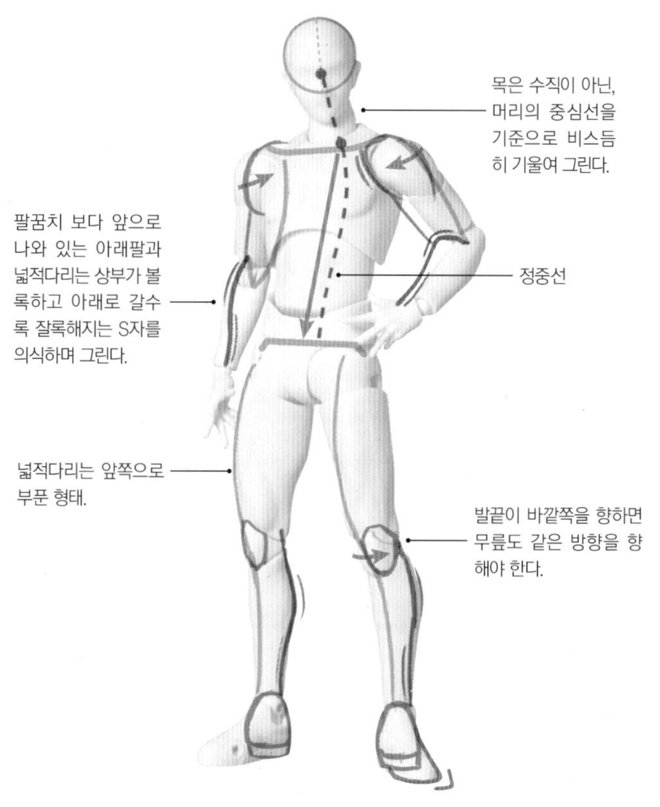
목은 수직이 아닌, 머리의 중심선을 기준으로 비스듬히 기울여 그린다.
팔꿈치 보다 앞으로 나와 있는 아래팔과 넓적다리는 상부가 볼록하고 아래로 갈수록 잘록해지는 S자를 의식하며 그린다.
정중선
넓적다리는 앞쪽으로 부푼 형태.
발끝이 바깥쪽을 향하면 무릎도 같은 방향을 향해야 한다.

NG 사례

목이나 척추를 수직으로 그리면, 허리가 뒤로 빠지면서 자세가 뻣뻣해지는 원인이 됩니다. 팔과 다리를 아치형으로 그리면 인체와는 다른 부자연스러운 형태를 띱니다. S자를 의식해 그립니다.

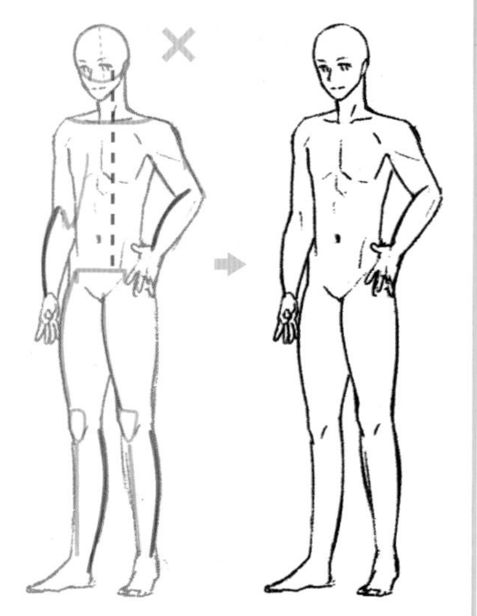

2 살 붙이기

가늠선으로 대강의 자세를 잡은 다음, 원이나 곡선으로 살을 붙이며 몸의 윤곽을 잡습니다. 이때 가슴, 어깨, 허리의 폭과 기울기를 제대로 잡아주어야 합니다.

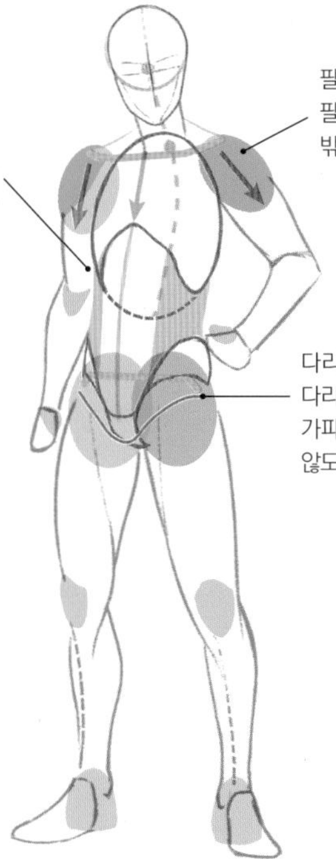

허리는 극단적으로 잘록하게 그리는 것이 아니라, 완만한 곡선으로 표현한다.

팔을 구부린 쪽 어깨는 팔을 내린 쪽 어깨보다 밖으로 많이 기울어진다.

다리의 시작부(몸통과 다리의 경계)는 경사가 가파른 V라인이 되지 않도록 주의한다.

3 보디라인 정돈하기

대략적인 몸의 윤곽이 잡히면, 보디라인을 정돈합니다. 실제 인체의 형태를 떠올리며 세부적인 부분을 그립니다.

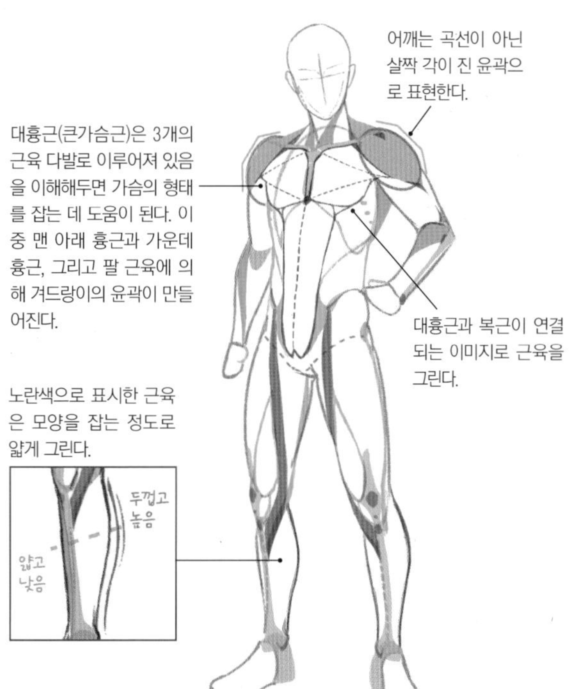
어깨는 곡선이 아닌 살짝 각이 진 윤곽으로 표현한다.
대흉근(큰가슴근)은 3개의 근육 다발로 이루어져 있음을 이해해두면 가슴의 형태를 잡는 데 도움이 된다. 이 중 맨 아래 흉근과 가운데 흉근, 그리고 팔 근육에 의해 겨드랑이의 윤곽이 만들어진다.
대흉근과 복근이 연결되는 이미지로 근육을 그린다.
노란색으로 표시한 근육은 모양을 잡는 정도로 얇게 그린다.
두껍고 높음
얇고 낮음

완성

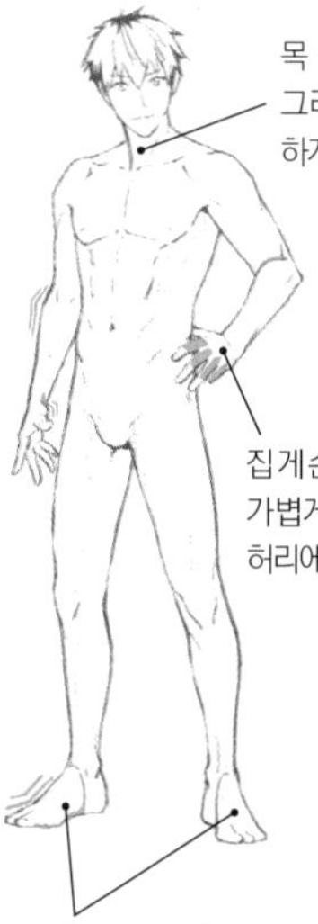

목 근육을 가는 선으로 그려주면, 목선이 깔끔하게 표현된다.

집게손가락을 가볍게 구부려 허리에 걸친다.

발등은 약간 각을 넣어 그리고, 발바닥의 장심 라인도 빠뜨리지 말고 그린다.

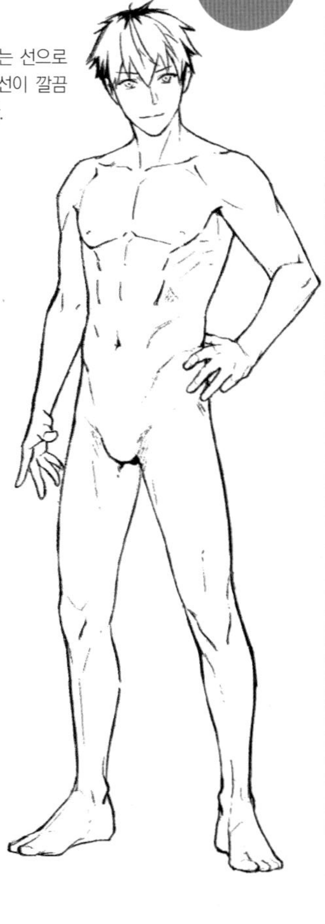

의상 그리는 방법

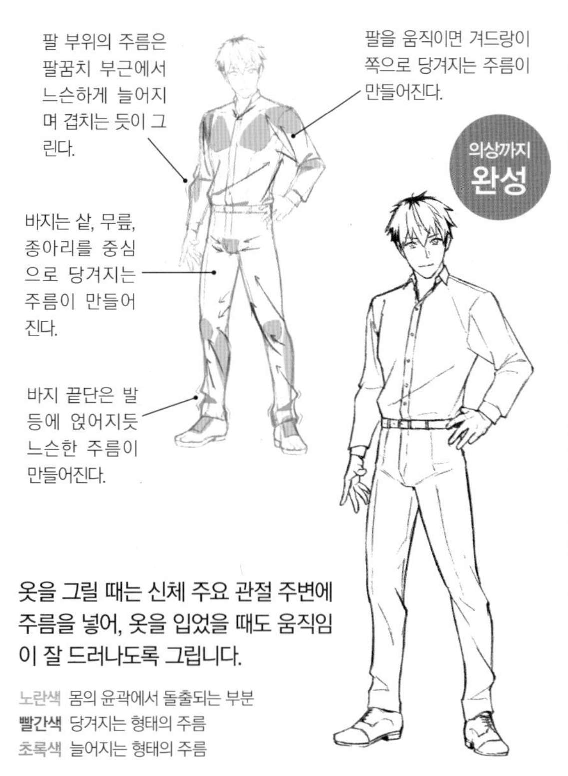
팔 부위의 주름은 팔꿈치 부근에서 느슨하게 늘어지며 겹치는 듯이 그린다.
팔을 움직이면 겨드랑이 쪽으로 당겨지는 주름이 만들어진다.
의상까지 완성
바지는 샅, 무릎, 종아리를 중심으로 당겨지는 주름이 만들어진다.
바지 끝단은 발등에 얹어지듯 느슨한 주름이 만들어진다.

옷을 그릴 때는 신체 주요 관절 주변에 주름을 넣어, 옷을 입었을 때도 움직임이 잘 드러나도록 그립니다.

노란색 몸의 윤곽에서 돌출되는 부분
빨간색 당겨지는 형태의 주름
초록색 늘어지는 형태의 주름

기본 포즈 서 있는 모습 ② 여성

데생 인형은 팔꿈치가 바깥쪽으로 과도하게 벌어져 있으므로 가늠선을 잡는 단계에서 팔을 좁혀 그려야 자연스러운 포즈를 표현할 수 있습니다.

MODEL 데생 인형

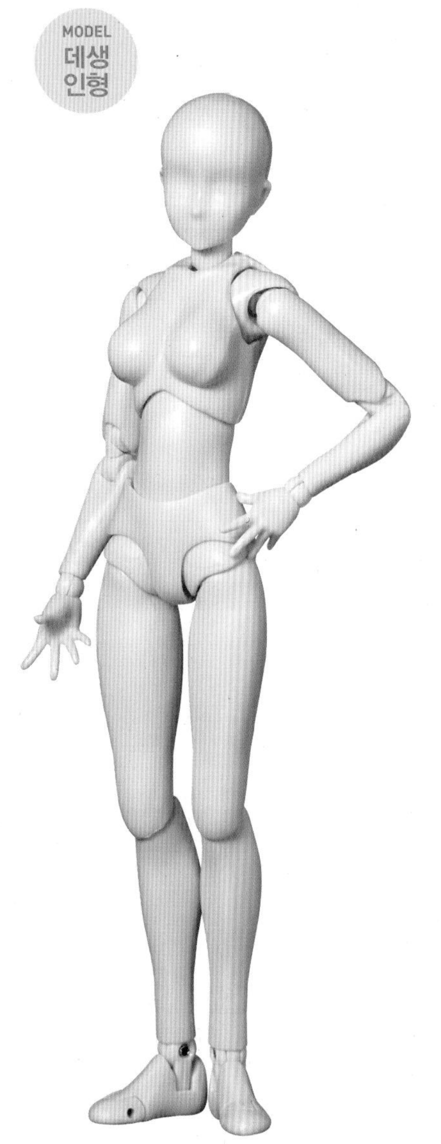

1 자세 · 가늠선 잡기

데생 인형은 팔꿈치가 바깥쪽으로 지나치게 나가 있습니다. 가늠선을 잡는 단계에서 팔을 줄여 그려야 합니다.

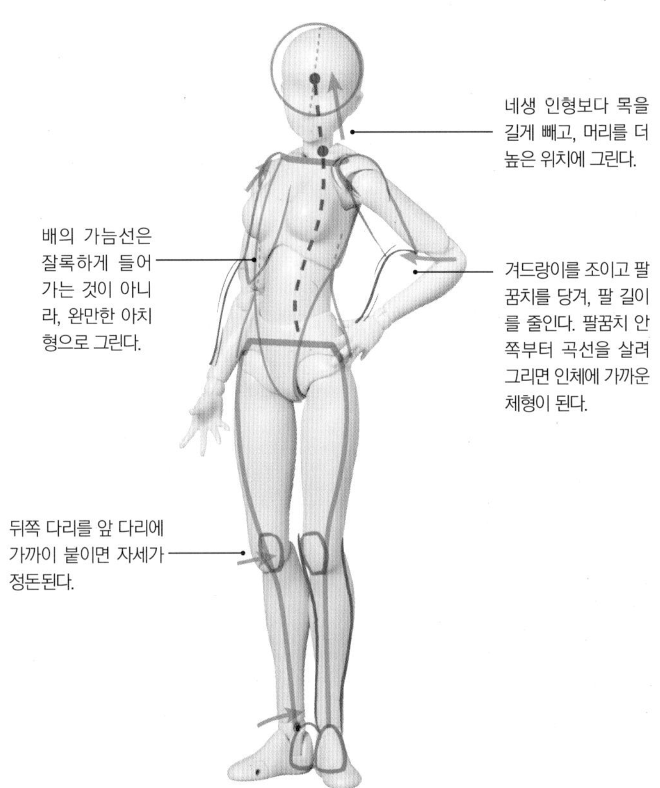
네생 인형보다 목을 길게 빼고, 머리를 더 높은 위치에 그린다.
배의 가늠선은 잘록하게 들어가는 것이 아니라, 완만한 아치형으로 그린다.
겨드랑이를 조이고 팔꿈치를 당겨, 팔 길이를 줄인다. 팔꿈치 안쪽부터 곡선을 살려 그리면 인체에 가까운 체형이 된다.
뒤쪽 다리를 앞 다리에 가까이 붙이면 자세가 정돈된다.

NG 사례

데생 인형의 체형을 그대로 따라 그리면, 어깨~팔 부분이 특히 부자연스러워지므로 주의가 필요합니다. 엉덩이 볼륨은 허리의 가는 부분부터 가장 두꺼운 골반까지 점차 넓어지듯 그려야 자연스러운 체형이 됩니다.

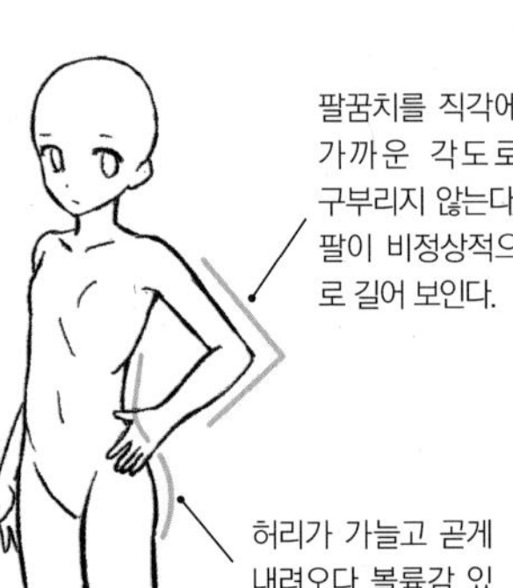
팔꿈치를 직각에 가까운 각도로 구부리지 않는다. 팔이 비정상적으로 길어 보인다.
허리가 가늘고 곧게 내려오다 볼륨감 있는 엉덩이로 바로 연결되면, 엉덩이 위치도 부자연스럽게 낮아지고 체형도 좋지 않아 보인다.
무릎의 방향을 무리하게 틀어서 그리면 안짱다리가 된다.

2 살 붙이기

흉곽 아래부터 완만하게 볼륨을 키워가며 엉덩이로 연결하면 여성스러운 체형을 표현할 수 있습니다.

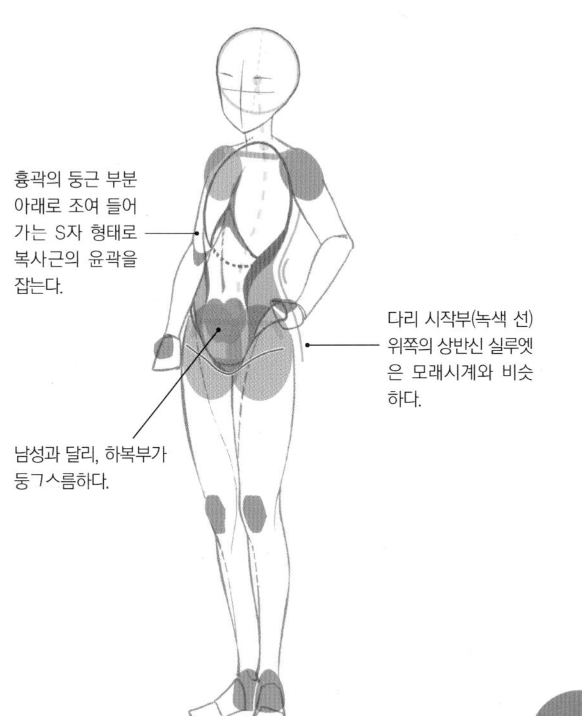

흉곽의 둥근 부분 아래로 조여 들어 가는 S자 형태로 복사근의 윤곽을 잡는다.
다리 시작부(녹색 선) 위쪽의 상반신 실루엣은 모래시계와 비슷하다.
남성과 달리, 하복부가 둥그스름하다.

3 보디라인 정돈하기

유방(분홍색)은 좌우 형태를 다르게 그려야 합니다. 배꼽과 정중선은 복부 윤곽을 따라 그립니다.

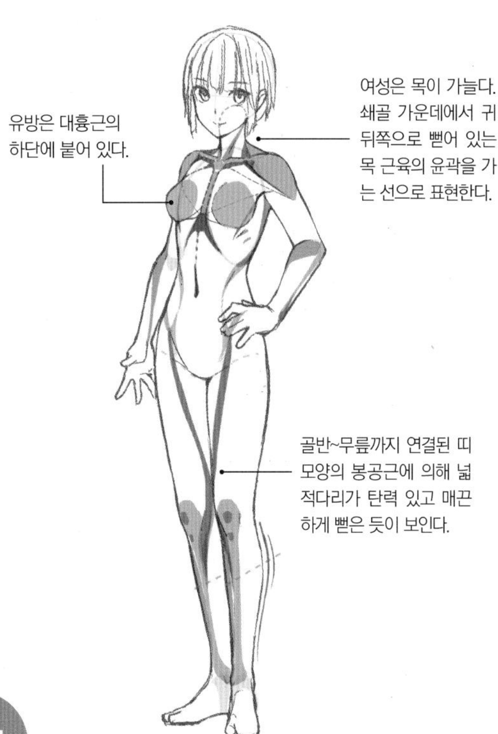

유방은 대흉근의 하단에 붙어 있다.
여성은 목이 가늘다. 쇄골 가운데에서 귀 뒤쪽으로 뻗어 있는 목 근육의 윤곽을 가는 선으로 표현한다.
골반~무릎까지 연결된 띠 모양의 봉공근에 의해 넓적다리가 탄력 있고 매끈하게 뻗은 듯이 보인다.

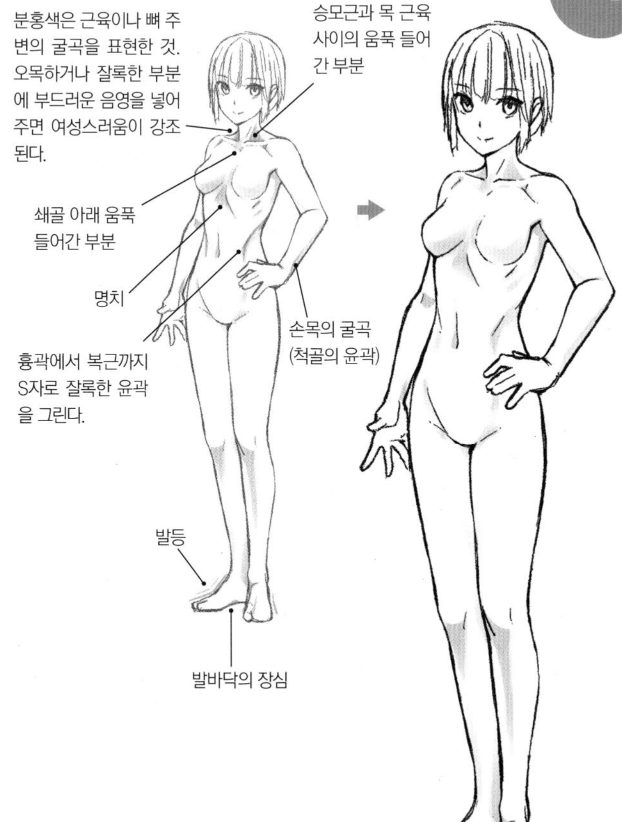

완성
분홍색은 근육이나 뼈 주변의 굴곡을 표현한 것. 오목하거나 잘록한 부분에 부드러운 음영을 넣어 주면 여성스러움이 강조된다.
승모근과 목 근육 사이의 움푹 들어간 부분
쇄골 아래 움푹 들어간 부분
명치
손목의 굴곡 (척골의 윤곽)
흉곽에서 복근까지 S자로 잘록한 윤곽을 그린다.
발등
발바닥의 장심

의상 그리는 방법

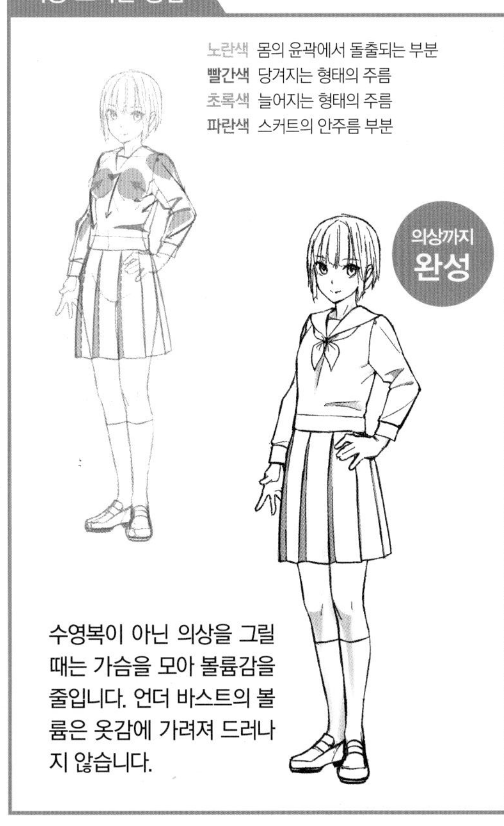

노란색 몸의 윤곽에서 돌출되는 부분
빨간색 당겨지는 형태의 주름
초록색 늘어지는 형태의 주름
파란색 스커트의 안주름 부분
의상까지 완성

수영복이 아닌 의상을 그릴 때는 가슴을 모아 볼륨감을 줄입니다. 언더 바스트의 볼륨은 옷감에 가려져 드러나지 않습니다.

기본 포즈 걷는 모습 ① 남성

걷기는 기본적인 동작 중 하나이지만, 정면 앵글에서는 움직임을 표현하기가 다소 까다롭습니다. 어깨의 움직임, 정중선의 휘어짐, 발 모양 등 세세한 부분에 주의를 기울여야 합니다.

MODEL 데생 인형

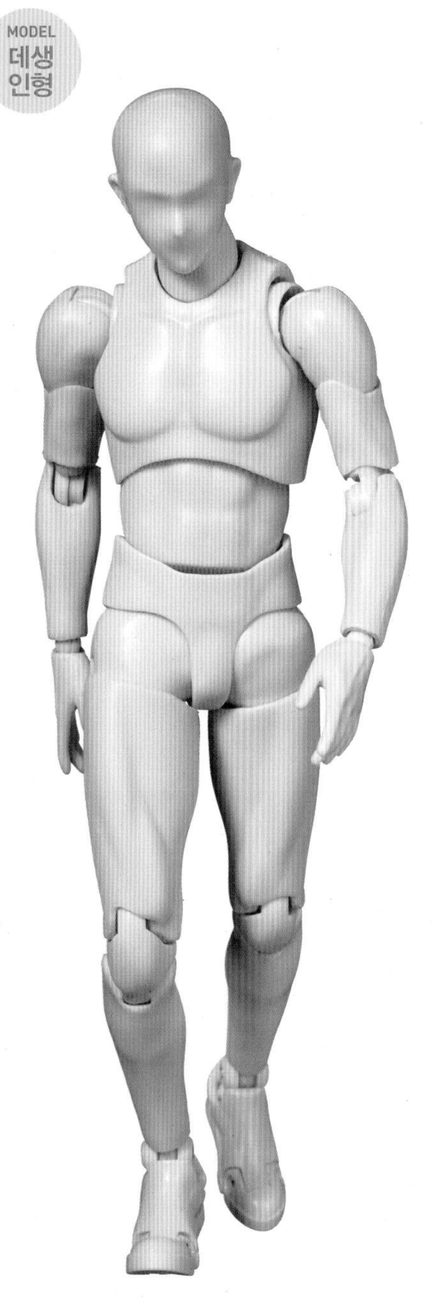

1 자세 · 가늠선 잡기

팔꿈치를 가볍게 구부리고 겨드랑이를 약간 벌리면 움직임이 있는 포즈가 됩니다. 앞으로 내미는 어깨와 뒤로 당기는 어깨를 데생 인형보다 강조해 가늠선을 그립니다.

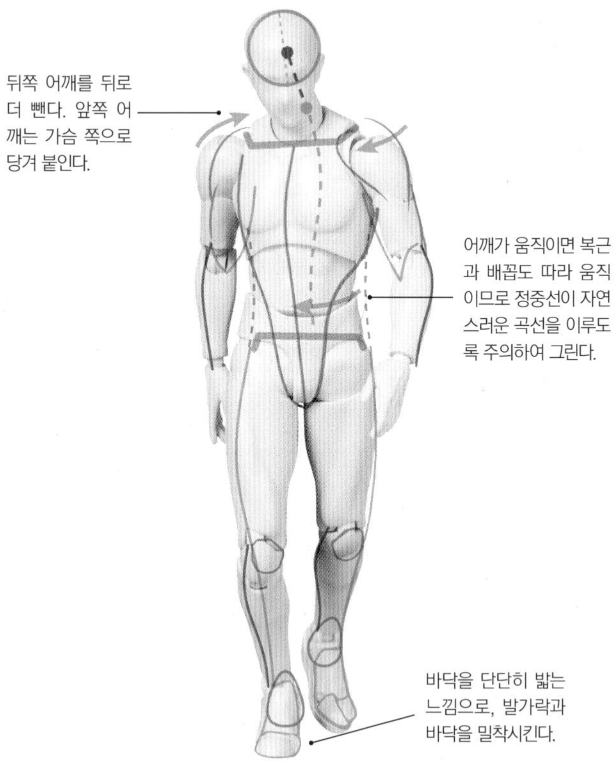
뒤쪽 어깨를 뒤로 더 뺀다. 앞쪽 어깨는 가슴 쪽으로 당겨 붙인다.
어깨가 움직이면 복근과 배꼽도 따라 움직이므로 정중선이 자연스러운 곡선을 이루도록 주의하여 그린다.
바닥을 단단히 밟는 느낌으로, 발가락과 바닥을 밀착시킨다.

NG 사례

상반신은 팔 움직임에 따라 자연스럽게 틀어지므로 하반신처럼 정면을 향하게 하면 움직임이 어색해집니다.

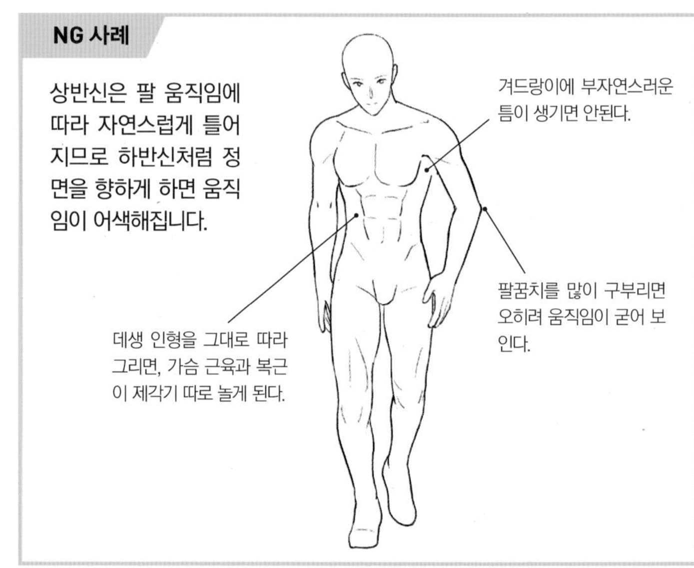
겨드랑이에 부자연스러운 틈이 생기면 안된다.
팔꿈치를 많이 구부리면 오히려 움직임이 굳어 보인다.
데생 인형을 그대로 따라 그리면, 가슴 근육과 복근이 제각기 따로 놀게 된다.

2 살 붙이기

상체가 앞으로 살짝 기운 자세로, 어깨가 턱보다 높이 있습니다. 또한 다리를 움직이는 포즈는 다리 시작부의 위치를 잘 확인해야 합니다.

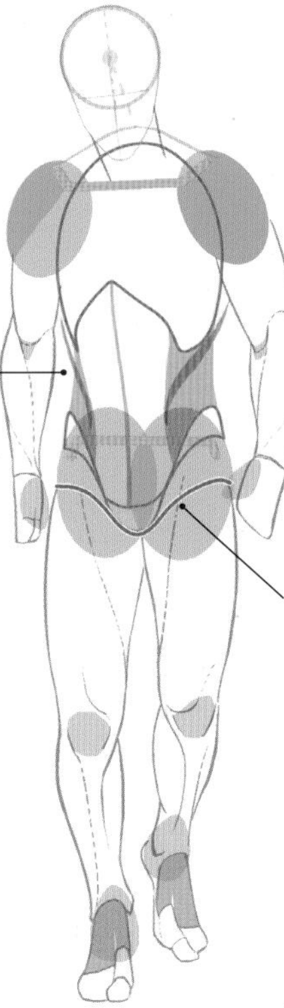

몸통은 완만한 S자를 그리며 비틀어져 있다.

다리 시작부는 완만한 V자를 그린다는 점을 명심한다.

3 보디라인 정돈하기

구부린 다리는 길이를 줄여 그리되, 무릎과 봉공근의 윤곽으로 입체감을 주도록 합니다.

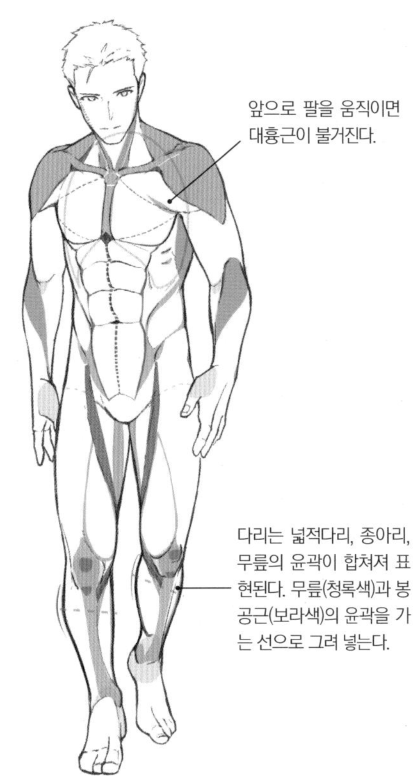
앞으로 팔을 움직이면 대흉근이 불거진다.
다리는 넓적다리, 종아리, 무릎의 윤곽이 합쳐져 표현된다. 무릎(청록색)과 봉공근(보라색)의 윤곽을 가는 선으로 그려 넣는다.

완성

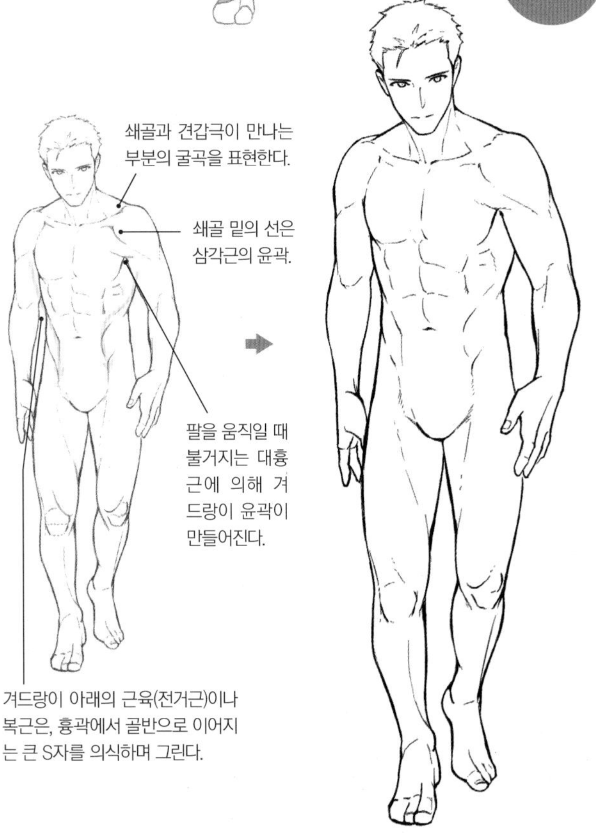

쇄골과 견갑극이 만나는 부분의 굴곡을 표현한다.

쇄골 밑의 선은 삼각근의 윤곽.

팔을 움직일 때 불거지는 대흉근에 의해 겨드랑이 윤곽이 만들어진다.

겨드랑이 아래의 근육(전거근)이나 복근은, 흉곽에서 골반으로 이어지는 큰 S자를 의식하며 그린다.

의상 그리는 방법

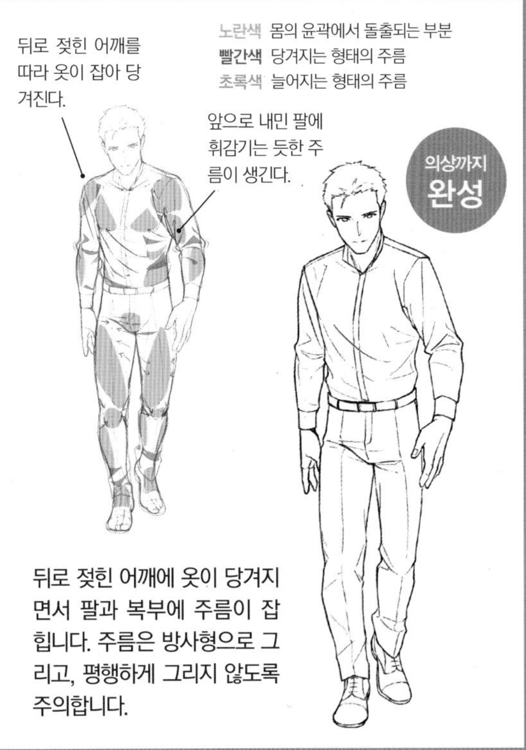
노란색 몸의 윤곽에서 돌출되는 부분
빨간색 당겨지는 형태의 주름
초록색 늘어지는 형태의 주름
뒤로 젖힌 어깨를 따라 옷이 잡아 당겨진다.
앞으로 내민 팔에 휘감기는 듯한 주름이 생긴다.
의상까지 완성

뒤로 젖힌 어깨에 옷이 당겨지면서 팔과 복부에 주름이 잡힙니다. 주름은 방사형으로 그리고, 평행하게 그리지 않도록 주의합니다.

걷는 모습 ② 여성

남성처럼 보폭이 크지 않아 움직임을 표현하는 것이 상대적으로 더 어렵지만, 포인트는 남성과 같습니다. 어깨 움직임과 틀어진 정중선을 강조해 유연한 움직임을 표현해야 합니다.

MODEL 데생 인형

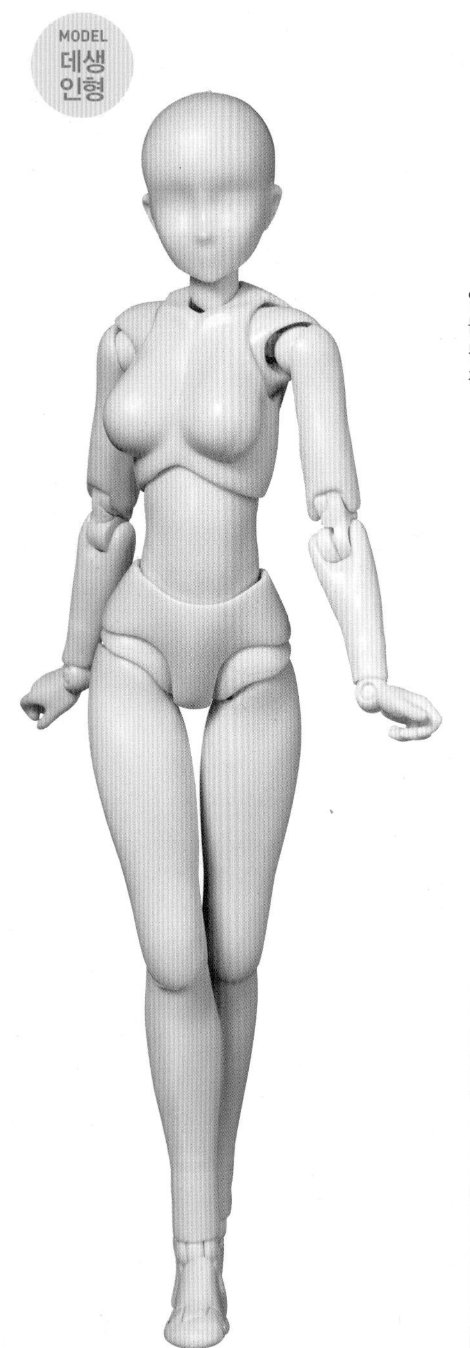

1 자세 · 가늠선 잡기

가늠선 단계에서 어깨를 몸통에 가깝게 붙여 자연스러운 체형을 만듭니다. 겨드랑이는 살짝 벌려, 팔의 움직임을 표현합니다.

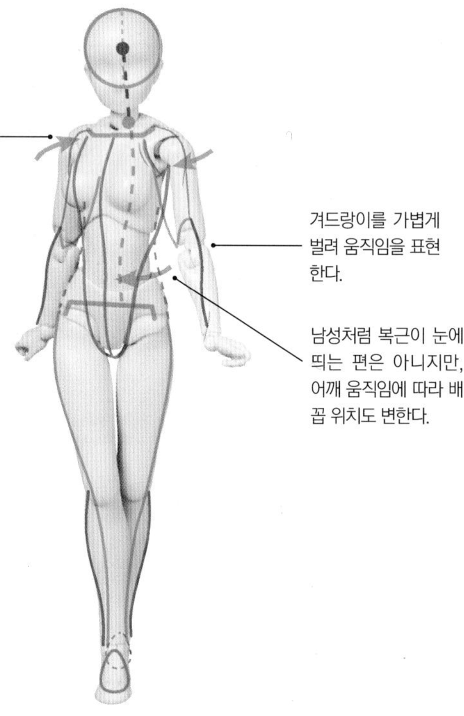
앞쪽 어깨는 얼굴 가까이로 붙이고, 뒤쪽 어깨는 몸통 뒤에 그림으로써 어깨 폭을 적절히 조절한다.
겨드랑이를 가볍게 벌려 움직임을 표현한다.
남성처럼 복근이 눈에 띄는 편은 아니지만, 어깨 움직임에 따라 배꼽 위치도 변한다.

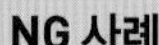

NG 사례

겨드랑이 아래에 부자연스러운 틈이 있으면 팔이 사선이 아닌 수직으로 뻗어 내려갑니다. 움직임이 뻣뻣해 보이는 원인이 되므로 주의합니다.

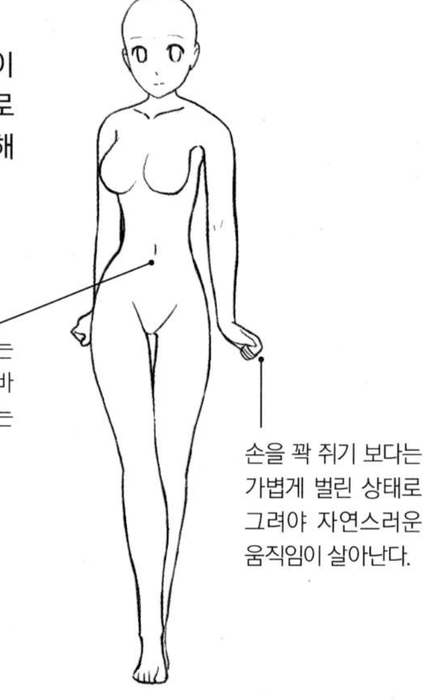
배꼽은 가슴이 움직이는 방향을 따라 위치가 바뀌므로 정면에 고정하는 건 NG.
손을 꽉 쥐기 보다는 가볍게 벌린 상태로 그려야 자연스러운 움직임이 살아난다.

2 살 붙이기

정중선이 완만한 S자로 비틀어진 것을 의식하면서 옆구리 살을 붙입니다.

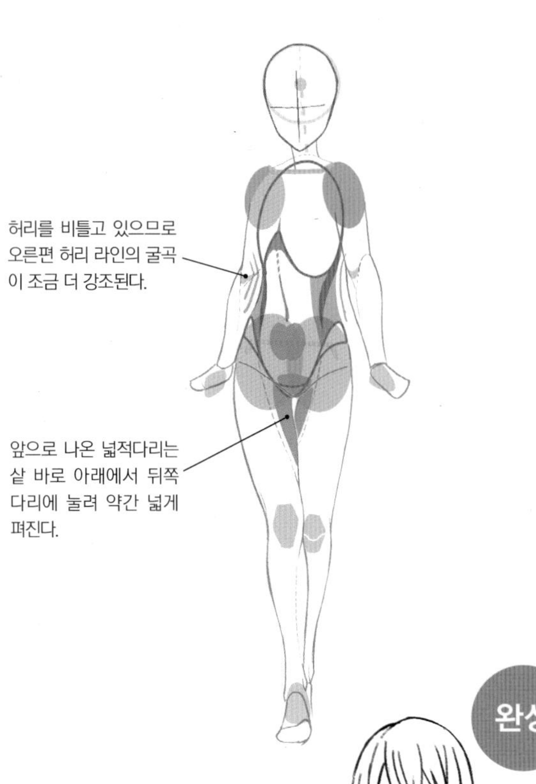
허리를 비틀고 있으므로 오른편 허리 라인의 굴곡이 조금 더 강조된다.
앞으로 나온 넓적다리는 샅 바로 아래에서 뒤쪽 다리에 눌려 약간 넓게 퍼진다.

3 보디라인 정돈하기

상반신이 비스듬히 돌아간 자세에서는 뒤쪽 유방의 폭이 앞쪽 유방보다 좁은 물방울 형태로 보입니다. 뒤쪽 유방이 약간 더 기울어 보인다는 점도 주의해서 그립니다.

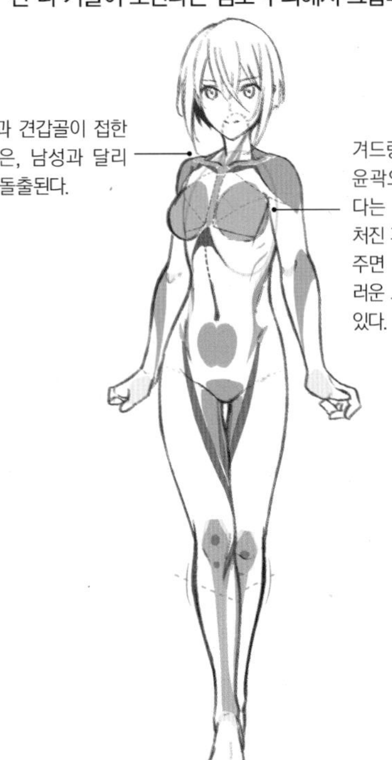
쇄골과 견갑골이 접한 부분은, 남성과 달리 살짝 돌출된다.
겨드랑이는 대흉근의 윤곽으로 표현하기보다는 겨드랑이에 작게 처진 피부 주름을 그려주면 부드럽고 자연스러운 느낌을 표현할 수 있다.

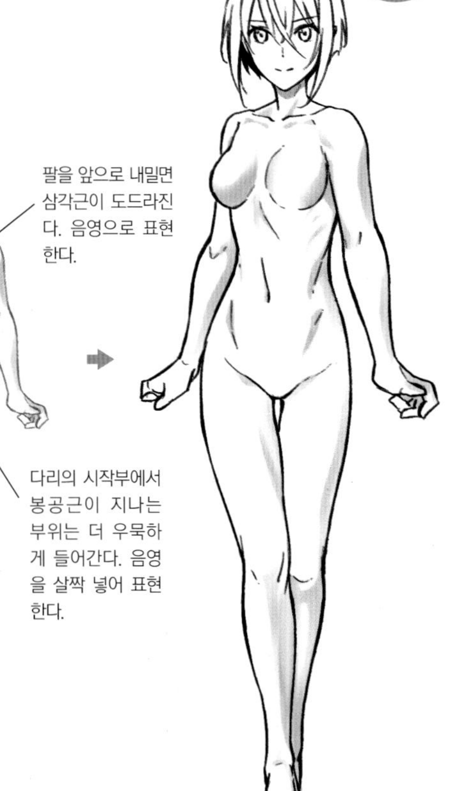
완성
팔을 앞으로 내밀면 삼각근이 도드라진다. 음영으로 표현한다.
다리의 시작부에서 봉공근이 지나는 부위는 더 우묵하게 들어간다. 음영을 살짝 넣어 표현한다.

의상 그리는 방법

노란색 몸의 윤곽에서 돌출되는 부분
빨간색 당겨지는 형태의 주름
초록색 늘어지는 형태의 주름
파란색 스커트의 안주름

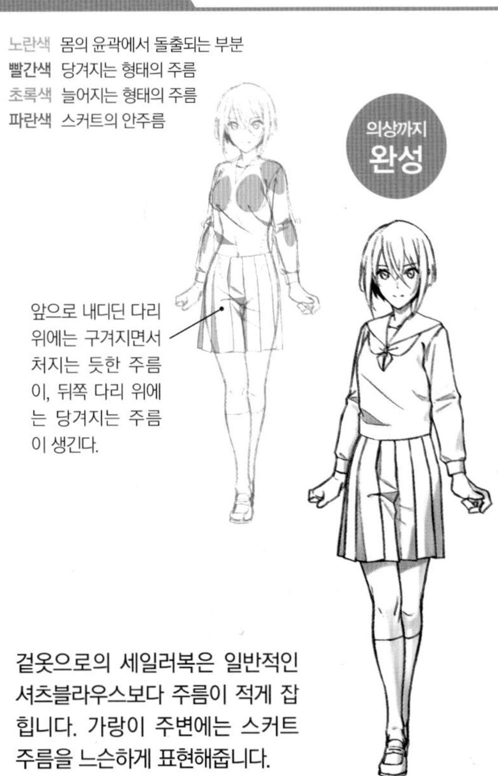
의상까지 완성
앞으로 내디딘 다리 위에는 구겨지면서 처지는 듯한 주름이, 뒤쪽 다리 위에는 당겨지는 주름이 생긴다.

겉옷으로의 세일러복은 일반적인 셔츠블라우스보다 주름이 적게 잡힙니다. 가랑이 주변에는 스커트 주름을 느슨하게 표현해줍니다.

달리는 모습 ① 남성

달릴 때에는 상체와 하체가 크게 비틀어집니다. 비틀림에 의해 허리의 굴곡이 강조되는 것을 의식하면서 근육의 형태를 그려보세요.

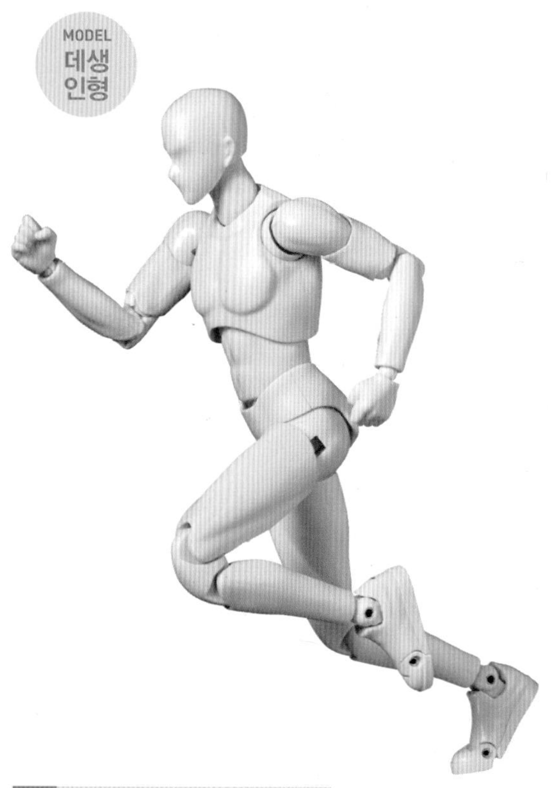
MODEL
데생
인형

Point 위에서 본 모습

달리거나 걸으면 어깨와 골반이 좌우 엇갈린 방향으로 틀어집니다. 따라서 팔을 뒤로 당긴 쪽의 가슴~옆구리 근육이 늘어납니다.

옆구리가 쭉 펴진다.

1 자세 · 가늠선 잡기

몸통을 곧게 세워 그리면 자세가 부자연스러워집니다. 허리를 틀어, 오른쪽 어깨와 가슴을 앞으로 내밀면 자연스럽게 달리는 움직임이 만들어집니다.

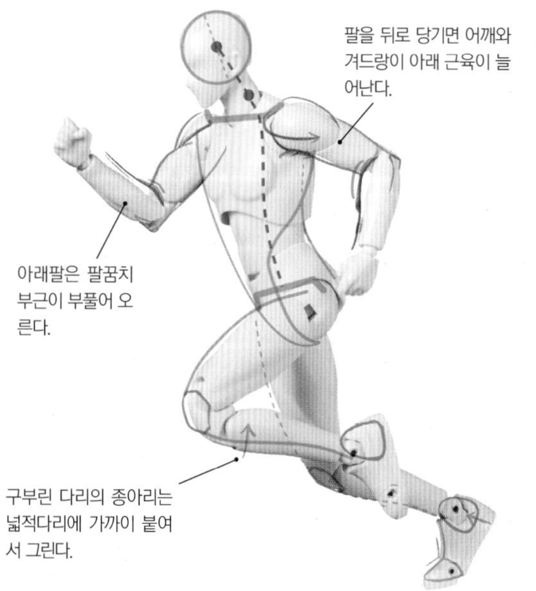
팔을 뒤로 당기면 어깨와 겨드랑이 아래 근육이 늘어난다.
아래팔은 팔꿈치 부근이 부풀어 오른다.
구부린 다리의 종아리는 넓적다리에 가까이 붙여서 그린다.

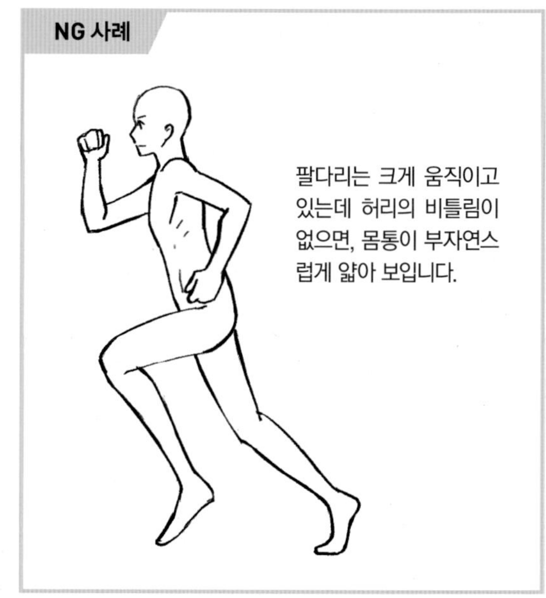
NG 사례
팔다리는 크게 움직이고 있는데 허리의 비틀림이 없으면, 몸통이 부자연스럽게 얇아 보입니다.

2 살 붙이기

어깨~엉덩이의 길이는 머리의 약 3배를 기준 삼습니다. 다리를 올려 그리다 보면 몸통을 짧게 그려 버리기 쉬우므로 주의해야 합니다.

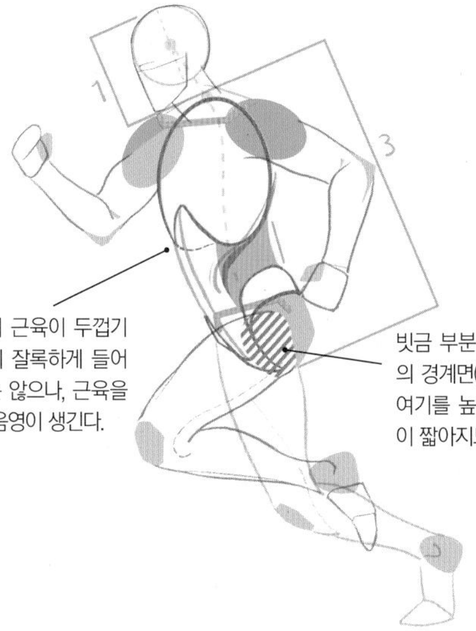

옆구리 근육이 두껍기 때문에 잘록하게 들어가지는 않으나, 근육을 따라 음영이 생긴다.

빗금 부분은 몸통과 다리의 경계면(다리의 시작부). 여기를 높게 그리면 몸통이 짧아지므로 주의한다.

3 보디라인 정돈하기

다리를 높게 차올린 포즈로, 변형된 엉덩이 근육을 주시하며 보디라인을 다듬습니다.

아래팔 근육(주황색)과 삼각근(보라색)의 윤곽을 얇게 그리면 인위적이지 않게 알통(상완이두근)을 표현할 수 있다.

다리를 굽히면 엉덩이 위쪽이 둥글어지고, 엉덩이 아래쪽은 평평해진다.

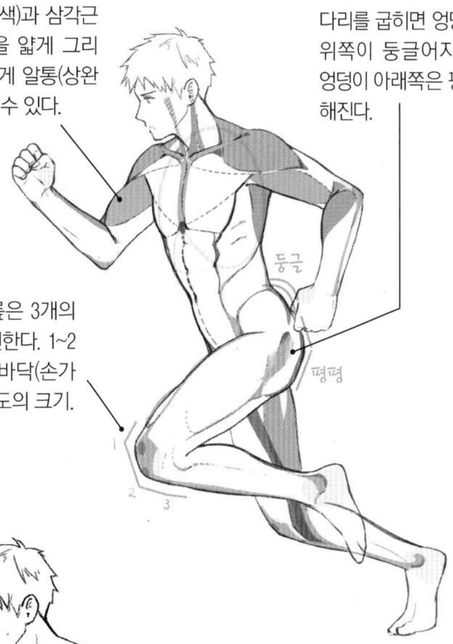

구부린 무릎은 3개의 각으로 표현한다. 1~2의 폭은 손바닥(손가락 제외) 정도의 크기.

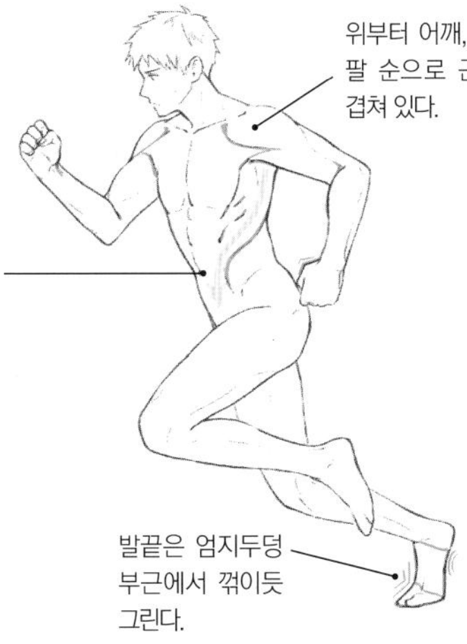

완성

위부터 어깨, 가슴, 팔 순으로 근육이 겹쳐 있다.

가슴과 옆구리 근육은 화살표를 따라 S자로 잡아 당겨지는 이미지로 그린다.

발끝은 엄지두덩 부근에서 꺾이듯 그린다.

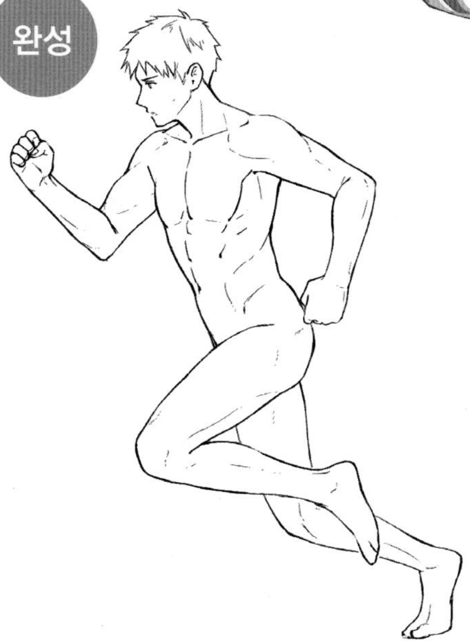

의상 그리는 방법

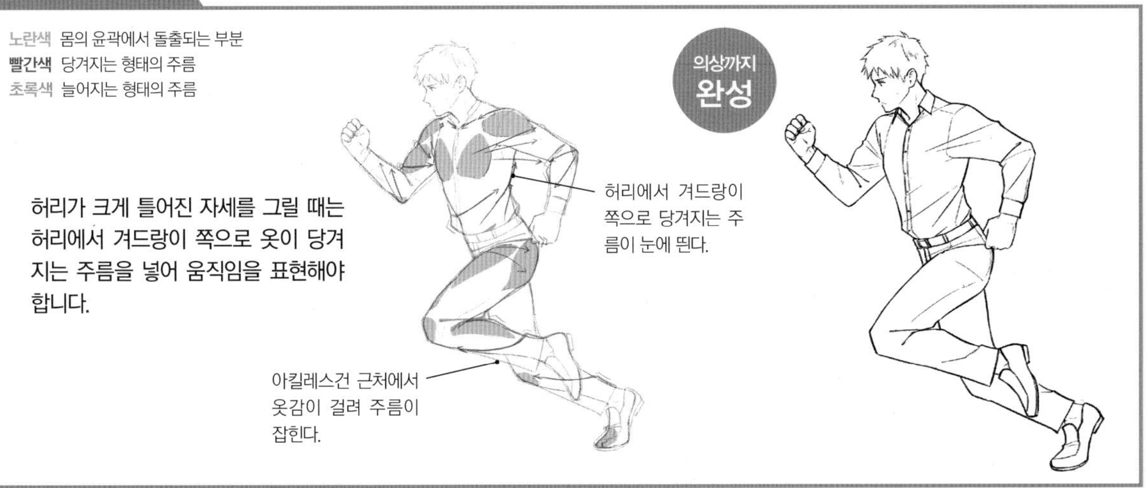

허리가 크게 틀어진 자세를 그릴 때는 허리에서 겨드랑이 쪽으로 옷이 당겨지는 주름을 넣어 움직임을 표현해야 합니다.

기본 포즈 달리는 모습 ② 여성

남성과 마찬가지로 여성도 달리는 동작에서 허리의 비틀림이 중요합니다. 근육이 비교적 얇은 여성은 남성보다 허리의 굴곡이 더욱 강조됩니다.

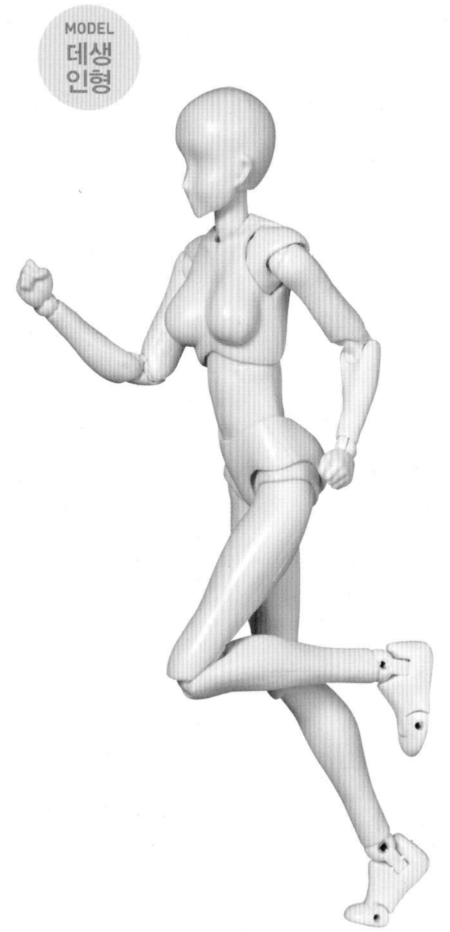

MODEL
데생
인형

1 자세 · 가늠선 잡기

가슴을 살짝 뒤로 젖히고 복부는 자연스러운 곡선으로 그립니다. 흉곽에서 가랑이까지 잘록하게 들어가는 S자를 의식하고, 등과 허리의 윤곽을 그립니다.

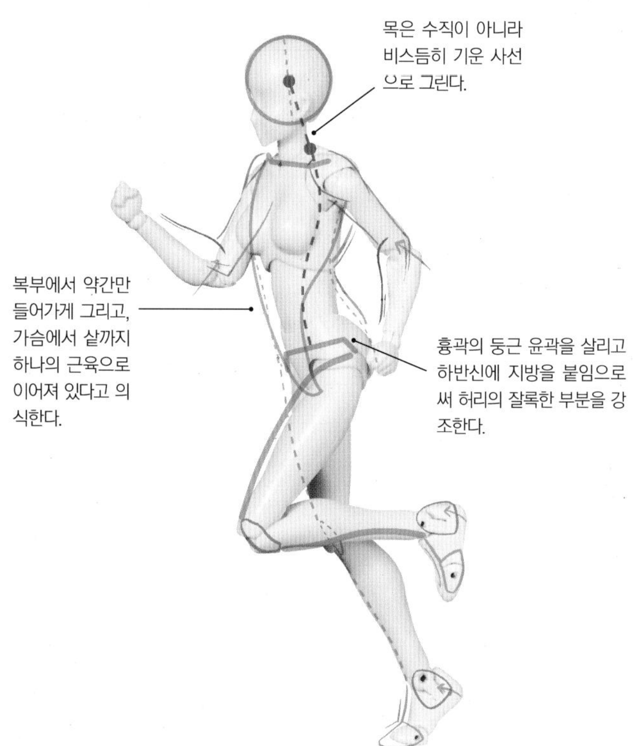

목은 수직이 아니라 비스듬히 기운 사선으로 그린다.
복부에서 약간만 들어가게 그리고, 가슴에서 샅까지 하나의 근육으로 이어져 있다고 의식한다.
흉곽의 둥근 윤곽을 살리고 하반신에 지방을 붙임으로써 허리의 잘록한 부분을 강조한다.

Point 위에서 본 모습

남성과 마찬가지로, 어깨와 골반이 어긋나게 비틀리고 팔을 뒤로 당긴 쪽 가슴~옆구리 근육이 늘어납니다. 근육이 얇아 흉곽과 엉덩이의 둥근 윤곽, 허리의 잘록함이 부각됩니다.

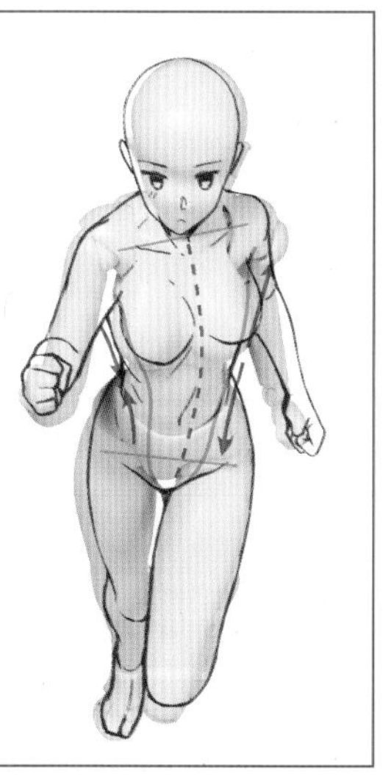

NG 사례

여성스러운 몸짓을 과도하게 의식해서 손목과 어깨를 극단적으로 구부리면, 자세가 부자연스러워지므로 주의합니다.

소녀 캐릭터가 달리는 장면에서 흔히 볼 수 있는 자세이긴 하나, 지나치게 어깨를 움츠리고 있다.

팔을 치켜들고 있는데, 가슴 위치가 낮다.

무릎, 넓적다리는 더 크게 그려야 한다.

정강이가 너무 부풀어 있다. 무릎 아래는 좌우 비대칭으로 부피감을 표현해야 한다.

2 살 붙이기

남성과는 신체 비율을 조금 달리해, 어깨~엉덩이 길이는 머리의 약 2.5배를 기준으로 합니다. 흉골 끝부분이 대략 언더 바스트의 높이입니다.

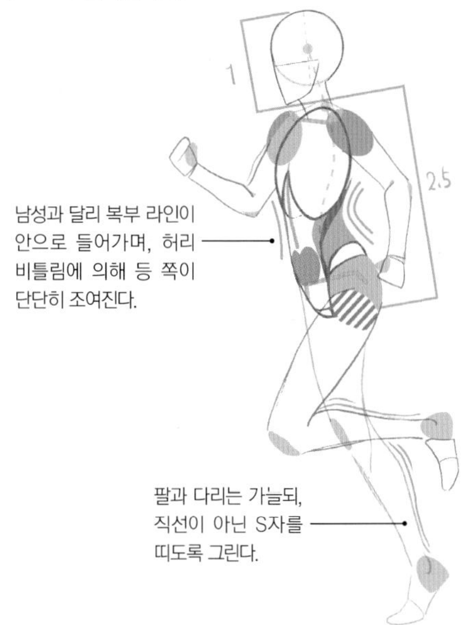
1
2.5
남성과 달리 복부 라인이 안으로 들어가며, 허리 비틀림에 의해 등 쪽이 단단히 조여진다.
팔과 다리는 가늘되, 직선이 아닌 S자를 띠도록 그린다.

3 보디라인 정돈하기

남성과 달리 허리, 엉덩이, 넓적다리는 매끄러운 곡선으로 연결된다는 점을 의식하면서 마무리합니다.

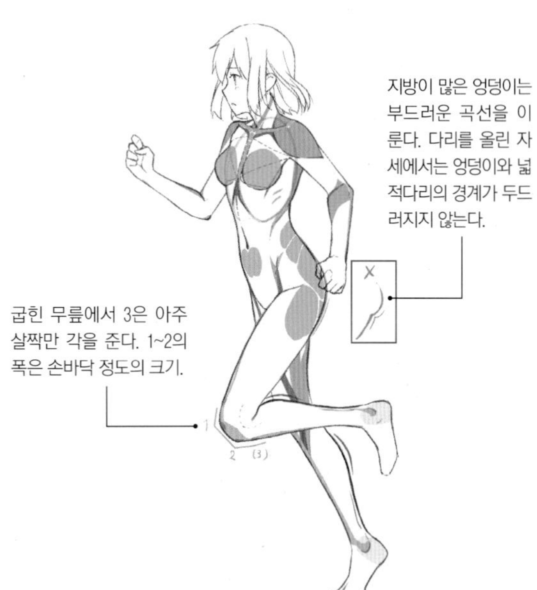
지방이 많은 엉덩이는 부드러운 곡선을 이룬다. 다리를 올린 자세에서는 엉덩이와 넓적다리의 경계가 두드러지지 않는다.
굽힌 무릎에서 3은 아주 살짝만 각을 준다. 1~2의 폭은 손바닥 정도의 크기.

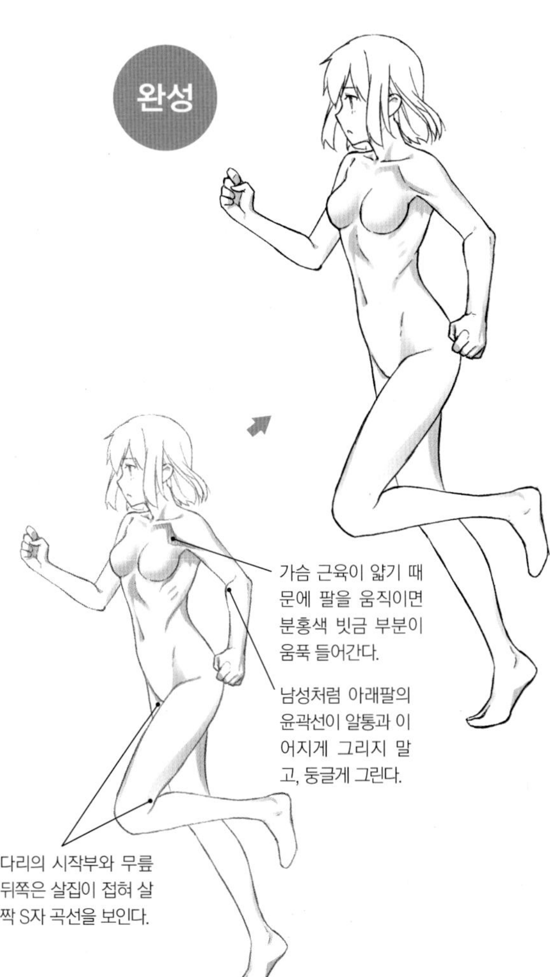
완성
가슴 근육이 얇기 때문에 팔을 움직이면 분홍색 빗금 부분이 움푹 들어간다.
남성처럼 아래팔의 윤곽선이 알통과 이어지게 그리지 말고, 둥글게 그린다.
다리의 시작부와 무릎 뒤쪽은 살집이 접혀 살짝 S자 곡선을 보인다.

의상 그리는 방법

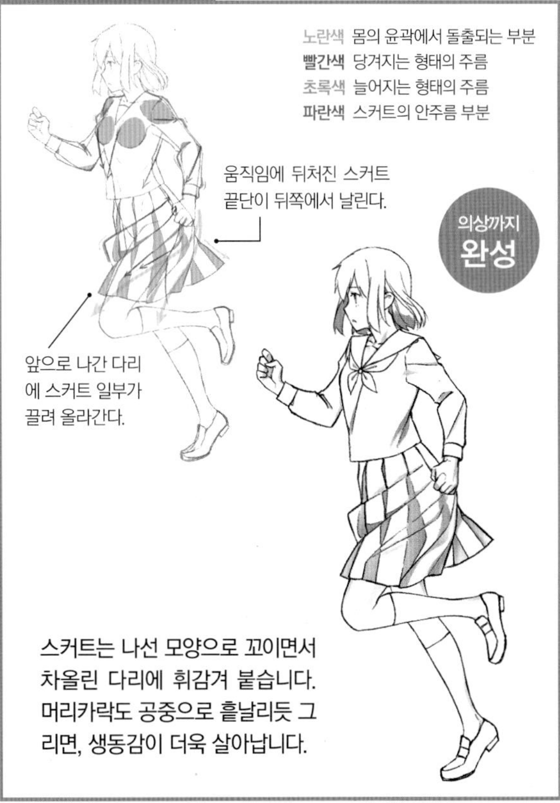
노란색 몸의 윤곽에서 돌출되는 부분
빨간색 당겨지는 형태의 주름
초록색 늘어지는 형태의 주름
파란색 스커트의 안주름 부분
움직임에 뒤처진 스커트 끝단이 뒤쪽에서 날린다.
의상까지 완성
앞으로 나간 다리에 스커트 일부가 끌려 올라간다.

스커트는 나선 모양으로 꼬이면서 차올린 다리에 휘감겨 붙습니다. 머리카락도 공중으로 흩날리듯 그리면, 생동감이 더욱 살아납니다.

앉아 있는 모습 ① 남성

의자 등받이에 팔을 걸치고 편안하게 앉아 있는 포즈입니다. 등이 약간 굽으므로 배가 안으로 들어간다는 점을 주의하며 그립니다.

MODEL
데생
인형

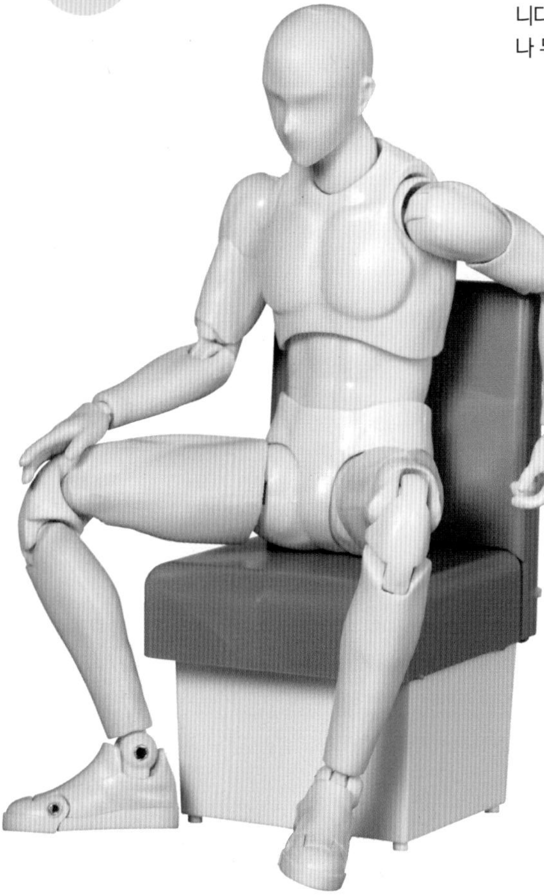

1 자세 · 가늠선 잡기

등이 약간 굽어 있어, 쇄골과 샅을 잇는 정중선은 완만한 아치형을 그립니다. 엉덩이와 의자의 앉는 면, 발바닥과 바닥이 잘 맞닿도록 의자 높이나 무릎 굽힘 정도를 조정해 가늠선을 잡습니다.

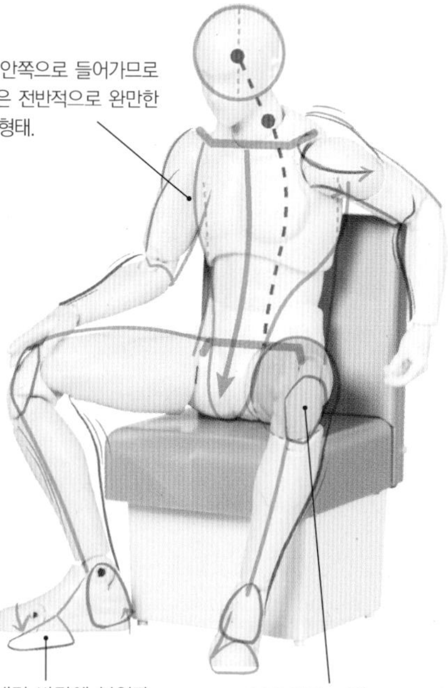

배가 안쪽으로 들어가므로 몸통은 전반적으로 완만한 아치 형태.

발끝을 내려 바닥에 붙인다. 발뒤꿈치를 약간 올리면 보다 자연스러운 포즈가 된다.

정면을 향하고 있는 넓적다리는 둥그스름한 형태를 띤다.

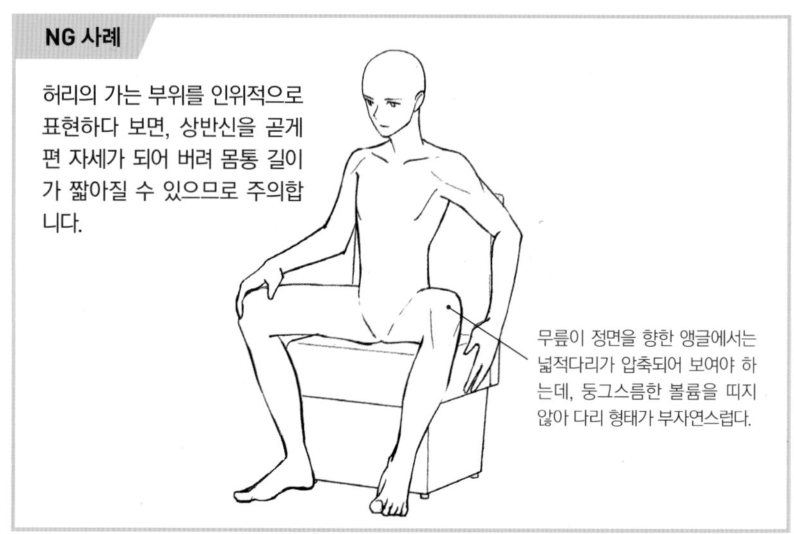

NG 사례

허리의 가는 부위를 인위적으로 표현하다 보면, 상반신을 곧게 편 자세가 되어 버려 몸통 길이가 짧아질 수 있으므로 주의합니다.

2 살 붙이기

등이 앞으로 구부러지면서 기울기가 상쇄되어, 뒤로 기울어 있던 흉곽이 약간 세워집니다. 엉덩이 상부(중둔근)를 생략하고 골반에서 바로 다리를 그리지 않도록 주의합니다.

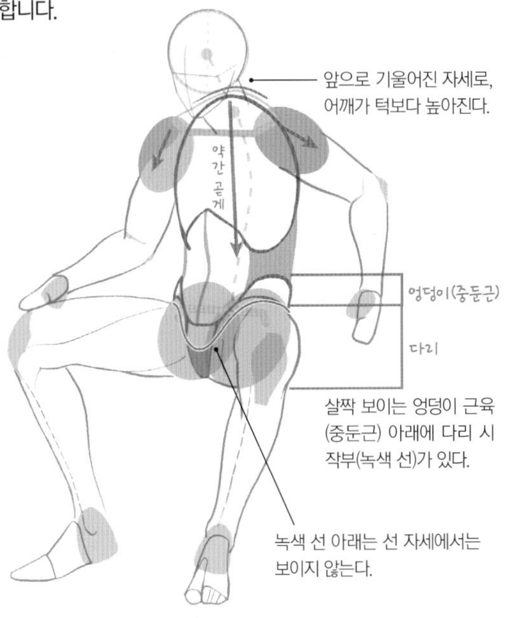
앞으로 기울어진 자세로, 어깨가 턱보다 높아진다.
약간 곧게
엉덩이(중둔근)
다리
살짝 보이는 엉덩이 근육(중둔근) 아래에 다리 시작부(녹색 선)가 있다.
녹색 선 아래는 선 자세에서는 보이지 않는다.

3 보디라인 정돈하기

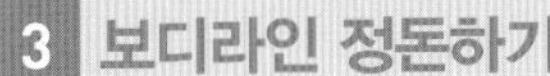

먼저 그린 복부의 가슴선에 맞추어 복근을 그립니다.

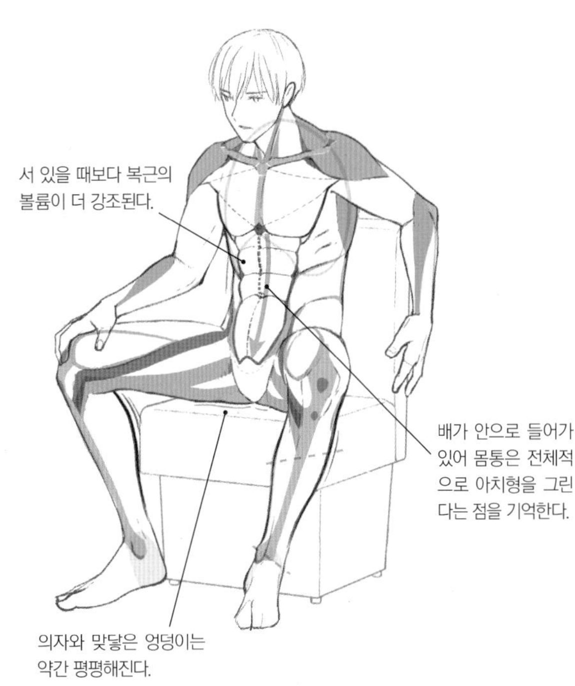
서 있을 때보다 복근의 볼륨이 더 강조된다.
배가 안으로 들어가 있어 몸통은 전체적으로 아치형을 그린다는 점을 기억한다.
의자와 맞닿은 엉덩이는 약간 평평해진다.

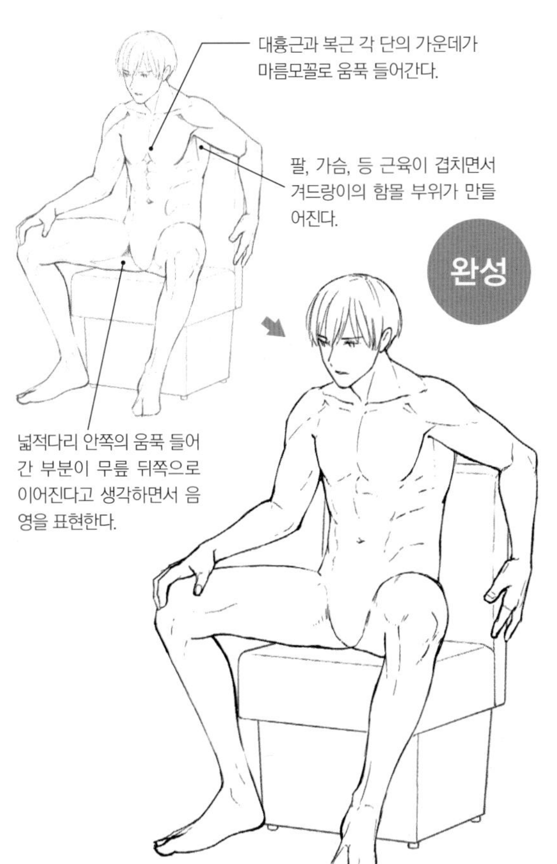
대흉근과 복근 각 단의 가운데가 마름모꼴로 움푹 들어간다.
팔, 가슴, 등 근육이 겹치면서 겨드랑이의 함몰 부위가 만들어진다.
완성
넓적다리 안쪽의 움푹 들어간 부분이 무릎 뒤쪽으로 이어진다고 생각하면서 음영을 표현한다.

의상 그리는 방법

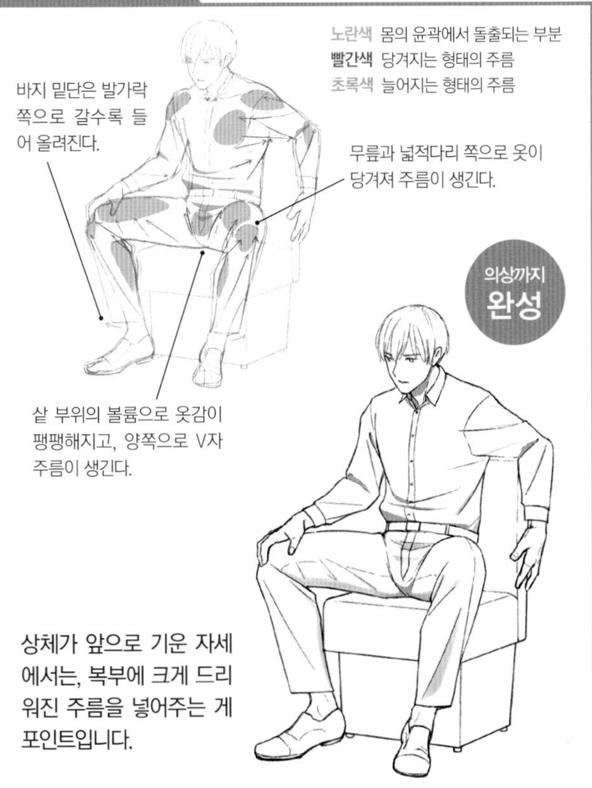
노란색 몸의 윤곽에서 돌출되는 부분
빨간색 당겨지는 형태의 주름
초록색 늘어지는 형태의 주름
바지 밑단은 발가락 쪽으로 갈수록 들어 올려진다.
무릎과 넓적다리 쪽으로 옷이 당겨져 주름이 생긴다.
의상까지 완성
샅 부위의 볼륨으로 옷감이 팽팽해지고, 양쪽으로 V자 주름이 생긴다.

상체가 앞으로 기운 자세에서는, 복부에 크게 드리워진 주름을 넣어주는 게 포인트입니다.

앉아 있는 모습 ② 여성

무릎을 모으고 앉은 포즈는 단정하고 차분한 분위기를 자아냅니다. 넓적다리는 원근법에 의해 조금 단축되고, 의자의 앉는 면도 먼 쪽일수록 좁아진다는 점을 주의해야 합니다.

MODEL 데생 인형

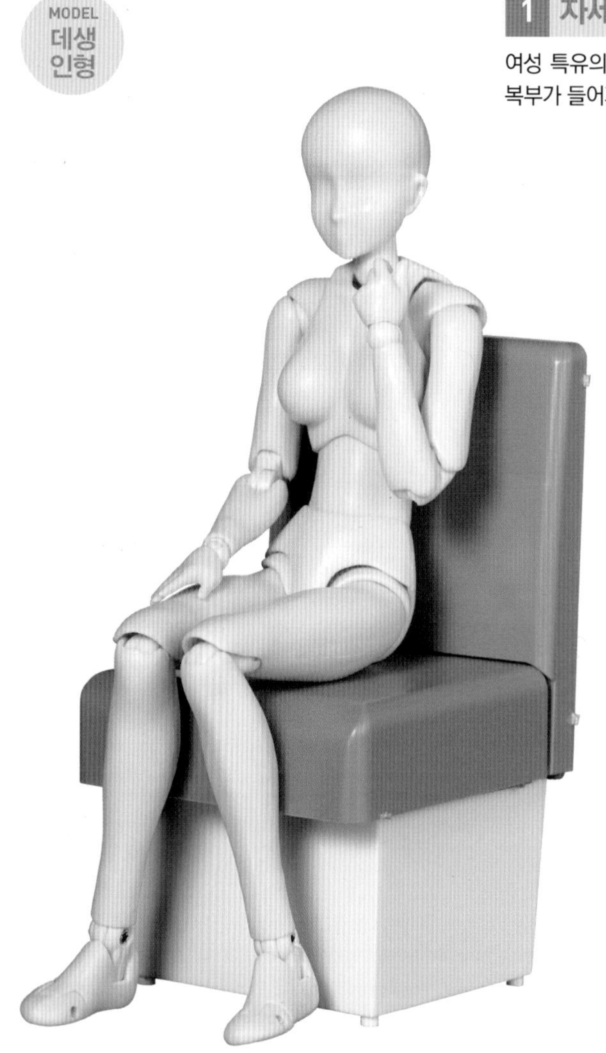

1 자세 · 가늠선 잡기

여성 특유의 잘록한 굴곡을 강조하는 것이 아니라, 남성과 마찬가지로 복부가 들어가면서 몸통이 아치형을 띠도록 그립니다.

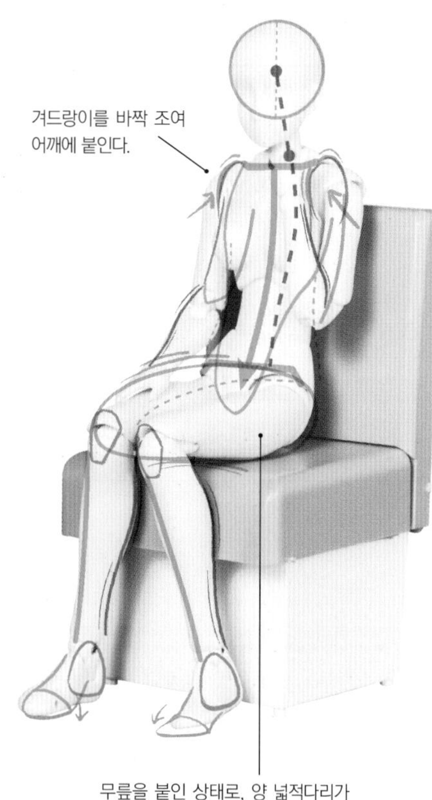
겨드랑이를 바짝 조여
어깨에 붙인다.
무릎을 붙인 상태로, 양 넓적다리가
한 덩어리의 누에고치처럼 보인다.

Point 의자의 원근감

의자를 그릴 때 선에 기울기를 주어 원근감을 과도하게 표현하면, 인물이 공중에 붕 뜬 듯이 보일 수 있습니다. 이 책의 데생 인형 이미지는 망원렌즈로 촬영해서 원근감이 두드러지지 않습니다. 뒤쪽 사선으로 뻗은 의자의 윤곽선은 거의 평행하게 그립니다.

※ 망원렌즈는 공간을 인위적으로 압축해 원근감이 약화되고 심도가 얕아지는 특성이 있다.

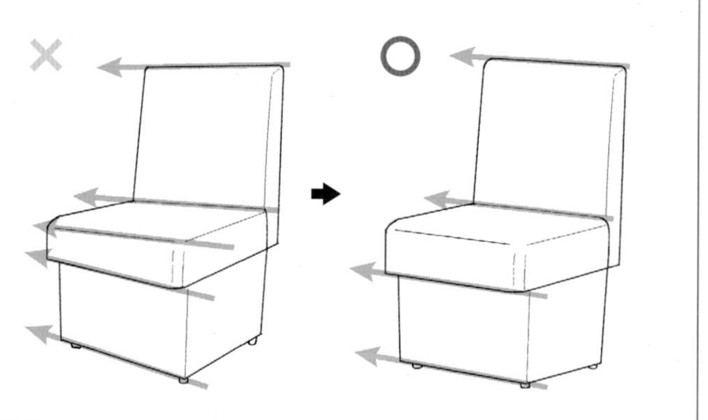
×
○

2 살 붙이기

가려져서 잘 보이지 않는 오른쪽 중둔근은 왼쪽 중둔근과 비슷한 크기입니다. 반드시 오른쪽 중둔근의 가늠선을 그린 후에 다리를 그립니다.

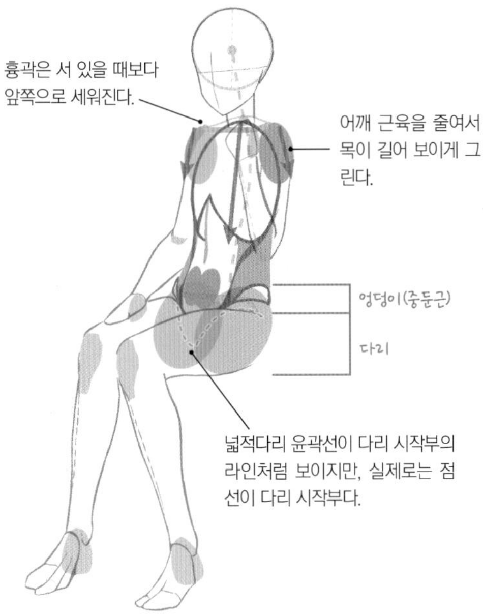
흉곽은 서 있을 때보다 앞쪽으로 세워진다.
어깨 근육을 줄여서 목이 길어 보이게 그린다.
엉덩이(중둔근)
다리
넓적다리 윤곽선이 다리 시작부의 라인처럼 보이지만, 실제로는 점선이 다리 시작부다.

3 보디라인 정돈하기

오른쪽 종아리에서는 정강이뼈 바깥쪽 부위(노란색)가 살짝 보이지만, 각도가 다른 왼쪽 다리에서는 정강이뼈 너머의 안쪽 부위가 거의 보이지 않습니다.

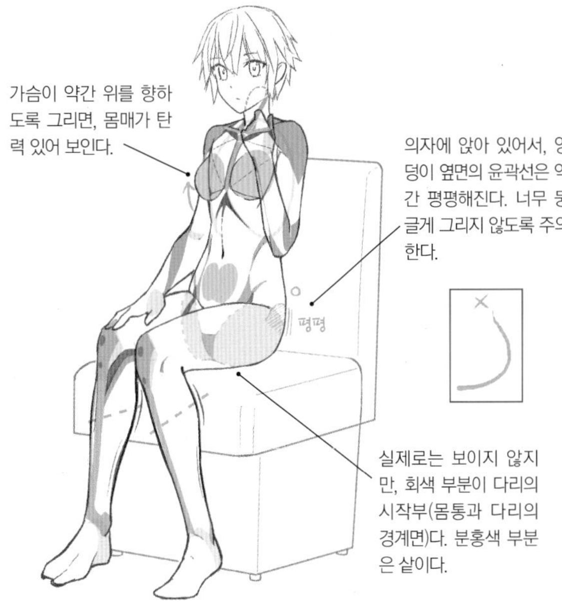
가슴이 약간 위를 향하도록 그리면, 몸매가 탄력 있어 보인다.
의자에 앉아 있어서, 엉덩이 옆면의 윤곽선은 약간 평평해진다. 너무 둥글게 그리지 않도록 주의한다.
평평
실제로는 보이지 않지만, 회색 부분이 다리의 시작부(몸통과 다리의 경계면)다. 분홍색 부분은 살이다.

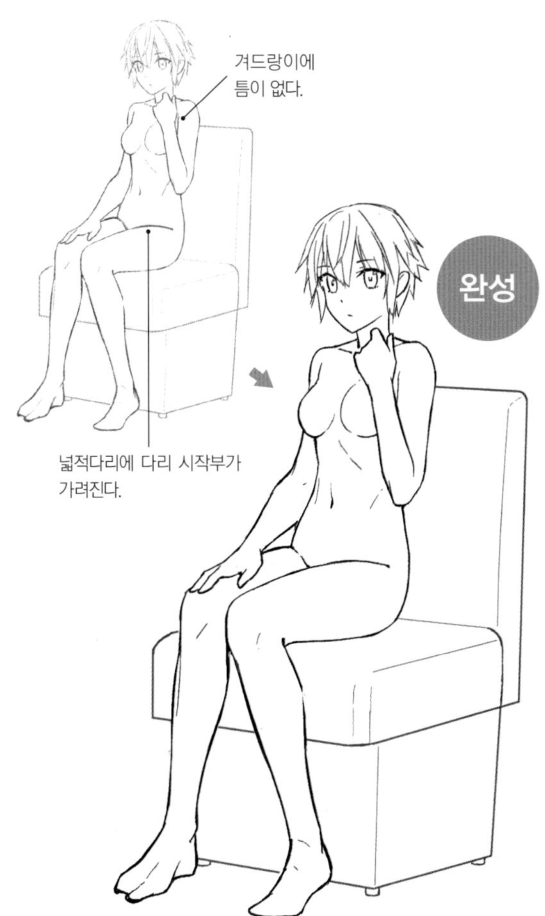
겨드랑이에 틈이 없다.
완성
넓적다리에 다리 시작부가 가려진다.

의상 그리는 방법

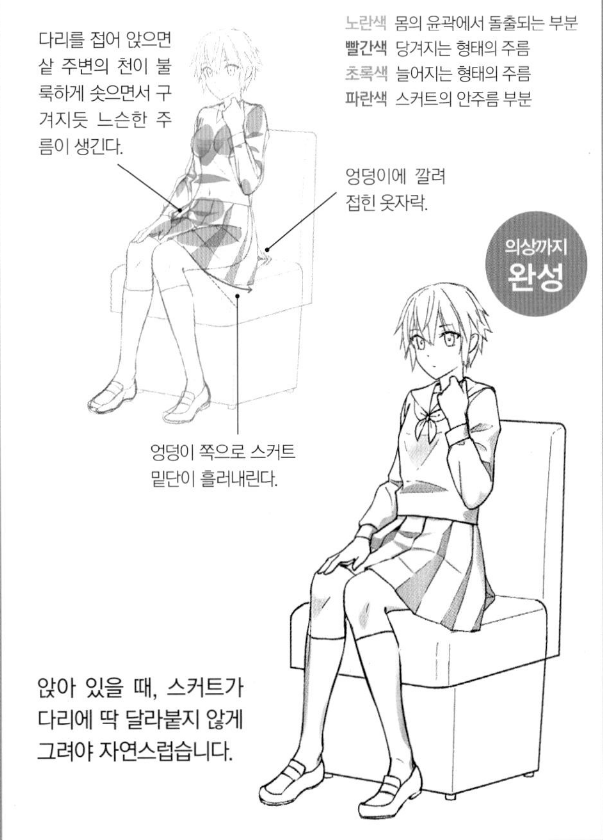
노란색 몸의 윤곽에서 돌출되는 부분
빨간색 당겨지는 형태의 주름
초록색 늘어지는 형태의 주름
파란색 스커트의 안주름 부분
다리를 접어 앉으면 살 주변의 천이 불룩하게 솟으면서 구겨지듯 느슨한 주름이 생긴다.
엉덩이에 깔려 접힌 옷자락.
의상까지 완성
엉덩이 쪽으로 스커트 밑단이 흘러내린다.

앉아 있을 때, 스커트가 다리에 딱 달라붙지 않게 그려야 자연스럽습니다.

기본 포즈 누워 있는 모습 ① 남성

한쪽 무릎을 세운 채 편안하게 누워 있는 포즈입니다. 완전히 위를 향해 누우면 얼굴이 잘 보이지 않아 캐릭터의 감정을 잘 표현할 수 없으므로 베개나 손바닥을 포개어 뒤통수를 받치고 상반신을 조금 세워 눕습니다.

MODEL 데생 인형

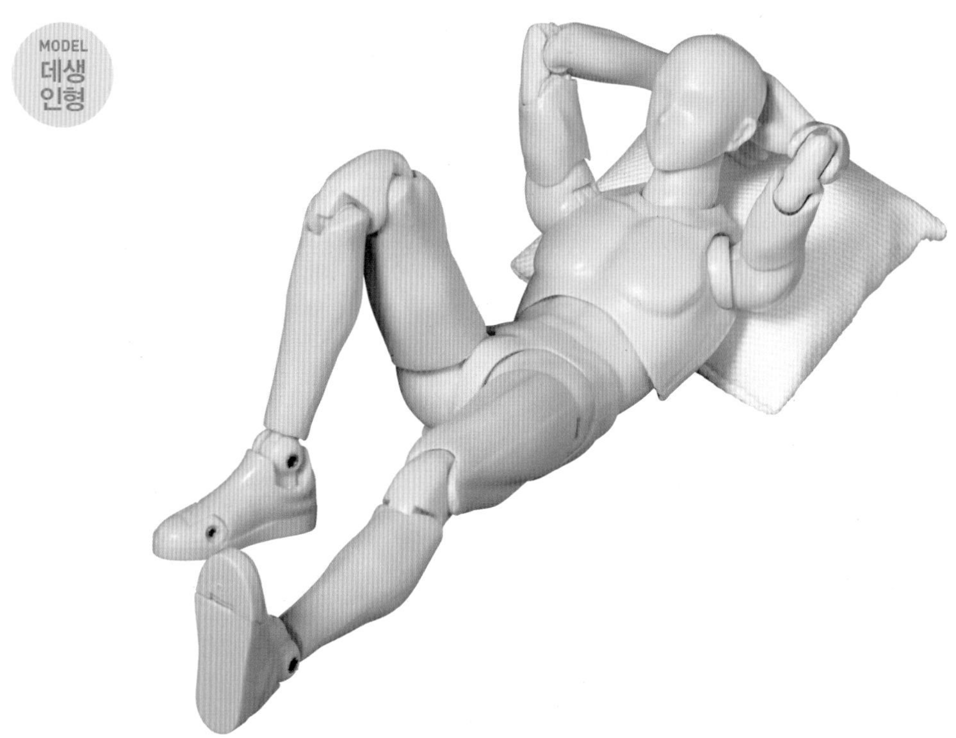

1 자세 · 가늠선 잡기

배가 안쪽으로 들어가고 등을 구부린 자세로 그립니다. 머리가 베개에 약간 파묻히도록 그리면 자연스러운 포즈가 됩니다.

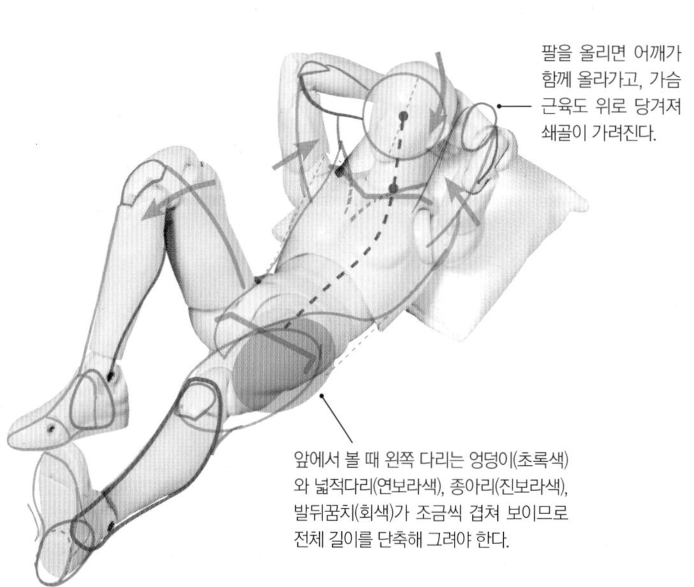
팔을 올리면 어깨가 함께 올라가고, 가슴 근육도 위로 당겨져 쇄골이 가려진다.
앞에서 볼 때 왼쪽 다리는 엉덩이(초록색)와 넓적다리(연보라색), 종아리(진보라색), 발뒤꿈치(회색)가 조금씩 겹쳐 보이므로 전체 길이를 단축해 그려야 한다.

NG 사례

어깨가 너무 낮습니다. 쇄골과 가슴 근육의 변형이 반영되지 않아 포즈가 어색합니다. 분홍색 선이 올바른 위치. 목과 팔 사이에 공간이 생기지 않도록 주의합니다.

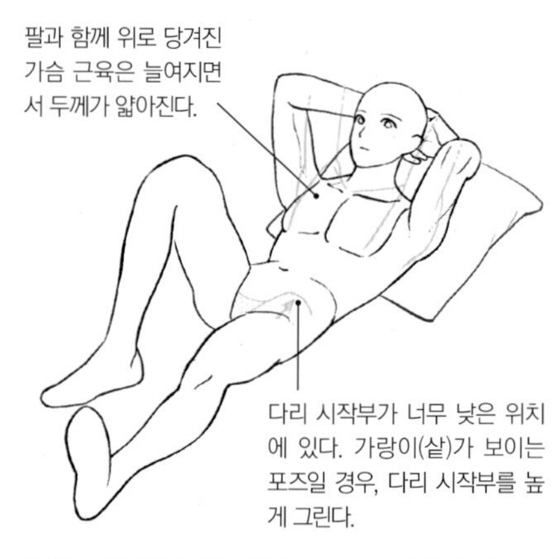
팔과 함께 위로 당겨진 가슴 근육은 늘여지면서 두께가 얇아진다.
다리 시작부가 너무 낮은 위치에 있다. 가랑이(살)가 보이는 포즈일 경우, 다리 시작부를 높게 그린다.

2 살 붙이기

넓적다리의 둥그스름한 윤곽을 강조하면 오른쪽 다리의 단축된 형태가 눈에 띕니다. 이때 다리를 길게 수정하면 포즈가 어색해지므로 주의합니다.

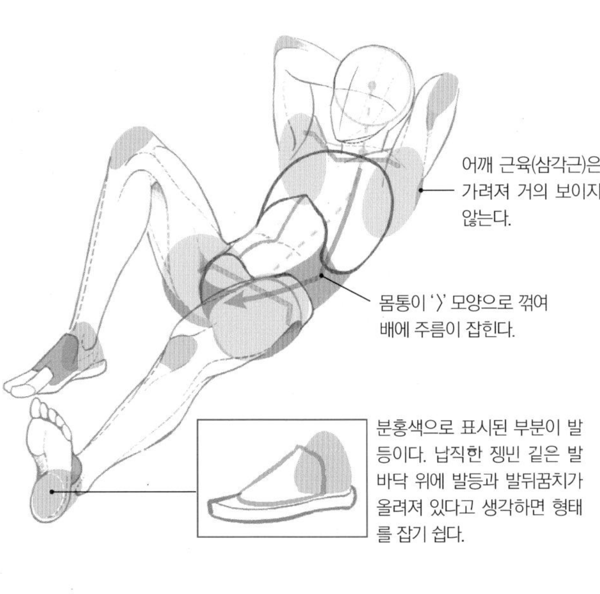

어깨 근육(삼각근)은 가려져 거의 보이지 않는다.
몸통이 '〉' 모양으로 꺾여 배에 주름이 잡힌다.
분홍색으로 표시된 부분이 발등이다. 납작한 젱빈 같은 발바닥 위에 발등과 발뒤꿈치가 올려져 있다고 생각하면 형태를 잡기 쉽다.

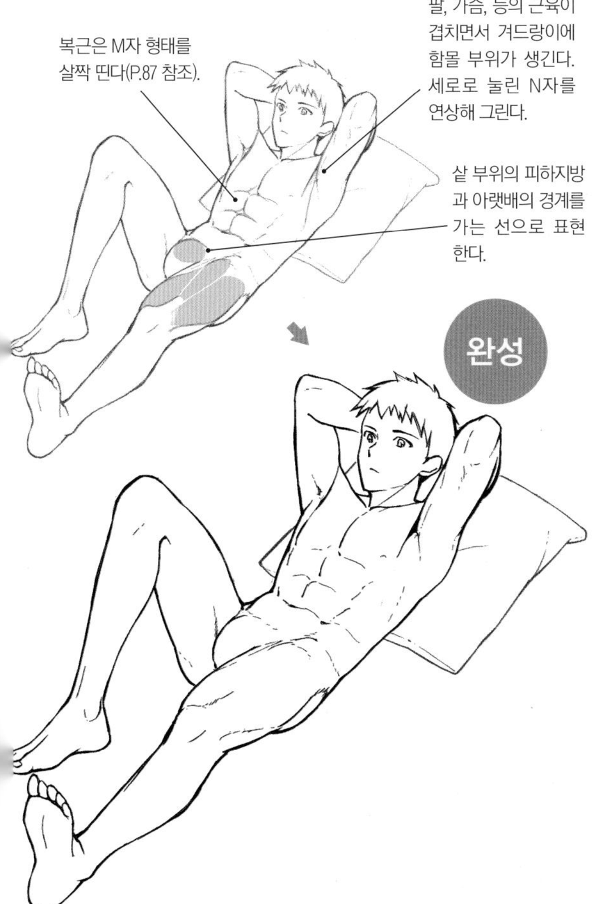

복근은 M자 형태를 살짝 띤다(P.87 참조).
팔, 가슴, 등의 근육이 겹치면서 겨드랑이에 함몰 부위가 생긴다. 세로로 눌린 N자를 연상해 그린다.
살 부위의 피하지방과 아랫배의 경계를 가는 선으로 표현한다.
완성

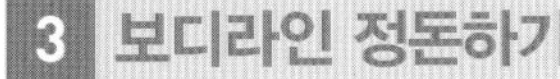

3 보디라인 정돈하기

실제로는 대흉근이 훨씬 얇고 긴 형태로 늘여지기 때문에 데생 인형과 같은 윤곽은 거의 보이지 않게 됩니다. 대신 눈에 띄는 것이 광배근(주황색)입니다.

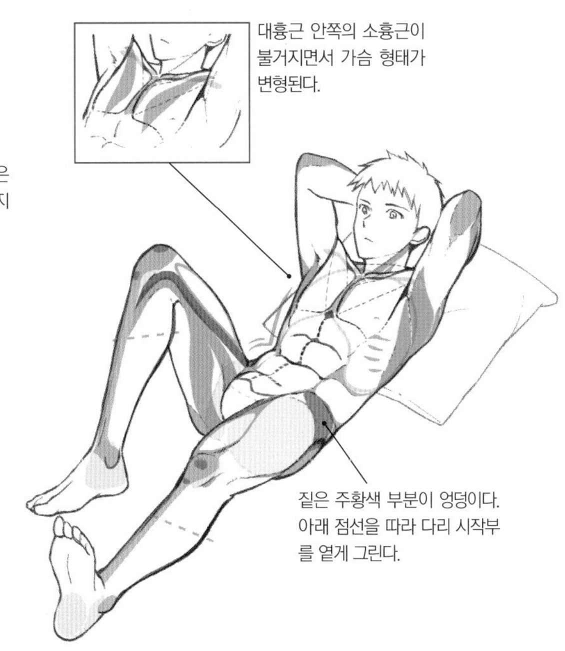

대흉근 안쪽의 소흉근이 불거지면서 가슴 형태가 변형된다.
짙은 주황색 부분이 엉덩이다. 아래 점선을 따라 다리 시작부를 옅게 그린다.

의상 그리는 방법

노란색 몸의 윤곽에서 돌출되는 부분
빨간색 당겨지는 형태의 주름
초록색 늘어지는 형태의 주름

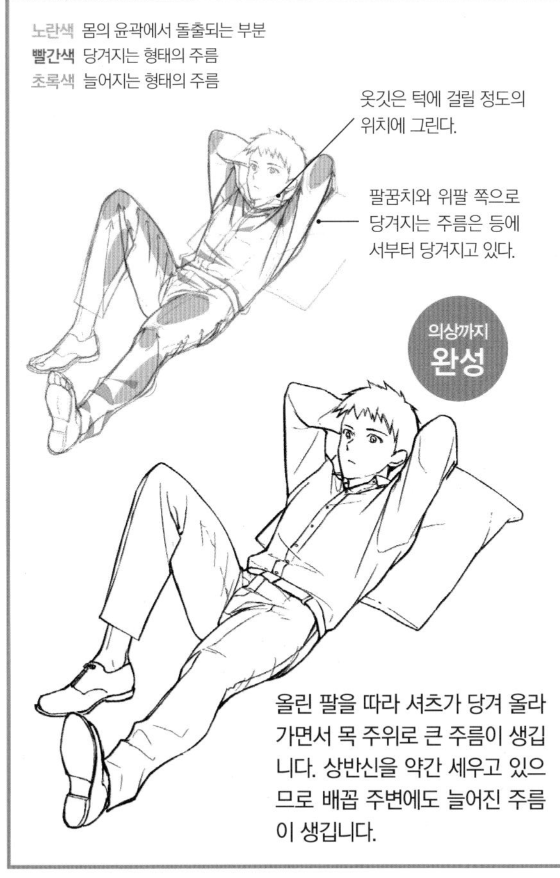

옷깃은 턱에 걸릴 정도의 위치에 그린다.
팔꿈치와 위팔 쪽으로 당겨지는 주름은 등에서부터 당겨지고 있다.
의상까지 완성

올린 팔을 따라 셔츠가 당겨 올라가면서 목 주위로 큰 주름이 생깁니다. 상반신을 약간 세우고 있으므로 배꼽 주변에도 늘어진 주름이 생깁니다.

누워 있는 모습 ② 여성

엎드려 누운 포즈는 상반신과 하반신을 자연스럽게 이어 그리는 것이 중요합니다. 흉곽, 허리, 엉덩이의 형태를 각각 살려 등의 굴곡을 표현합니다.

MODEL 데생 인형

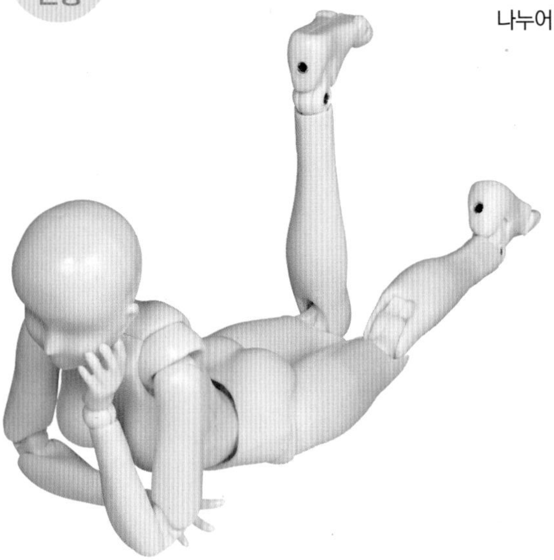

1 자세 · 가늠선 잡기

타원 모양의 흉곽, 평평한 허리, 복숭아 모양의 엉덩이 이렇게 세 부분으로 나누어 몸통의 가늠선을 잡고, 등이 가볍게 뒤로 휘어지도록 그립니다.

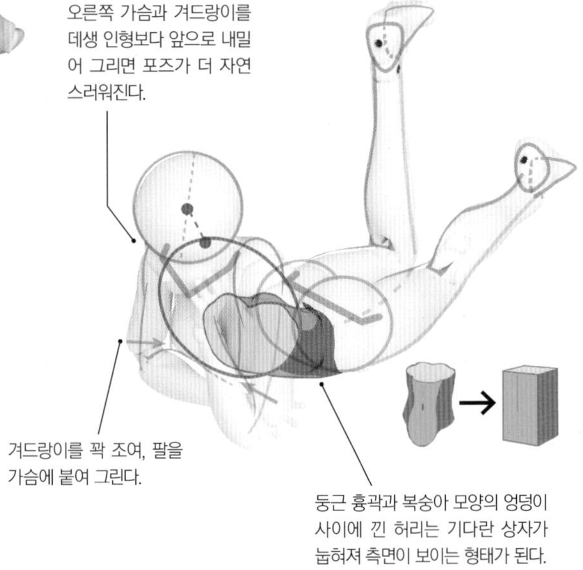

오른쪽 가슴과 겨드랑이를 데생 인형보다 앞으로 내밀어 그리면 포즈가 더 자연스러워진다.

겨드랑이를 꽉 조여, 팔을 가슴에 붙여 그린다.

둥근 흉곽과 복숭아 모양의 엉덩이 사이에 낀 허리는 기다란 상자가 눕혀져 측면이 보이는 형태가 된다.

Point 무릎의 구조

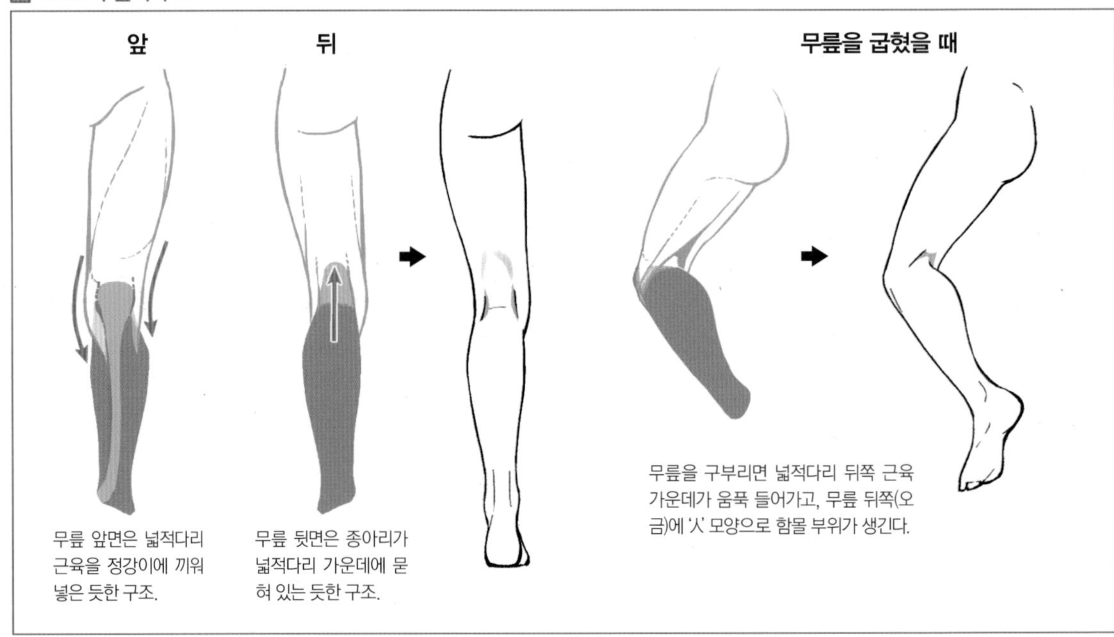
앞
뒤
무릎을 굽혔을 때
무릎 앞면은 넓적다리 근육을 정강이에 끼워 넣은 듯한 구조.
무릎 뒷면은 종아리가 넓적다리 가운데에 묻혀 있는 듯한 구조.
무릎을 구부리면 넓적다리 뒤쪽 근육 가운데가 움푹 들어가고, 무릎 뒤쪽(오금)에 'ㅅ' 모양으로 함몰 부위가 생긴다.

2 살 붙이기

흉곽 가슴선과 허리의 윤곽을 유지하면서, 등이 꺾인 형태나 오목하게 들어간 부분을 그립니다.

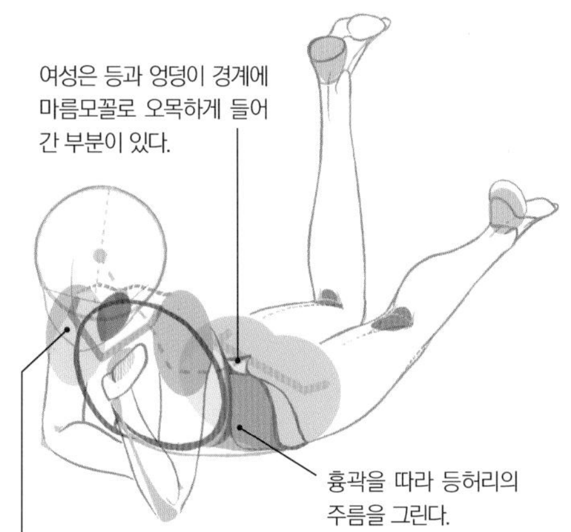

여성은 등과 엉덩이 경계에 마름모꼴로 오목하게 들어간 부분이 있다.
흉곽을 따라 등허리의 주름을 그린다.
쇄골과 승모근은 목을 중심으로 하트 모양을 형성한다.

3 보디라인 정돈하기

활처럼 등이 휘어진 자세임을 생각하면서 세밀한 부분을 그립니다. 발뒤꿈치를 강조하고, 발끝은 발가락이 살짝 보일 정도로 표현합니다.

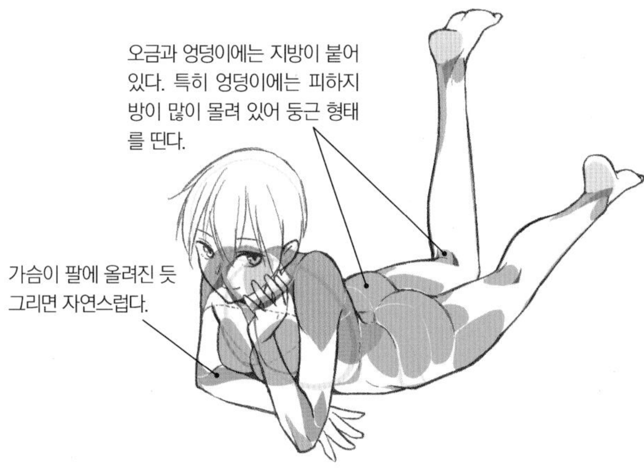

오금과 엉덩이에는 지방이 붙어 있다. 특히 엉덩이에는 피하지방이 많이 몰려 있어 둥근 형태를 띤다.
가슴이 팔에 올려진 듯 그리면 자연스럽다.

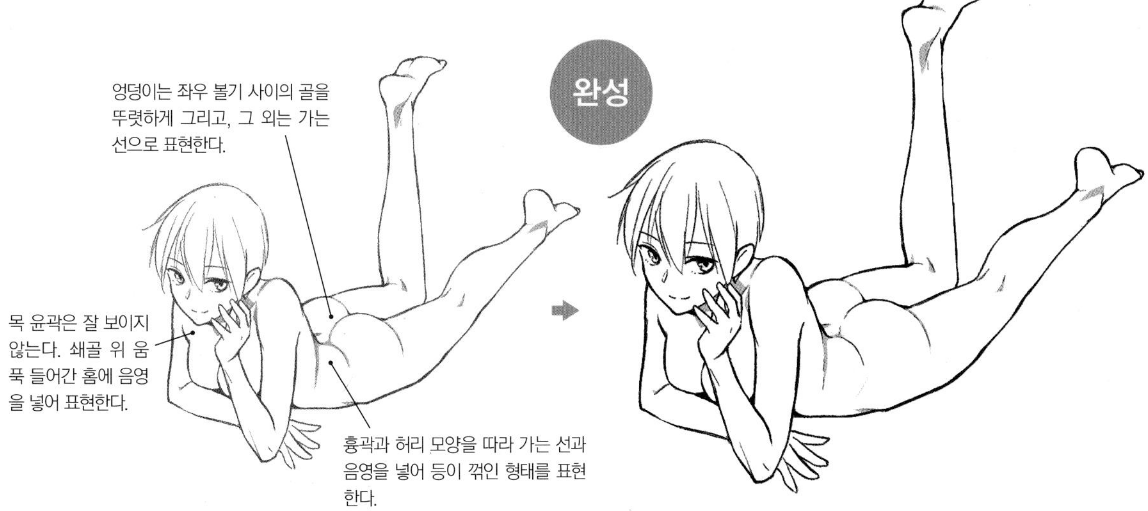

엉덩이는 좌우 볼기 사이의 골을 뚜렷하게 그리고, 그 외는 가는 선으로 표현한다.
목 윤곽은 잘 보이지 않는다. 쇄골 위 움푹 들어간 홈에 음영을 넣어 표현한다.
흉곽과 허리 모양을 따라 가는 선과 음영을 넣어 등이 꺾인 형태를 표현한다.
완성

의상 그리는 방법

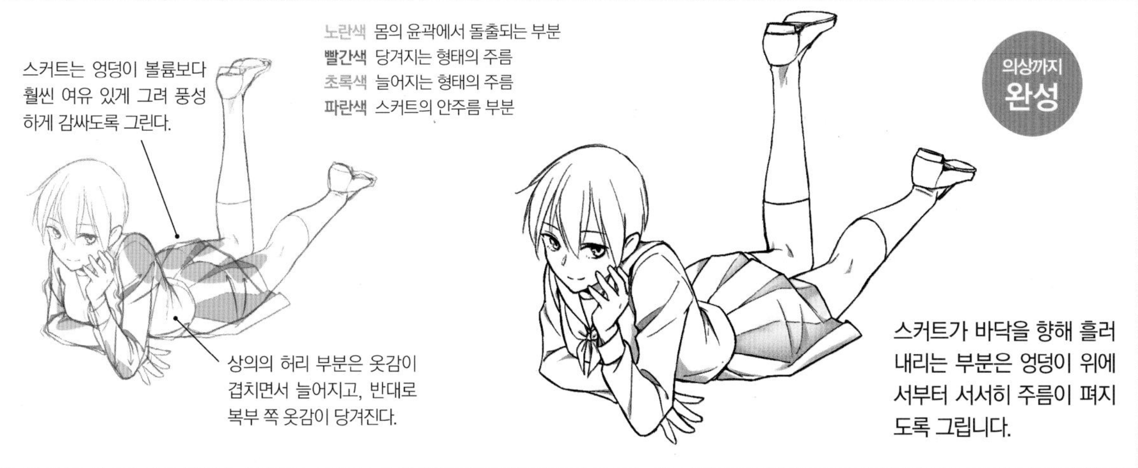

노란색 몸의 윤곽에서 돌출되는 부분
빨간색 당겨지는 형태의 주름
초록색 늘어지는 형태의 주름
파란색 스커트의 안주름 부분
스커트는 엉덩이 볼륨보다 훨씬 여유 있게 그려 풍성하게 감싸도록 그린다.
상의의 허리 부분은 옷감이 겹치면서 늘어지고, 반대로 복부 쪽 옷감이 당겨진다.
의상까지 완성

스커트가 바닥을 향해 흘러내리는 부분은 엉덩이 위에서부터 서서히 주름이 펴지도록 그립니다.

COLUMN1

손 그리기

기본 형태

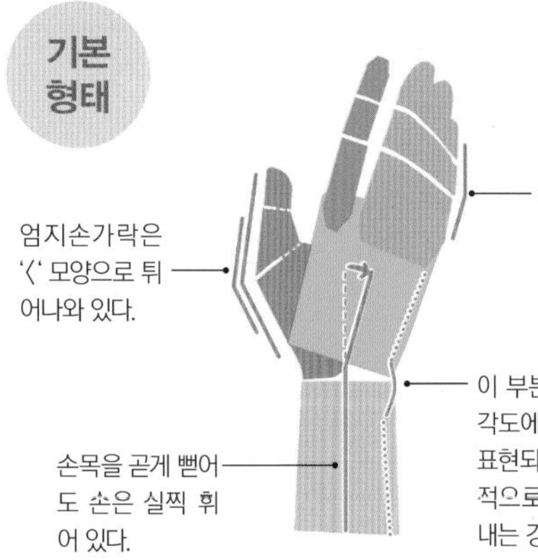

엄지손가락은 '〈' 모양으로 튀어나와 있다.

손바닥이 안쪽으로 약간 오므려져 있으므로 새끼손가락에 가까워질수록 옆으로 가볍게 휘어진 듯 그린다.

손목을 곧게 뻗어도 손은 실찍 휘어 있다.

이 부분이 척골이다. 보는 각도에 따라 윤곽선으로 표현되기도 하지만, 기본적으로는 음영으로 나타내는 경우가 많다.

손 그리기 POINT❶ 손목과 명확히 구분하기

항상 손목에 각도를 주어 그리고, 손바닥의 도톰한 부분을 표현해 손과 팔의 경계가 분명하도록 그립니다. 데생 인형의 손바닥이 잘 안 보일 때도 일러스트에서는 크게 표현합니다.

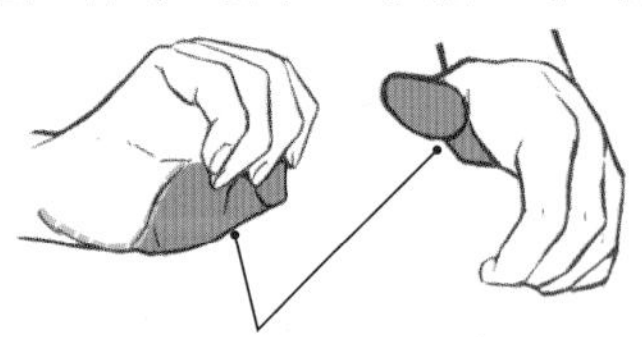

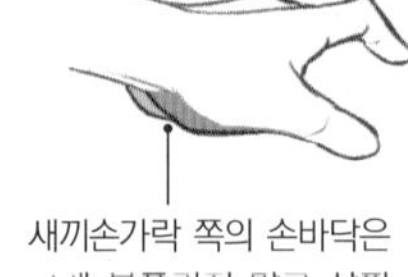

특히 엄지손가락 아래의 도톰한 부분이 도드라진다.

새끼손가락 쪽의 손바닥은 크게 부풀리지 말고 살짝 그려 넣는다.

손 그리기 POINT❷ 골격 부분은 각을 살려 표현하기

손목과 손가락의 단면은 매끈한 원형이 아닙니다. 단단한 골격과 힘줄에 의해 각이 지거나, 평평하거나, 함몰된 부분이 있습니다. 곡선적인 손바닥과 각진 손등을 구분해 그립니다.

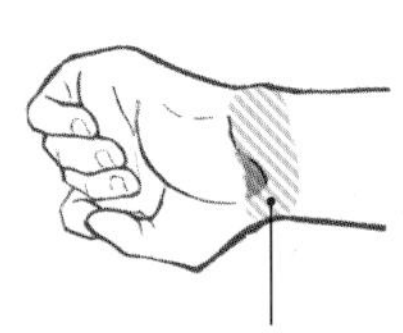

손목의 단면은 골격의 형태가 거의 그대로 반영되는데, 납작한 사각형에 가깝다. 가는 선과 음영으로 표현한다.

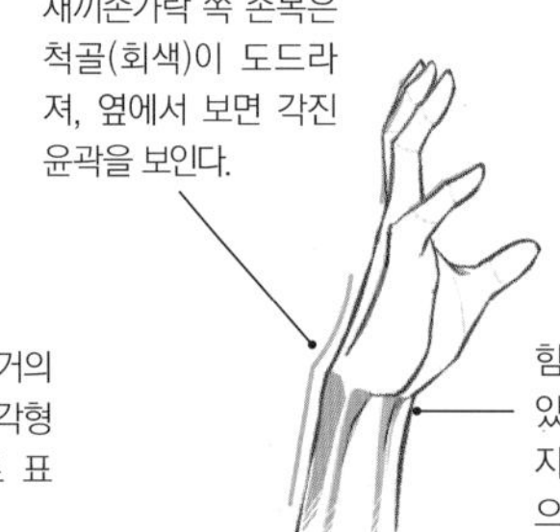

새끼손가락 쪽 손목은 척골(회색)이 도드라져, 옆에서 보면 각진 윤곽을 보인다.

힘줄(주황색)에 의해 길고 오목하게 파인 부분이 있다. 손목 안쪽 중심과 양옆으로 두드러진다. 엄지손가락과 이어지는 힘줄에 의해 기다란 삼각형으로 움푹 들어가는 부분도 있다.

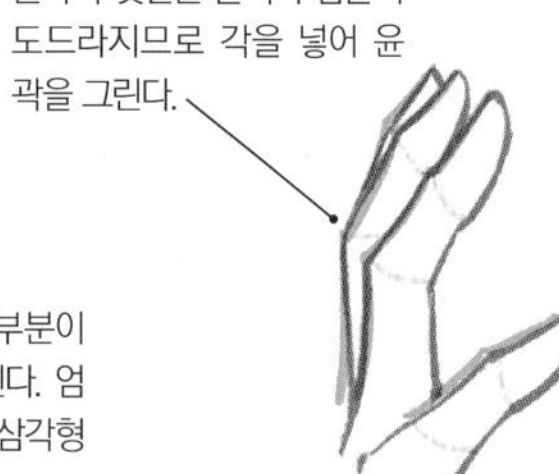

손가락 윗면은 골격과 힘줄이 도드라지므로 각을 넣어 윤곽을 그린다.

손 그리기 POINT❸ 엄지와 검지를 강조해 그린다

모든 손가락을 똑같이 나열하기보다는 '주인공 손가락'이 있는 편이 유연하고 자연스러운 손의 형태를 표현하는 데 효과적입니다. 손가락에서 가장 눈에 띄는 엄지와 검지를 전체 실루엣에서 부각시켜 그립니다.

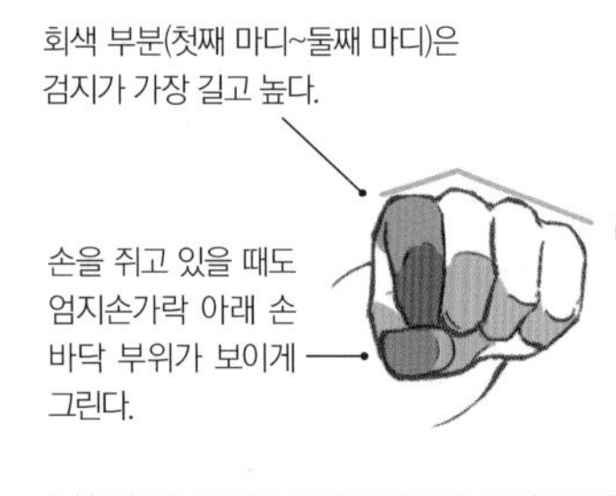

회색 부분(첫째 마디~둘째 마디)은 검지가 가장 길고 높다.

손을 쥐고 있을 때도 엄지손가락 아래 손바닥 부위가 보이게 그린다.

손가락으로 무언가를 쥐거나 잡은 상태를 그릴 때 다른 손가락보다 검지가 약간 튀어나오도록 그리면 자연스럽다.

손가락과 이어지는 손등(손허리뼈)은 중지 부분이 가장 높게 돌출되도록 그린다.

엄지손가락이 거의 보이지 않는 각도에서는 새끼손가락을 옆으로 벌려 눈에 띄게 그린다.

손가락 그릴 때 주의점

손가락을 펴면 중지를 정점으로 손끝이 아치를 그립니다. 손가락을 평행하게 나열하지 말고, 방사형으로 펼쳐 그립니다.

중지의 관절이 가장 위에 있다. 검지는 중지 너머로 살짝 보인다.

손가락 윗면이 나란히 늘어서 보일 때는 방사형으로 그린다.

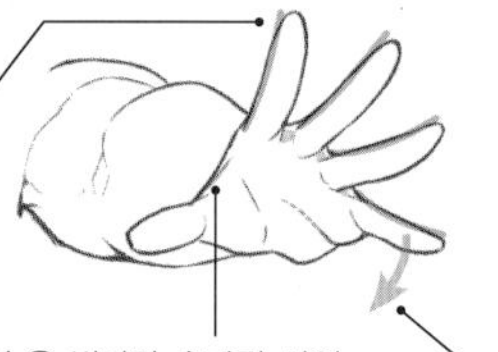

손을 벌리면 손가락 사이에 물갈퀴 같은 막이 보인다. 선이나 음영으로 표현해준다.

새끼손가락을 크게 구부릴 때는 셋째 마디가 접히는 부분을 선으로 그려준다.

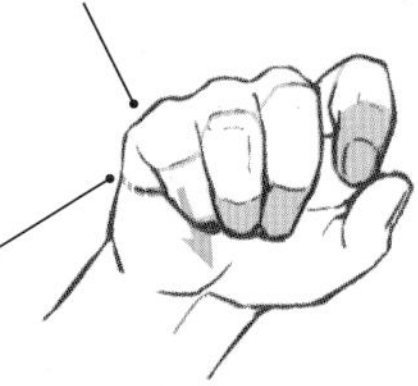

새끼손가락은 비교적 독립적으로 움직일 수 있으므로 더 세게 쥐거나 펼 수 있다.

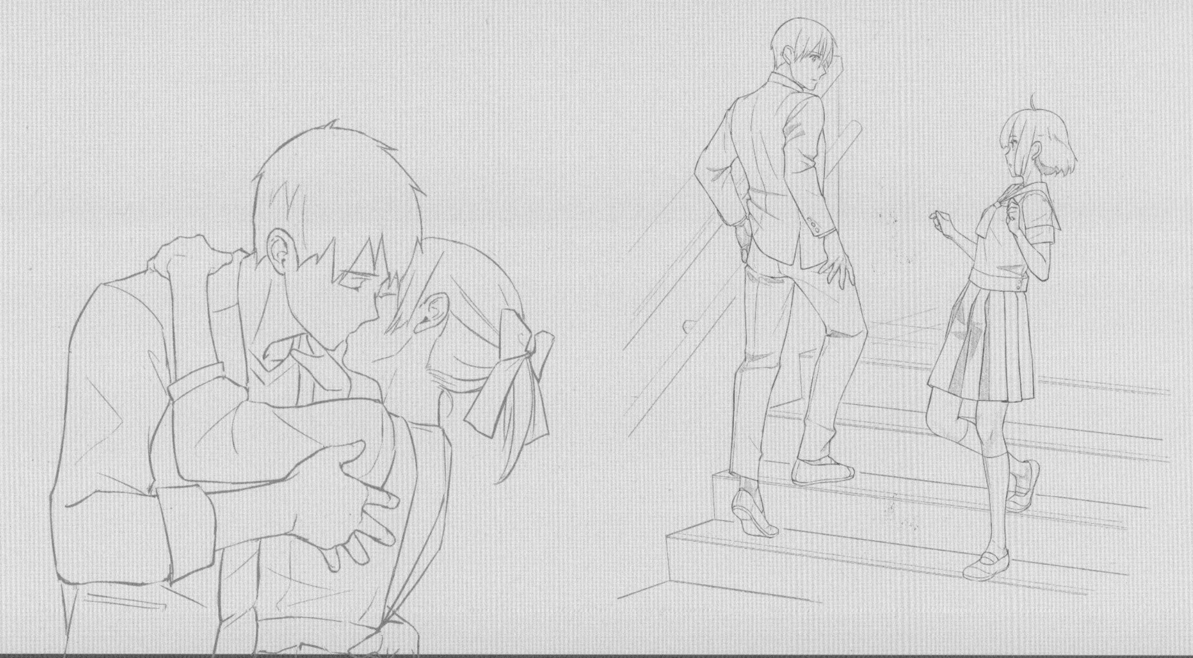

PART 2 | 일상의 포즈 그리기

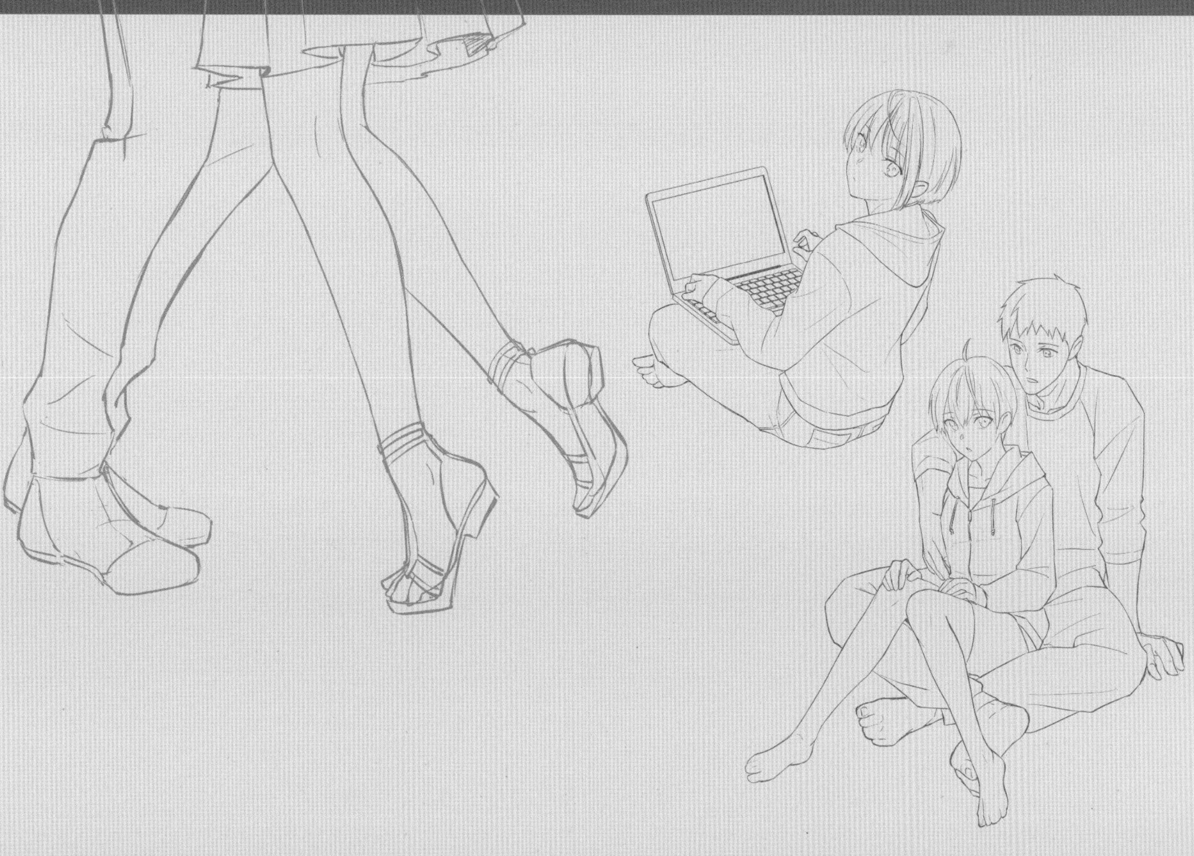

학교 칠판 지우는 학생 & 교실로 들어오는 교사

배경이 있는 이미지로, 깊이감이 크게 압축되어 있다는 점을 주의합니다(망원렌즈로 촬영해 심도가 얕음). 교실문, 칠판과 인물의 크기도 잘 비교하며 그립니다.

MODEL 데생 인형

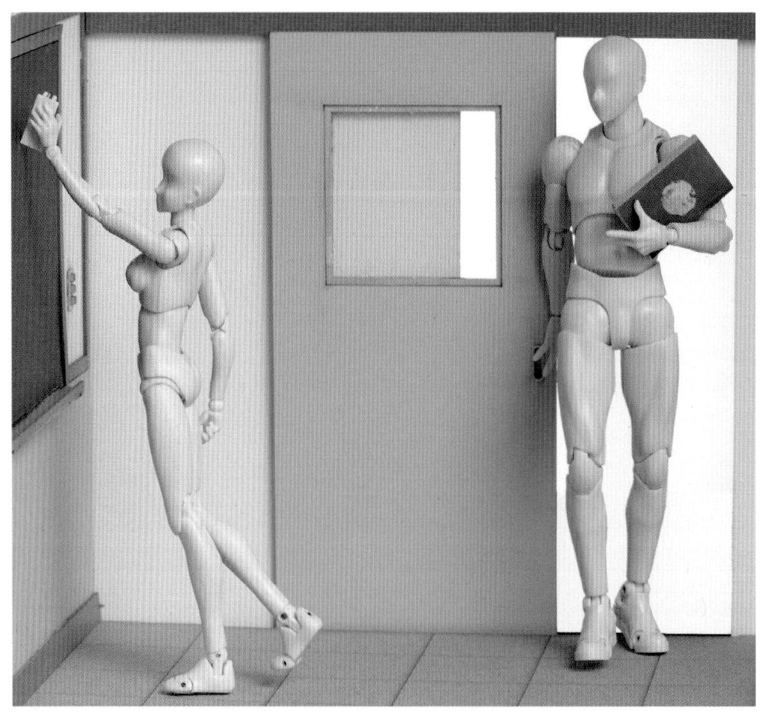

1 자세 · 가늠선 잡기

학생은 머리와 허리를 중심축보다 약간 앞으로 내밀며 상체를 가볍게 젖힌 자세입니다. 교사는 틀어진 정중선을 의식하며 몸통을 그립니다.

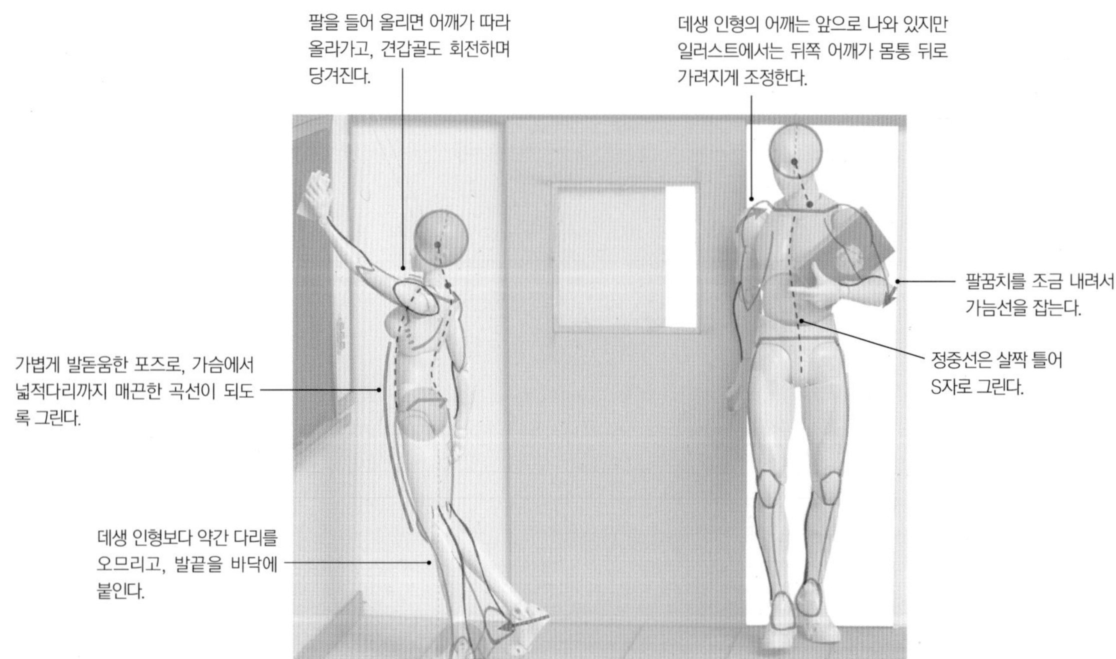

팔을 들어 올리면 어깨가 따라 올라가고, 견갑골도 회전하며 당겨진다.
데생 인형의 어깨는 앞으로 나와 있지만 일러스트에서는 뒤쪽 어깨가 몸통 뒤로 가려지게 조정한다.
팔꿈치를 조금 내려서 가늠선을 잡는다.
가볍게 발돋움한 포즈로, 가슴에서 넓적다리까지 매끈한 곡선이 되도록 그린다.
정중선은 살짝 틀어 S자로 그린다.
데생 인형보다 약간 다리를 오므리고, 발끝을 바닥에 붙인다.

2 살 붙이기

배경인 칠판과 바닥 타일선의 세로 폭을 좁게 그려야 인물이 붕 뜨지 않습니다.

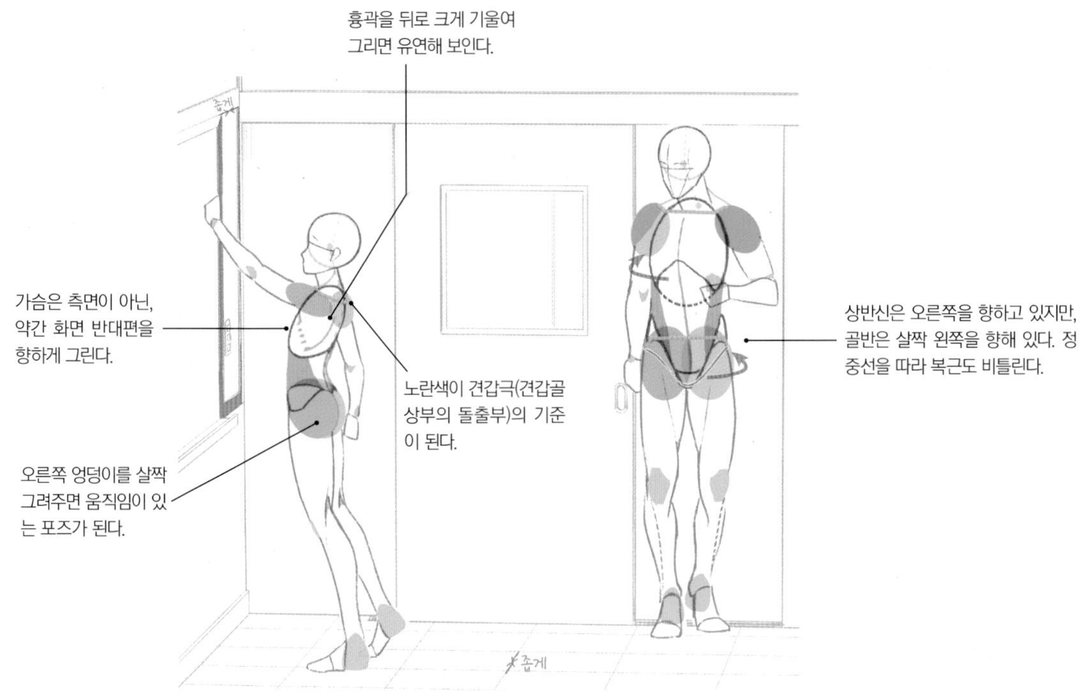

흉곽을 뒤로 크게 기울여 그리면 유연해 보인다.
좁게
가슴은 측면이 아닌, 약간 화면 반대편을 향하게 그린다.
노란색이 견갑극(견갑골 상부의 돌출부)의 기준이 된다.
상반신은 오른쪽을 향하고 있지만, 골반은 살짝 왼쪽을 향해 있다. 정중선을 따라 복근도 비틀린다.
오른쪽 엉덩이를 살짝 그려주면 움직임이 있는 포즈가 된다.
좁게

3 보디라인 정돈하기

학생의 보디라인을 정돈할 때는 가슴과 엉덩이를 지나치게 크게 그리지 않는 등 몸 전체의 균형을 잡는 것이 중요합니다. 무릎 뒤쪽의 세로로 난 홈처럼 세밀한 부분도 표현해줍니다.

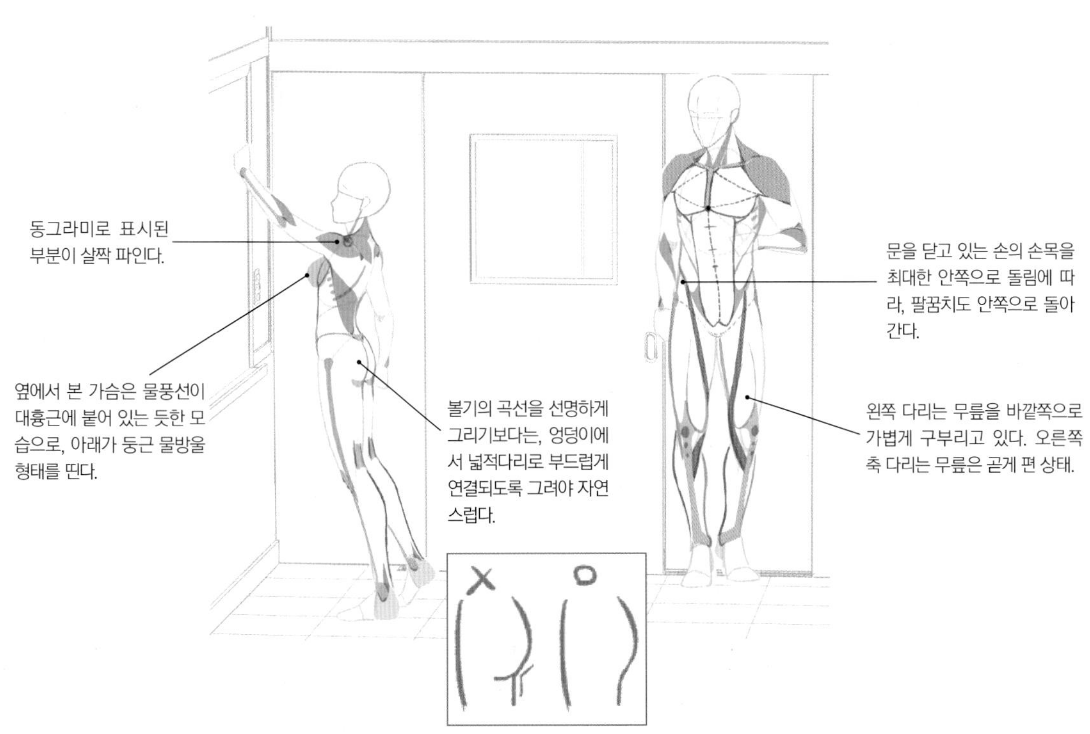

동그라미로 표시된 부분이 살짝 파인다.
문을 닫고 있는 손의 손목을 최대한 안쪽으로 돌림에 따라, 팔꿈치도 안쪽으로 돌아간다.
옆에서 본 가슴은 물풍선이 대흉근에 붙어 있는 듯한 모습으로, 아래가 둥근 물방울 형태를 띤다.
볼기의 곡선을 선명하게 그리기보다는, 엉덩이에서 넓적다리로 부드럽게 연결되도록 그려야 자연스럽다.
왼쪽 다리는 무릎을 바깥쪽으로 가볍게 구부리고 있다. 오른쪽 축 다리는 무릎은 곧게 편 상태.
X
O

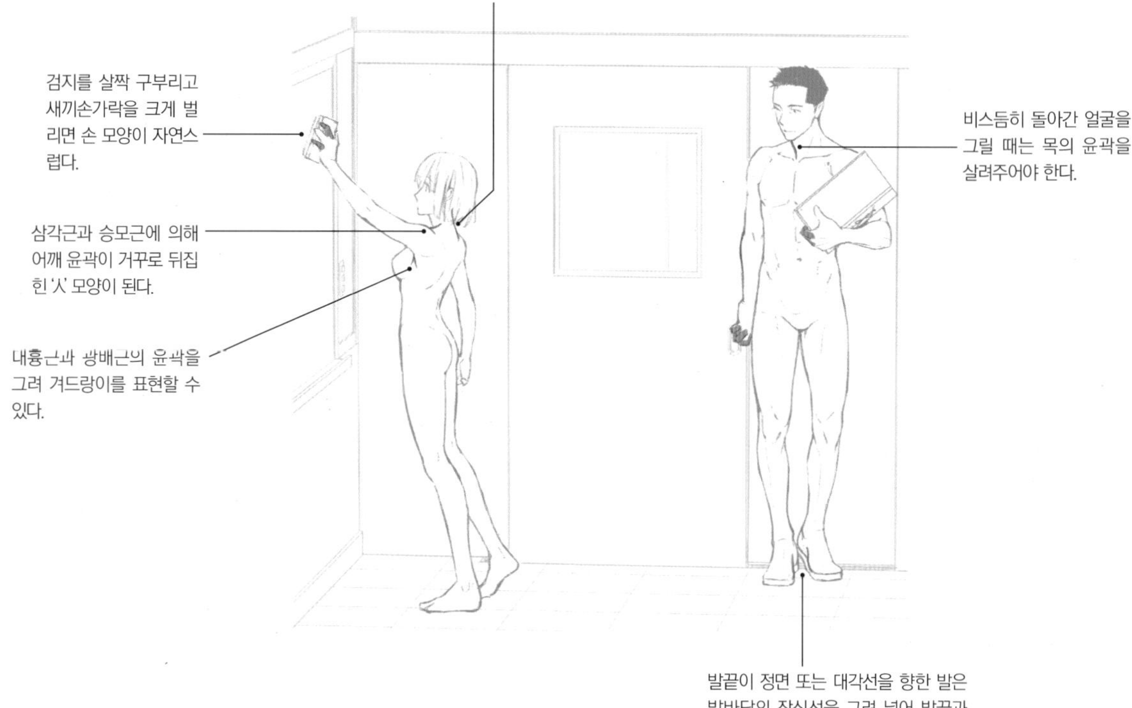

목에서 척추로 이어지는 선을 그려보면, 목의 시작 부분이나 옷깃 형태를 가늠하기 쉬워진다.
검지를 살짝 구부리고 새끼손가락을 크게 벌리면 손 모양이 자연스럽다.
비스듬히 돌아간 얼굴을 그릴 때는 목의 윤곽을 살려주어야 한다.
삼각근과 승모근에 의해 어깨 윤곽이 거꾸로 뒤집힌 '人' 모양이 된다.
대흉근과 광배근의 윤곽을 그려 겨드랑이를 표현할 수 있다.
발끝이 정면 또는 대각선을 향한 발은 발바닥의 장심선을 그려 넣어 발끝과 발뒤꿈치를 원근법으로 표현한다.

완성

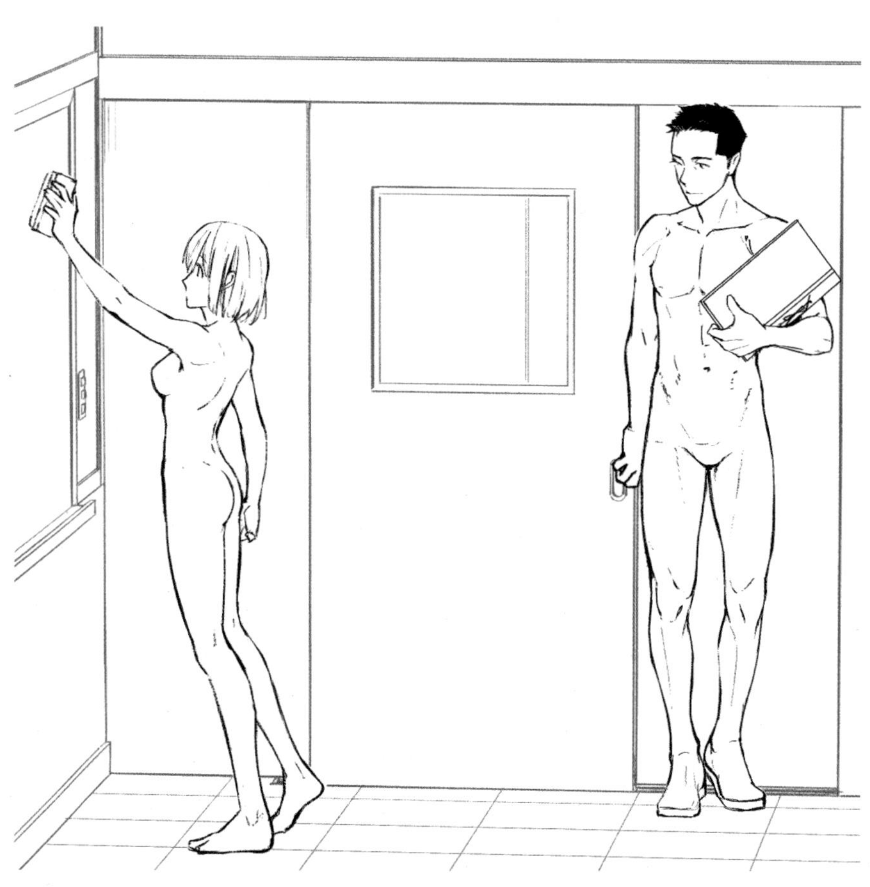

의상 그리는 방법

옷 주름의 특징

노란색 몸의 윤곽에서 돌출되는 부분
빨간색 당겨지는 형태의 주름
초록색 늘어지는 형태의 주름

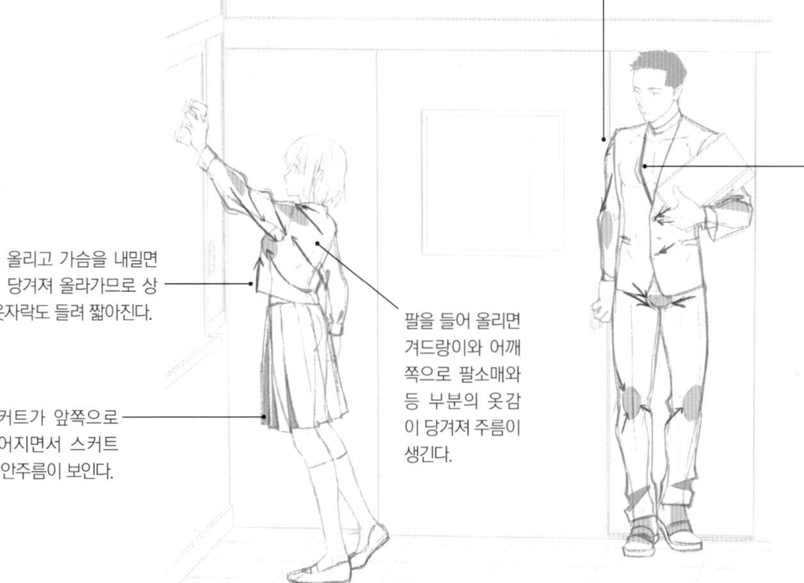

뒤로 뺀 팔은 어깨 재봉선에서 바깥쪽으로 비스듬히 뻗는 주름을 넣는다.
반대쪽으로 비튼 허리로 인해 재킷 앞섶이 살짝 벌어진다.
팔을 올리고 가슴을 내밀면 옷이 당겨져 올라가므로 상의 옷자락도 들려 짧아진다.
팔을 들어 올리면 겨드랑이와 어깨 쪽으로 팔소매와 등 부분의 옷감이 당겨져 주름이 생긴다.
스커트가 앞쪽으로 늘어지면서 스커트의 안주름이 보인다.

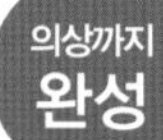

의상까지
완성

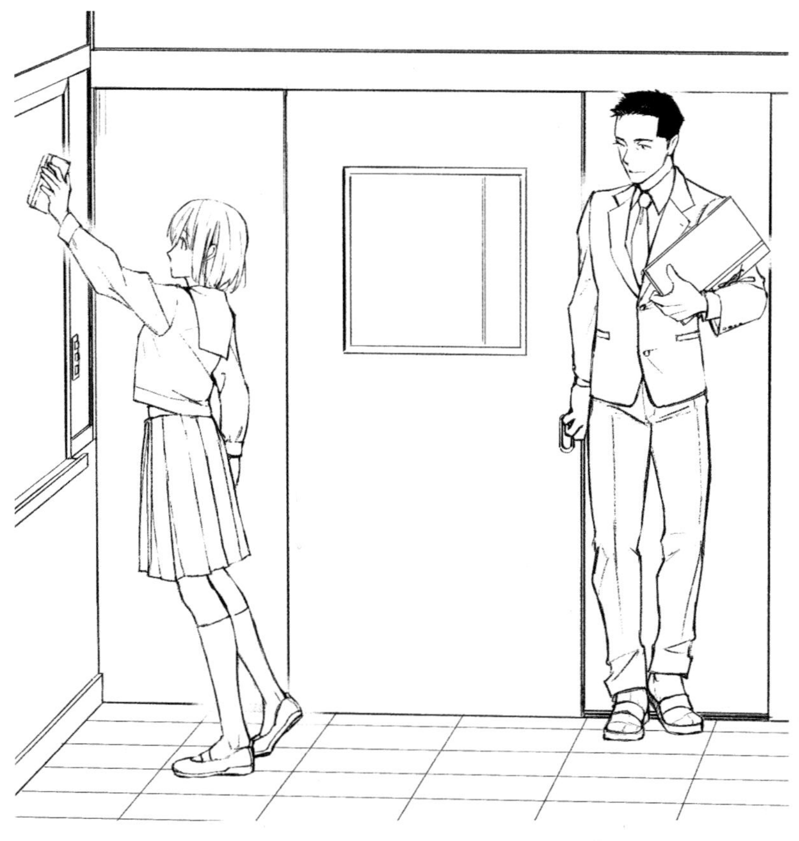

교실에서의 대화 ① 남성 전면

뒤돌아 서 있는 여성의 자세는 딱딱해 보이기 쉬우므로 앞모습 못지않게 등의 휘어짐을 강조해야 합니다. 책상에 기댄 남성의 포즈도 자연스럽고 유연한 인체 움직임이 느껴지도록 자세를 보정합니다.

MODEL 데생 인형

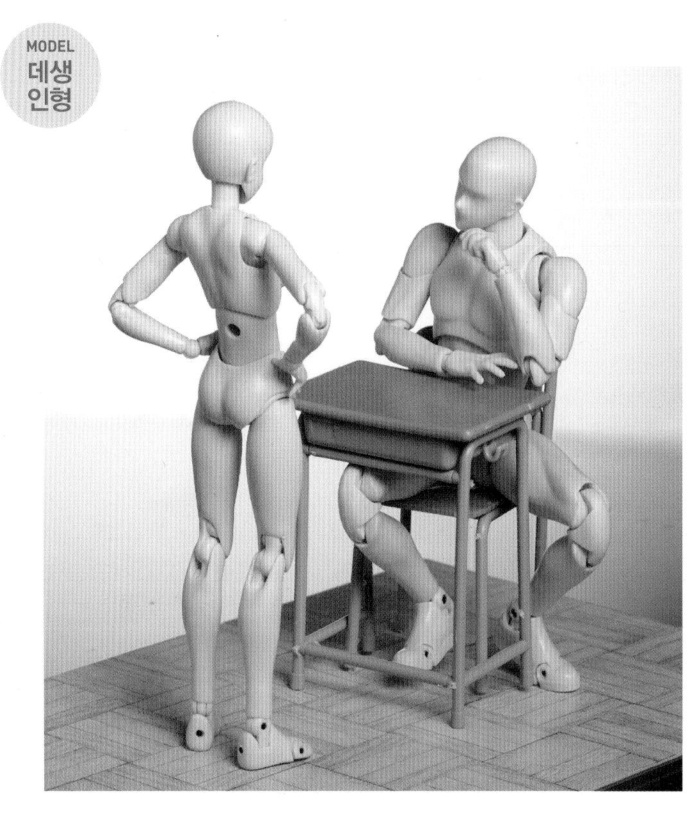

Key Point

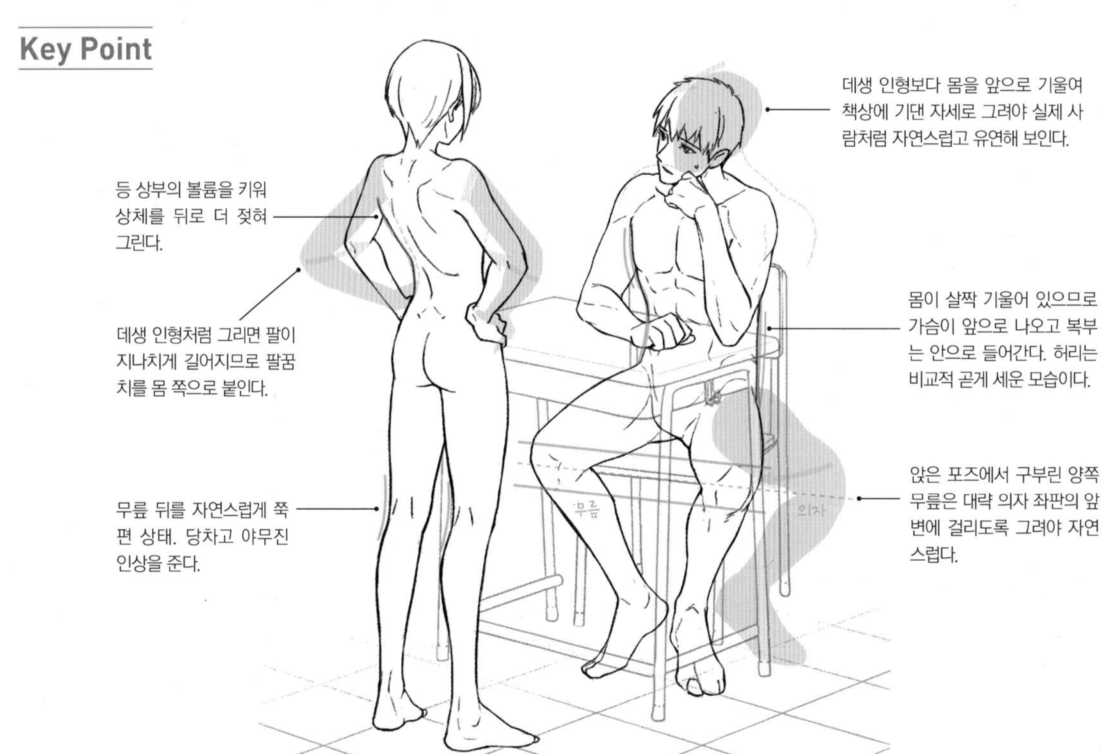

등 상부의 볼륨을 키워 상체를 뒤로 더 젖혀 그린다.

데생 인형처럼 그리면 팔이 지나치게 길어지므로 팔꿈치를 몸 쪽으로 붙인다.

무릎 뒤를 자연스럽게 쭉 편 상태. 당차고 야무진 인상을 준다.

데생 인형보다 몸을 앞으로 기울여 책상에 기댄 자세로 그려야 실제 사람처럼 자연스럽고 유연해 보인다.

몸이 살짝 기울어 있으므로 가슴이 앞으로 나오고 복부는 안으로 들어간다. 허리는 비교적 곧게 세운 모습이다.

앉은 포즈에서 구부린 양쪽 무릎은 대략 의자 좌판의 앞 변에 걸리도록 그려야 자연스럽다.

여성

1 자세 · 가늠선 잡기

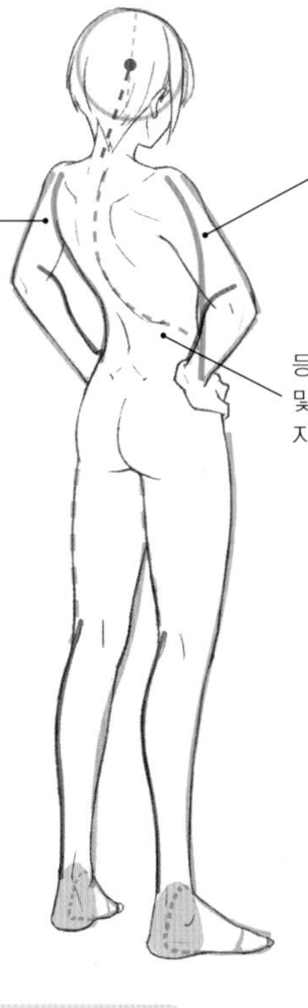

등의 가늠선은 불룩하게 나온 견갑골과 허리 굴곡으로 인해 급격한 S자를 그린다.
가슴을 쭉 편 자세. 가슴~배의 가늠선이 위에서 크게 휘어지며 내려온다.
등의 주름은 척추 → 광배근 및 전거근 → 옆구리로 이어지며 S자를 그린다.

2 살 붙이기

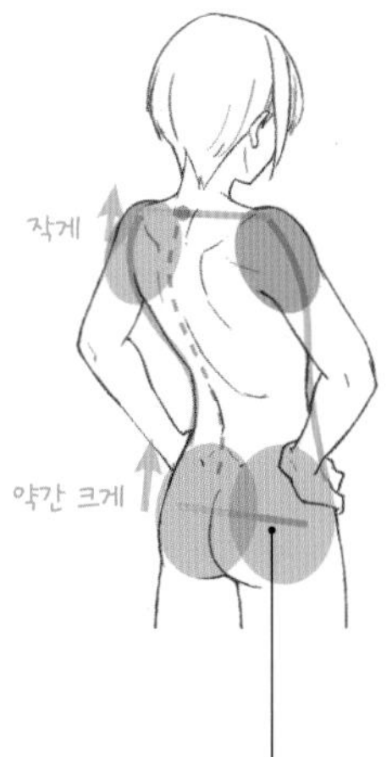

작게
약간 크게
어깨와 골반의 기울기는 거의 평행하나 원근법에 의해 골반을 약간 더 기울인다.

3 보디라인 정돈하기

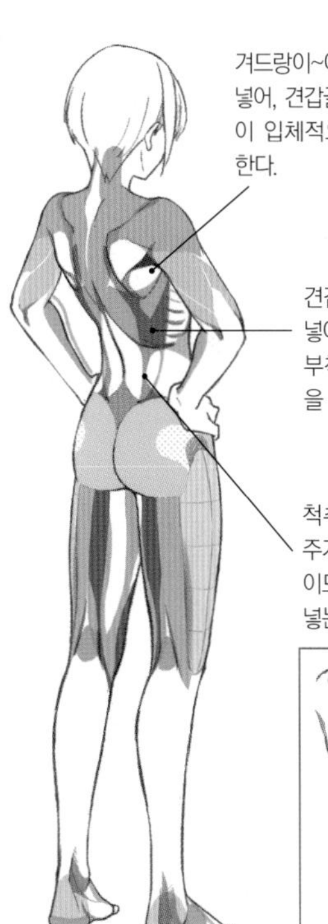

겨드랑이~어깨 쪽에 음영을 넣어, 견갑골에 부착된 근육이 입체적으로 드러나도록 한다.
견갑골 아래에 음영을 넣어, 견갑골의 뒷면에 부착된 전거근의 윤곽을 표현한다.
척추를 지지하는 척주기립근의 윤곽이 보이도록 허리에 음영을 넣는다.

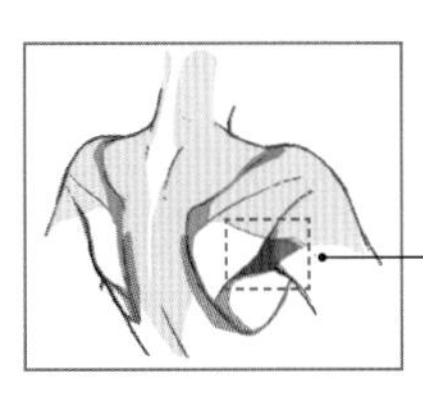

견갑골에 부착된 근육

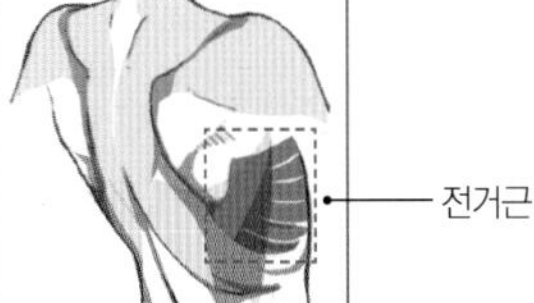

전거근

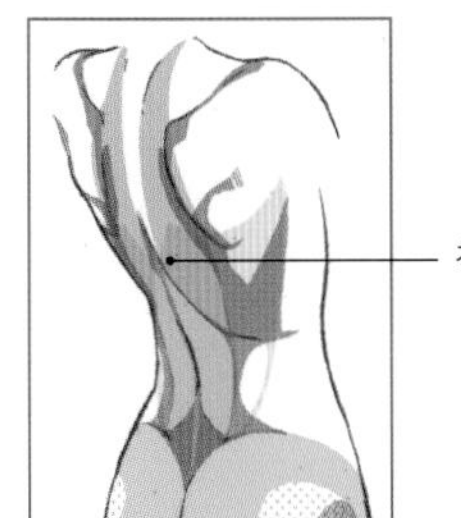

척주기립근

완성

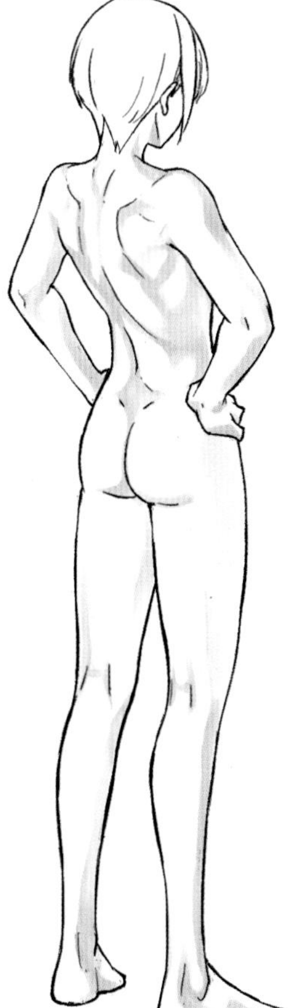

남성

1 자세 · 가늠선 잡기

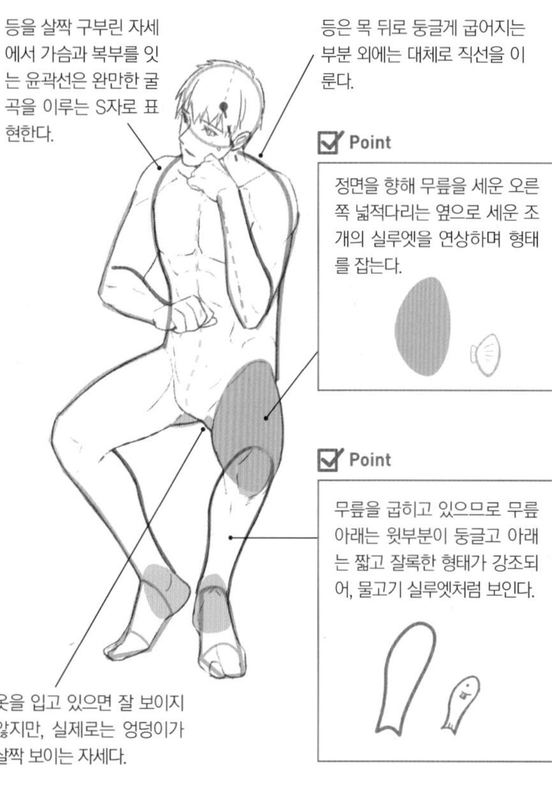

등을 살짝 구부린 자세에서 가슴과 복부를 잇는 윤곽선은 완만한 굴곡을 이루는 S자로 표현한다.

등은 목 뒤로 둥글게 굽어지는 부분 외에는 대체로 직선을 이룬다.

Point

정면을 향해 무릎을 세운 오른쪽 넓적다리는 옆으로 세운 조개의 실루엣을 연상하며 형태를 잡는다.

Point

무릎을 굽히고 있으므로 무릎 아래는 윗부분이 둥글고 아래는 짧고 잘록한 형태가 강조되어, 물고기 실루엣처럼 보인다.

옷을 입고 있으면 잘 보이지 않지만, 실제로는 엉덩이가 살짝 보이는 자세다.

2 살 붙이기

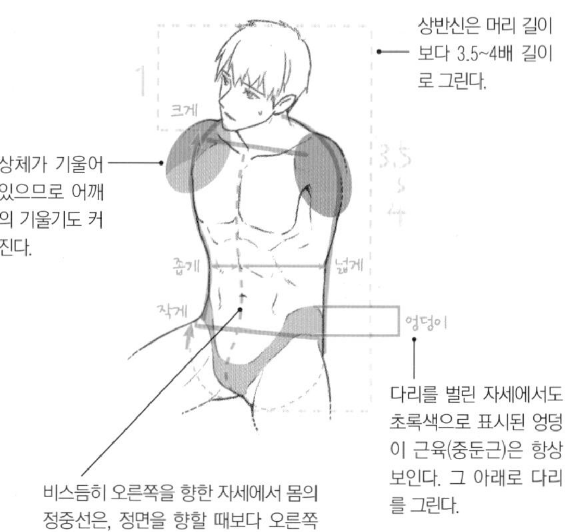

상반신은 머리 길이보다 3.5~4배 길이로 그린다.

상체가 기울어 있으므로 어깨의 기울기도 커진다.

다리를 벌린 자세에서도 초록색으로 표시된 엉덩이 근육(중둔근)은 항상 보인다. 그 아래로 다리를 그린다.

비스듬히 오른쪽을 향한 자세에서 몸의 정중선은, 정면을 향할 때보다 오른쪽으로 치우친다. 무심코 그리다 보면 배꼽을 몸의 정 가운데에 그리기 쉬우므로 주의해야 한다.

3 보디라인 정돈하기

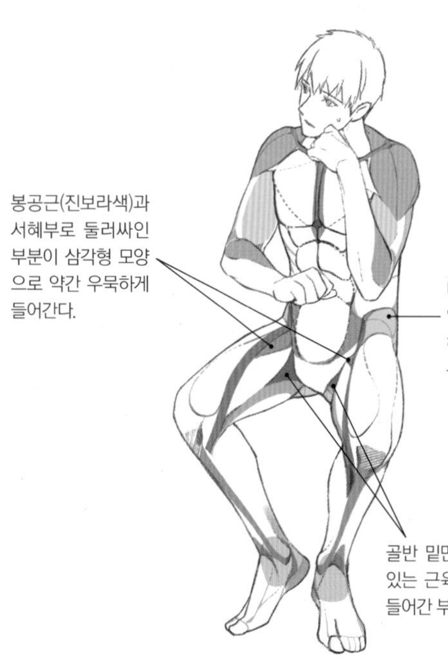

봉공근(진보라색)과 서혜부로 둘러싸인 부분이 삼각형 모양으로 약간 우묵하게 들어간다.

다리를 앞으로 접어 올리면 엉덩이는 뒤쪽이 약간 평평해지는 반면, 다리 위쪽(중둔근)은 부풀어 오른다.

골반 밑면에서 무릎 안쪽으로 뻗어 있는 근육 위에도 삼각형으로 움푹 들어간 부분이 있다.

완성

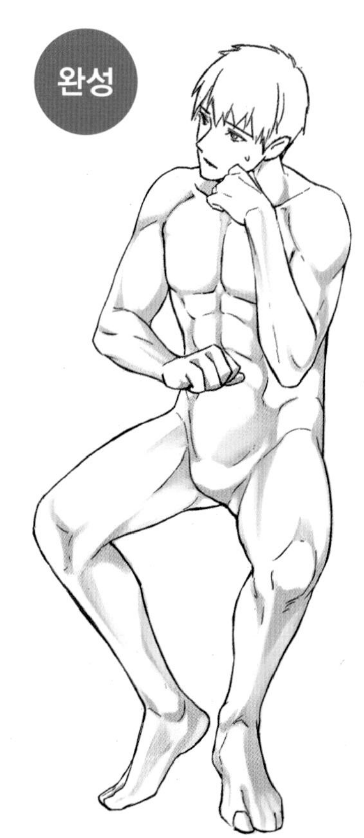

의상 그리는 방법

옷 주름의 특징

노란색 몸의 윤곽에서 돌출되는 부분
빨간색 당겨지는 형태의 주름
초록색 늘어지는 형태의 주름
파란색 스커트의 안주름 부분

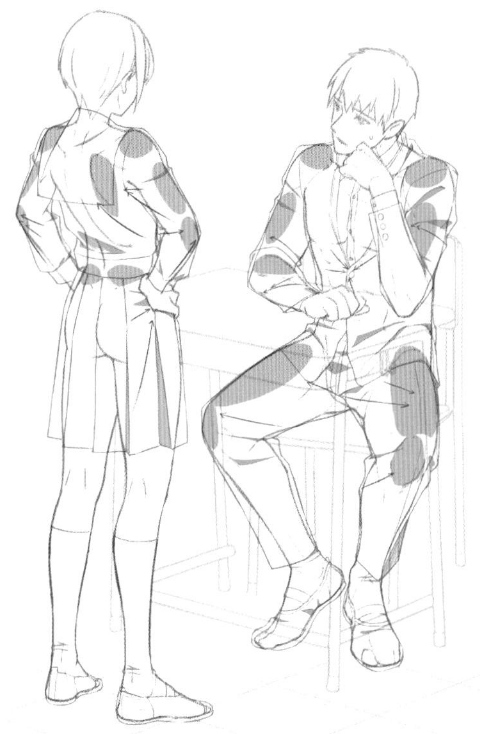

의상까지 **완성**

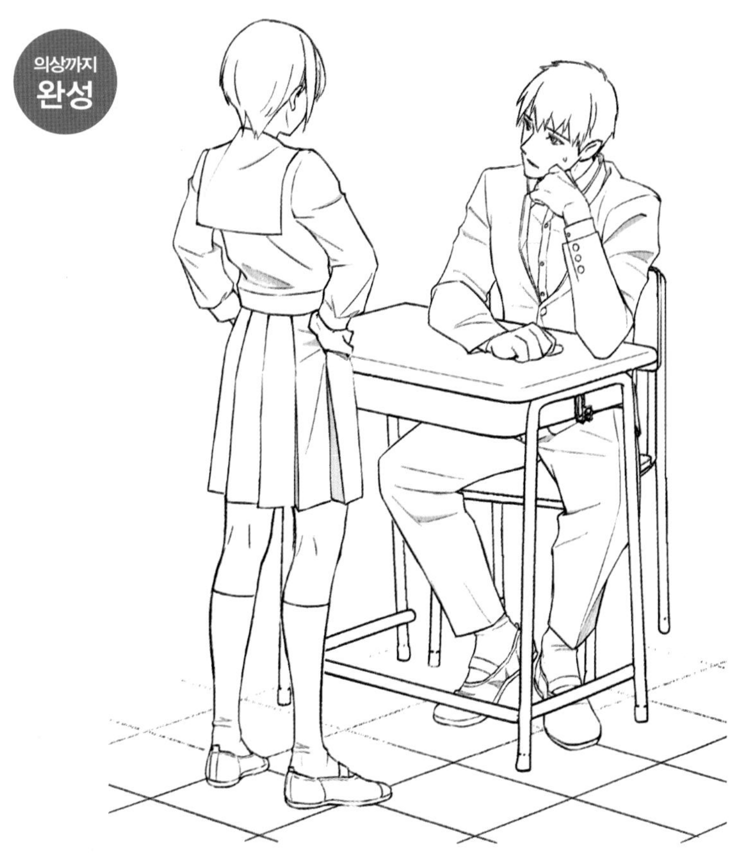

교실에서의 대화 ② 여성 전면

서 있는 여성의 앞쪽에서 바라본 모습입니다. 뒷모습을 그릴 때와 마찬가지로 허리를 뒤로 젖혀 유연해 보이도록 그립니다. 등을 돌리고 앉아 있는 남성의 몸통도 앞모습과 동일하게 커브를 주어 표현해야 합니다.

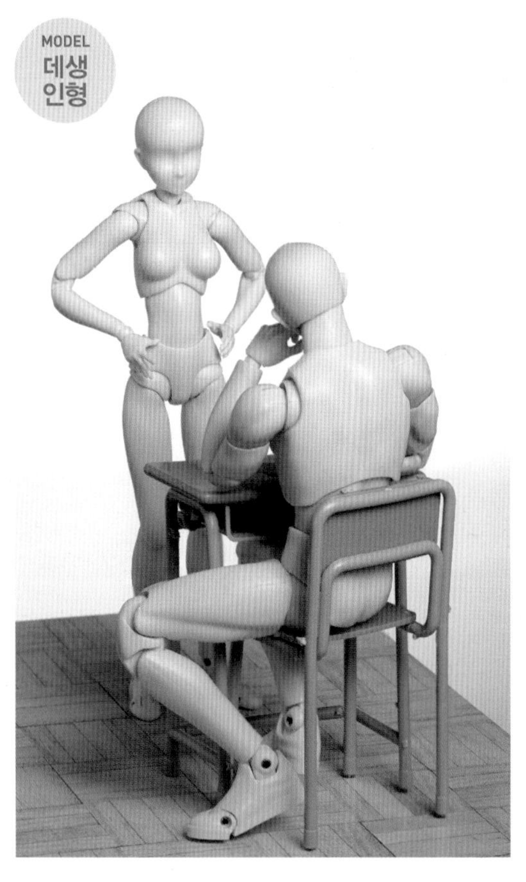
MODEL
데생 인형

Key Point

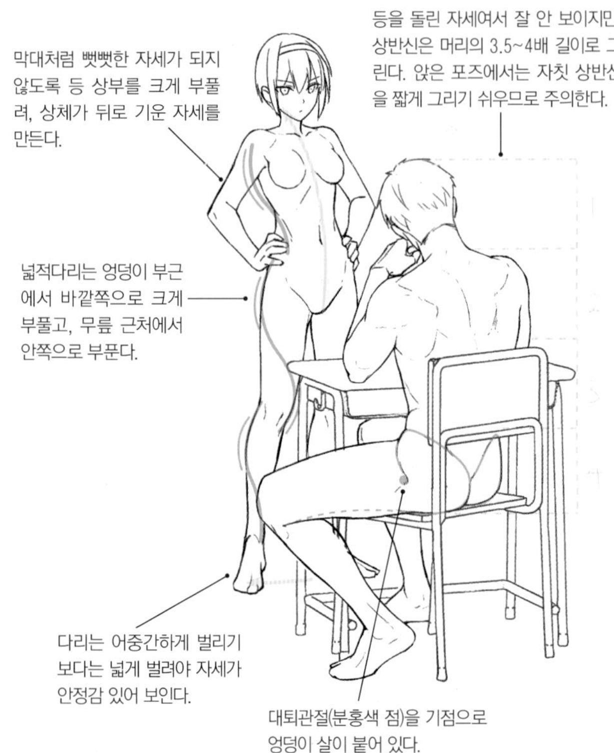
막대처럼 뻣뻣한 자세가 되지 않도록 등 상부를 크게 부풀려, 상체가 뒤로 기운 자세를 만든다.
등을 돌린 자세여서 잘 안 보이지만, 상반신은 머리의 3.5~4배 길이로 그린다. 앉은 포즈에서는 자칫 상반신을 짧게 그리기 쉬우므로 주의한다.
넓적다리는 엉덩이 부근에서 바깥쪽으로 크게 부풀고, 무릎 근처에서 안쪽으로 부푼다.
다리는 어중간하게 벌리기보다는 넓게 벌려야 자세가 안정감 있어 보인다.
대퇴관절(분홍색 점)을 기점으로 엉덩이 살이 붙어 있다.

1 자세 · 가늠선 잡기, 살 붙이기

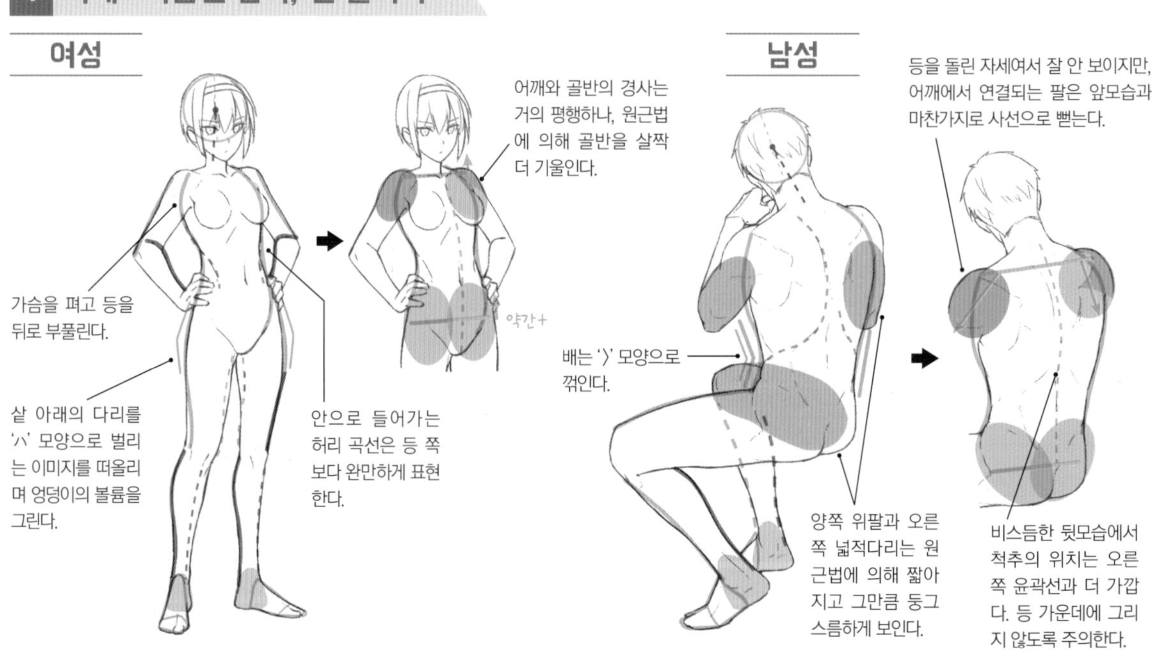
여성
가슴을 펴고 등을 뒤로 부풀린다.
샅 아래의 다리를 'ハ' 모양으로 벌리는 이미지를 떠올리며 엉덩이의 볼륨을 그린다.
안으로 들어가는 허리 곡선은 등 쪽보다 완만하게 표현한다.
어깨와 골반의 경사는 거의 평행하나, 원근법에 의해 골반을 살짝 더 기울인다.
약간+
남성
배는 '>' 모양으로 꺾인다.
양쪽 위팔과 오른쪽 넓적다리는 원근법에 의해 짧아지고 그만큼 둥그스름하게 보인다.
등을 돌린 자세여서 잘 안 보이지만, 어깨에서 연결되는 팔은 앞모습과 마찬가지로 사선으로 뻗는다.
비스듬한 뒷모습에서 척추의 위치는 오른쪽 윤곽선과 더 가깝다. 등 가운데에 그리지 않도록 주의한다.

2 보디라인 정돈하기

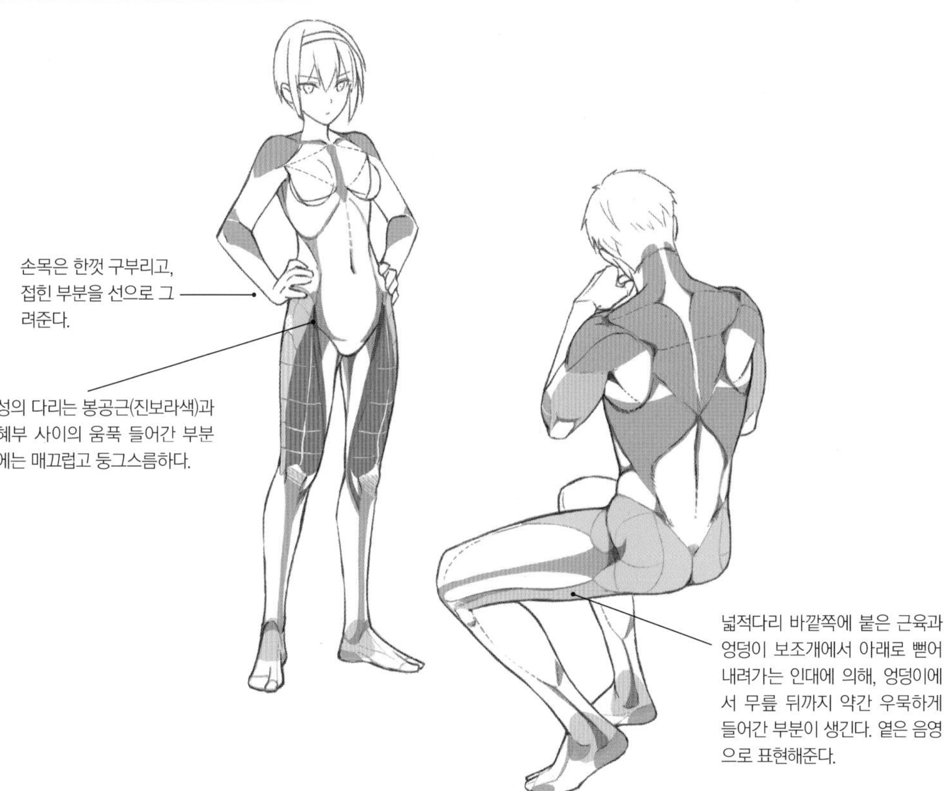
손목은 한껏 구부리고, 접힌 부분을 선으로 그려준다.
여성의 다리는 봉공근(진보라색)과 서혜부 사이의 움푹 들어간 부분 외에는 매끄럽고 둥그스름하다.
넓적다리 바깥쪽에 붙은 근육과 엉덩이 보조개에서 아래로 뻗어 내려가는 인대에 의해, 엉덩이에서 무릎 뒤까지 약간 우묵하게 들어간 부분이 생긴다. 옅은 음영으로 표현해준다.

완성

의상까지 완성

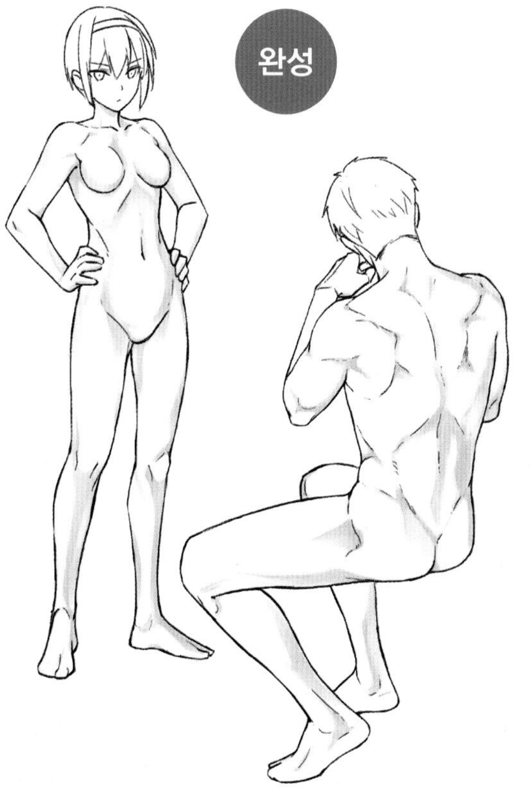

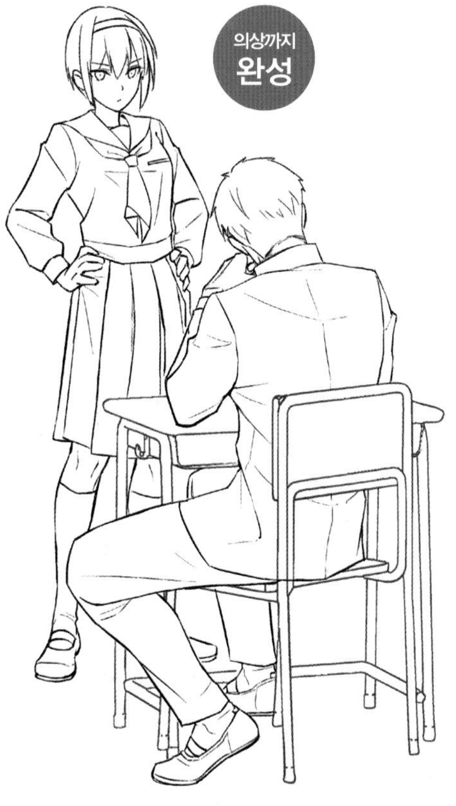

학교 계단에서 마주친 두 사람 ①

역방향으로 가던 두 사람이 계단에서 마주친 모습입니다. 팔로 균형을 잡는 동작, 계단을 힘껏 디디는 다리 형태를 주의해서 그립니다.

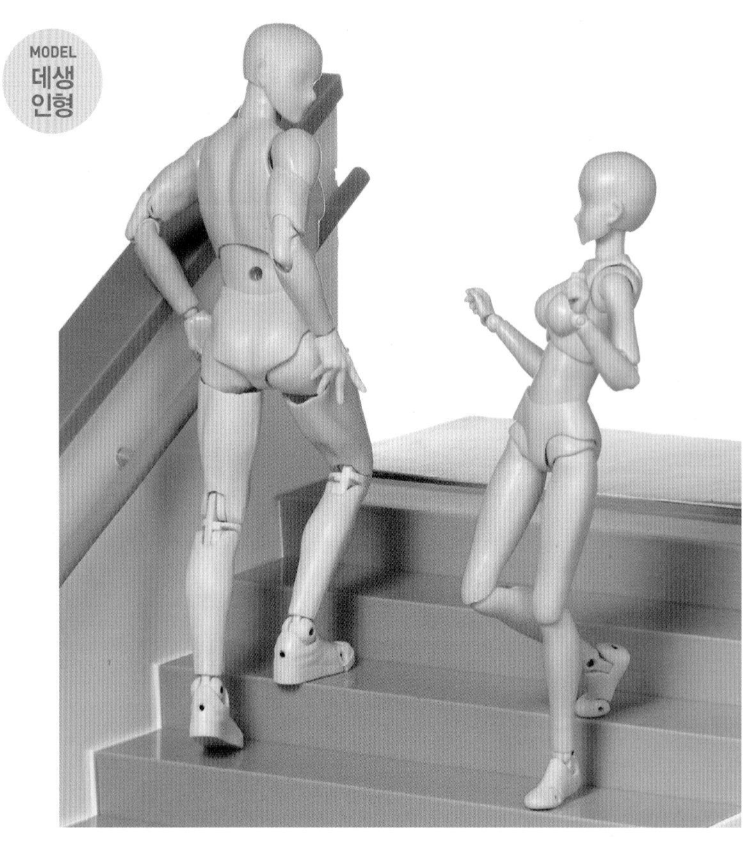
MODEL
데생
인형

Key Point

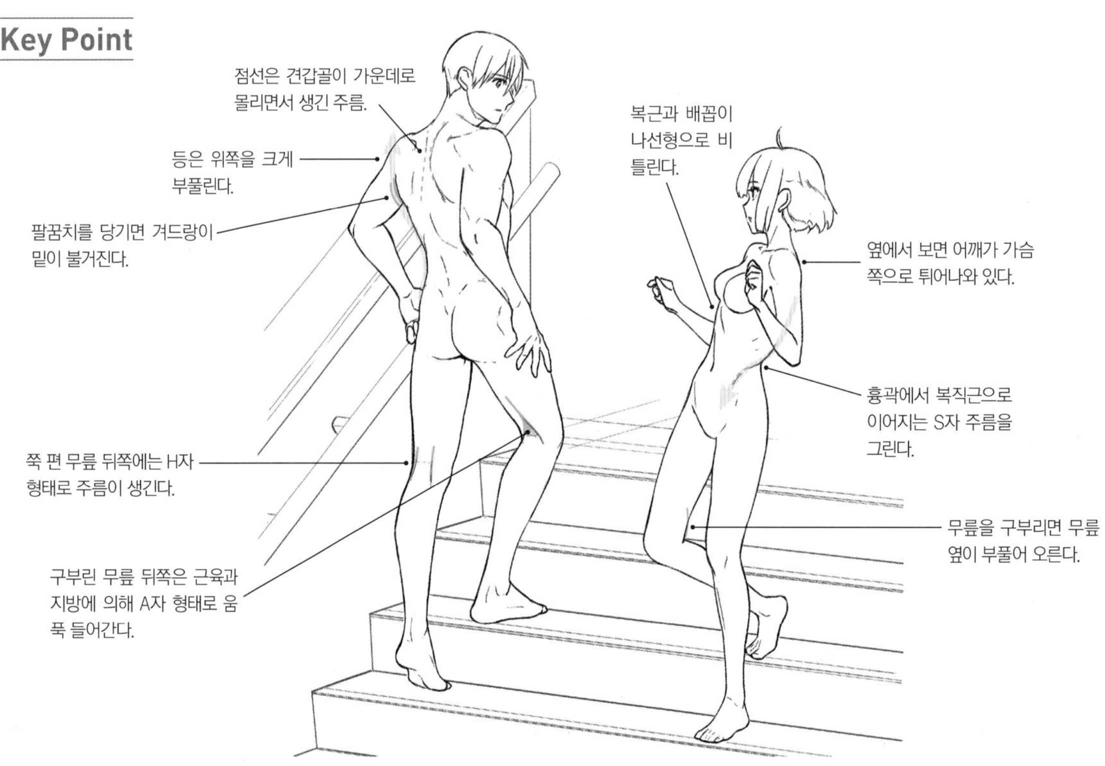
점선은 견갑골이 가운데로 몰리면서 생긴 주름.
등은 위쪽을 크게 부풀린다.
팔꿈치를 당기면 겨드랑이 밑이 불거진다.
쭉 편 무릎 뒤쪽에는 H자 형태로 주름이 생긴다.
구부린 무릎 뒤쪽은 근육과 지방에 의해 A자 형태로 움푹 들어간다.
복근과 배꼽이 나선형으로 비틀린다.
옆에서 보면 어깨가 가슴 쪽으로 튀어나와 있다.
흉곽에서 복직근으로 이어지는 S자 주름을 그린다.
무릎을 구부리면 무릎 옆이 부풀어 오른다.

남성

1 자세 · 가늠선 잡기

주황색 점선으로 표시된 근육의 주름은 척추를 따라 내려오다 크게 S자를 그리며 휘어진다.

상반신은 가슴을 뒤로 젖히고 등을 부풀린다.

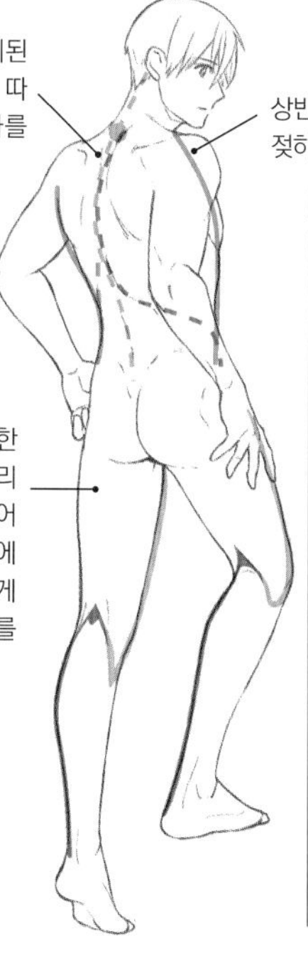

넓적다리는 완만한 아치형으로, 종아리는 S자 굴곡을 넣어 표현한다. 무릎 뒤에서 근육이 예리하게 맞물려 있는 형태를 주의하며 그린다.

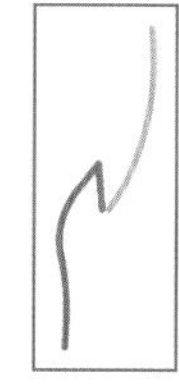

Point

어깨와 골반이 반대로 기울어져 있다. 어깨는 오른쪽이, 골반은 왼쪽이 높다. 척추가 등 윤곽선과 가깝게 지난다는 점도 잊지 않는다.

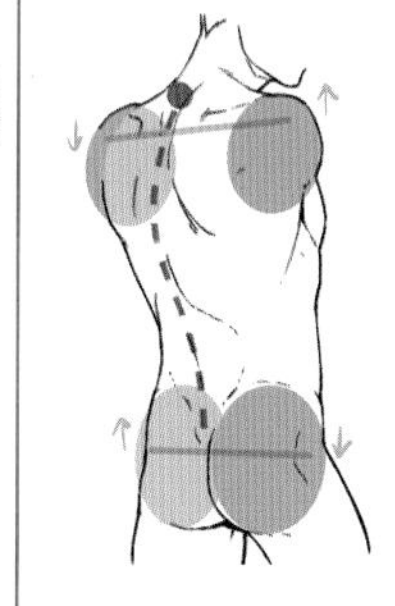

2 살 붙이기

체중이 실린 왼쪽 엉덩이의 하단 라인은 살짝 위를 향하고, 이완된 오른쪽 엉덩이 하단 라인은 사선 아래로 완만히 향한다.

등 가운데를 지나는 척주기립근(녹색)을 따라, 척추와 골반 상부에 그림자가 생긴다. 주황색으로 칠한 부분부터 옆구리.

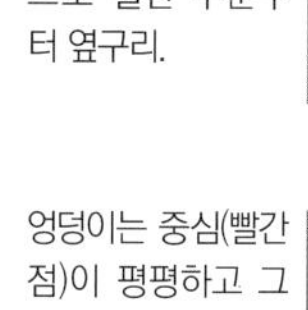

엉덩이는 중심(빨간 점)이 평평하고 그 주위가 U자형으로 부푼 형태다.

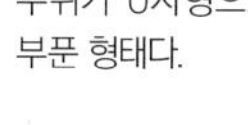

Point

골격(빨간색)과 지방(보라색)에 의해 돌출되거나 함몰된 부분이 있음을 의식하며 살을 붙인다.

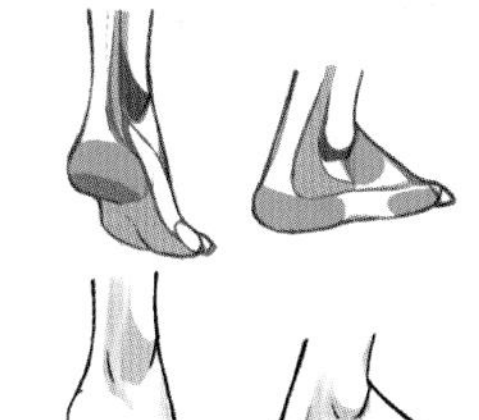

다리는 모서리가 뭉툭한 삼각형의 발뒤꿈치와 미끄럼틀 모양의 발끝으로 구성된다(P.128 칼럼 참조).

3 보디라인 정돈하기

팔꿈치를 뒤로 들어 올리면 승모근이 가운데로 모아져, 어깨에 C자 2개가 등을 맞댄 듯한 주름이 생긴다.

흉곽 모양을 따라 광배근의 주름을 그린다.

근육에 의한 세로 주름은 선명하게, 지방(분홍색)과 피부에 의해 생기는 가로 주름은 옅게 표현한다.

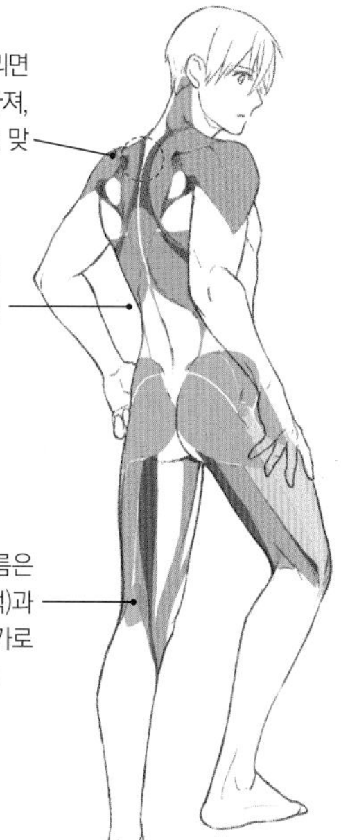

Point

C자의 주름은 견갑골 뒷면에 붙어 있는 전거근을 따라 겨드랑이 아래까지 이어서 그린다.

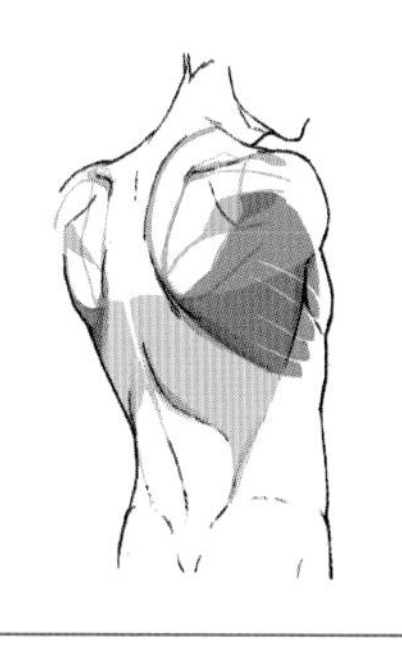

완성

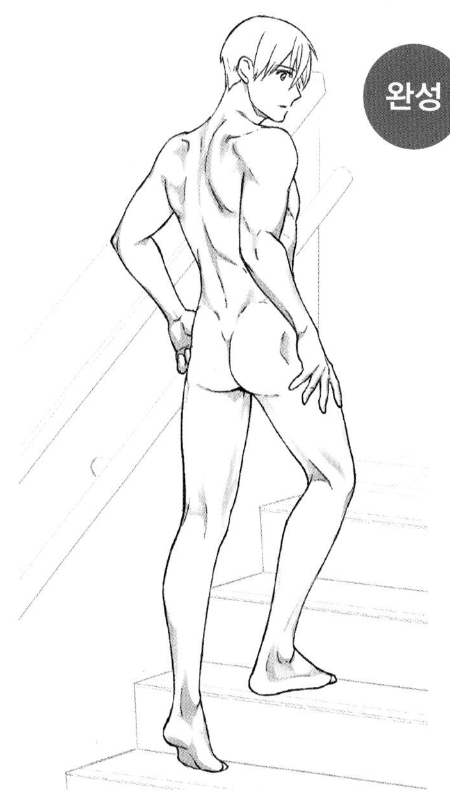

여성

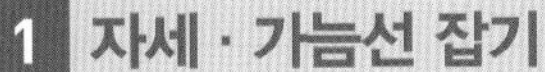

1 자세 · 가늠선 잡기

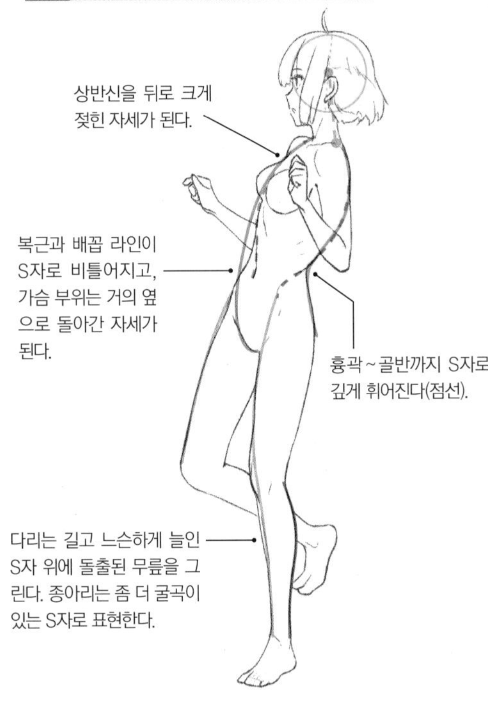
상반신을 뒤로 크게 젖힌 자세가 된다.
복근과 배꼽 라인이 S자로 비틀어지고, 가슴 부위는 거의 옆으로 돌아간 자세가 된다.
흉곽~골반까지 S자로 깊게 휘어진다(점선).
다리는 길고 느슨하게 늘인 S자 위에 돌출된 무릎을 그린다. 종아리는 좀 더 굴곡이 있는 S자로 표현한다.

2 살 붙이기

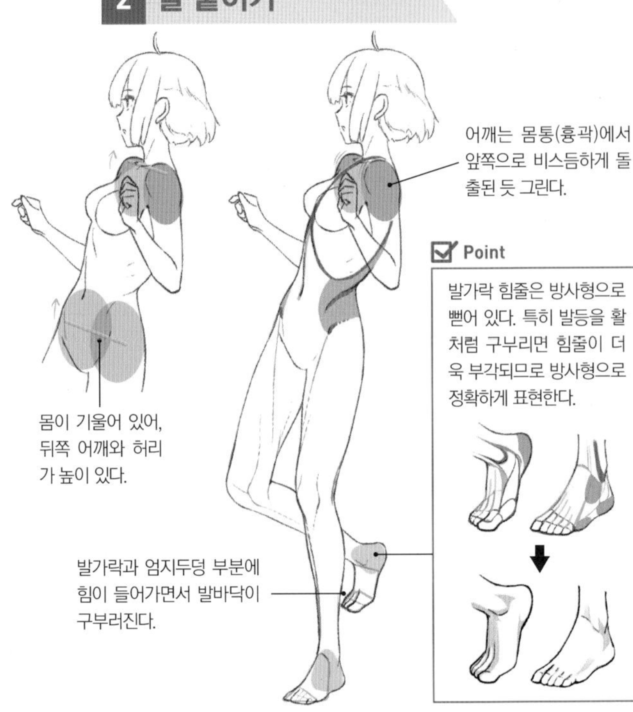
어깨는 몸통(흉곽)에서 앞쪽으로 비스듬하게 돌출된 듯 그린다.
몸이 기울어 있어, 뒤쪽 어깨와 허리가 높이 있다.
발가락과 엄지두덩 부분에 힘이 들어가면서 발바닥이 구부러진다.
Point
발가락 힘줄은 방사형으로 뻗어 있다. 특히 발등을 활처럼 구부리면 힘줄이 더욱 부각되므로 방사형으로 정확하게 표현한다.

3 보디라인 정돈하기

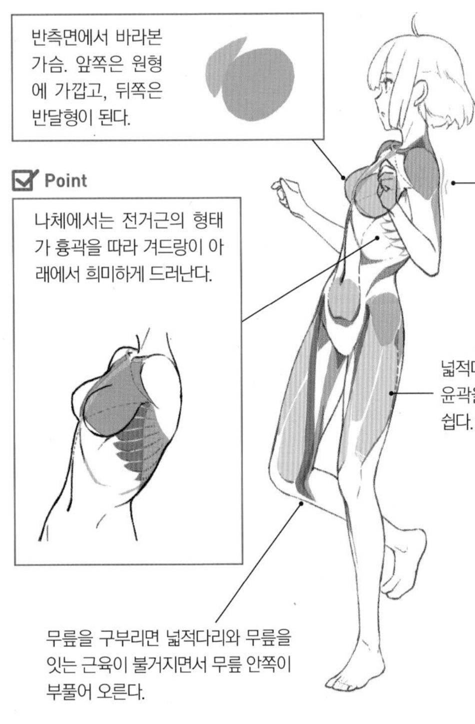
반측면에서 바라본 가슴. 앞쪽은 원형에 가깝고, 뒤쪽은 반달형이 된다.
Point
나체에서는 전거근의 형태가 흉곽을 따라 겨드랑이 아래에서 희미하게 드러난다.
삼각근과 상완삼두근이 접하는 부분의 윤곽을 살짝 조여주면 팔이 날씬해 보인다.
넓적다리 근육의 둥그스름한 윤곽을 따라 그림자가 생기기 쉽다.
무릎을 구부리면 넓적다리와 무릎을 잇는 근육이 불거지면서 무릎 안쪽이 부풀어 오른다.

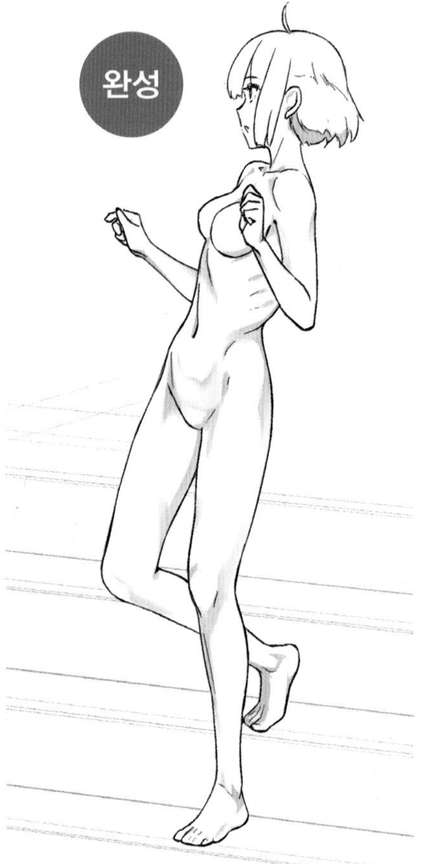
완성

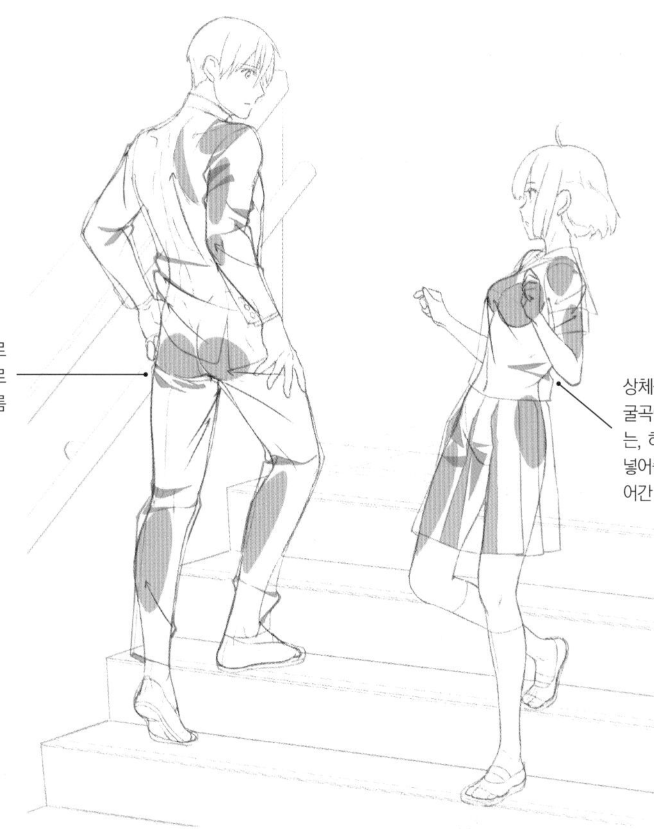
옷 주름의 특징
노란색 몸의 윤곽에서 돌출되는 부분
빨간색 당겨지는 형태의 주름
초록색 늘어지는 형태의 주름
파란색 스커트의 안주름 부분
엉덩이 하단 라인이 위로
뻗은 왼쪽 엉덩이 아래로
바지가 구겨져 깊은 주름
이 만들어진다.
상체를 비틂에 따라 허리의
굴곡이 강조되는 포즈에서
는, 허리 부분에 옷 주름을
넣어줌으로써 잘록하게 들
어간 형태를 표현해준다.

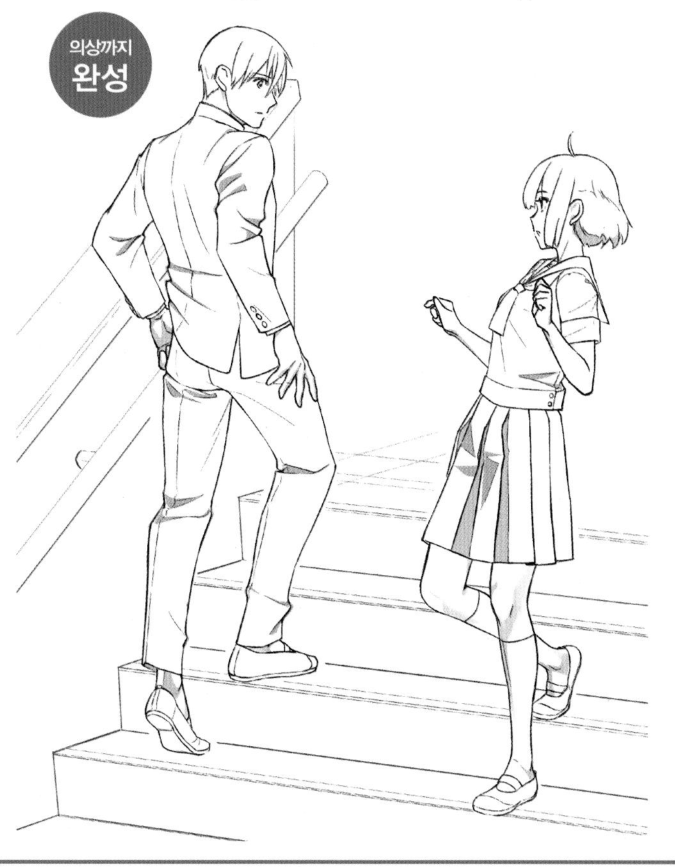
의상까지
완성

학교 계단에서 마주친 두 사람 ② 하이 앵글

계단 위쪽에서 두 사람을 바라본 모습입니다. 만화적인 표현을 가미해 데생 인형보다 머리를 약간 크게 그리고 캐릭터 얼굴을 부각시킵니다. 고개를 지나치게 숙이지 말고, 눈 모양 등을 통해 시선이나 표정을 알 수 있도록 그립니다.

MODEL 데생 인형

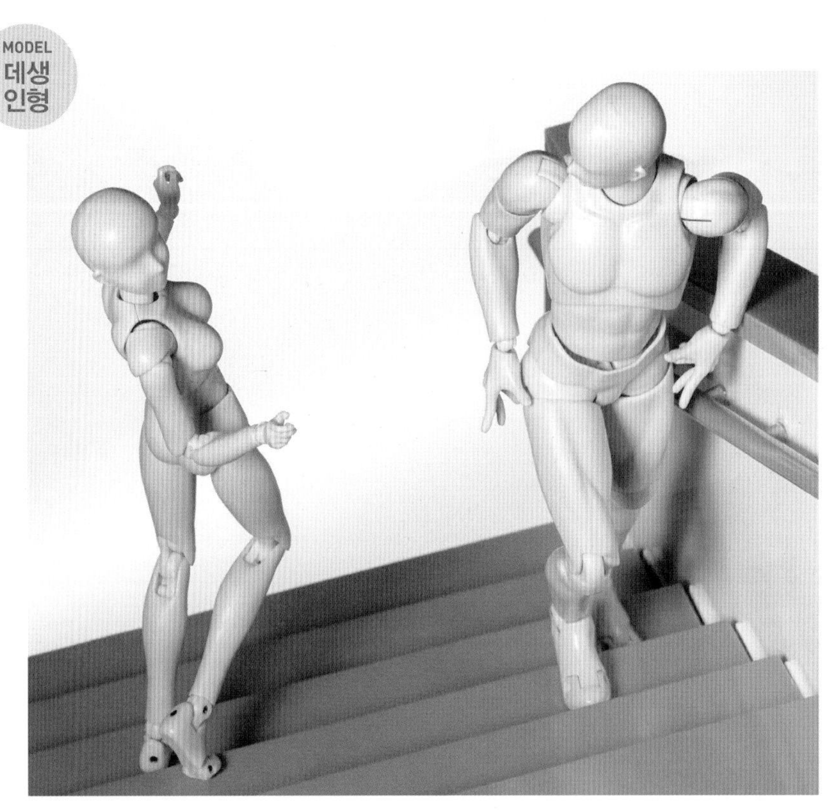

Key Point

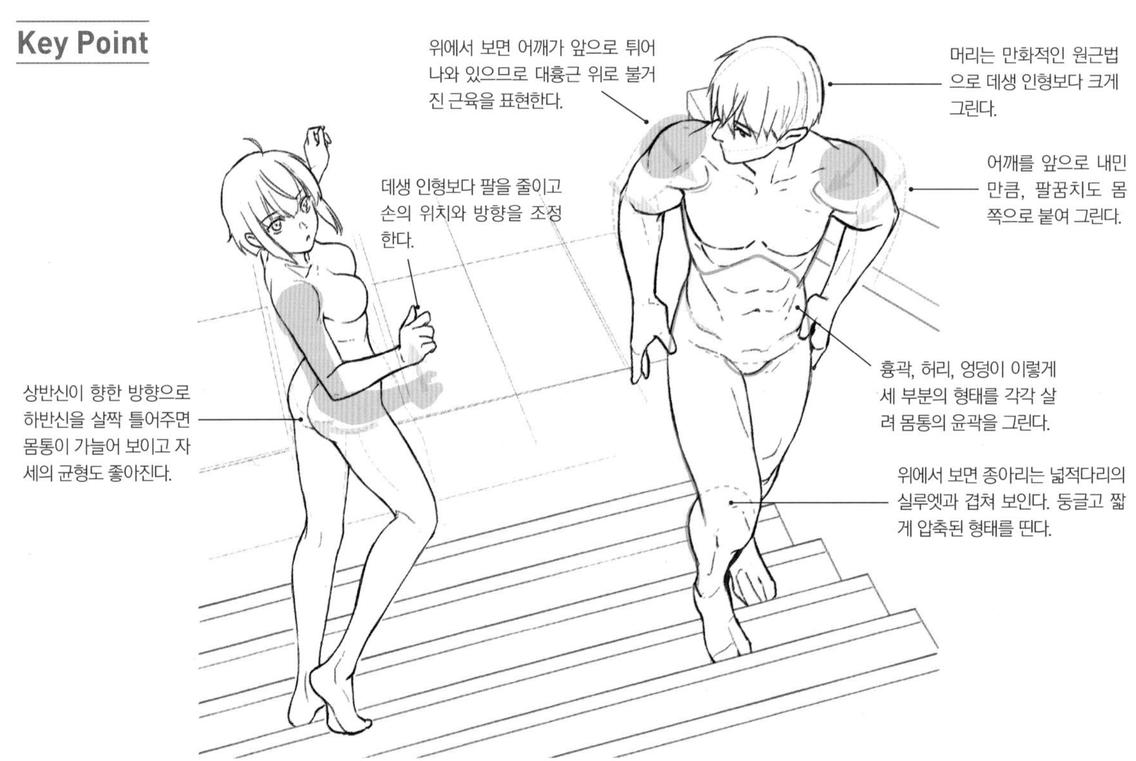

위에서 보면 어깨가 앞으로 튀어 나와 있으므로 대흉근 위로 불거진 근육을 표현한다.
머리는 만화적인 원근법으로 데생 인형보다 크게 그린다.
데생 인형보다 팔을 줄이고 손의 위치와 방향을 조정한다.
어깨를 앞으로 내민 만큼, 팔꿈치도 몸 쪽으로 붙여 그린다.
상반신이 향한 방향으로 하반신을 살짝 틀어주면 몸통이 가늘어 보이고 자세의 균형도 좋아진다.
흉곽, 허리, 엉덩이 이렇게 세 부분의 형태를 각각 살려 몸통의 윤곽을 그린다.
위에서 보면 종아리는 넓적다리의 실루엣과 겹쳐 보인다. 둥글고 짧게 압축된 형태를 띤다.

남성

1 자세 · 가늠선 잡기, 살 붙이기

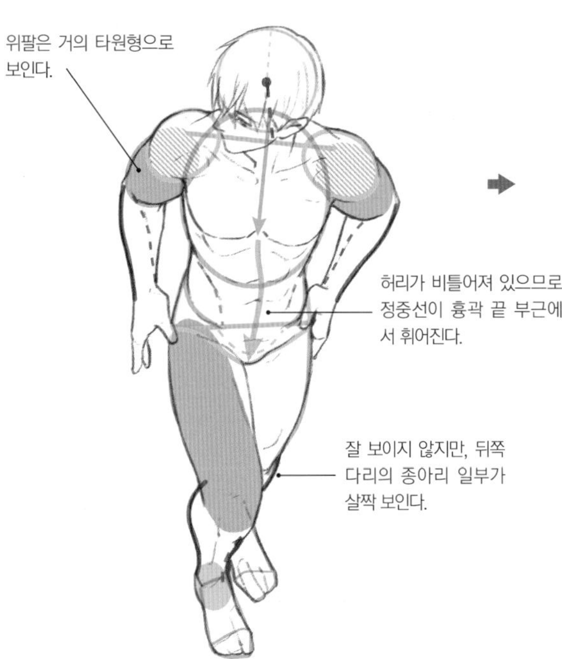
위팔은 거의 타원형으로 보인다.
허리가 비틀어져 있으므로 정중선이 흉곽 끝 부근에서 휘어진다.
잘 보이지 않지만, 뒤쪽 다리의 종아리 일부가 살짝 보인다.

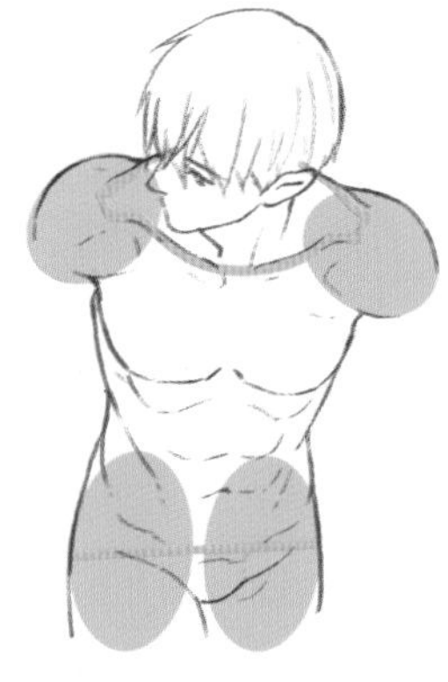

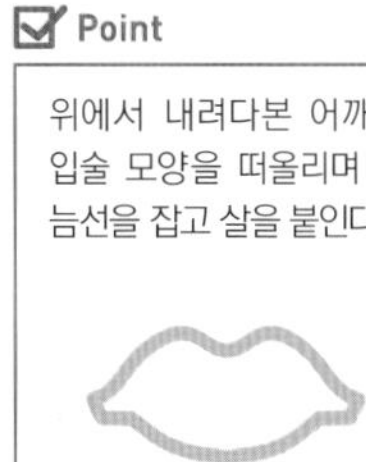
Point
위에서 내려다본 어깨는 입술 모양을 떠올리며 가늠선을 잡고 살을 붙인다.

2 보디라인 정돈하기

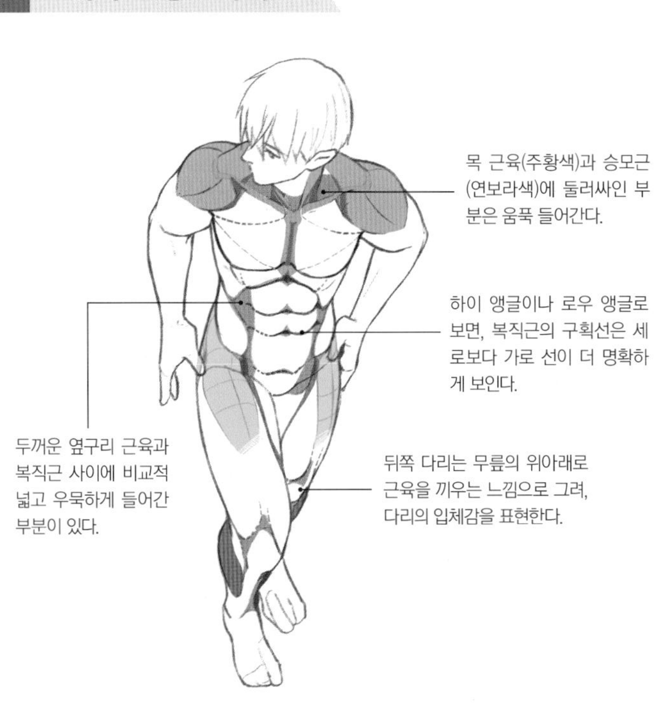
목 근육(주황색)과 승모근(연보라색)에 둘러싸인 부분은 움푹 들어간다.
하이 앵글이나 로우 앵글로 보면, 복직근의 구획선은 세로보다 가로 선이 더 명확하게 보인다.
두꺼운 옆구리 근육과 복직근 사이에 비교적 넓고 우묵하게 들어간 부분이 있다.
뒤쪽 다리는 무릎의 위아래로 근육을 끼우는 느낌으로 그려, 다리의 입체감을 표현한다.

완성

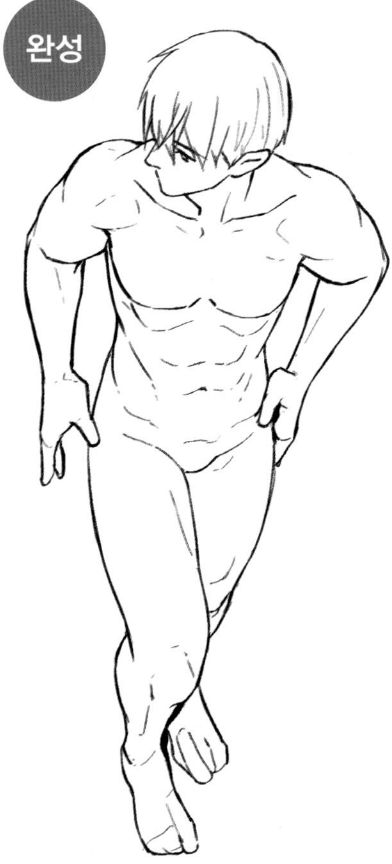

여성

1 자세 · 가늠선 잡기, 살 붙이기

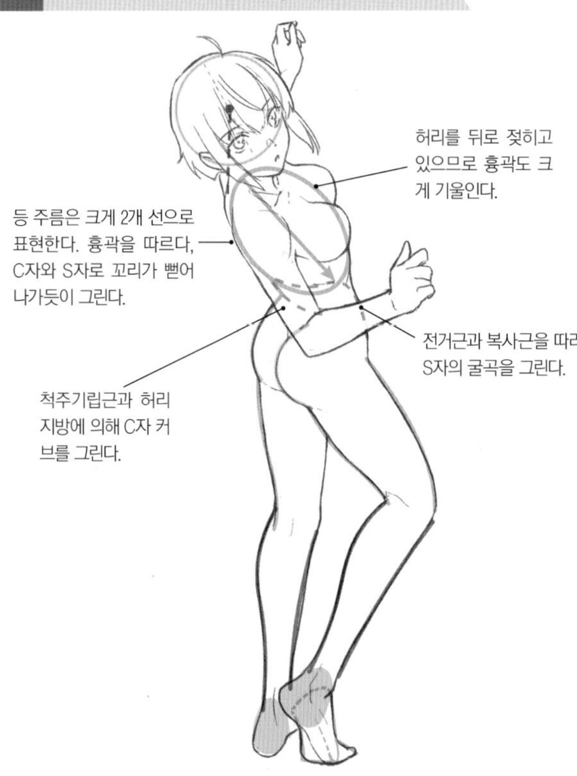
허리를 뒤로 젖히고 있으므로 흉곽도 크게 기울인다.
등 주름은 크게 2개 선으로 표현한다. 흉곽을 따르다, C자와 S자로 꼬리가 뻗어 나가듯이 그린다.
전거근과 복사근을 따라 S자의 굴곡을 그린다.
척주기립근과 허리 지방에 의해 C자 커브를 그린다.

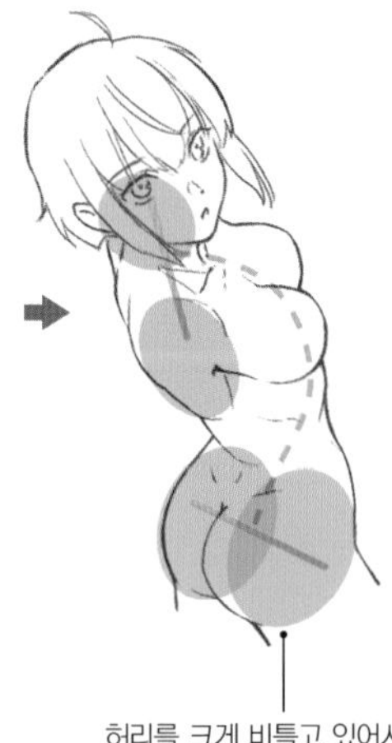
허리를 크게 비틀고 있어서 어깨와 허리는 거의 90도로 엇갈리며 비틀어진다.

Point

꼬리뼈 윗부분은 근육과 지방에 의해 약간 우묵하게 들어간다. 척추와 옆구리에 가려져 하트 모양으로 보인다.

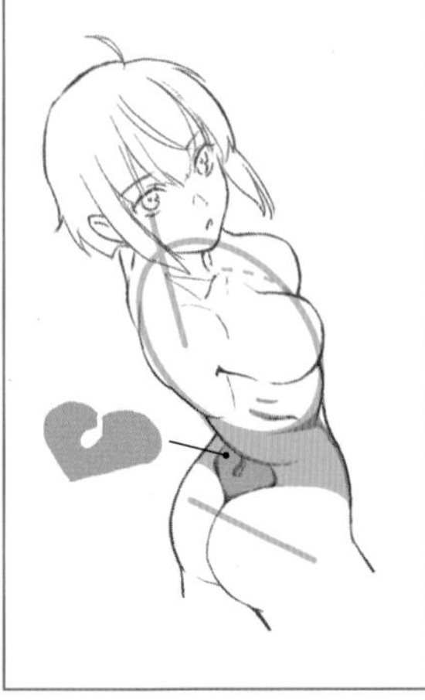

2 보디라인 정돈하기

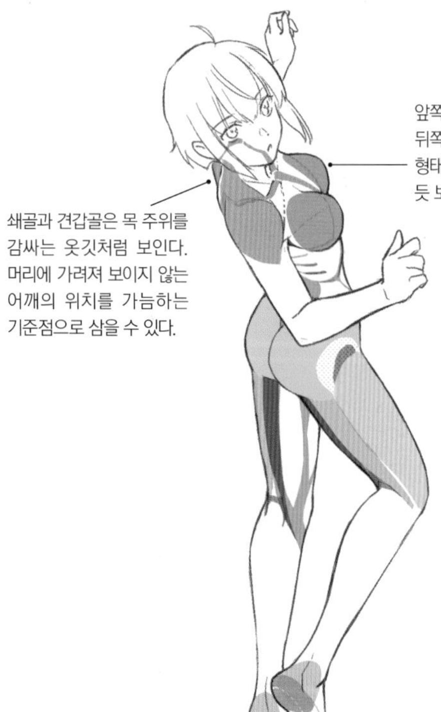
앞쪽 가슴은 원에 가까운 모양. 뒤쪽 가슴은 깊이가 얕은 그릇 형태로, 흉곽 위에 얹어져 있는 듯 보인다.
쇄골과 견갑골은 목 주위를 감싸는 옷깃처럼 보인다. 머리에 가려져 보이지 않는 어깨의 위치를 가늠하는 기준점으로 삼을 수 있다.

완성

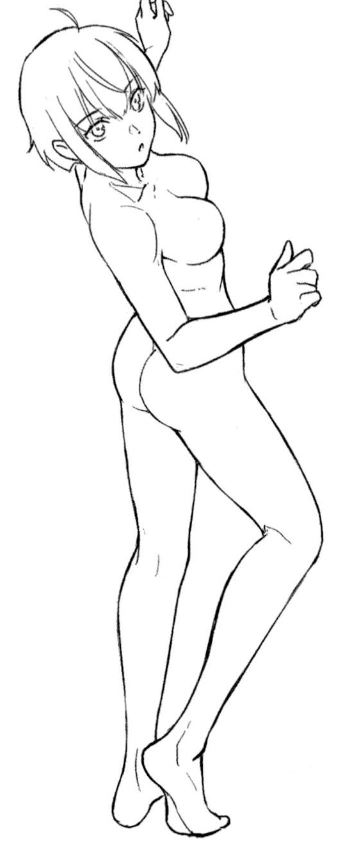

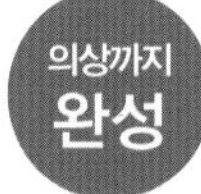
의상까지
완성

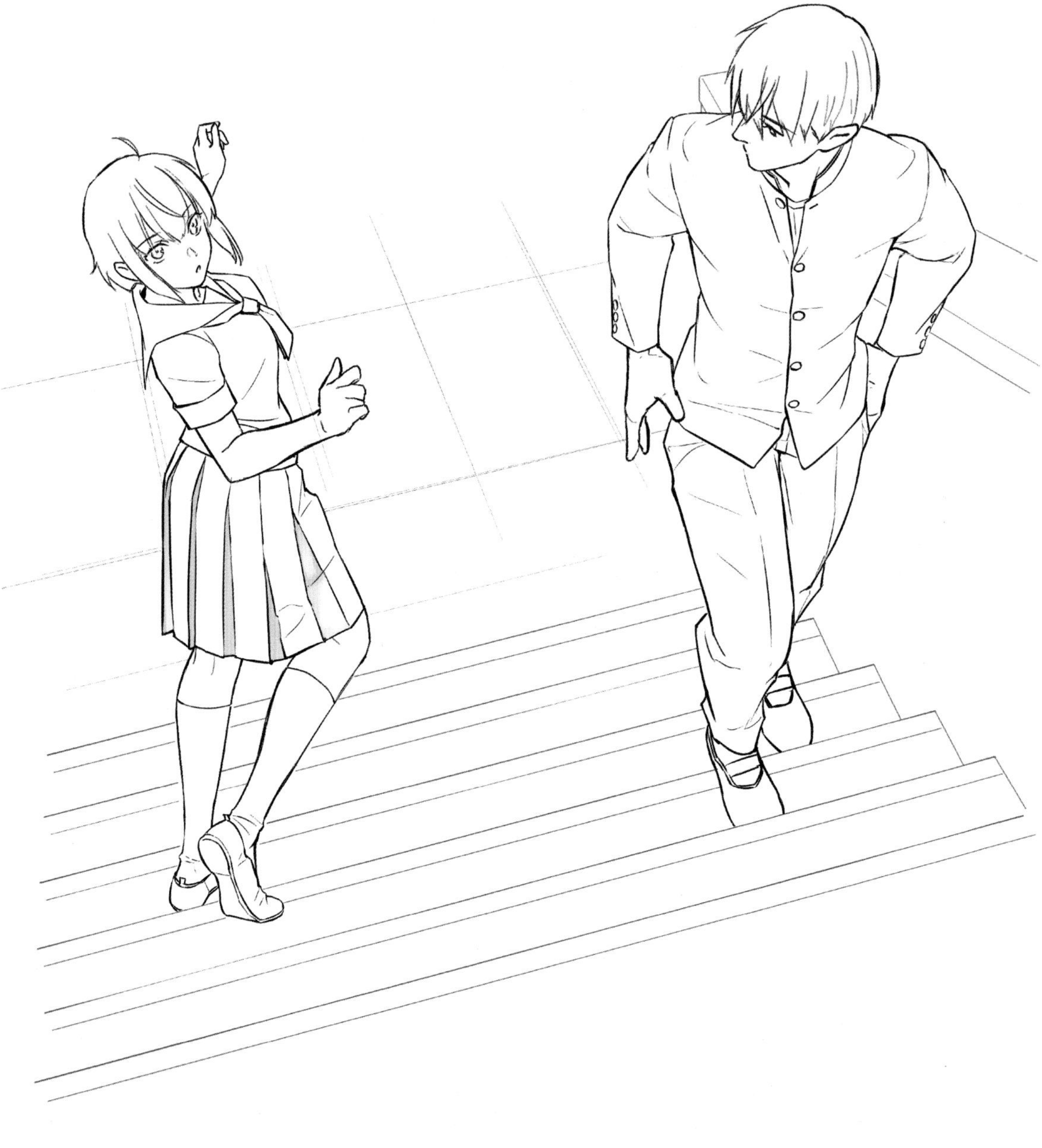

학교 사물함 앞에서 물건 꺼내는 모습

개인 사물함에서 물건을 꺼내는 포즈로, 어깨 표현이 중요합니다. 가늠선을 잡을 때 견갑골과 광배근 등 주요 골격과 근육을 따라 선을 그리면, 어깨 구조를 쉽게 파악할 수 있습니다.

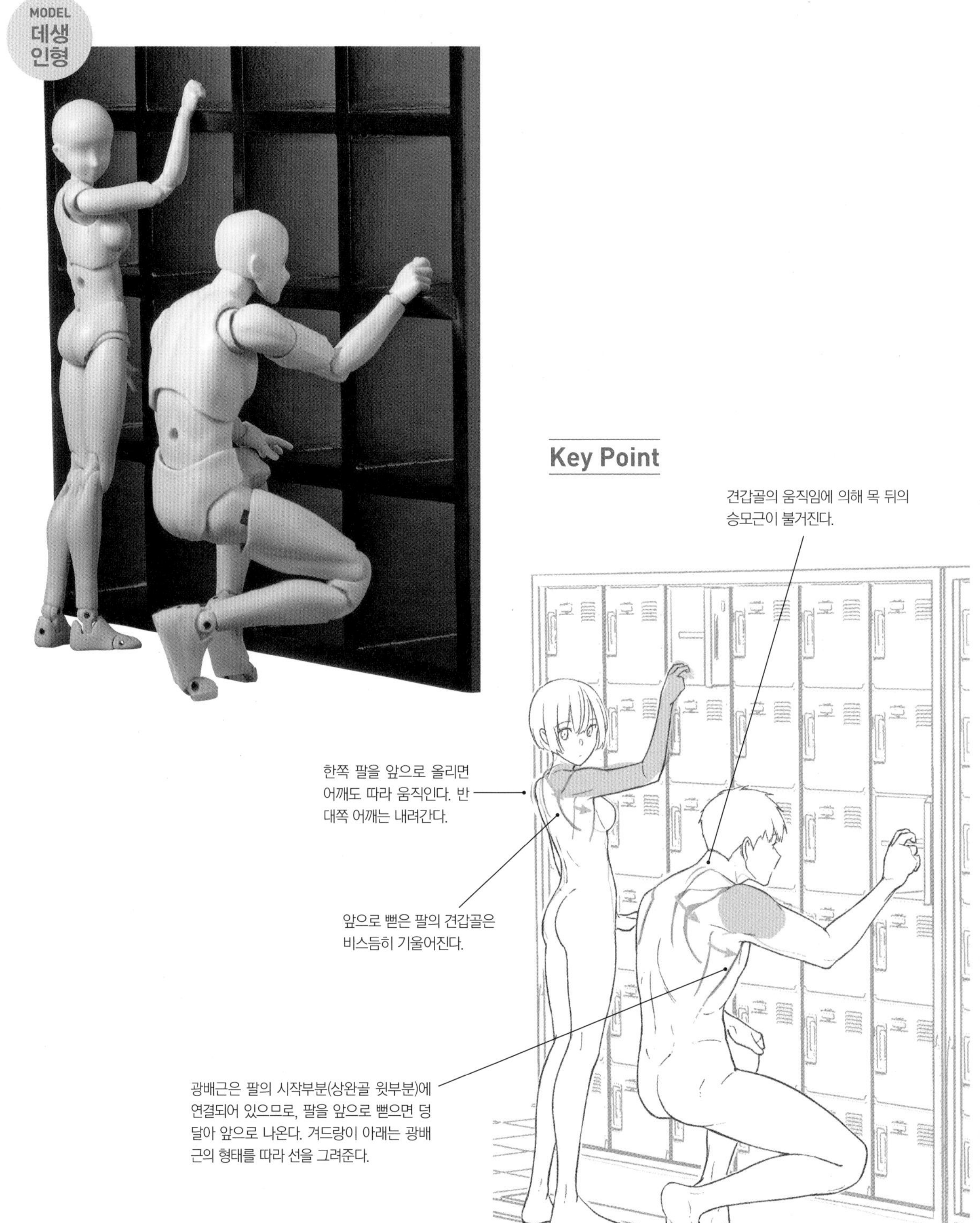
MODEL
데생 인형
Key Point
견갑골의 움직임에 의해 목 뒤의 승모근이 불거진다.
한쪽 팔을 앞으로 올리면 어깨도 따라 움직인다. 반대쪽 어깨는 내려간다.
앞으로 뻗은 팔의 견갑골은 비스듬히 기울어진다.
광배근은 팔의 시작부분(상완골 윗부분)에 연결되어 있으므로, 팔을 앞으로 뻗으면 덩달아 앞으로 나온다. 겨드랑이 아래는 광배근의 형태를 따라 선을 그려준다.

남성

1 자세 · 가늠선 잡기

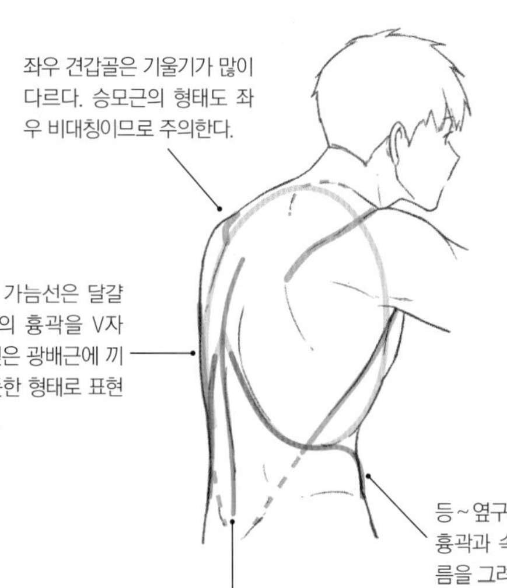
좌우 견갑골은 기울기가 많이 다르다. 승모근의 형태도 좌우 비대칭이므로 주의한다.
등의 가늠선은 달걀 모양의 흉곽을 V자로 뻗은 광배근에 끼운 듯한 형태로 표현한다.
등~옆구리의 윤곽을 표현한다. 흉곽과 속근육을 따라 S자 주름을 그려 가늠선을 잡는다.
척추 라인은 왼쪽으로 크게 치우치므로 등 윤곽과 가깝게 그린다. 승모근이 마름모꼴로 갈라지는 부분까지 하나의 선으로 보인다.

2 살 붙이기, 보디라인 정돈하기

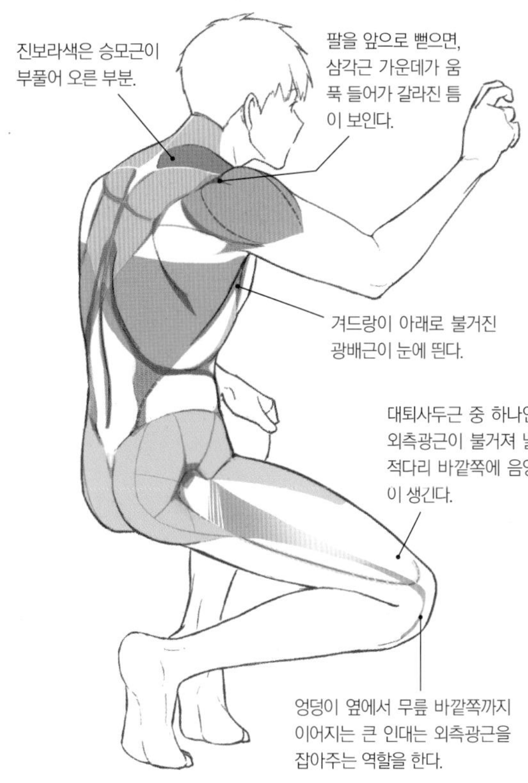
진보라색은 승모근이 부풀어 오른 부분.
팔을 앞으로 뻗으면, 삼각근 가운데가 움푹 들어가 갈라진 틈이 보인다.
겨드랑이 아래로 불거진 광배근이 눈에 띈다.
대퇴사두근 중 하나인 외측광근이 불거져 넓적다리 바깥쪽에 음영이 생긴다.
엉덩이 옆에서 무릎 바깥쪽까지 이어지는 큰 인대는 외측광근을 잡아주는 역할을 한다.

완성

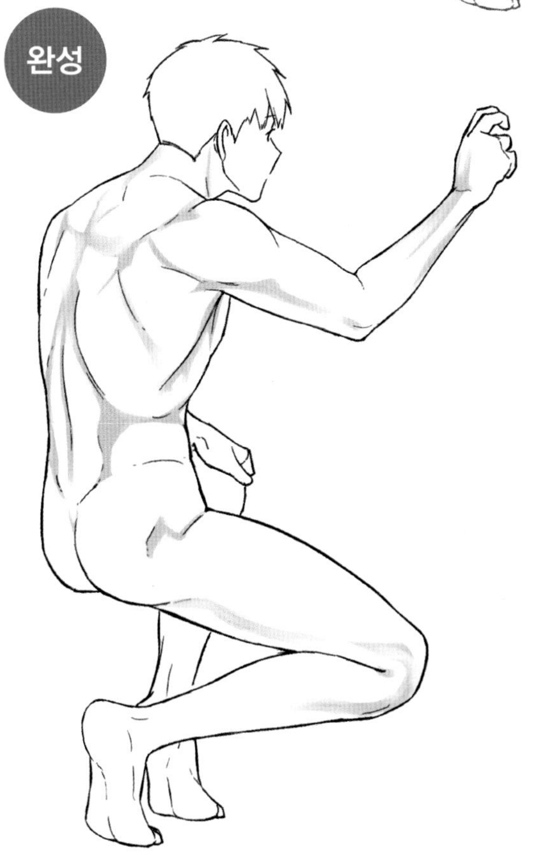

여성

1 자세 · 가늠선 잡기

2 살 붙이기, 보디라인 정돈하기

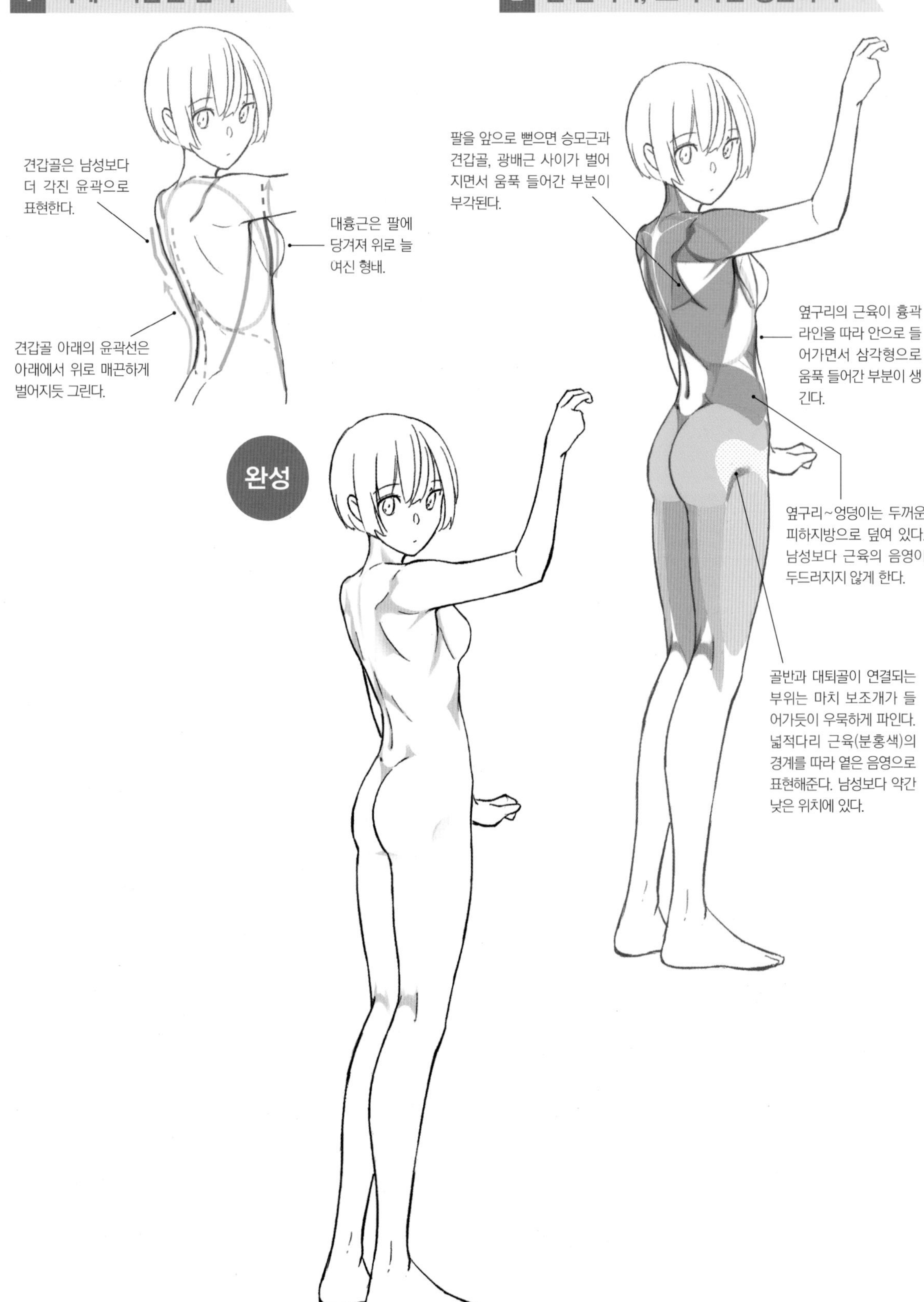

견갑골은 남성보다
더 각진 윤곽으로
표현한다.
대흉근은 팔에
당겨져 위로 늘
여신 형태.
견갑골 아래의 윤곽선은
아래에서 위로 매끈하게
벌어지듯 그린다.
완성
팔을 앞으로 뻗으면 승모근과
견갑골, 광배근 사이가 벌어
지면서 움푹 들어간 부분이
부각된다.
옆구리의 근육이 흉곽
라인을 따라 안으로 들
어가면서 삼각형으로
움푹 들어간 부분이 생
긴다.
옆구리~엉덩이는 두꺼운
피하지방으로 덮여 있다.
남성보다 근육의 음영이
두드러지지 않게 한다.
골반과 대퇴골이 연결되는
부위는 마치 보조개가 들
어가듯이 우묵하게 파인다.
넓적다리 근육(분홍색)의
경계를 따라 옅은 음영으로
표현해준다. 남성보다 약간
낮은 위치에 있다.

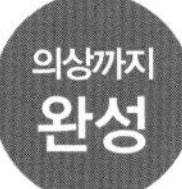
의상까지
완성

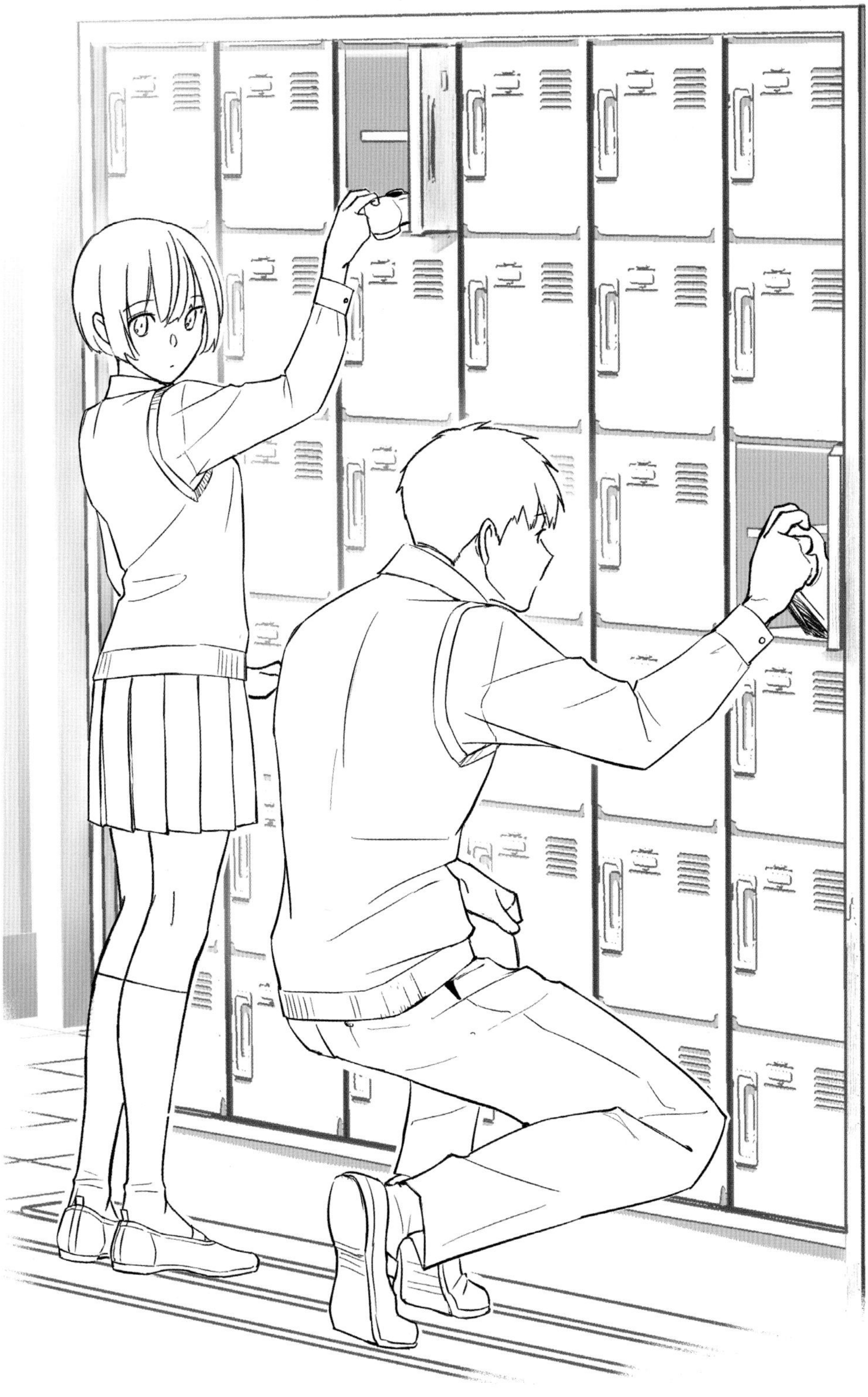

학교　한쪽 발을 들어 올려 신발 신는 모습

한쪽 발을 들어 올리면서 상체를 비틀어 뒤를 돌아보는 복잡한 포즈입니다. 가늠선 단계에서 머리의 무게를 지탱할 수 있도록 다리 위치를 조정해주어야 자연스러운 포즈가 만들어집니다.

MODEL
데생 인형

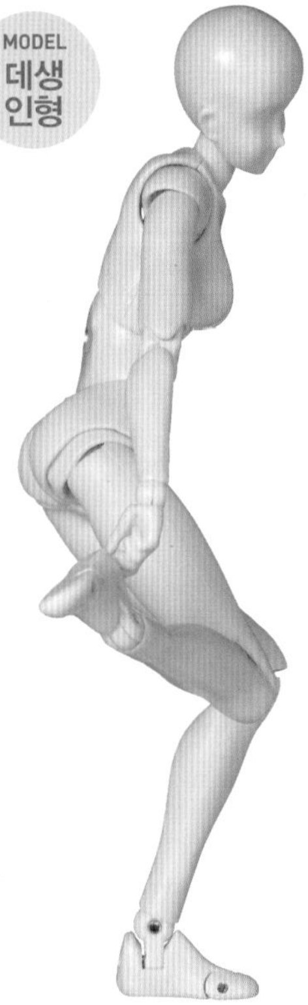

Key Point

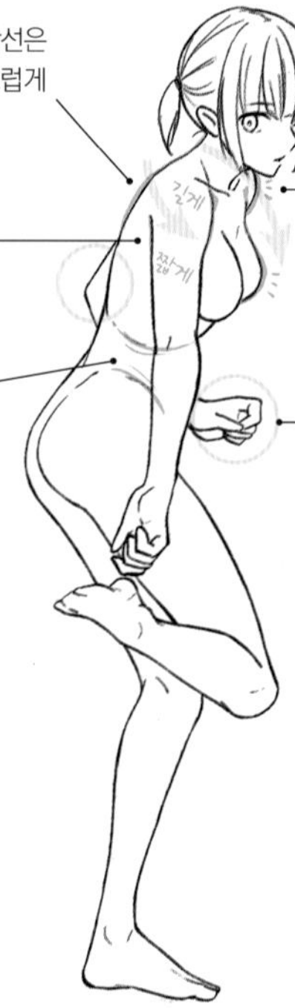

어깨(등 상부)의 윤곽선은 볼륨을 줄이고 부드럽게 그린다.

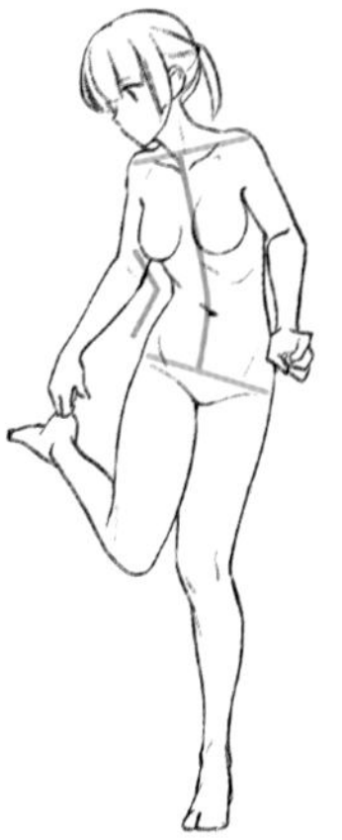

팔 윤곽선은 뒤쪽은 짧게, 앞쪽을 길게 표현한다.

상체를 옆으로 비틀며 꺾은 자세로(정면 앵글 참조), 옆구리에 주름이 생긴다.

뒤쪽 어깨도 몸 앞으로 나와 있다. 데생 인형보다 앞으로 내밀어 뒤쪽 가슴까지 보여주면 포즈가 자연스러워진다.

뒤쪽의 손과 팔꿈치를 살짝 보여주면 한결 균형감 있어 보인다.

길게

짧게

정면

1 자세 · 가늠선 잡기

2 살 붙이기

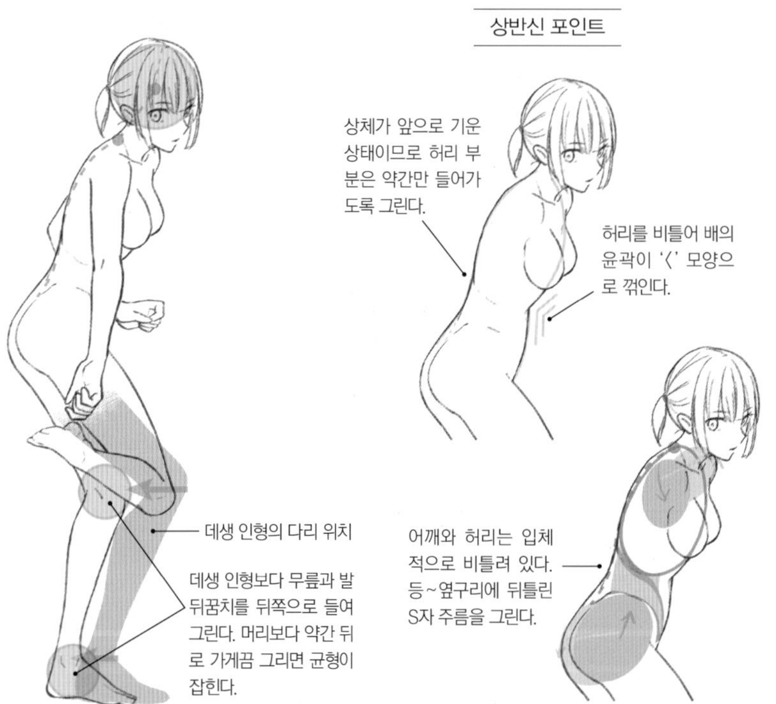

상반신 포인트
데생 인형의 다리 위치
데생 인형보다 무릎과 발뒤꿈치를 뒤쪽으로 들여 그린다. 머리보다 약간 뒤로 가게끔 그리면 균형이 잡힌다.
상체가 앞으로 기운 상태이므로 허리 부분은 약간만 들어가도록 그린다.
허리를 비틀어 배의 윤곽이 '<' 모양으로 꺾인다.
어깨와 허리는 입체적으로 비틀려 있다. 등~옆구리에 뒤틀린 S자 주름을 그린다.

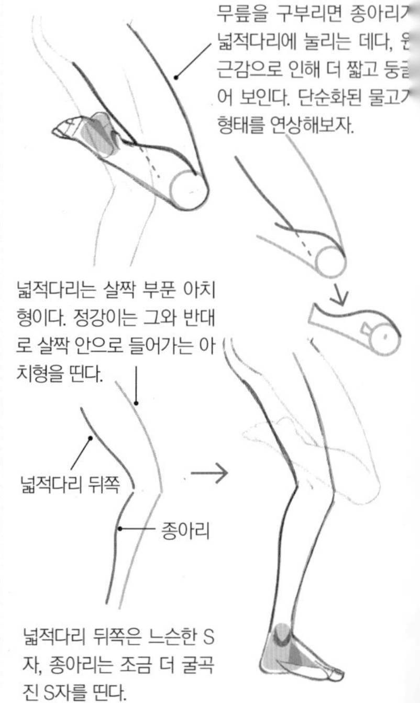

다리 포인트
무릎을 구부리면 종아리
넓적다리에 눌리는 데다,
근감으로 인해 더 짧고 둥
어 보인다. 단순화된 물고
형태를 연상해보자.
넓적다리는 살짝 부푼 아치형이다. 정강이는 그와 반대로 살짝 안으로 들어가는 아치형을 띤다.
넓적다리 뒤쪽
종아리
넓적다리 뒤쪽은 느슨한 S자, 종아리는 조금 더 굴곡진 S자를 띤다.

3 보디라인 정돈하기

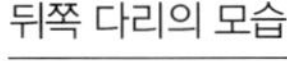

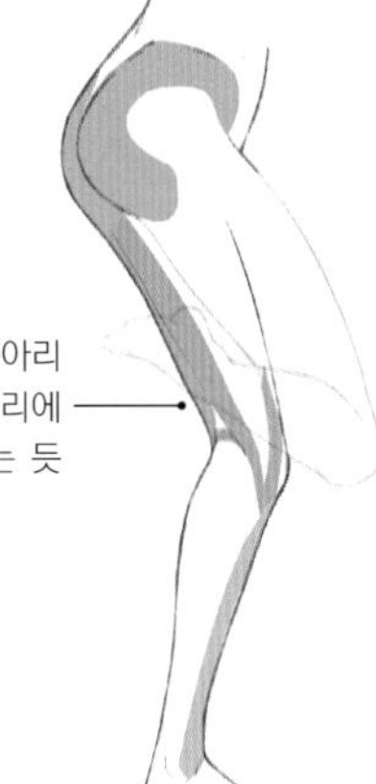

무릎 뒤에서 종아리 근육이 넓적다리에 A자로 끼워지는 듯한 형태.

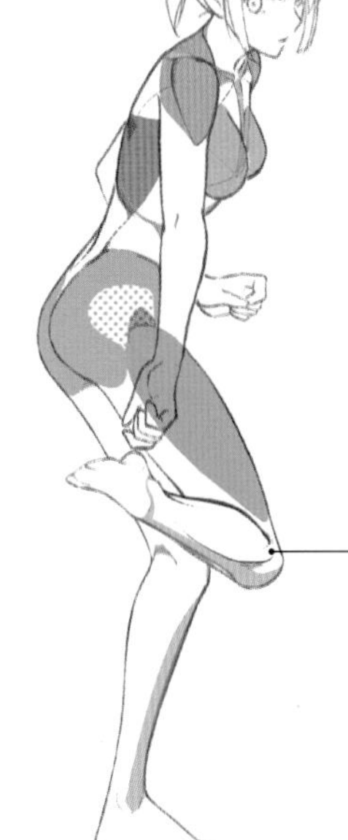

종아리 근육이 무릎 부근에서 부풀어 올라, 주름이나 음영이 생긴다.

엉덩이 옆면이 우묵하게 들어간다. 소위 '엉덩이 보조개'라고 부르는 부위. 여성은 대퇴관절을 중심으로 다소 넓고 평평하게 들어가 있다.

대흉근이 얇다. 쇄골을 따라 삼각형이 늘어난 모양으로 오목하게 들어간다.

다리를 움직이면 중심이 가볍게 파인다.

완성

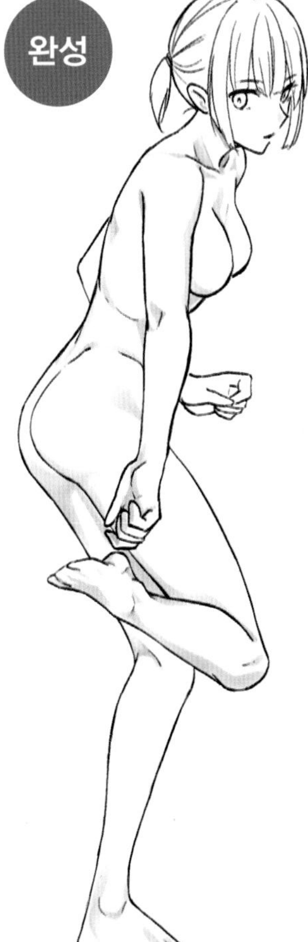

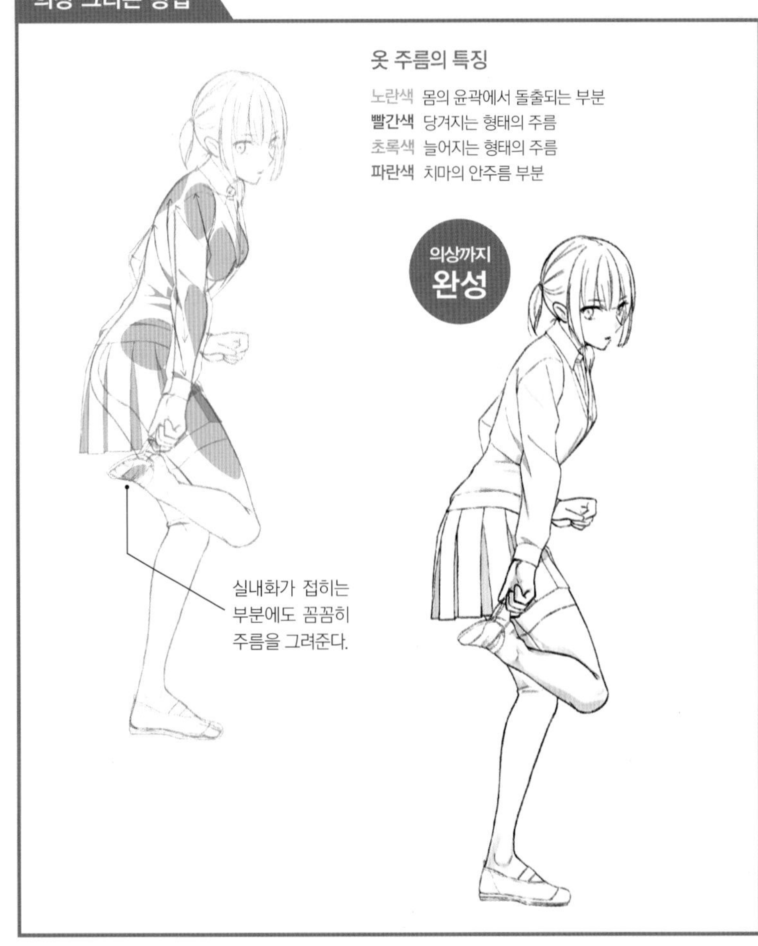

사무실 책상 앞에서 업무에 열중하는 모습 ① 전면

아래와 같은 장면은 눈에 보이는 상반신을 그리는 데에만 몰두하기 쉽습니다. 하지만 전체적인 포즈가 자연스럽기 위해서는 책상 아래 가려진 하반신이 어떻게 되어 있는지 파악하는 것도 중요합니다. 우선 보이지 않는 부분까지 확실하게 가늠선을 잡아 봅시다.

MODEL
데생
인형

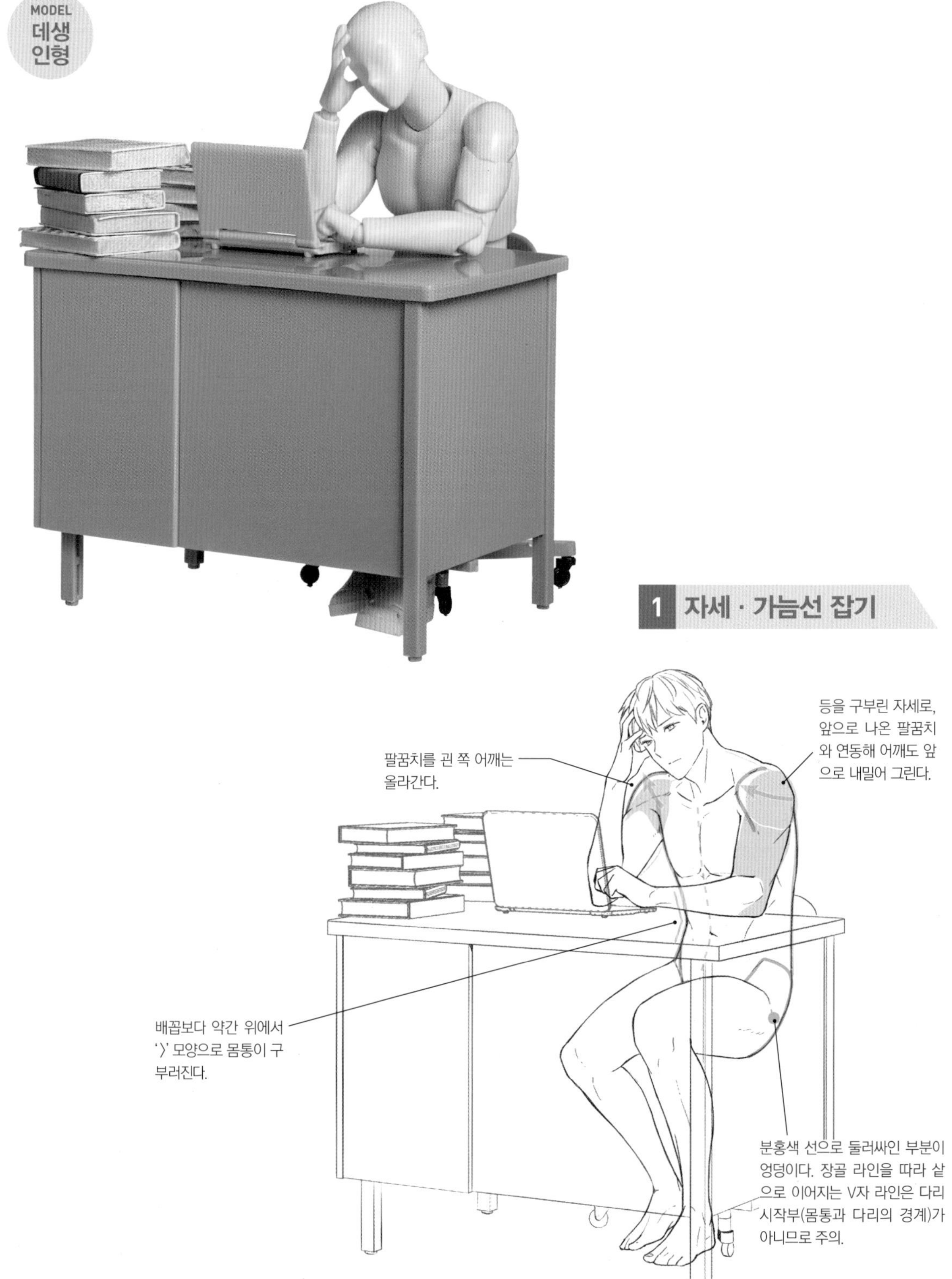
1 자세 · 가늠선 잡기
팔꿈치를 괸 쪽 어깨는 올라간다.
등을 구부린 자세로, 앞으로 나온 팔꿈치와 연동해 어깨도 앞으로 내밀어 그린다.
배꼽보다 약간 위에서 '〉' 모양으로 몸통이 구부러진다.
분홍색 선으로 둘러싸인 부분이 엉덩이다. 장골 라인을 따라 샅으로 이어지는 V자 라인은 다리 시작부(몸통과 다리의 경계)가 아니므로 주의.

2 살 붙이기, 보디라인 정돈하기

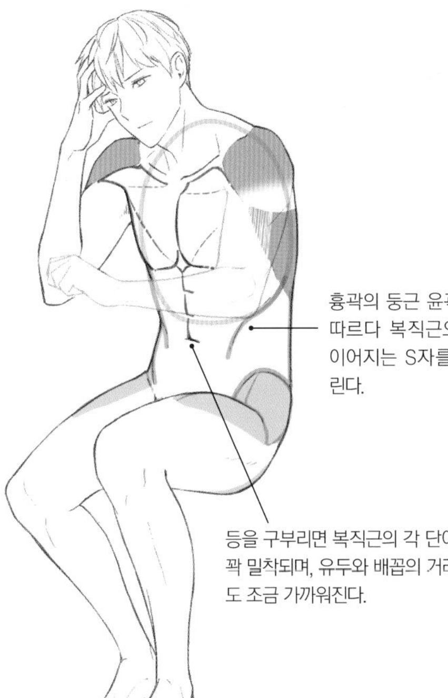
흉곽의 둥근 윤곽을 따르다 복직근으로 이어지는 S자를 그린다.
등을 구부리면 복직근의 각 단이 꽉 밀착되며, 유두와 배꼽의 거리도 조금 가까워진다.

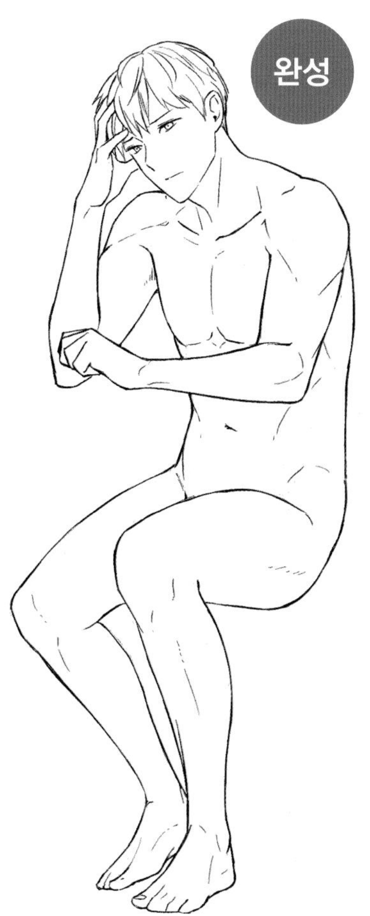
완성

Point 손 그릴 때의 주의점

데생 인형대로 그리면(NG 예시), 손목이 너무 굵거나 손가락이 짧고 뭉뚝해지므로 좀 더 세밀하게 조정할 필요가 있습니다. 상세한 손 그리기 방법은 칼럼(P.40)을 참조해 주세요.

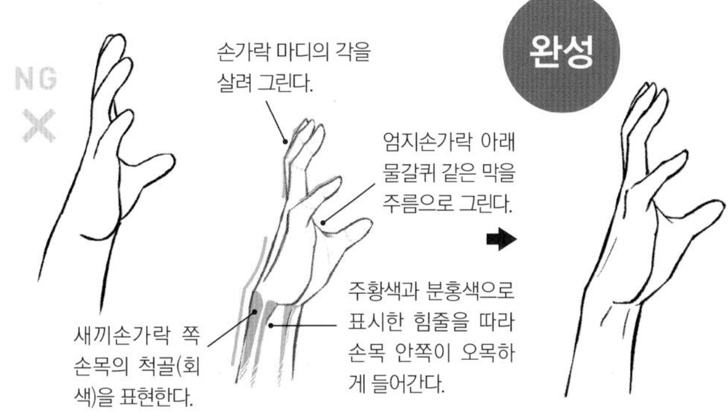
NG
손가락 마디의 각을 살려 그린다.
엄지손가락 아래 물갈퀴 같은 막을 주름으로 그린다.
완성
새끼손가락 쪽 손목의 척골(회색)을 표현한다.
주황색과 분홍색으로 표시한 힘줄을 따라 손목 안쪽이 오목하게 들어간다.

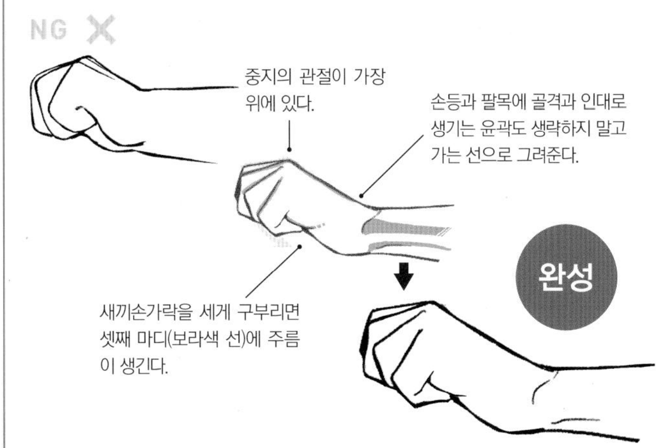
NG
중지의 관절이 가장 위에 있다.
손등과 팔목에 골격과 인대로 생기는 윤곽도 생략하지 말고 가는 선으로 그려준다.
새끼손가락을 세게 구부리면 셋째 마디(보라색 선)에 주름이 생긴다.
완성

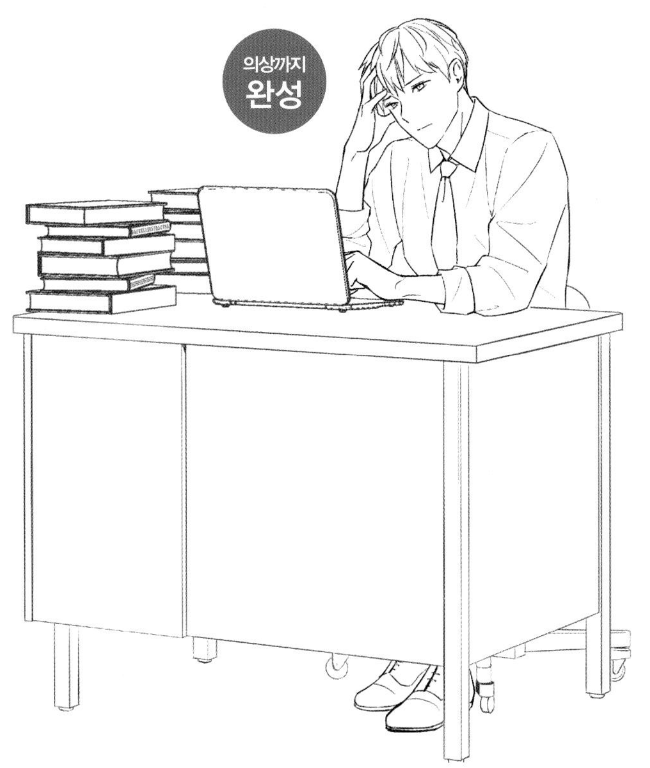
의상까지 완성

PART 2 일상의 포즈 그리기
사무실

책상 앞에서 업무에 열중하는 모습 ② 측면

몸통에 비해 머리가 크게 오른쪽으로 기울어 있습니다. 턱선과 목으로 이루어진 삼각형 영역이 눈에 띕니다. 귀의 형태도 얇게 보인다는 점을 주의하세요.

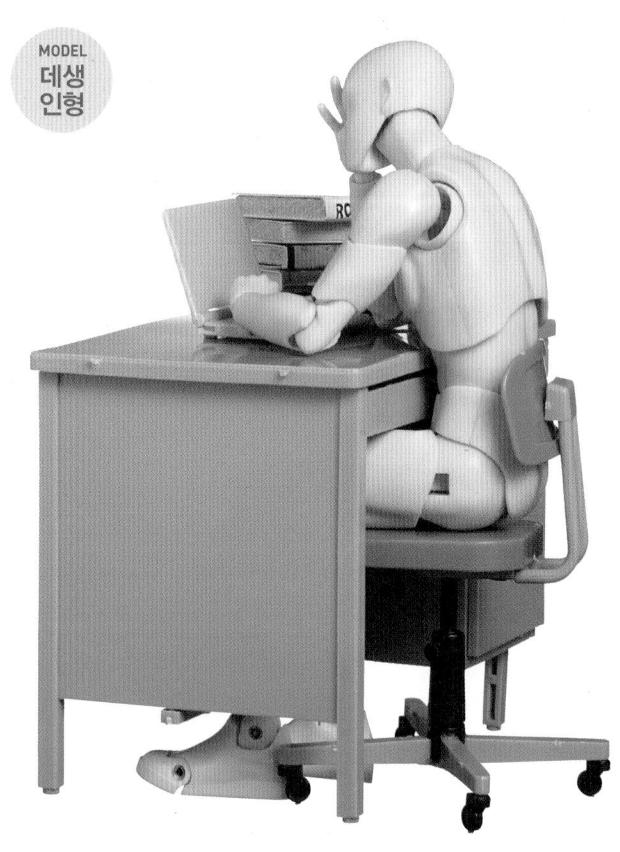
MODEL
데생
인형

1 자세 · 가늠선 잡기

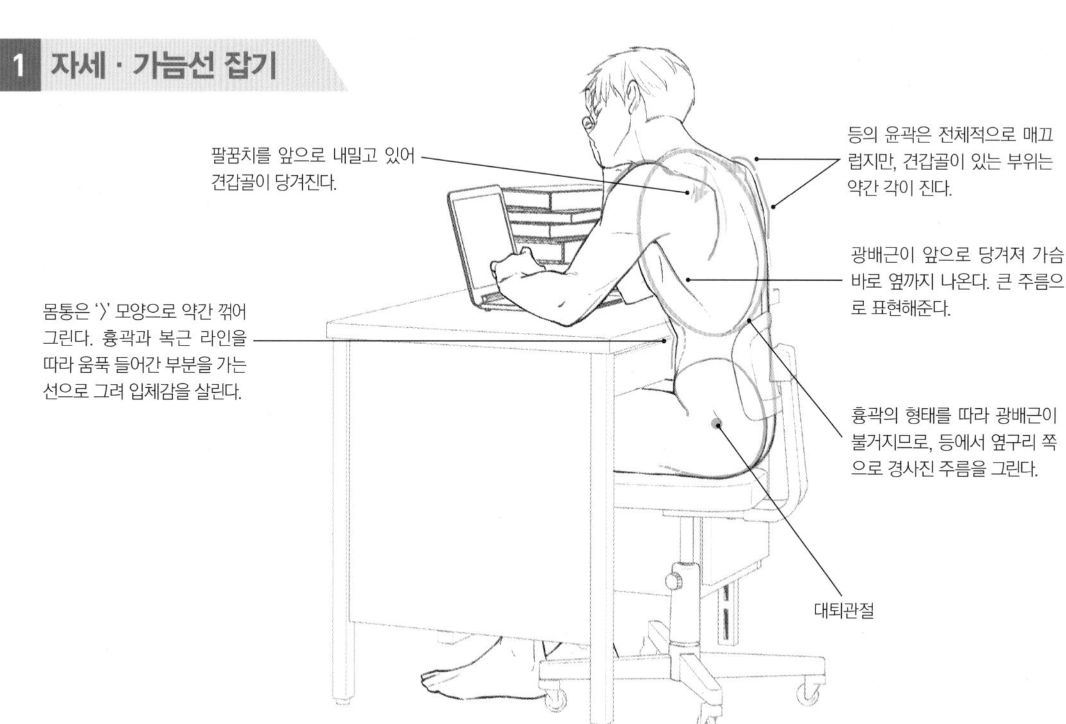
팔꿈치를 앞으로 내밀고 있어 견갑골이 당겨진다.
몸통은 '〉' 모양으로 약간 꺾어 그린다. 흉곽과 복근 라인을 따라 움푹 들어간 부분을 가는 선으로 그려 입체감을 살린다.
등의 윤곽은 전체적으로 매끄럽지만, 견갑골이 있는 부위는 약간 각이 진다.
광배근이 앞으로 당겨져 가슴 바로 옆까지 나온다. 큰 주름으로 표현해준다.
흉곽의 형태를 따라 광배근이 불거지므로, 등에서 옆구리 쪽으로 경사진 주름을 그린다.
대퇴관절

2 살 붙이기, 보디라인 정돈하기

Point 노트북에 올린 손의 형태

손이 잘 보이지 않는 앵글이므로 손등 실루엣에서 엄지, 검지, 새끼손가락 일부를 의식적으로 표현함으로써 손의 형태를 쉽게 알 수 있게 합니다. 새끼손가락은 다른 손가락보다 크게 벌어지기 때문에 손가락 끝까지 보여도 OK.

손등은 중지 부분을 가장 높게 그린다.

이 윤곽선은 팔꿈치 옆 근육의 볼륨을 표현한다.

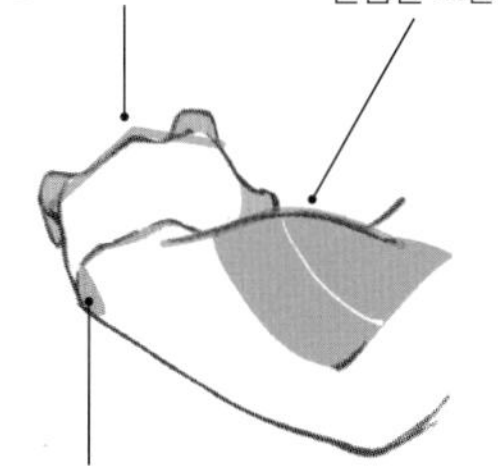

손목의 윤곽(회색)은 가운데가 약간 들어가고, 새끼손가락 쪽의 척골이 튀어나온 형태로 그려준다.

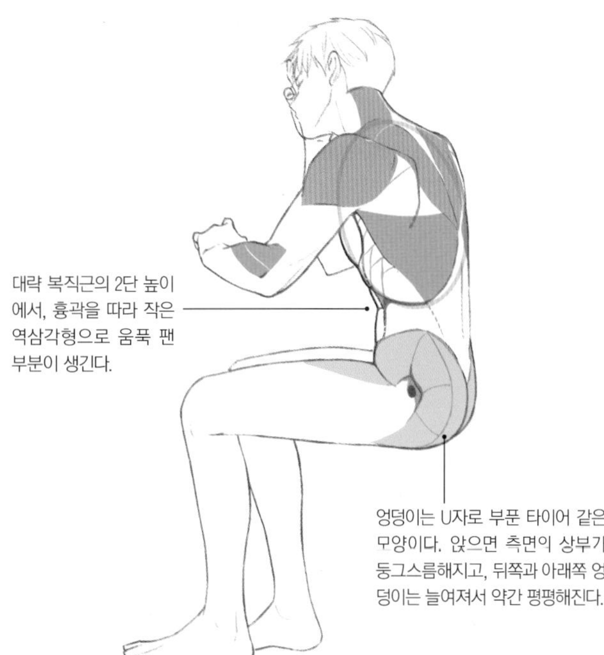
대략 복직근의 2단 높이에서, 흉곽을 따라 작은 역삼각형으로 움푹 팬 부분이 생긴다.
엉덩이는 U자로 부푼 타이어 같은 무양이다. 앉으면 측면의 상부가 둥그스름해지고, 뒤쪽과 아래쪽 엉덩이는 늘어져서 약간 평평해진다.

완성

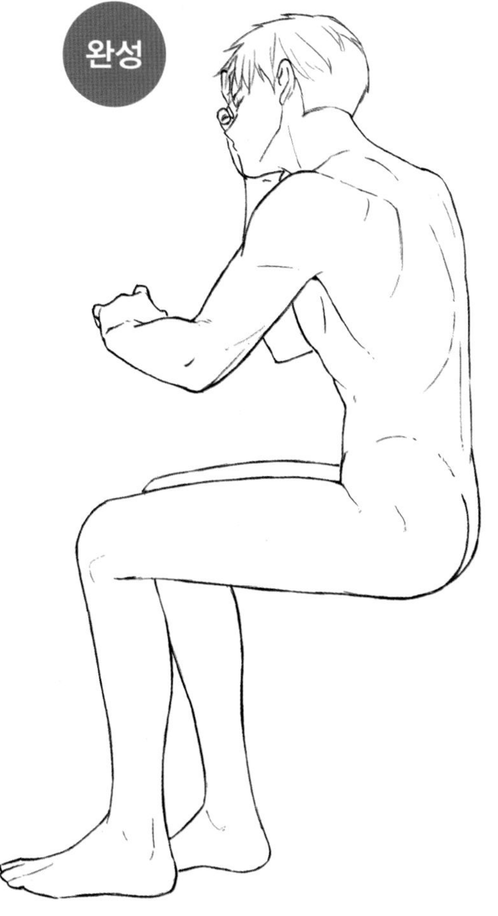

의상까지 완성

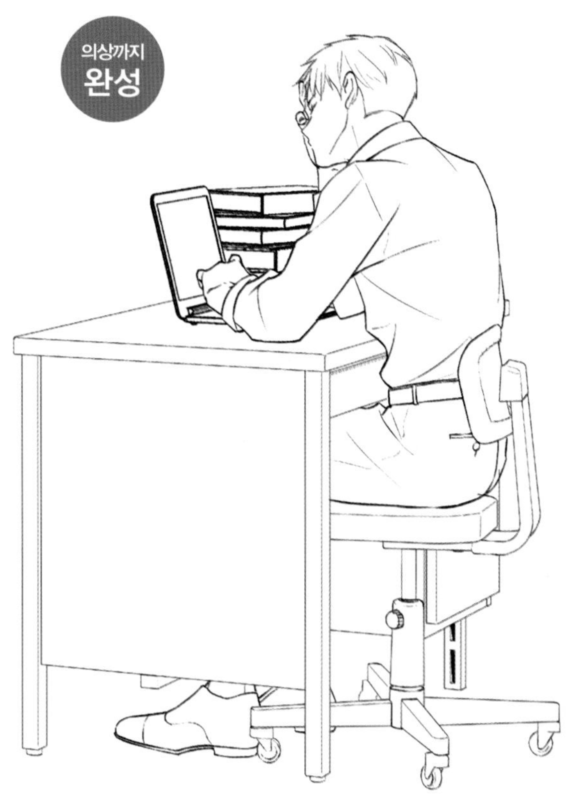

앉아서 노트북 작업하기 ① 전면

데생 인형은 상반신에 비해 하반신이 작게 제작된 편입니다. 따라서 앉은 자세를 그릴 때는 어깨 폭을 좁히고 가슴의 위치를 위로 조정해, 상반신을 약간 작게 그리는 것이 균형감 있어 보입니다.

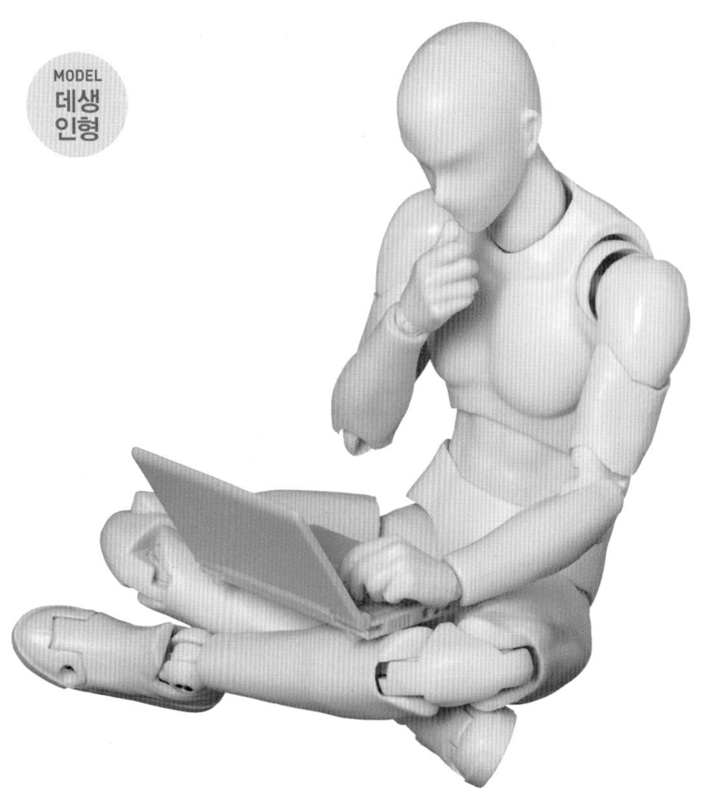

1 자세 · 가늠선 잡기

데생 인형보다 어깨를 위로 올리고, 가슴에 가깝게 붙인다.

등이 가볍게 구부러진 자세이므로 배도 완만한 커브를 그리며 안쪽으로 들어간다.

몸통이 가슴, 복부, 골반으로 나눠진 데생 인형은 복부~샅까지의 정중선이 왼쪽으로 부자연스럽게 치우쳐 있다. 정중선이 오른쪽에 가까워지도록 복근의 볼륨을 조정해 다듬는다.

넓적다리는 타원형에 가깝다.

구부린 무릎은 크게 보인다. 슬개골 주변의 근육을 포함한 크기가 무릎이 된다.

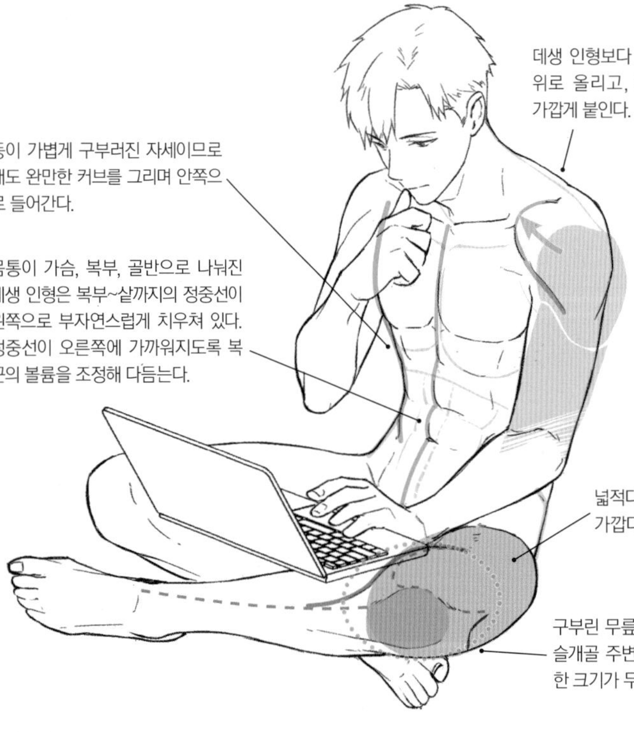

몸통 가늠선에 관하여

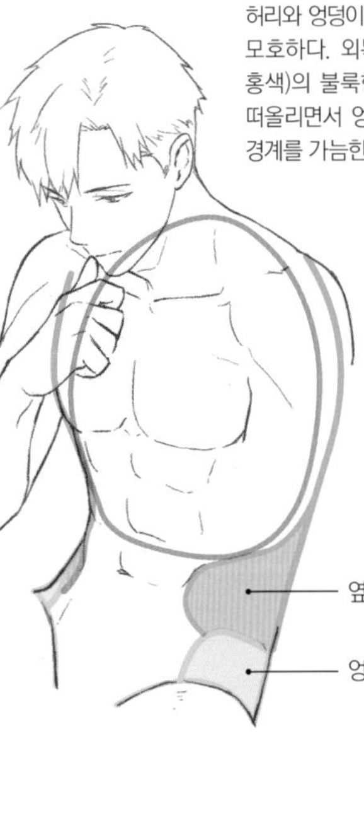

남성은 허리의 굴곡이 크지 않고 골반이 작아, 허리와 엉덩이의 경계가 모호하다. 외복사근(분홍색)의 불룩한 형태를 떠올리면서 엉덩이와의 경계를 가늠한다.

옆구리

엉덩이

2 살 붙이기, 보디라인 정돈하기

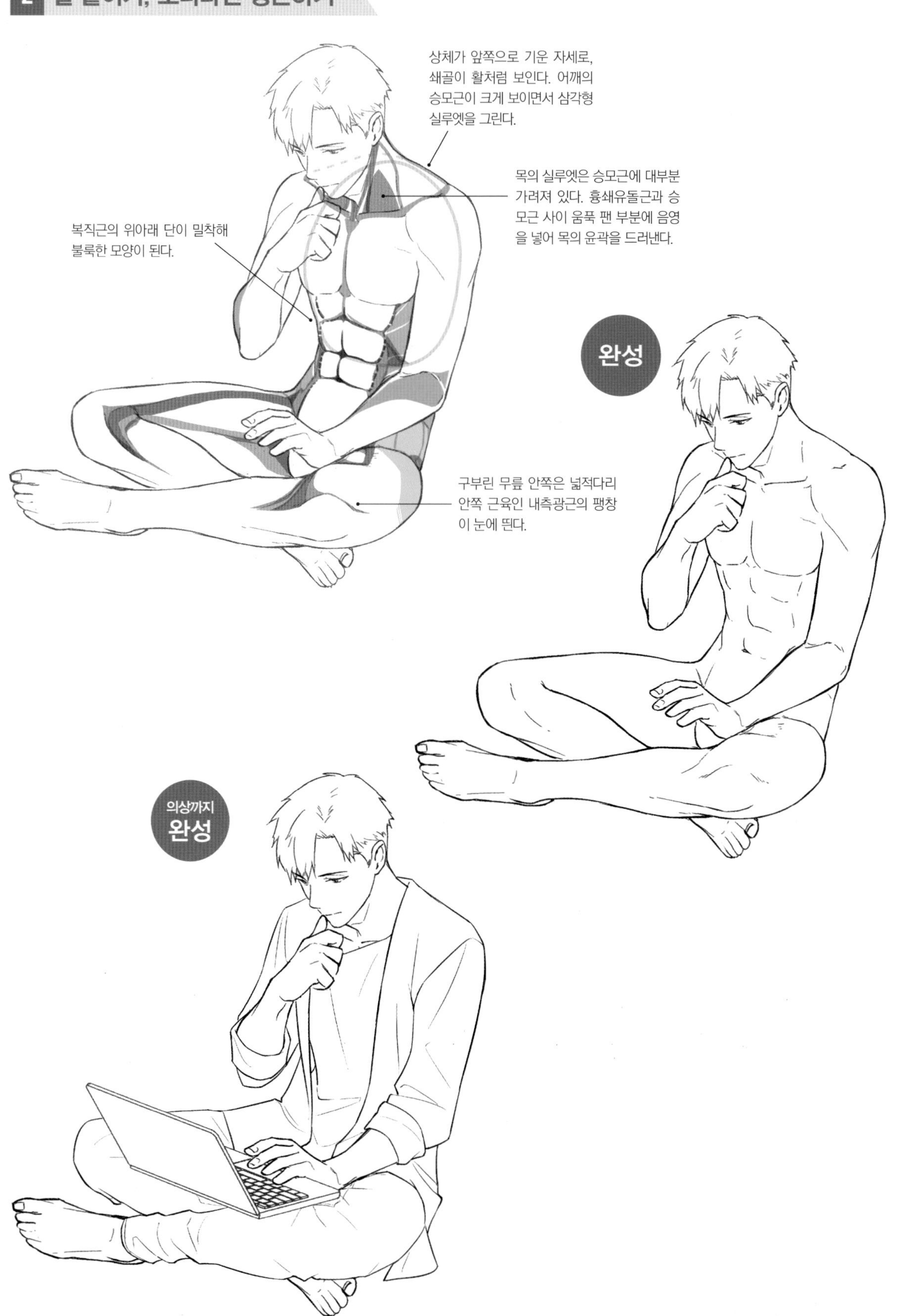

상체가 앞쪽으로 기운 자세로,
쇄골이 활처럼 보인다. 어깨의
승모근이 크게 보이면서 삼각형
실루엣을 그린다.
목의 실루엣은 승모근에 대부분
가려져 있다. 흉쇄유돌근과 승
모근 사이 움푹 팬 부분에 음영
을 넣어 목의 윤곽을 드러낸다.
복직근의 위아래 단이 밀착해
불룩한 모양이 된다.
완성
구부린 무릎 안쪽은 넓적다리
안쪽 근육인 내측광근의 팽창
이 눈에 띈다.
의상까지
완성

앉아서 노트북 작업하기 ② 후면, 하이 앵글

앉은 포즈를 뒤에서 하이 앵글로 바라본 모습입니다. 여성의 경우, 복부와 엉덩이의 볼륨을 키우고 팔과 넓적다리가 너무 길어지지 않도록 그리면 사실적인 느낌을 살릴 수 있습니다.

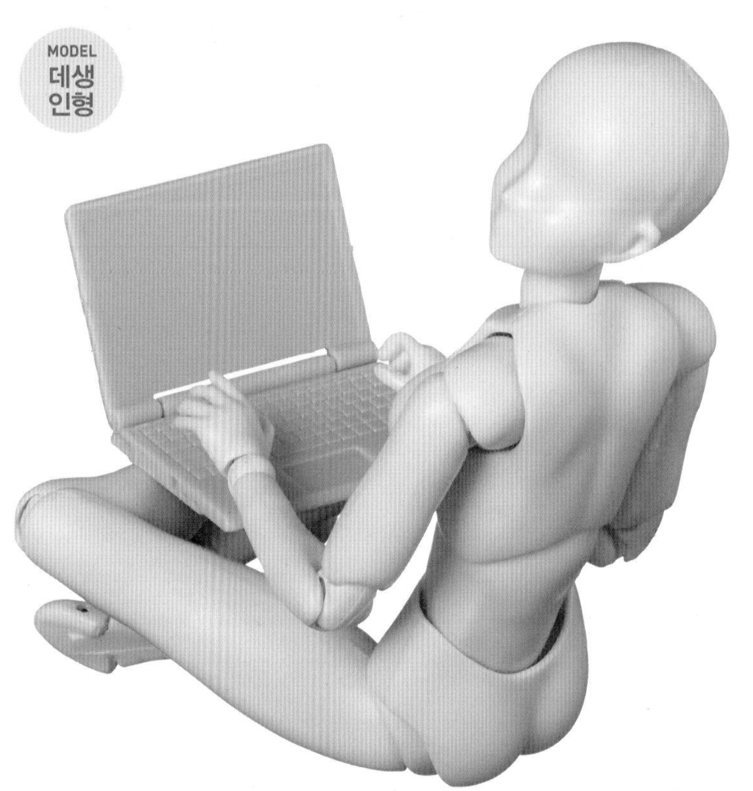
MODEL
데생 인형

1 자세 · 가늠선 잡기

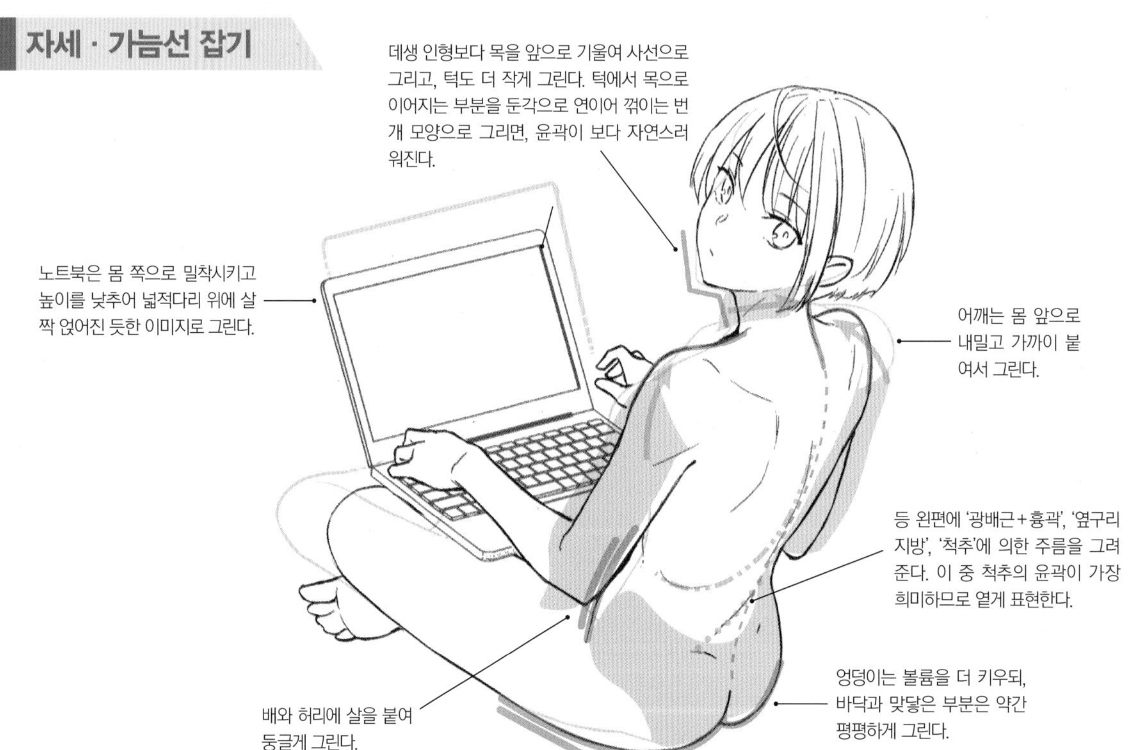
데생 인형보다 목을 앞으로 기울여 사선으로 그리고, 턱도 더 작게 그린다. 턱에서 목으로 이어지는 부분을 둔각으로 연이어 꺾이는 번개 모양으로 그리면, 윤곽이 보다 자연스러워진다.
노트북은 몸 쪽으로 밀착시키고 높이를 낮추어 넓적다리 위에 살짝 얹어진 듯한 이미지로 그린다.
어깨는 몸 앞으로 내밀고 가까이 붙여서 그린다.
등 왼편에 '광배근+흉곽', '옆구리 지방', '척추'에 의한 주름을 그려준다. 이 중 척추의 윤곽이 가장 희미하므로 옅게 표현한다.
엉덩이는 볼륨을 더 키우되, 바닥과 맞닿은 부분은 약간 평평하게 그린다.
배와 허리에 살을 붙여 둥글게 그린다.

2 살 붙이기, 보디라인 정돈하기

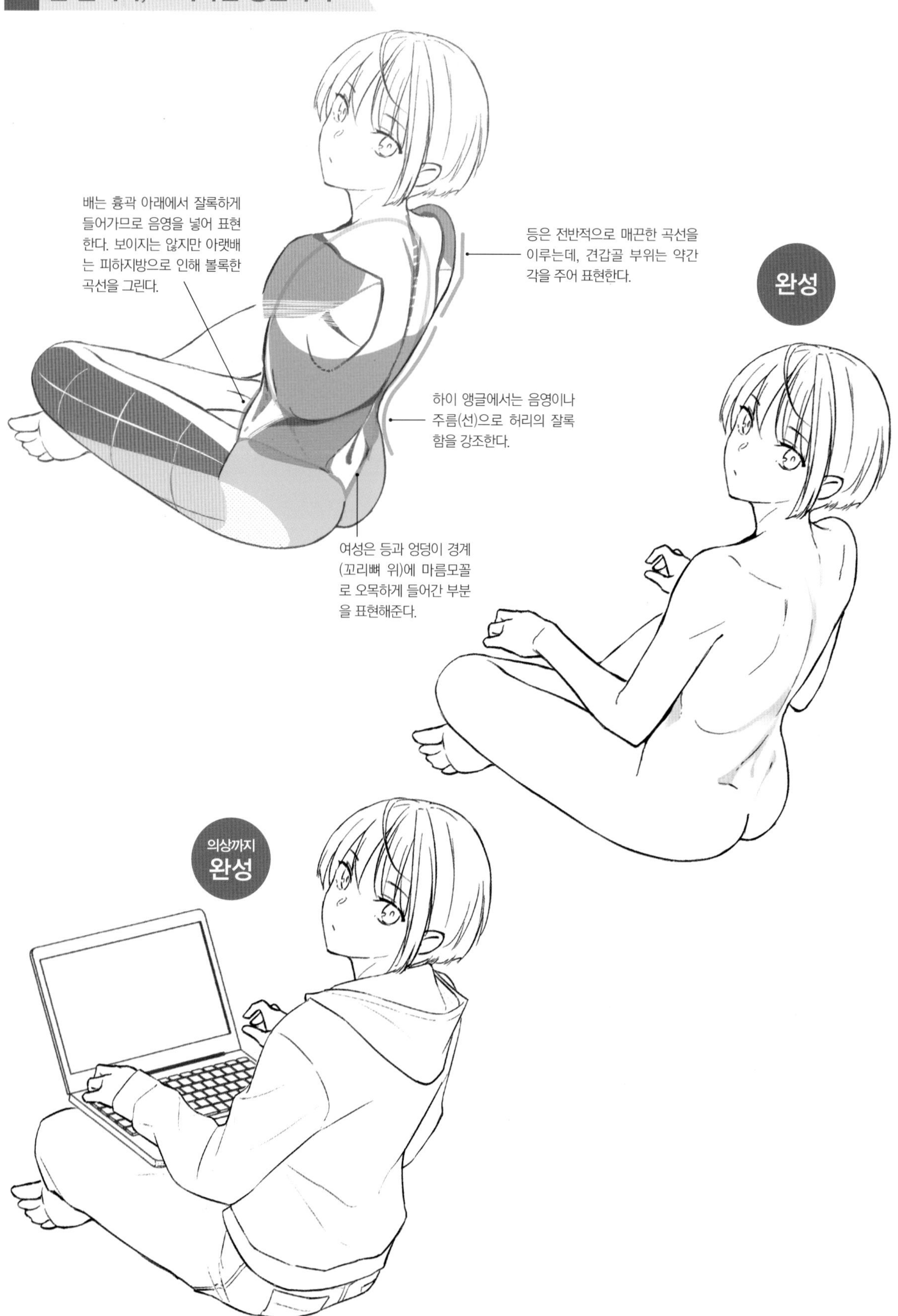

배는 흉곽 아래에서 잘록하게 들어가므로 음영을 넣어 표현한다. 보이지는 않지만 아랫배는 피하지방으로 인해 볼록한 곡선을 그린다.
등은 전반적으로 매끈한 곡선을 이루는데, 견갑골 부위는 약간 각을 주어 표현한다.
완성
하이 앵글에서는 음영이나 주름(선)으로 허리의 잘록함을 강조한다.
여성은 등과 엉덩이 경계(꼬리뼈 위)에 마름모꼴로 오목하게 들어간 부분을 표현해준다.
의상까지 완성

사무실 걸어가며 휴대폰을 보는 모습 ① 전면

똑바로 서기보다는 한쪽 다리를 구부리고 아랫배를 앞으로 내민 자세로 서 있으면 한결 자연스러운 포즈가 만들어집니다. 시선이 아래로 향하도록 가볍게 턱을 당겨 그립니다.

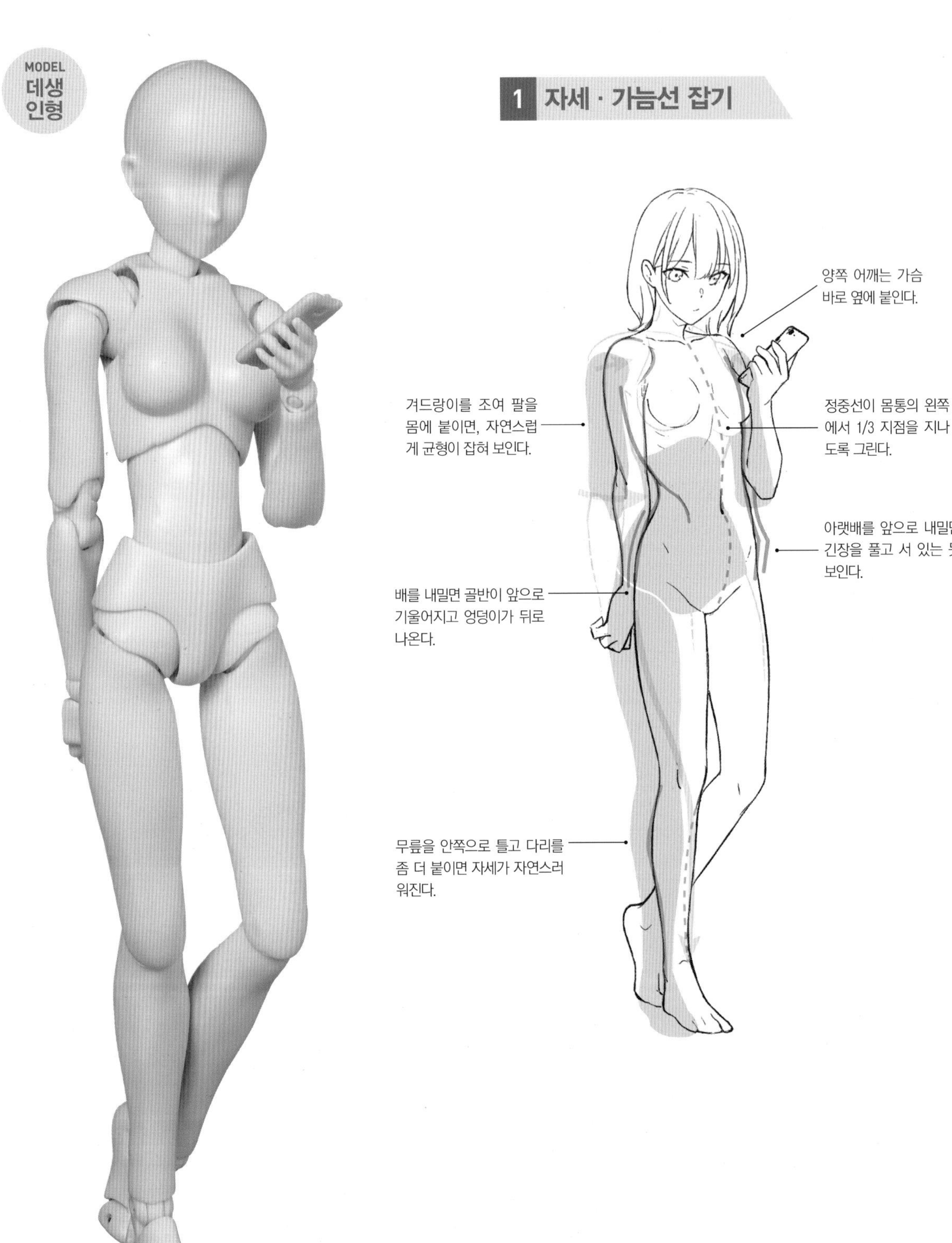

MODEL
데생
인형
1 자세 · 가늠선 잡기
양쪽 어깨는 가슴
바로 옆에 붙인다.
겨드랑이를 조여 팔을
몸에 붙이면, 자연스럽
게 균형이 잡혀 보인다.
정중선이 몸통의 왼쪽
에서 1/3 지점을 지나
도록 그린다.
아랫배를 앞으로 내밀면
긴장을 풀고 서 있는 듯
보인다.
배를 내밀면 골반이 앞으로
기울어지고 엉덩이가 뒤로
나온다.
무릎을 안쪽으로 틀고 다리를
좀 더 붙이면 자세가 자연스러
워진다.

Point 팔의 구조와 표현

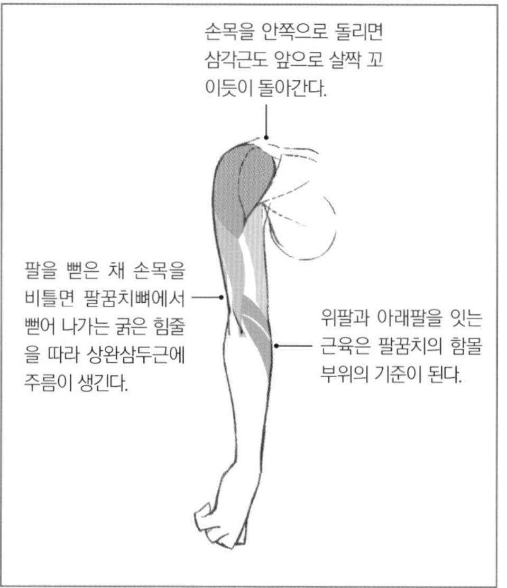

손목을 안쪽으로 돌리면 삼각근도 앞으로 살짝 꼬이듯이 돌아간다.
팔을 뻗은 채 손목을 비틀면 팔꿈치뼈에서 뻗어 나가는 굵은 힘줄을 따라 상완삼두근에 주름이 생긴다.
위팔과 아래팔을 잇는 근육은 팔꿈치의 함몰 부위의 기준이 된다.

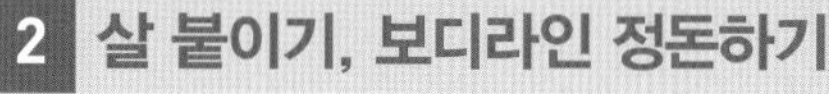

2 살 붙이기, 보디라인 정돈하기

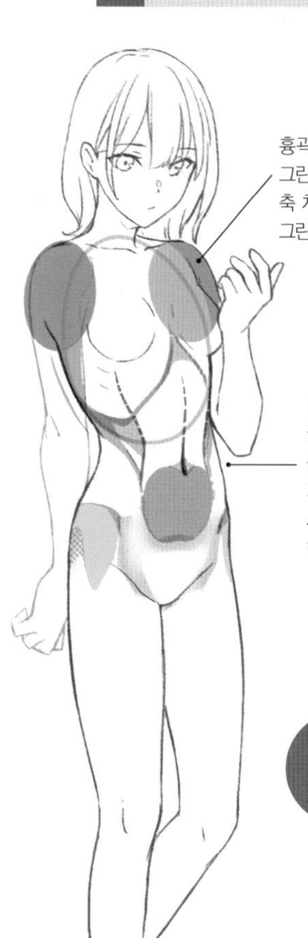

흉곽은 머리와 비슷한 크기의 달걀 형태로 그린다. 양 어깨는 흉곽 상부 양쪽에 마치 축 처진 귀가 비스듬히 붙어 있는 모양으로 그린다.

배 쪽(왼쪽)은 흉곽을 따라 들어가는 S자의 굴곡이 미미한 반면, 등 쪽(오른쪽)은 흉곽을 따라 굴곡이 큰 S자 주름이 생기고, 허리가 잘록하게 들어간다. 양쪽 윤곽의 대비로 사선으로 돌아가 있는 몸통의 형태가 잘 표현된다.

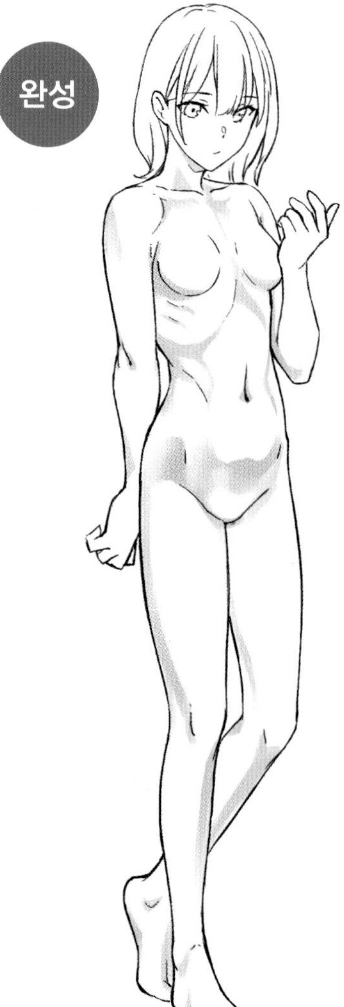

완성

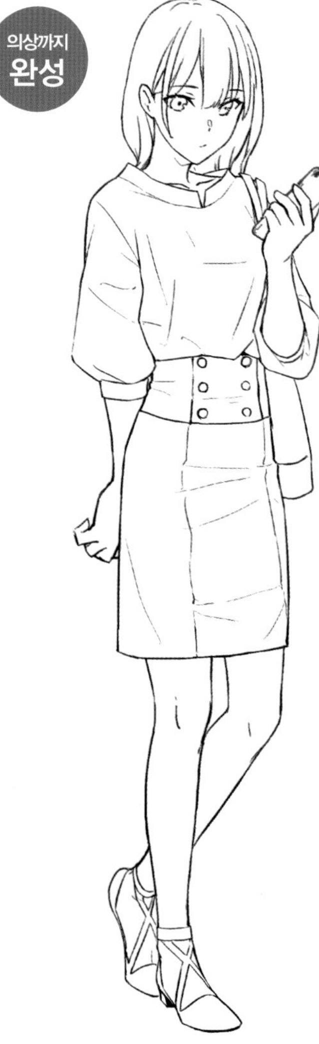

의상까지
완성

사무실 걸어가며 휴대폰을 보는 모습 ② 후면, 하이 앵글

뒤에서 하이 앵글로 바라본 모습입니다. 몸에 비해 가슴과 머리를 지나치게 크게 그리면, 전체적인 균형이 무너질 수 있으므로 주의합니다. 몸통 두께와 어깨 형태를 정하고 가슴을 그리면 신체 균형을 잡기 쉬워집니다.

MODEL 데생 인형

1 자세 · 가늠선 잡기

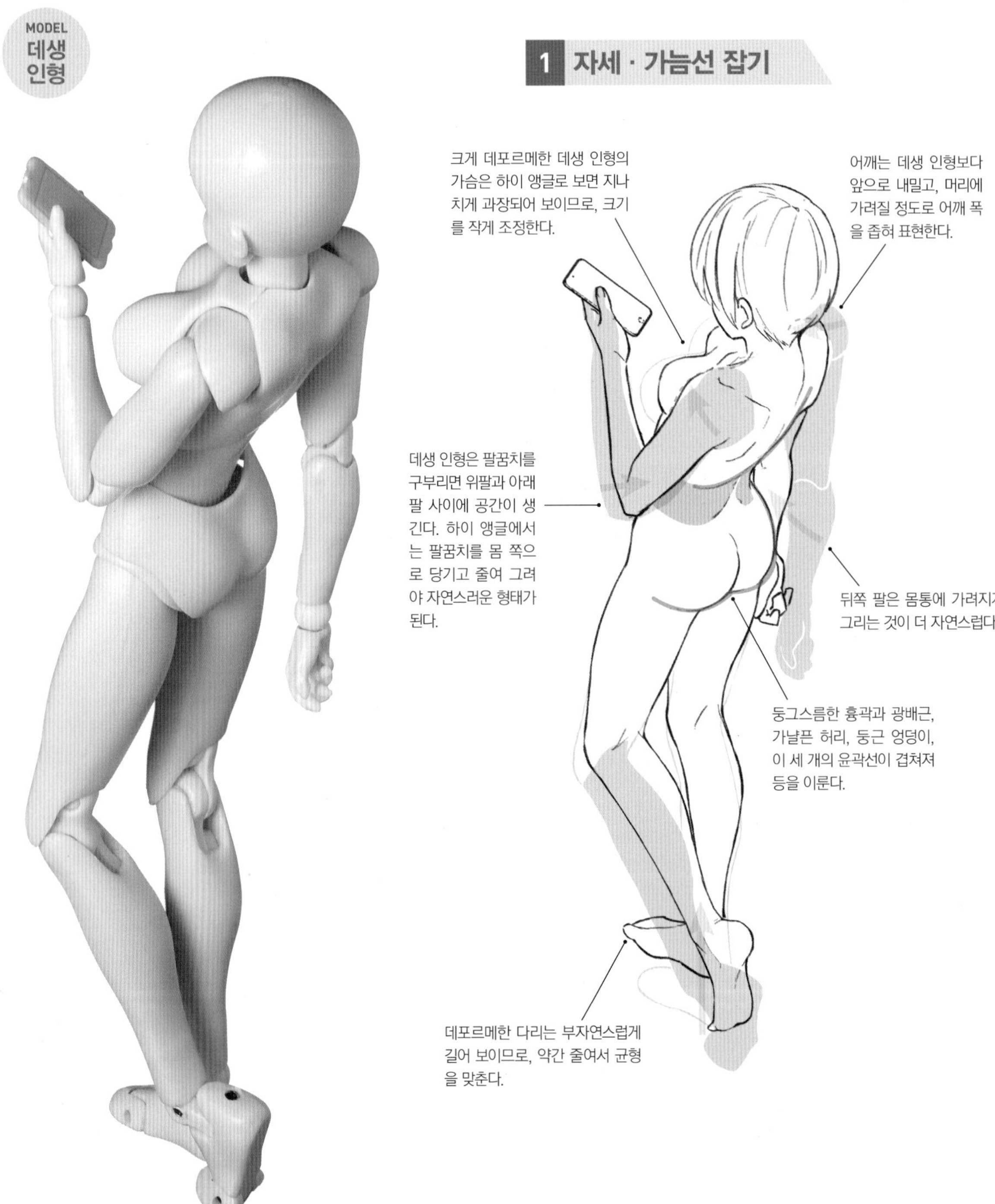
크게 데포르메한 데생 인형의 가슴은 하이 앵글로 보면 지나치게 과장되어 보이므로, 크기를 작게 조정한다.
어깨는 데생 인형보다 앞으로 내밀고, 머리에 가려질 정도로 어깨 폭을 좁혀 표현한다.
데생 인형은 팔꿈치를 구부리면 위팔과 아래팔 사이에 공간이 생긴다. 하이 앵글에서는 팔꿈치를 몸 쪽으로 당기고 줄여 그려야 자연스러운 형태가 된다.
뒤쪽 팔은 몸통에 가려지게 그리는 것이 더 자연스럽다.
둥그스름한 흉곽과 광배근, 가냘픈 허리, 둥근 엉덩이, 이 세 개의 윤곽선이 겹쳐져 등을 이룬다.
데포르메한 다리는 부자연스럽게 길어 보이므로, 약간 줄여서 균형을 맞춘다.

2 살 붙이기, 보디라인 정돈하기

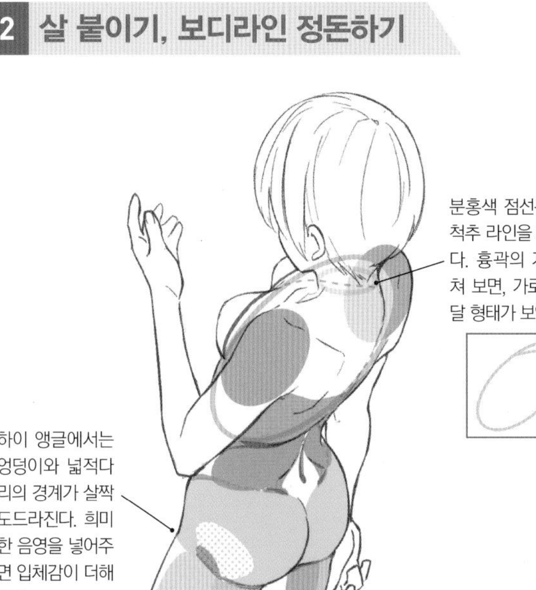

분홍색 점선은 정중선과 척추 라인을 표시한 것이다. 흉곽의 가슴선과 겹쳐 보면, 가로로 긴 초승달 형태가 보인다.

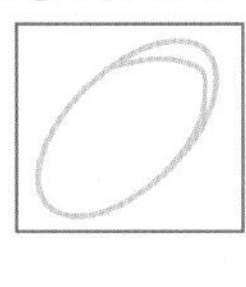

하이 앵글에서는 엉덩이와 넓적다리의 경계가 살짝 도드라진다. 희미한 음영을 넣어주면 입체감이 더해진다.

구부린 무릎 뒤쪽에는 삼각형의 음영을 넣고, 가펴게 편 무릎에는 사다리꼴로 음영을 넣는다.

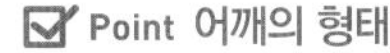

Point 어깨의 형태

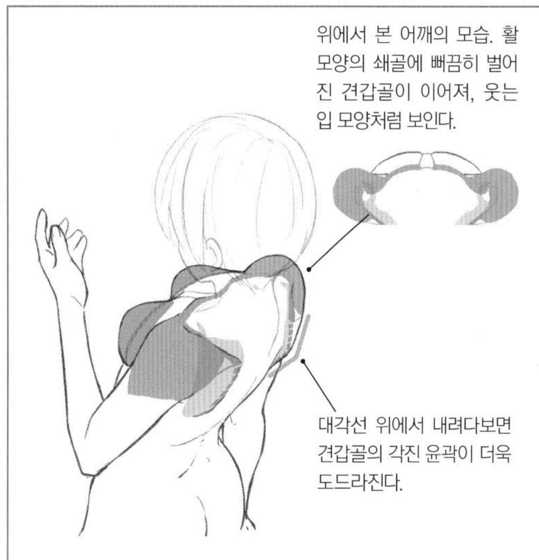

위에서 본 어깨의 모습. 활 모양의 쇄골에 삐끔히 벌어진 견갑골이 이어져, 웃는 입 모양처럼 보인다.

대각선 위에서 내려다보면 견갑골의 각진 윤곽이 더욱 도드라진다.

완성

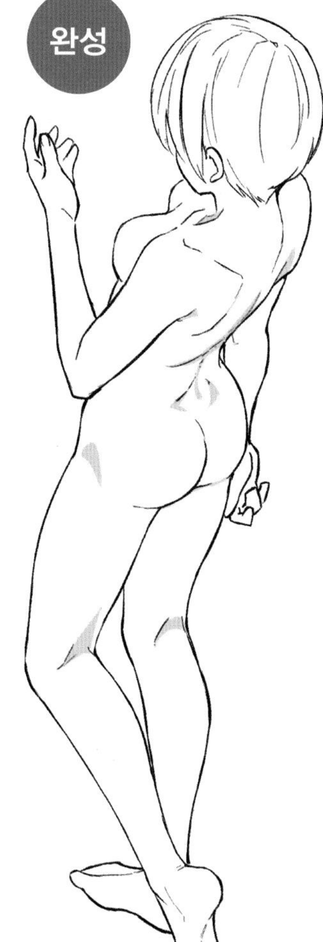

의상까지 완성

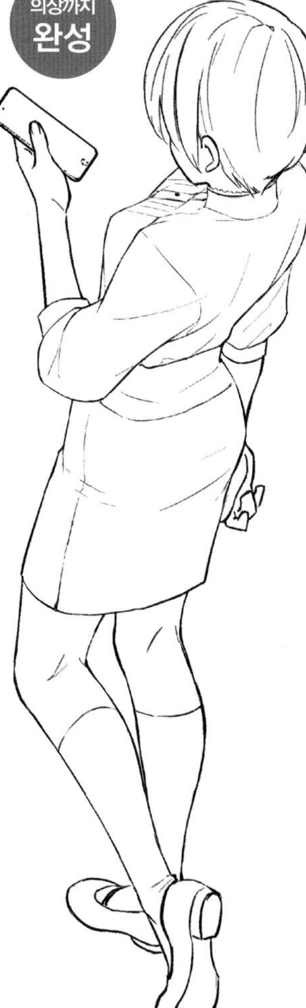

사무실 휴대폰으로 통화하는 모습 ① 전면

허리에 얹은 손가락을 데생 인형처럼 쭉 뻗어 그리지 말고, 약간 구부려주면 한결 안정감 있어 보입니다. 휴대폰의 수화구 쪽으로 시선이 향하게 그리면 통화에 몰입하는 듯한 느낌을 표현할 수 있습니다.

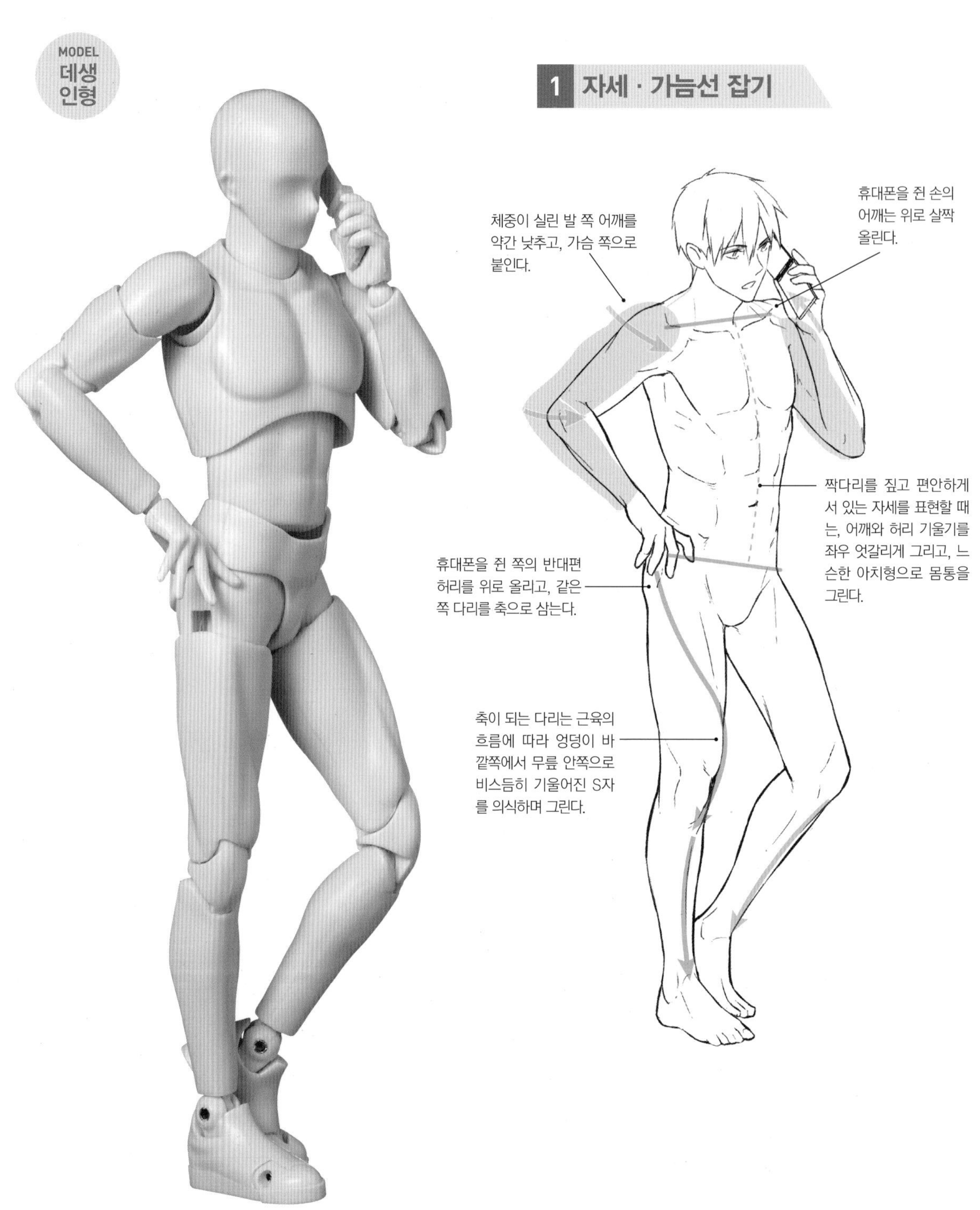

MODEL
데생 인형
1 자세 · 가늠선 잡기
체중이 실린 발 쪽 어깨를 약간 낮추고, 가슴 쪽으로 붙인다.
휴대폰을 쥔 손의 어깨는 위로 살짝 올린다.
짝다리를 짚고 편안하게 서 있는 자세를 표현할 때는, 어깨와 허리 기울기를 좌우 엇갈리게 그리고, 느슨한 아치형으로 몸통을 그린다.
휴대폰을 쥔 쪽의 반대편 허리를 위로 올리고, 같은 쪽 다리를 축으로 삼는다.
축이 되는 다리는 근육의 흐름에 따라 엉덩이 바깥쪽에서 무릎 안쪽으로 비스듬히 기울어진 S자를 의식하며 그린다.

2 살 붙이기, 보디라인 정돈하기

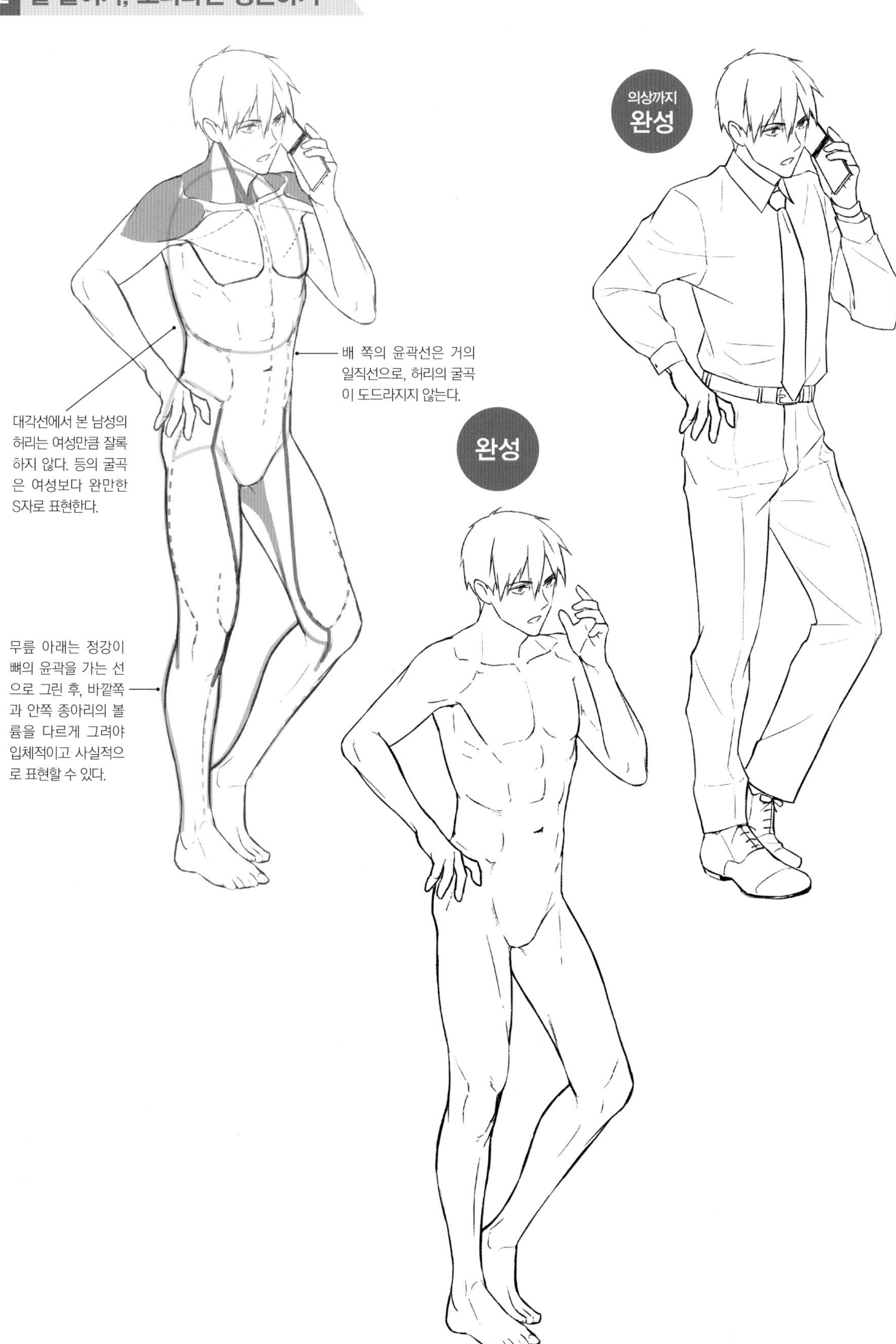

의상까지 완성
배 쪽의 윤곽선은 거의 일직선으로, 허리의 굴곡이 도드라지지 않는다.
대각선에서 본 남성의 허리는 여성만큼 잘록하지 않다. 등의 굴곡은 여성보다 완만한 S자로 표현한다.
완성
무릎 아래는 정강이 뼈의 윤곽을 가는 선으로 그린 후, 바깥쪽과 안쪽 종아리의 볼륨을 다르게 그려야 입체적이고 사실적으로 표현할 수 있다.

사무실 휴대폰으로 통화하는 모습 ② 하이 앵글

하이 앵글로 바라본 모습입니다. 데생 인형보다 머리를 약간 크게 그려, 만화 특유의 원근감을 살린 일러스트를 그립니다. 하이 앵글에서는 아래(발밑)로 내려갈수록 좁아지는 실루엣을 의식하며 그립니다.

MODEL 데생 인형

1 자세 · 가늠선 잡기

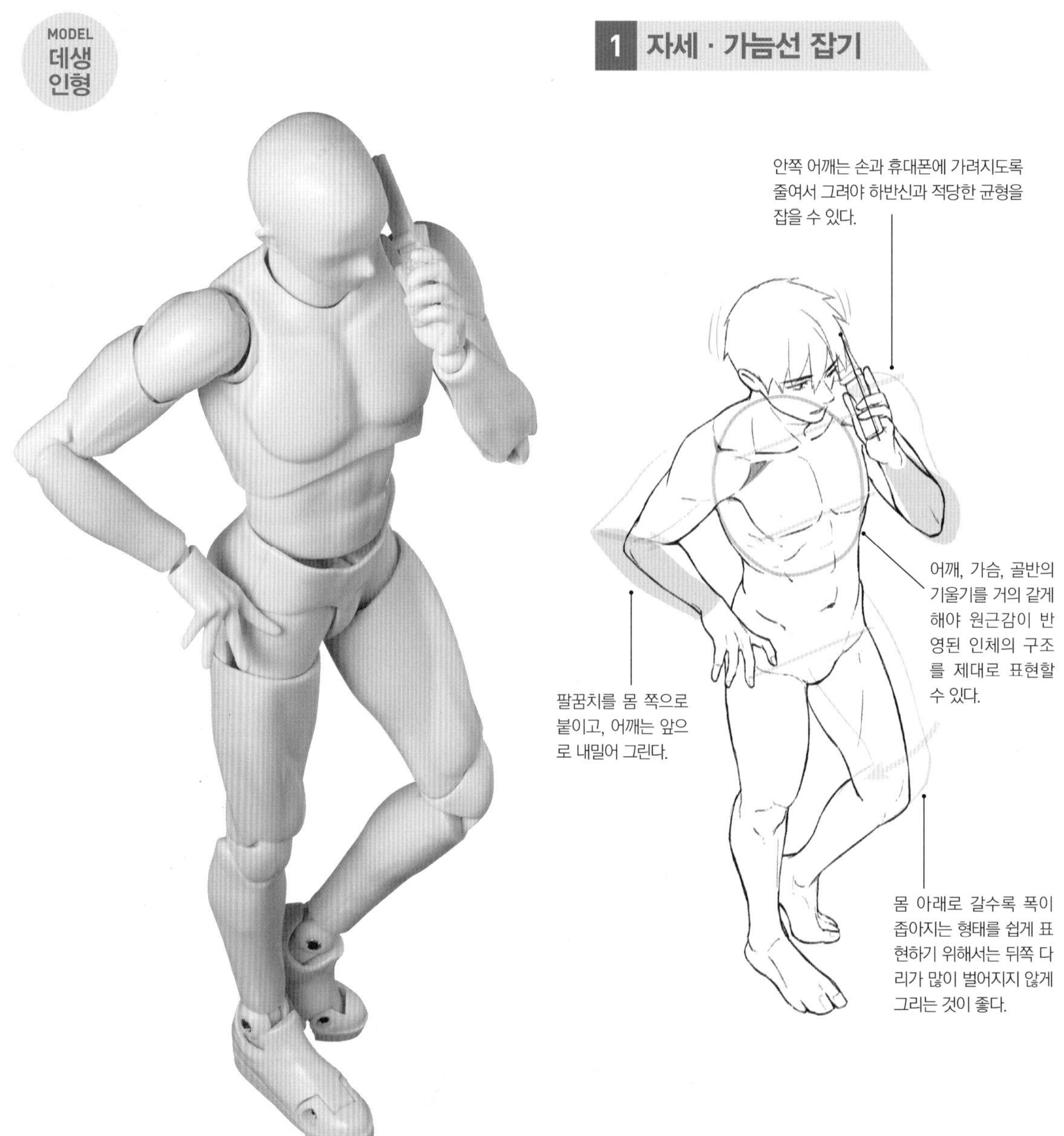

안쪽 어깨는 손과 휴대폰에 가려지도록 줄여서 그려야 하반신과 적당한 균형을 잡을 수 있다.
어깨, 가슴, 골반의 기울기를 거의 같게 해야 원근감이 반영된 인체의 구조를 제대로 표현할 수 있다.
팔꿈치를 몸 쪽으로 붙이고, 어깨는 앞으로 내밀어 그린다.
몸 아래로 갈수록 폭이 좁아지는 형태를 쉽게 표현하기 위해서는 뒤쪽 다리가 많이 벌어지지 않게 그리는 것이 좋다.

2 살 붙이기, 보디라인 정돈하기

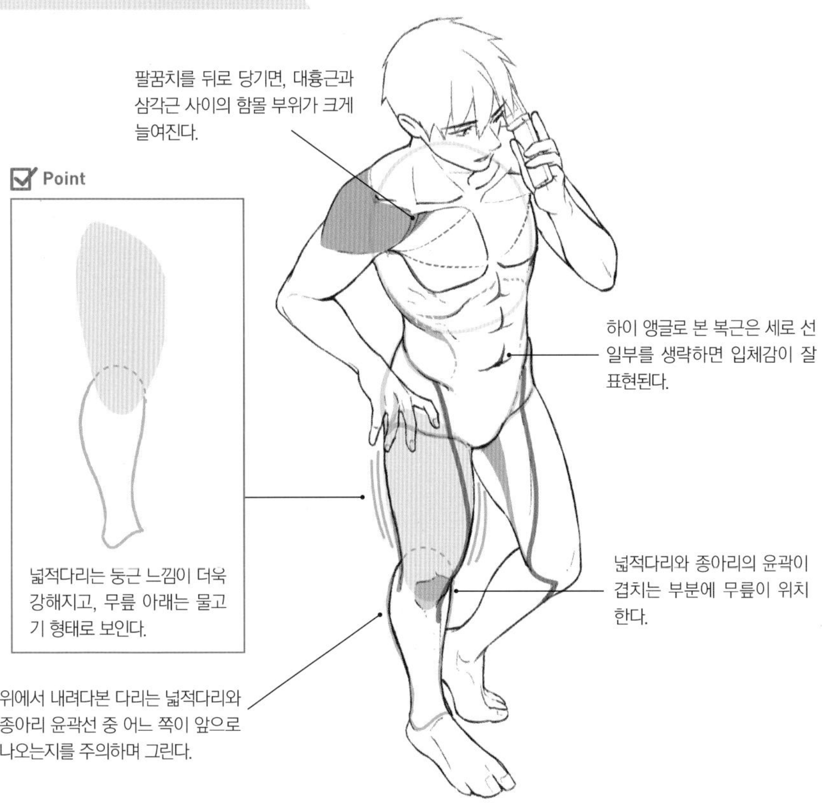

팔꿈치를 뒤로 당기면, 대흉근과 삼각근 사이의 함몰 부위가 크게 늘여진다.
Point
넓적다리는 둥근 느낌이 더욱 강해지고, 무릎 아래는 물고기 형태로 보인다.
하이 앵글로 본 복근은 세로 선 일부를 생략하면 입체감이 잘 표현된다.
넓적다리와 종아리의 윤곽이 겹치는 부분에 무릎이 위치한다.
위에서 내려다본 다리는 넓적다리와 종아리 윤곽선 중 어느 쪽이 앞으로 나오는지를 주의하며 그린다.

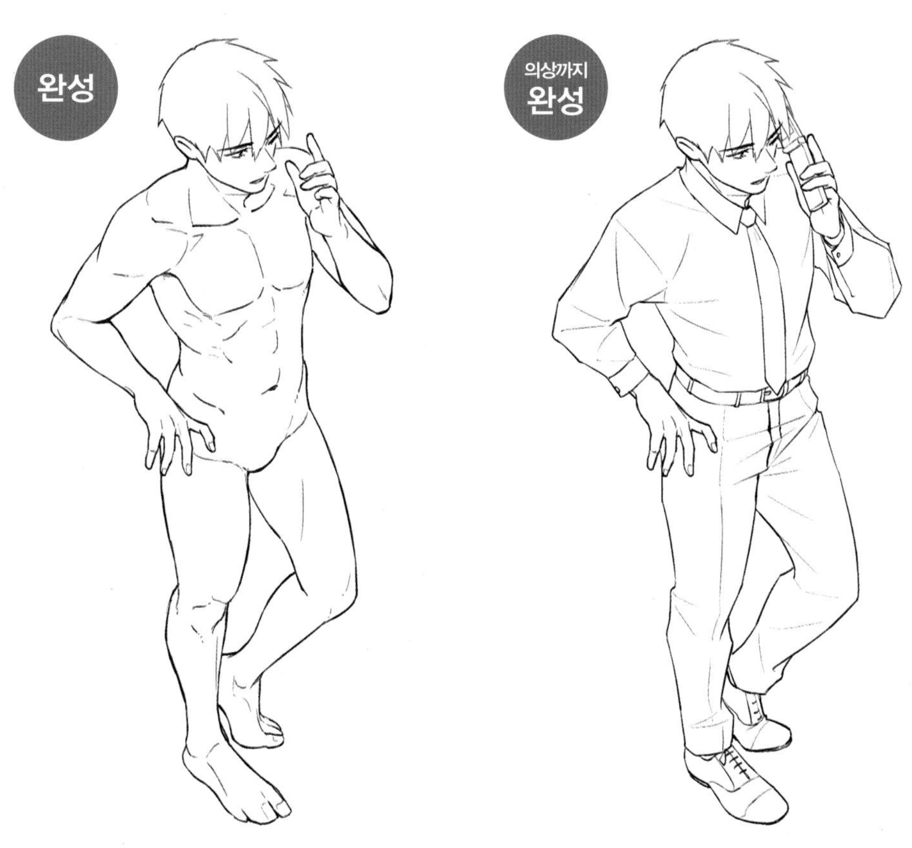

완성
의상까지 완성

집 안 기지개 켜면서 하품하는 모습

데생 인형은 양팔이 몸통과 동떨어진 느낌이 강하므로 몸에 가까이 붙여 그리는 등 간격을 조절해야 합니다. 얼굴이 위를 향해 있으므로 눈은 정면을 향할 때보다 눈 2개 정도 간격 위에 그리고, 다른 부위도 그만큼 위를 향하게끔 그립니다.

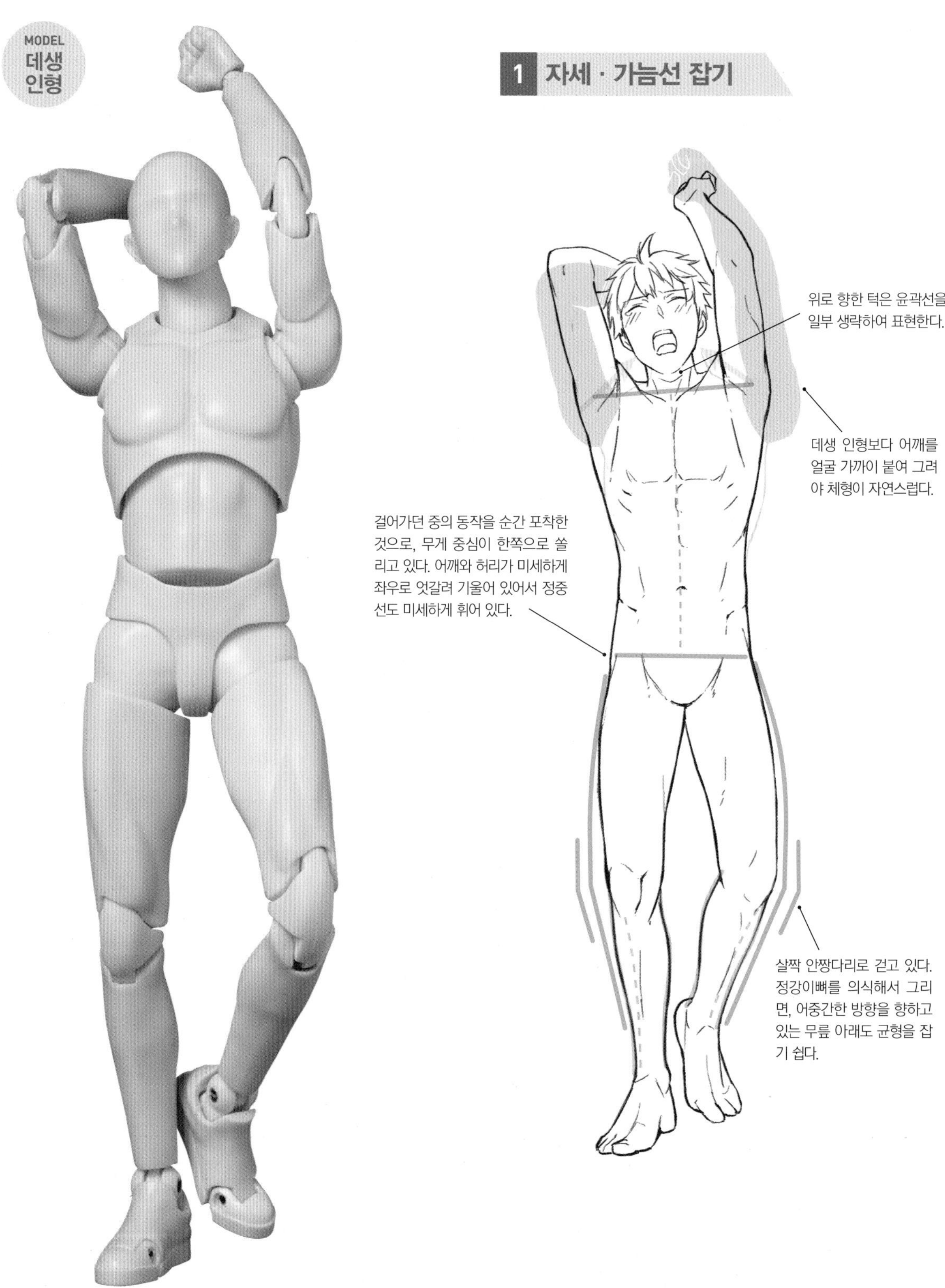
MODEL
데생 인형
1 자세 · 가늠선 잡기
위로 향한 턱은 윤곽선을 일부 생략하여 표현한다.
데생 인형보다 어깨를 얼굴 가까이 붙여 그려야 체형이 자연스럽다.
걸어가던 중의 동작을 순간 포착한 것으로, 무게 중심이 한쪽으로 쏠리고 있다. 어깨와 허리가 미세하게 좌우로 엇갈려 기울어 있어서 정중선도 미세하게 휘어 있다.
살짝 안짱다리로 걷고 있다. 정강이뼈를 의식해서 그리면, 어중간한 방향을 향하고 있는 무릎 아래도 균형을 잡기 쉽다.

2 살 붙이기, 보디라인 정돈하기

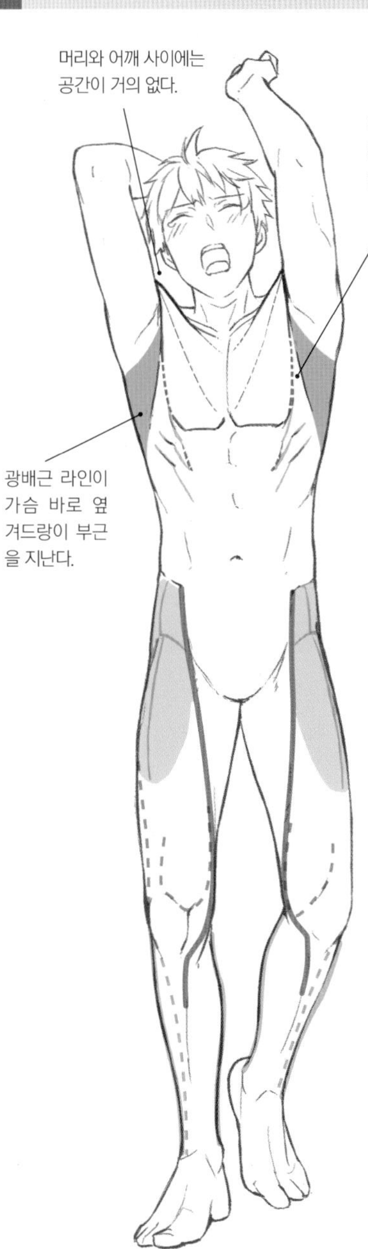

머리와 어깨 사이에는
공간이 거의 없다.
대흉근이 위로 잡아 당겨짐에 따라,
평평해지면서 윤곽이 거의 드러나지
않는다.
광배근 라인이
가슴 바로 옆
겨드랑이 부근
을 지난다.

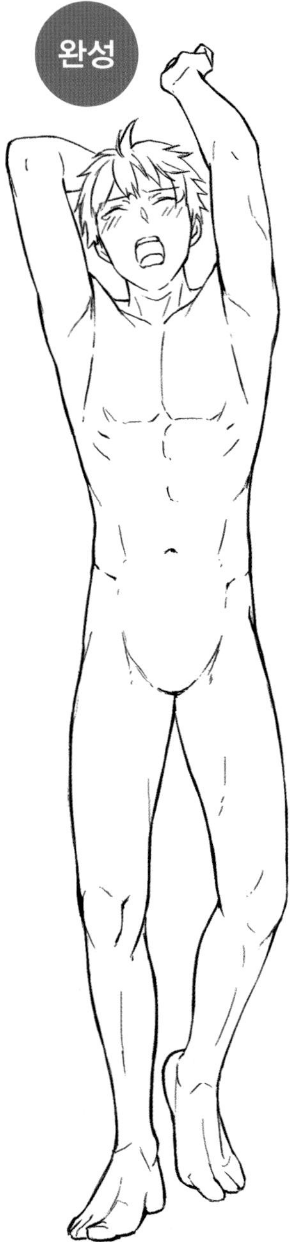

완성

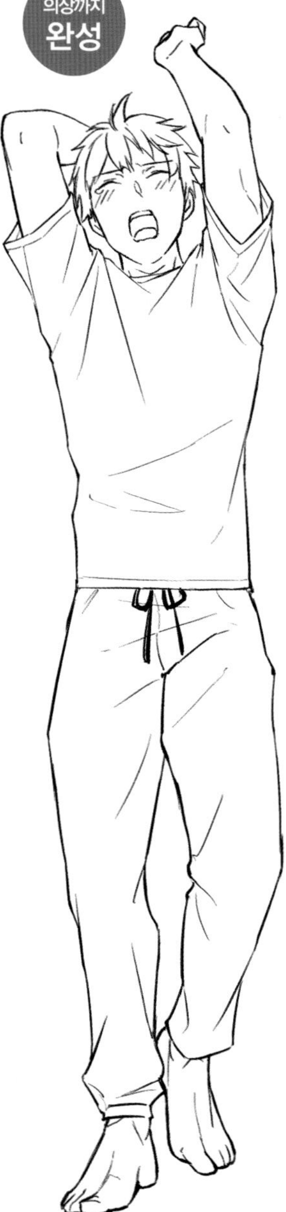

의상까지
완성

집 안 곰 인형을 안은 채 하품하는 모습

데생 인형보다 곰 인형은 약간 아래에 놓이도록 그리는데, 대략 인형 머리가 여성의 겨드랑이 밑으로 오고 나머지 부위가 여성의 가슴과 골반 사이에 위치하면 자연스럽습니다. 여성의 머리를 약간 비스듬히 기울이면 사랑스러운 인상을 줄 수 있습니다.

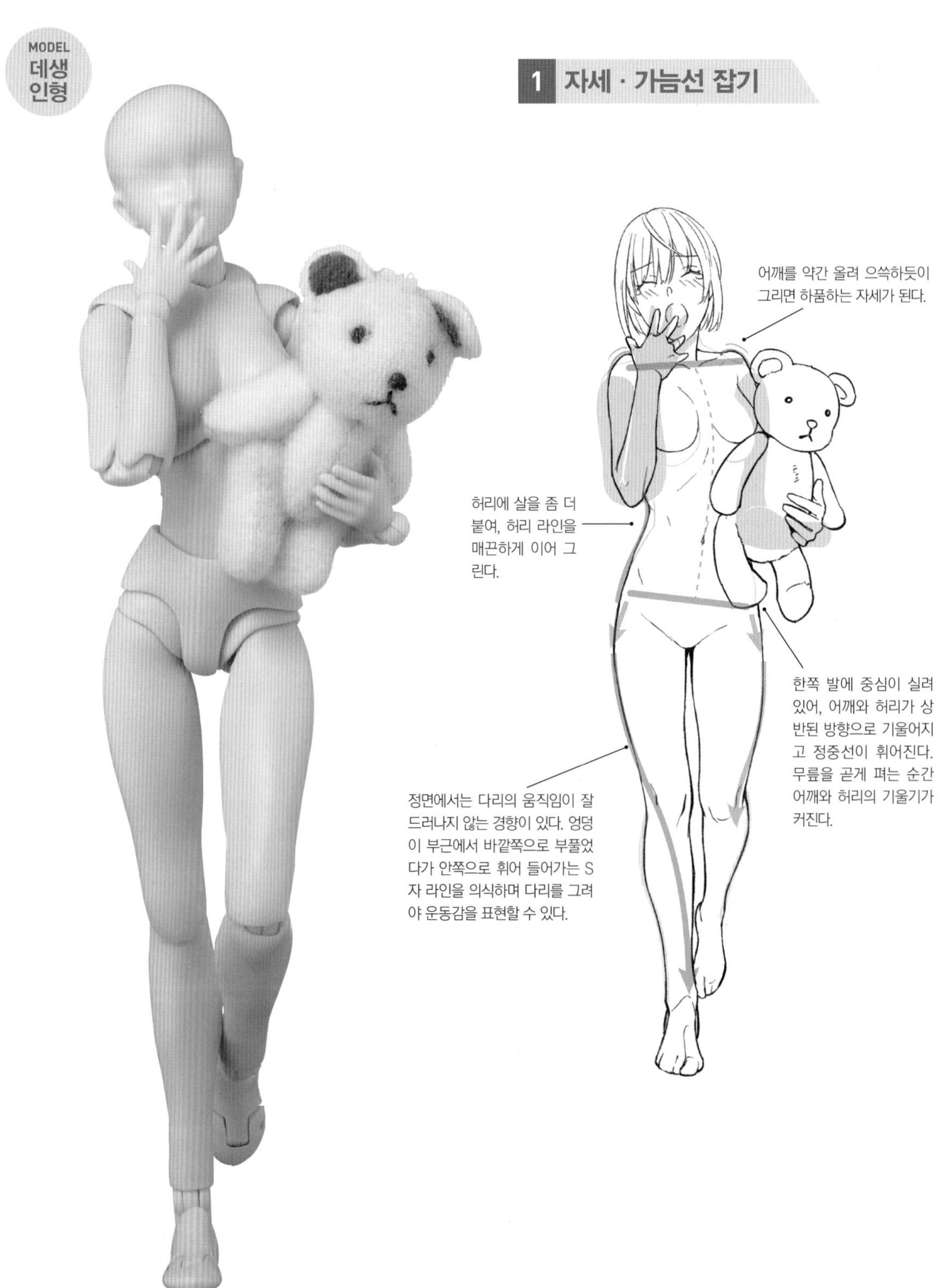
MODEL
데생 인형
1 자세 · 가늠선 잡기
어깨를 약간 올려 으쓱하듯이 그리면 하품하는 자세가 된다.
허리에 살을 좀 더 붙여, 허리 라인을 매끈하게 이어 그린다.
한쪽 발에 중심이 실려 있어, 어깨와 허리가 상반된 방향으로 기울어지고 정중선이 휘어진다. 무릎을 곧게 펴는 순간 어깨와 허리의 기울기가 커진다.
정면에서는 다리의 움직임이 잘 드러나지 않는 경향이 있다. 엉덩이 부근에서 바깥쪽으로 부풀었다가 안쪽으로 휘어 들어가는 S자 라인을 의식하며 다리를 그려야 운동감을 표현할 수 있다.

2 살 붙이기, 보디라인 정돈하기

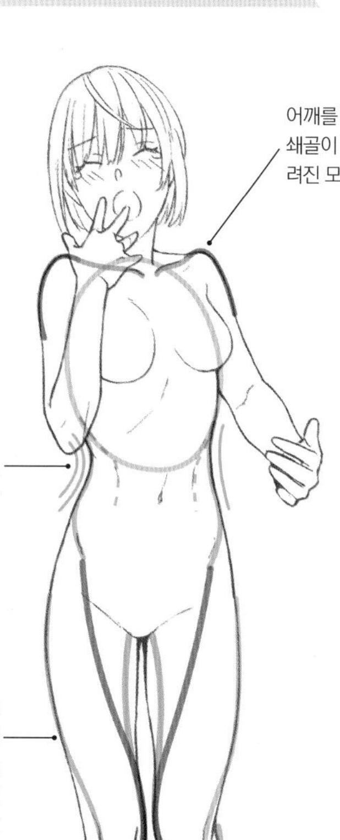

어깨를 으쓱 올리면, 수평으로 있던 쇄골이 날개를 펼치듯 위로 들어 올려진 모양이 된다.

옆구리가 살짝 구부러지면서 허리 굴곡이 도드라진다. 반대편은 상대적으로 완만한 곡선으로 그린다.

정면에서 넓적다리를 보면 바깥쪽은 골격과 근육으로 부풀어 오른 한편, 안쪽은 근육이 수축하며 들어가는 완만한 S자를 그린다.

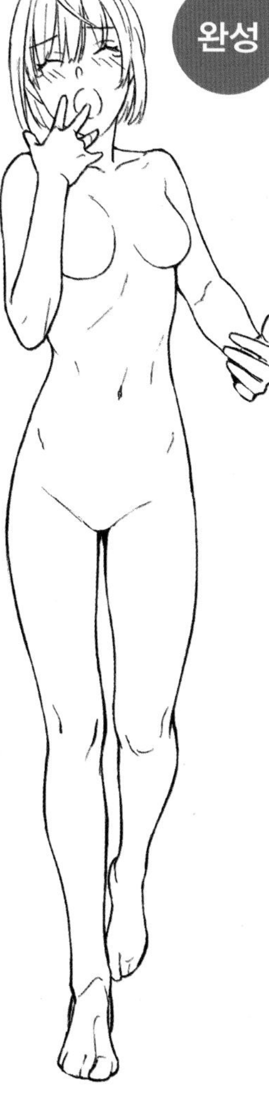

완성

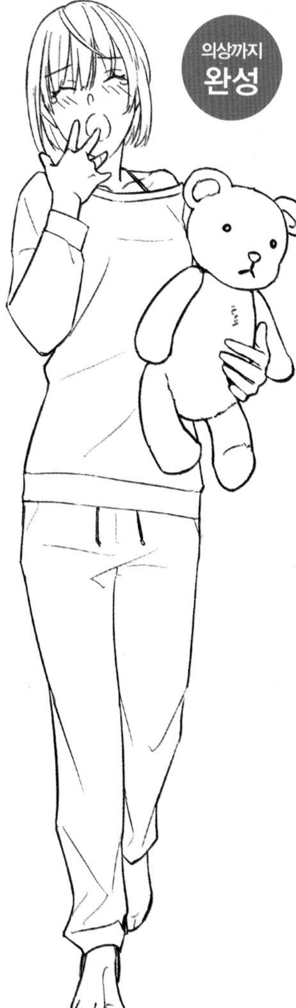

의상까지 완성

거실 소파에서 느긋하게 쉬는 모습 ① 전면

남매가 각각 다른 포즈로 거실에서 편히 쉬고 있다는 설정입니다. 수평 앵글에서 망원렌즈로 촬영한 이미지로, 팔꿈치를 올린 소파 팔걸이의 안쪽 깊이는 생략해도 괜찮습니다. 인물의 넓적다리도 소파 안쪽과 마찬가지로 길이감이 거의 드러나지 않는다는 점에 주의합니다.

MODEL
데생 인형

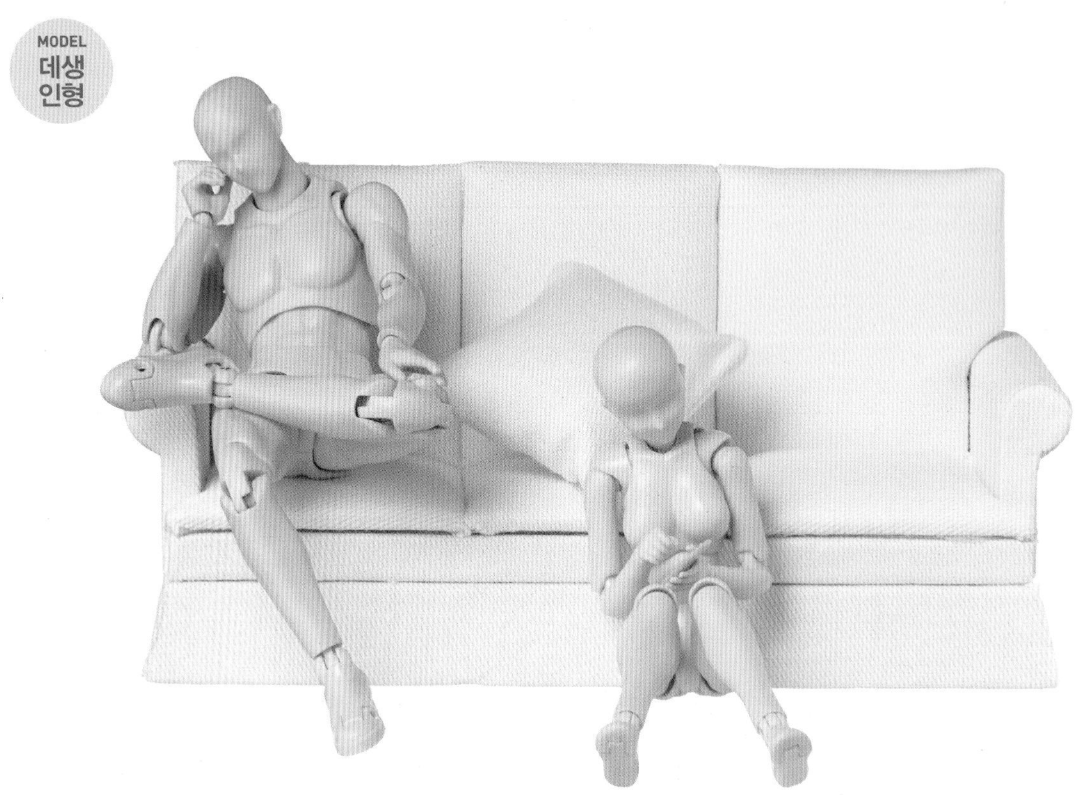

1 자세 · 가늠선 잡기

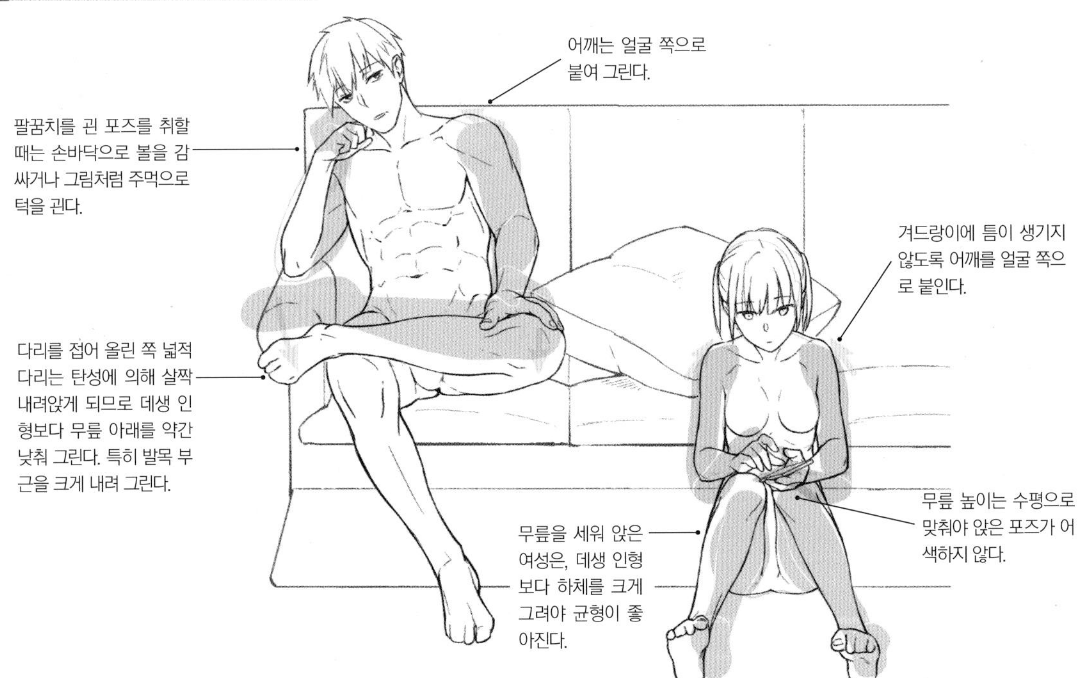
어깨는 얼굴 쪽으로 붙여 그린다.
팔꿈치를 괸 포즈를 취할 때는 손바닥으로 볼을 감싸거나 그림처럼 주먹으로 턱을 괸다.
겨드랑이에 틈이 생기지 않도록 어깨를 얼굴 쪽으로 붙인다.
다리를 접어 올린 쪽 넓적다리는 탄성에 의해 살짝 내려앉게 되므로 데생 인형보다 무릎 아래를 약간 낮춰 그린다. 특히 발목 부근을 크게 내려 그린다.
무릎 높이는 수평으로 맞춰야 앉은 포즈가 어색하지 않다.
무릎을 세워 앉은 여성은, 데생 인형보다 하체를 크게 그려야 균형이 좋아진다.

2 살 붙이기, 보디라인 정돈하기

남성

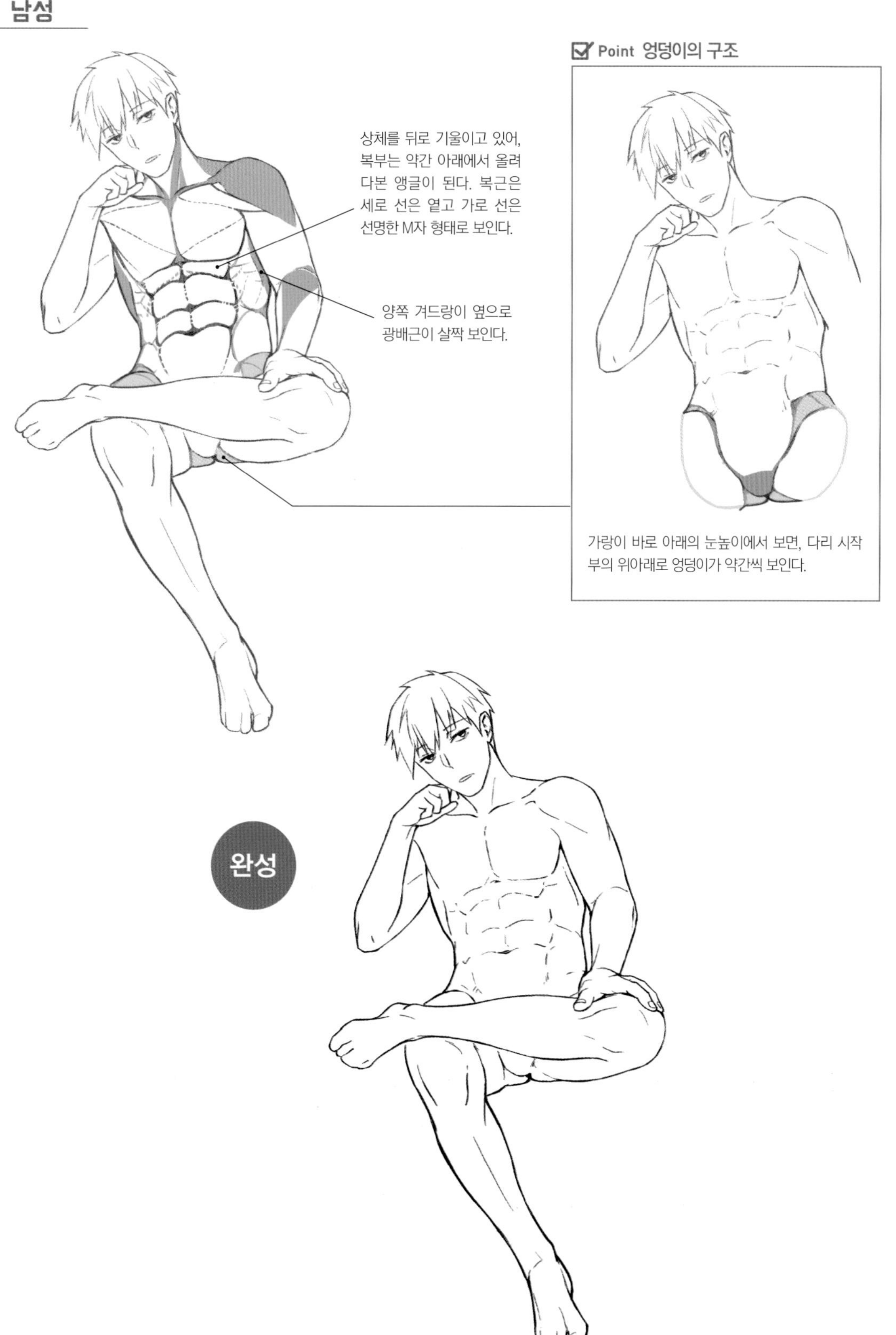

상체를 뒤로 기울이고 있어, 복부는 약간 아래에서 올려다본 앵글이 된다. 복근은 세로 선은 옅고 가로 선은 선명한 M자 형태로 보인다.
양쪽 겨드랑이 옆으로 광배근이 살짝 보인다.
Point 엉덩이의 구조
가랑이 바로 아래의 눈높이에서 보면, 다리 시작부의 위아래로 엉덩이가 약간씩 보인다.
완성

2 살 붙이기 · 보디라인 정돈하기

여성

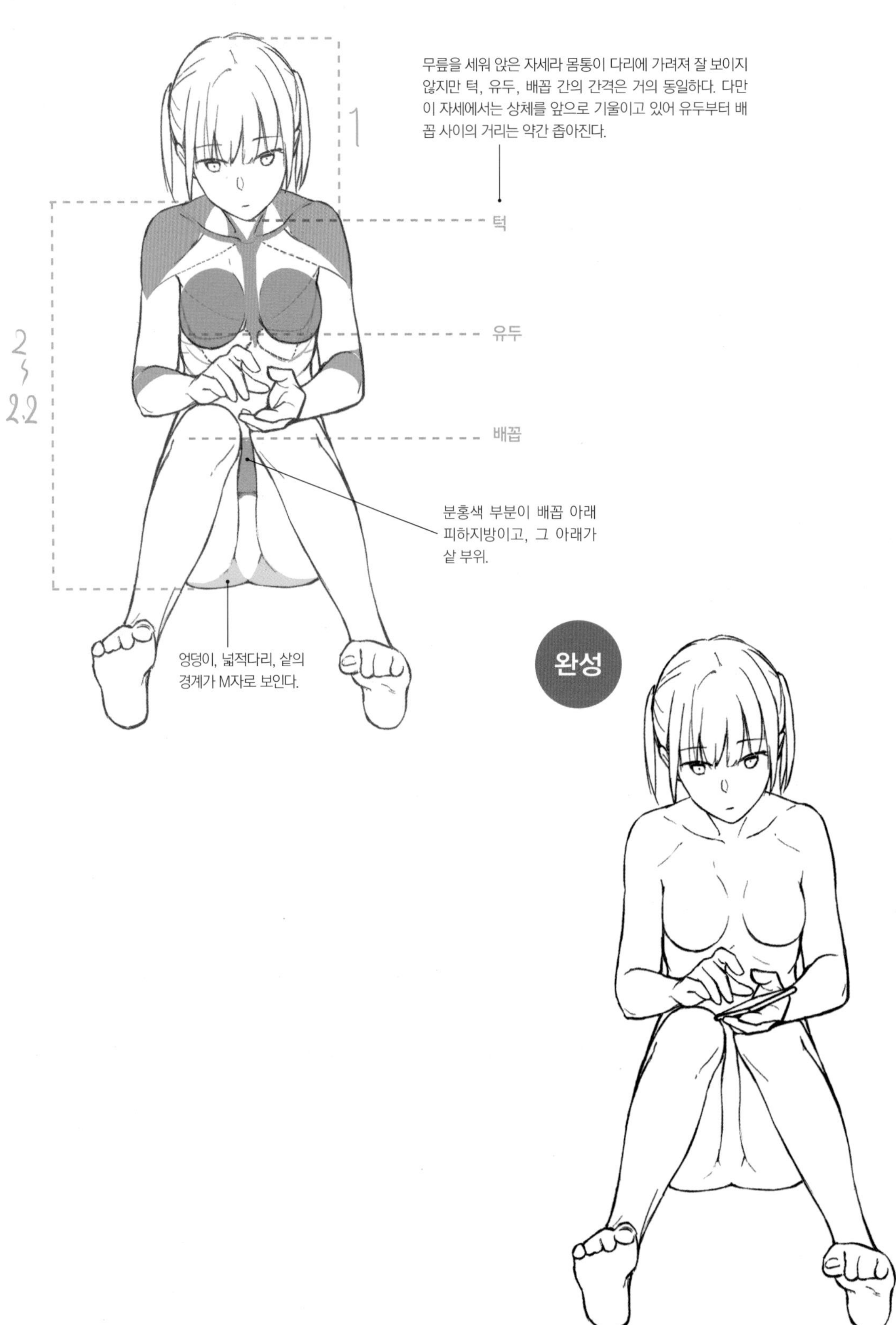
무릎을 세워 앉은 자세라 몸통이 다리에 가려져 잘 보이지 않지만 턱, 유두, 배꼽 간의 간격은 거의 동일하다. 다만 이 자세에서는 상체를 앞으로 기울이고 있어 유두부터 배꼽 사이의 거리는 약간 좁아진다.
1
턱
2
2.2
유두
배꼽
분홍색 부분이 배꼽 아래 피하지방이고, 그 아래가 샅 부위.
엉덩이, 넓적다리, 샅의 경계가 M자로 보인다.
완성

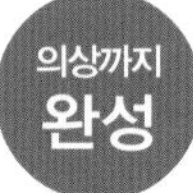
의상까지
완성

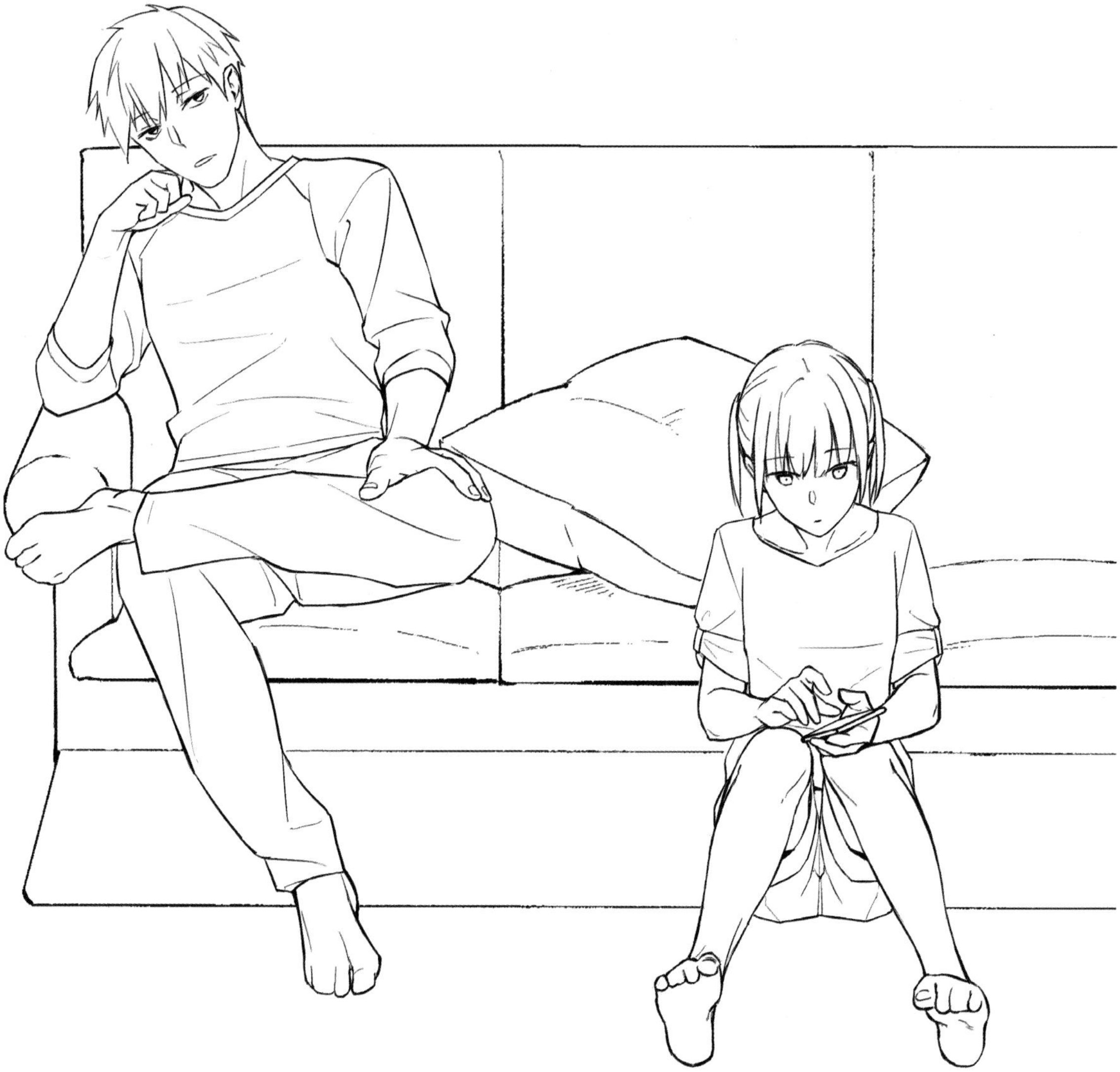

거실 소파에서 느긋하게 쉬는 모습 ② 반측면, 하이 앵글

캐릭터의 관절 부분과 소파 윤곽은 원근법을 적용해 그려야 하지만, 망원렌즈로 촬영한 이미지에서는 원근감이 약해진다는 점을 기억합시다.

MODEL 데생 인형

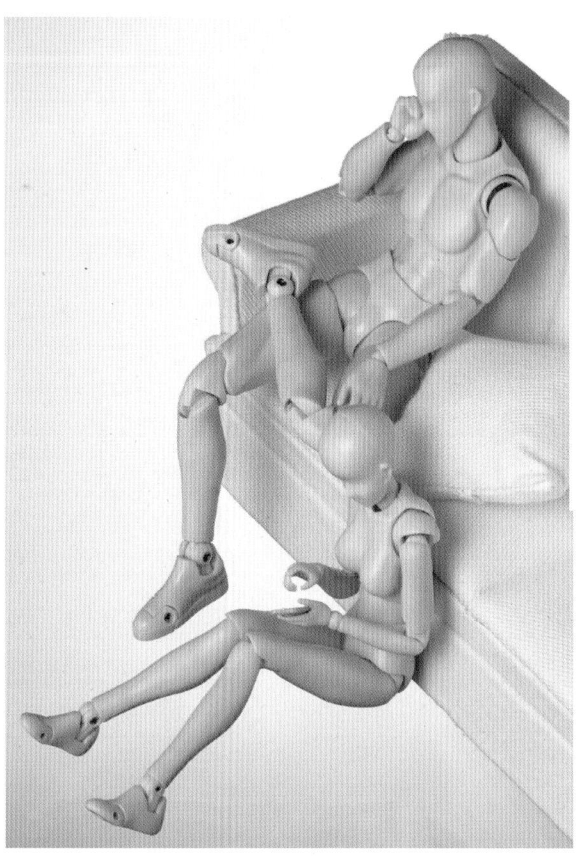

1 자세 · 가늠선 잡기

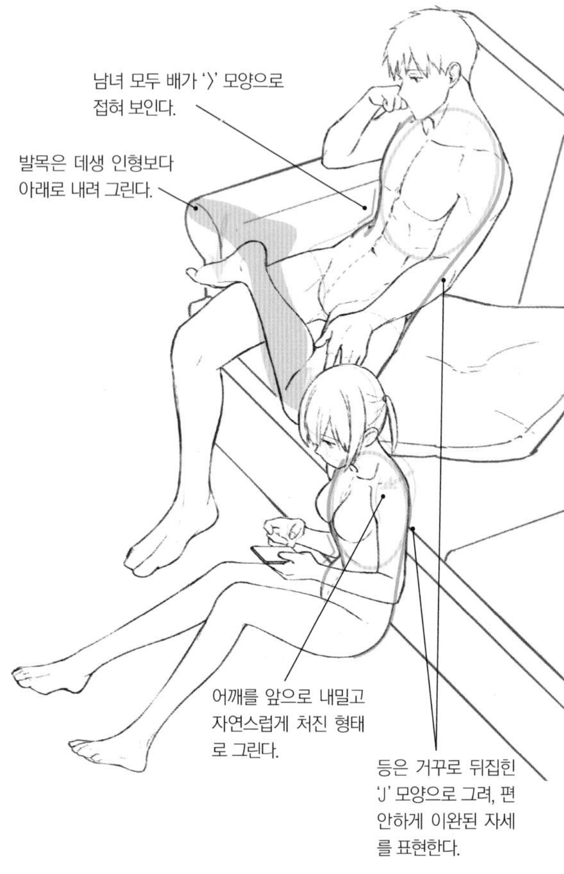
남녀 모두 배가 '〉' 모양으로 접혀 보인다.
발목은 데생 인형보다 아래로 내려 그린다.
어깨를 앞으로 내밀고 자연스럽게 처진 형태로 그린다.
등은 거꾸로 뒤집힌 'J' 모양으로 그려, 편안하게 이완된 자세를 표현한다.

Point 원근법

양쪽의 어깨·팔꿈치·대퇴관절·무릎을 연결한 선의 기울기는 원근법을 따르는데, 이 일러스트의 경우는 각각의 기울기가 거의 평행하다.

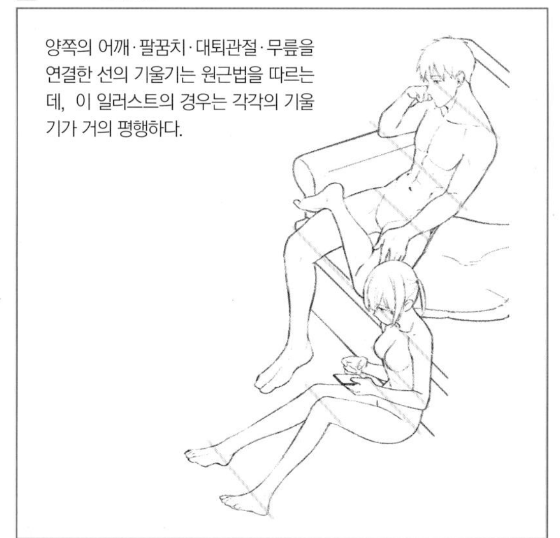

2 살 붙이기, 보디라인 정돈하기

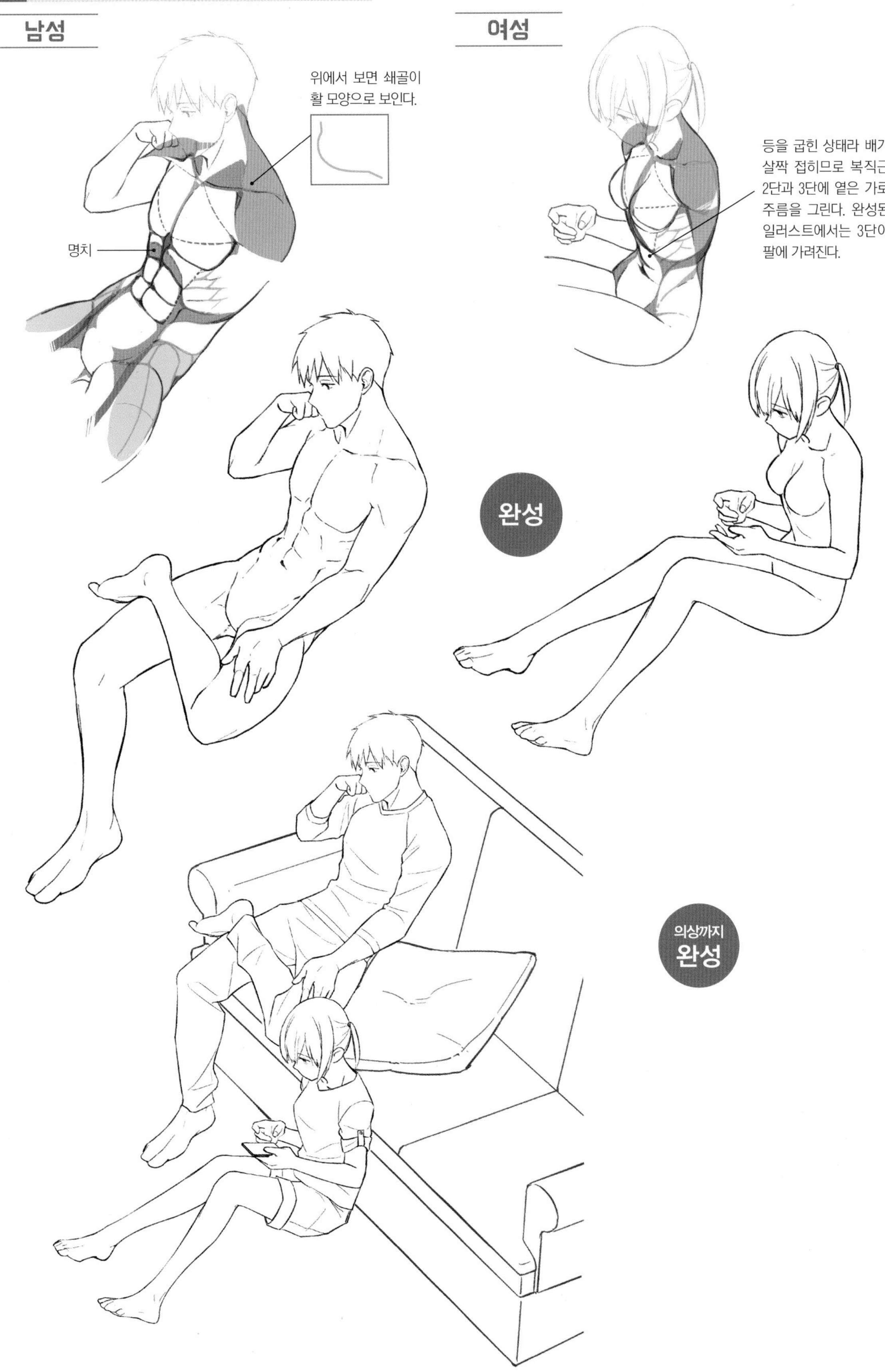
남성
위에서 보면 쇄골이 활 모양으로 보인다.
명치
여성
등을 굽힌 상태라 배가 살짝 접히므로 복직근 2단과 3단에 옅은 가로 주름을 그린다. 완성된 일러스트에서는 3단이 팔에 가려진다.
완성
의상까지 완성

손잡기

여성은 상체를 약간 구부정하게 숙이고 머리카락이 공중으로 가볍게 날리듯 표현해 약동감을 살립니다. 두 사람의 손은 살짝 맞잡은 형태로 그리고, 손끝을 방사형으로 그려줍니다.

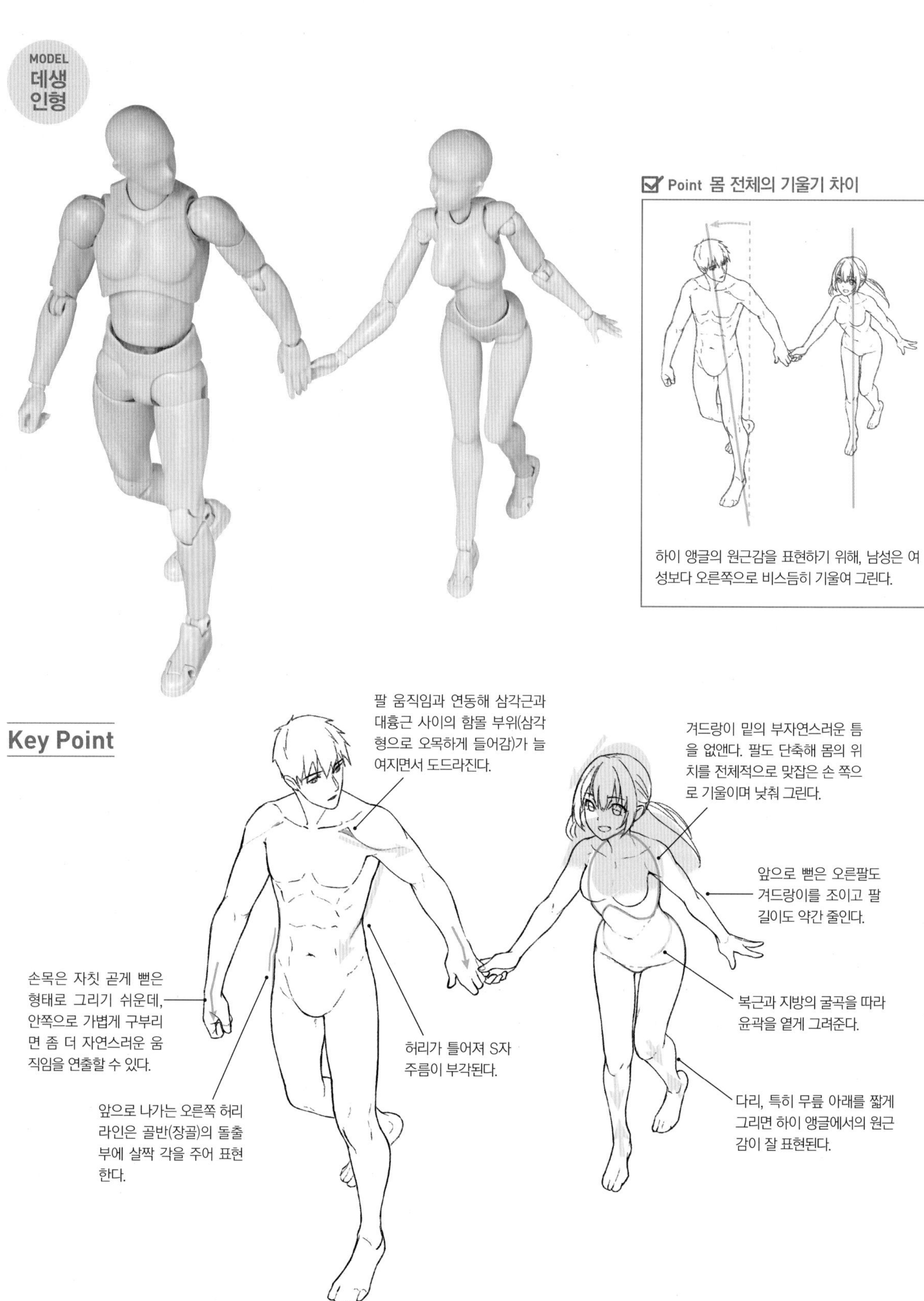
MODEL
데생 인형
Point 몸 전체의 기울기 차이
하이 앵글의 원근감을 표현하기 위해, 남성은 여성보다 오른쪽으로 비스듬히 기울여 그린다.
Key Point
팔 움직임과 연동해 삼각근과 대흉근 사이의 함몰 부위(삼각형으로 오목하게 들어감)가 늘여지면서 도드라진다.
겨드랑이 밑의 부자연스러운 틈을 없앤다. 팔도 단축해 몸의 위치를 전체적으로 맞잡은 손 쪽으로 기울이며 낮춰 그린다.
앞으로 뻗은 오른팔도 겨드랑이를 조이고 팔 길이도 약간 줄인다.
손목은 자칫 곧게 뻗은 형태로 그리기 쉬운데, 안쪽으로 가볍게 구부리면 좀 더 자연스러운 움직임을 연출할 수 있다.
복근과 지방의 굴곡을 따라 윤곽을 옅게 그려준다.
허리가 틀어져 S자 주름이 부각된다.
다리, 특히 무릎 아래를 짧게 그리면 하이 앵글에서의 원근감이 잘 표현된다.
앞으로 나가는 오른쪽 허리 라인은 골반(장골)의 돌출부에 살짝 각을 주어 표현한다.

남성

1 자세 · 가늠선 잡기

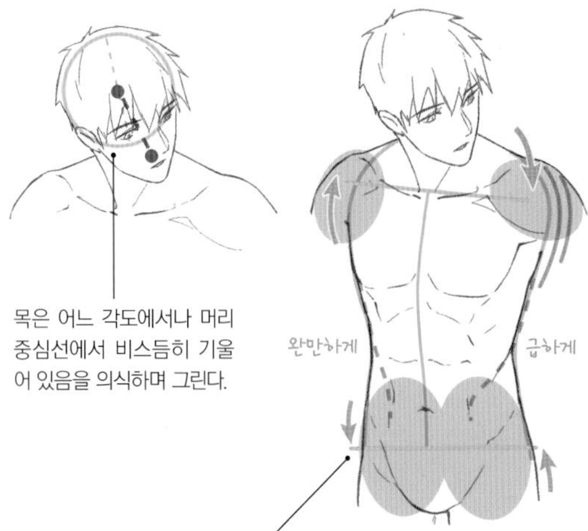

목은 어느 각도에서나 머리 중심선에서 비스듬히 기울어 있음을 의식하며 그린다.

어깨와 허리는 좌우가 엇갈려 기울어 있다. 흉곽을 따라 내려오는 허리의 주름도 좌우 굴곡의 형태가 다르다.

2 살 붙이기

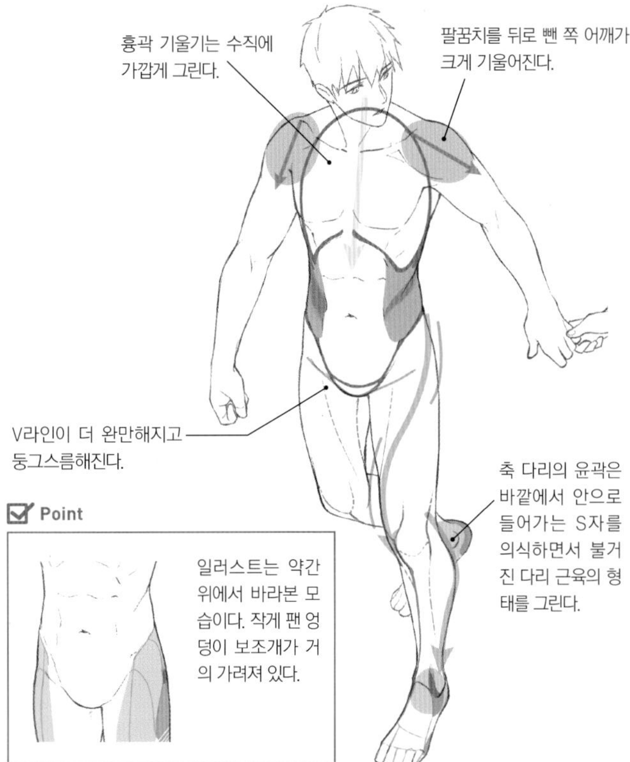

흉곽 기울기는 수직에 가깝게 그린다.

팔꿈치를 뒤로 뺀 쪽 어깨가 크게 기울어진다.

V라인이 더 완만해지고 둥그스름해진다.

축 다리의 윤곽은 바깥에서 안으로 들어가는 S자를 의식하면서 불거진 다리 근육의 형태를 그린다.

Point

일러스트는 약간 위에서 바라본 모습이다. 작게 팬 엉덩이 보조개가 거의 가려져 있다.

3 보디라인 정돈하기

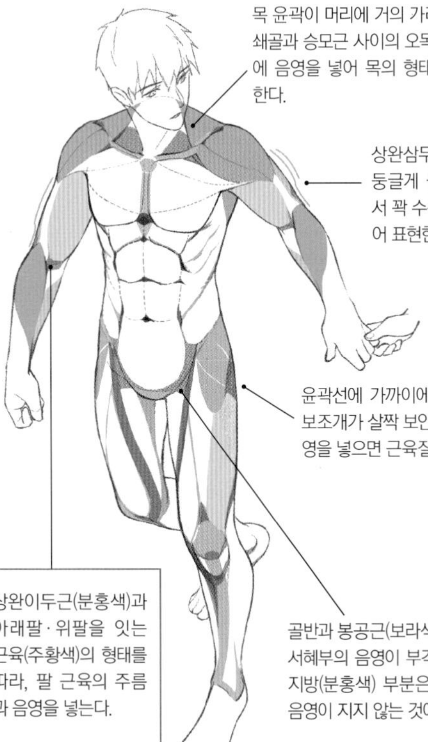

목 윤곽이 머리에 거의 가려지므로 쇄골과 승모근 사이의 오목한 부분에 음영을 넣어 목의 형태를 표현한다.

상완삼두근(연한 남색)은 위쪽이 둥글게 불거지고 팔꿈치 부근에서 꽉 수축되는 형태로, 차이를 주어 표현한다.

윤곽선에 가까이에 있는 엉덩이 보조개가 살짝 보인다. 여기에 음영을 넣으면 근육질로 보인다.

골반과 봉공근(보라색)에 둘러싸인 서혜부의 음영이 부각된다. 중심의 지방(분홍색) 부분은 부풀어 있어 음영이 지지 않는 것에 주의한다.

Point

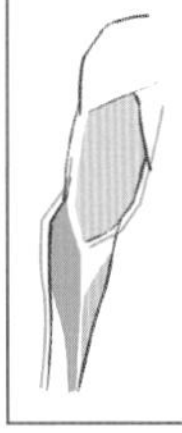

상완이두근(분홍색)과 아래팔 · 위팔을 잇는 근육(주황색)의 형태를 따라, 팔 근육의 주름과 음영을 넣는다.

완성

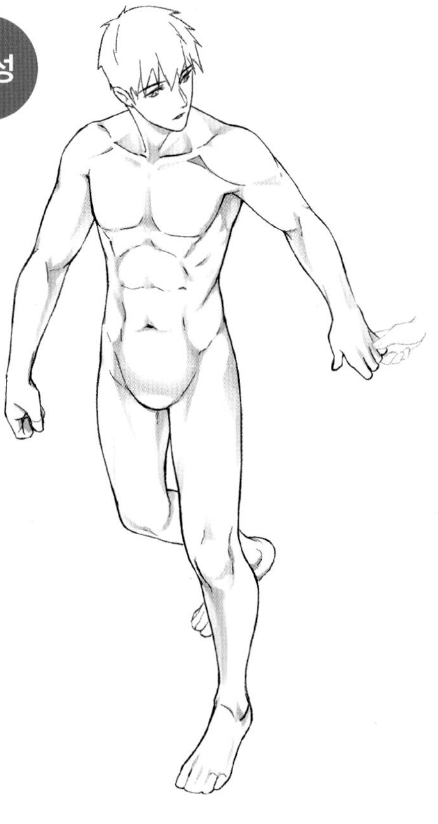

여성

1 자세 잡기

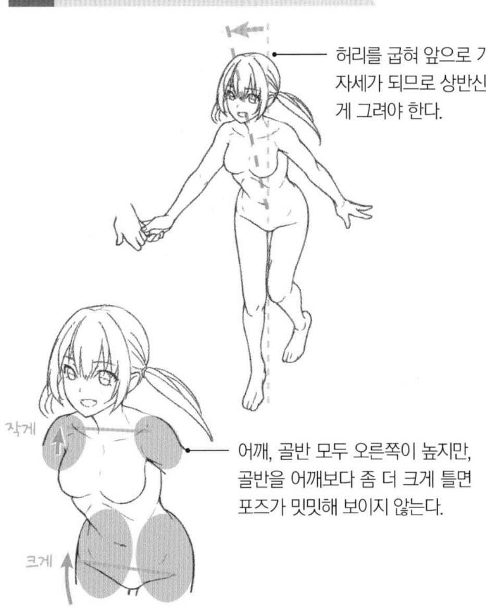

허리를 굽혀 앞으로 기울인 자세가 되므로 상반신은 짧게 그려야 한다.

어깨, 골반 모두 오른쪽이 높지만, 골반을 어깨보다 좀 더 크게 틀면 포즈가 밋밋해 보이지 않는다.

2 가늠선 잡기

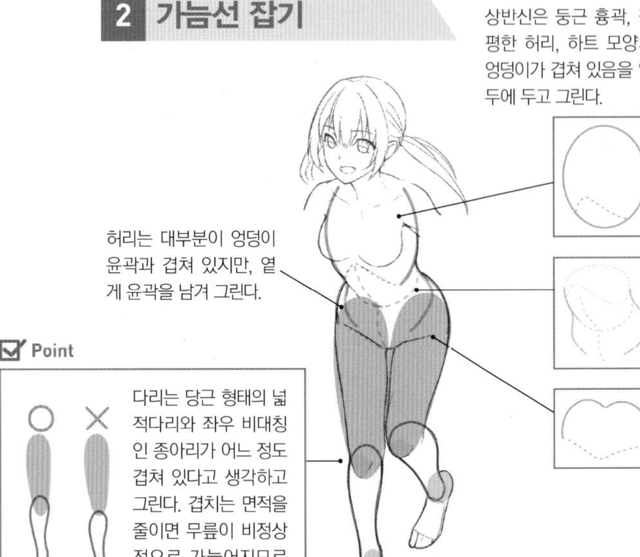

상반신은 둥근 흉곽, 평평한 허리, 하트 모양의 엉덩이가 겹쳐 있음을 염두에 두고 그린다.

허리는 대부분이 엉덩이 윤곽과 겹쳐 있지만, 옅게 윤곽을 남겨 그린다.

Point

○ ×

다리는 당근 형태의 넓적다리와 좌우 비대칭인 종아리가 어느 정도 겹쳐 있다고 생각하고 그린다. 겹치는 면적을 줄이면 무릎이 비정상적으로 가늘어지므로 주의한다.

3 살 붙이기

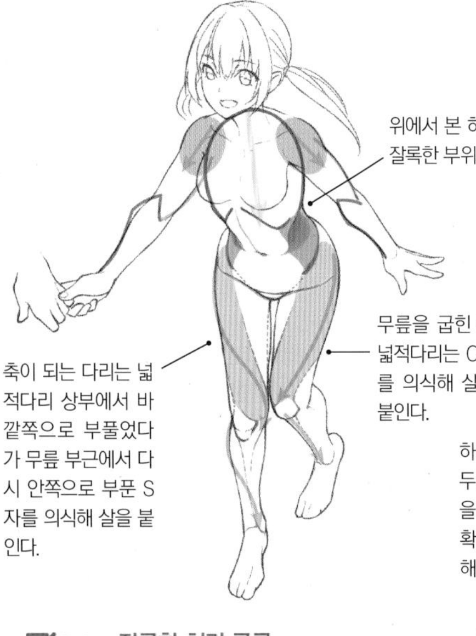

위에서 본 허리의 잘록한 부위.

축이 되는 다리는 넓적다리 상부에서 바깥쪽으로 부풀었다가 무릎 부근에서 다시 안쪽으로 부푼 S자를 의식해 살을 붙인다.

무릎을 굽힌 쪽 넓적다리는 C자를 의식해 살을 붙인다.

Point 잘록한 허리 굴곡

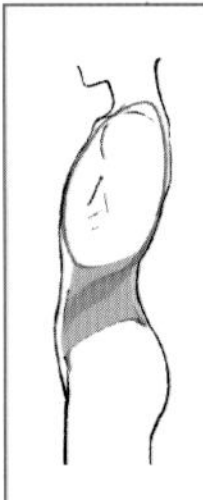

허리의 잘록한 부위는 코르셋처럼 단단히 조여진 형태를 띤다. 하이 앵글로 보면(위 그림) 허리 양쪽에 2개의 초승달이 타이트하게 끼워진 듯 보인다.

4 보디라인 정돈하기

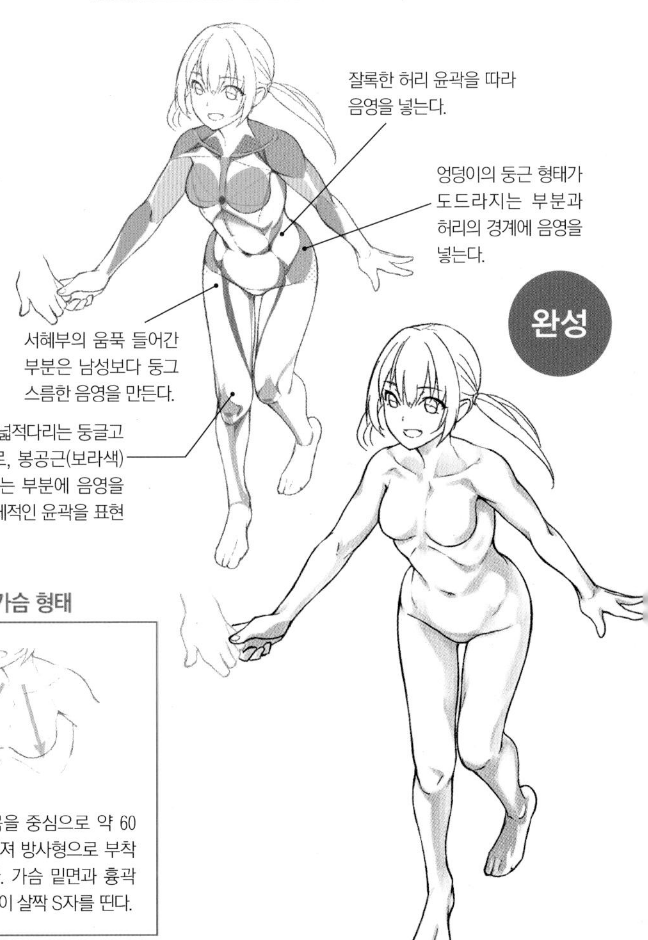

잘록한 허리 윤곽을 따라 음영을 넣는다.

엉덩이의 둥근 형태가 도드라지는 부분과 허리의 경계에 음영을 넣는다.

서혜부의 움푹 들어간 부분은 남성보다 둥그스름한 음영을 만든다.

하이 앵글로 본 넓적다리는 둥글고 두툼해 보이므로, 봉공근(보라색)을 따라 수축하는 부분에 음영을 확실히 넣어 입체적인 윤곽을 표현해준다.

Point 가슴 형태

가슴은 목을 중심으로 약 60도로 벌어져 방사형으로 부착된 형태다. 가슴 밑면과 흉곽의 부착면이 살짝 S자를 띤다.

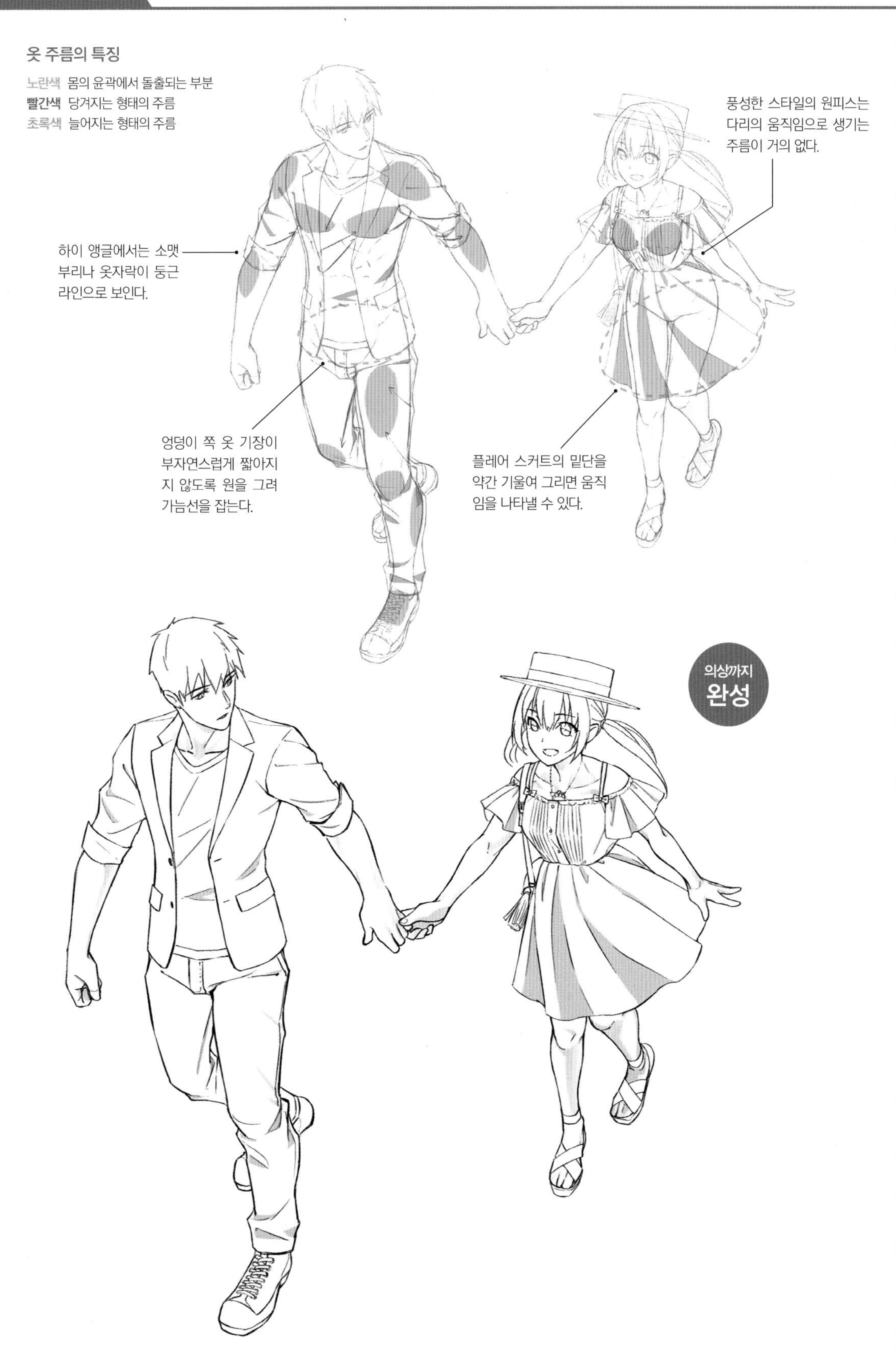
옷 주름의 특징
노란색 몸의 윤곽에서 돌출되는 부분
빨간색 당겨지는 형태의 주름
초록색 늘어지는 형태의 주름
풍성한 스타일의 원피스는 다리의 움직임으로 생기는 주름이 거의 없다.
하이 앵글에서는 소맷부리나 옷자락이 둥근 라인으로 보인다.
엉덩이 쪽 옷 기장이 부자연스럽게 짧아지지 않도록 원을 그려 가늠선을 잡는다.
플레어 스커트의 밑단을 약간 기울여 그리면 움직임을 나타낼 수 있다.
의상까지 완성

연인 사이 레스토랑에서 식사하는 모습 ① 측면

아래의 이미지는 여성 데생 인형에 비해 의자가 너무 큽니다. 의자 크기를 조금 작게 조정해서 자연스러운 일러스트를 그려봅니다.

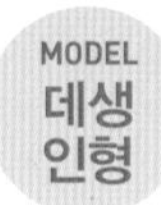
MODEL
데생
인형

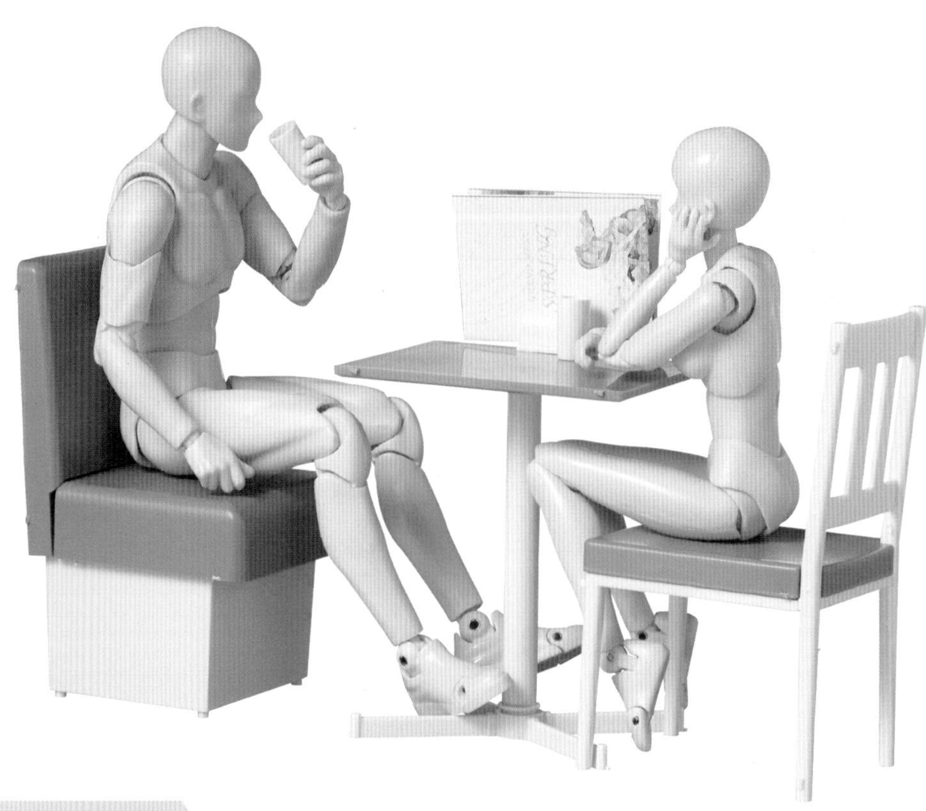

1 자세 · 가늠선 잡기

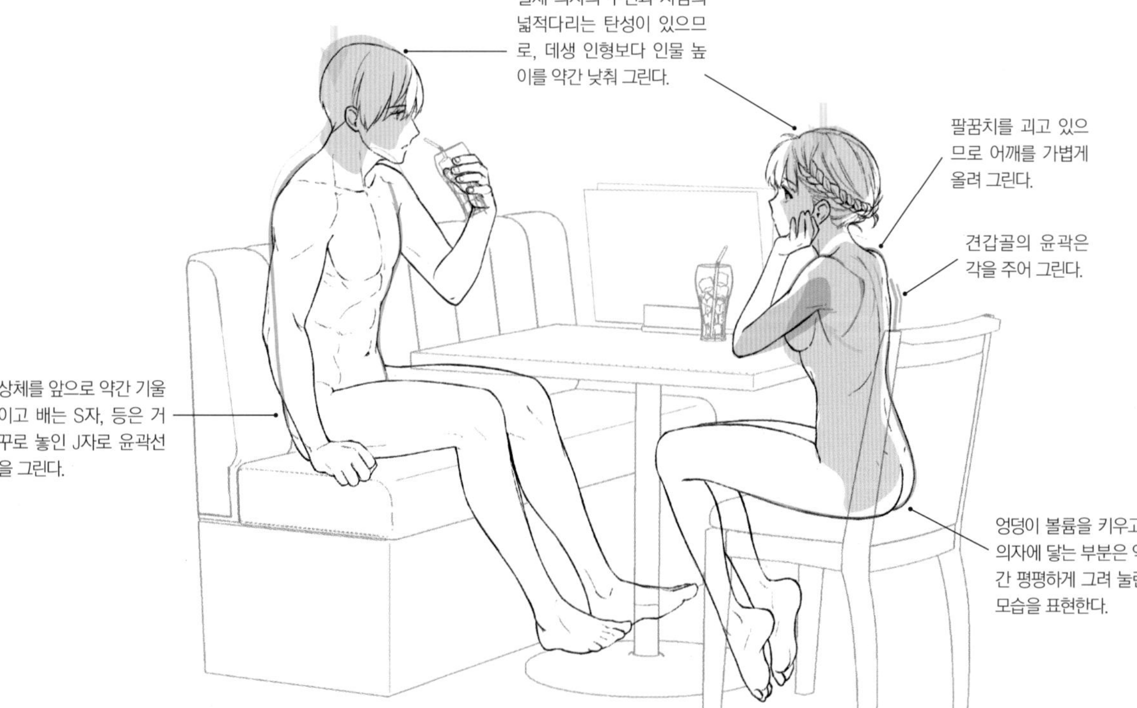
실제 의자의 쿠션과 사람의 넓적다리는 탄성이 있으므로, 데생 인형보다 인물 높이를 약간 낮춰 그린다.
팔꿈치를 괴고 있으므로 어깨를 가볍게 올려 그린다.
견갑골의 윤곽은 각을 주어 그린다.
상체를 앞으로 약간 기울이고 배는 S자, 등은 거꾸로 놓인 J자로 윤곽선을 그린다.
엉덩이 볼륨을 키우고, 의자에 닿는 부분은 약간 평평하게 그려 눌린 모습을 표현한다.

2 살 붙이기, 보디라인 정돈하기

남성

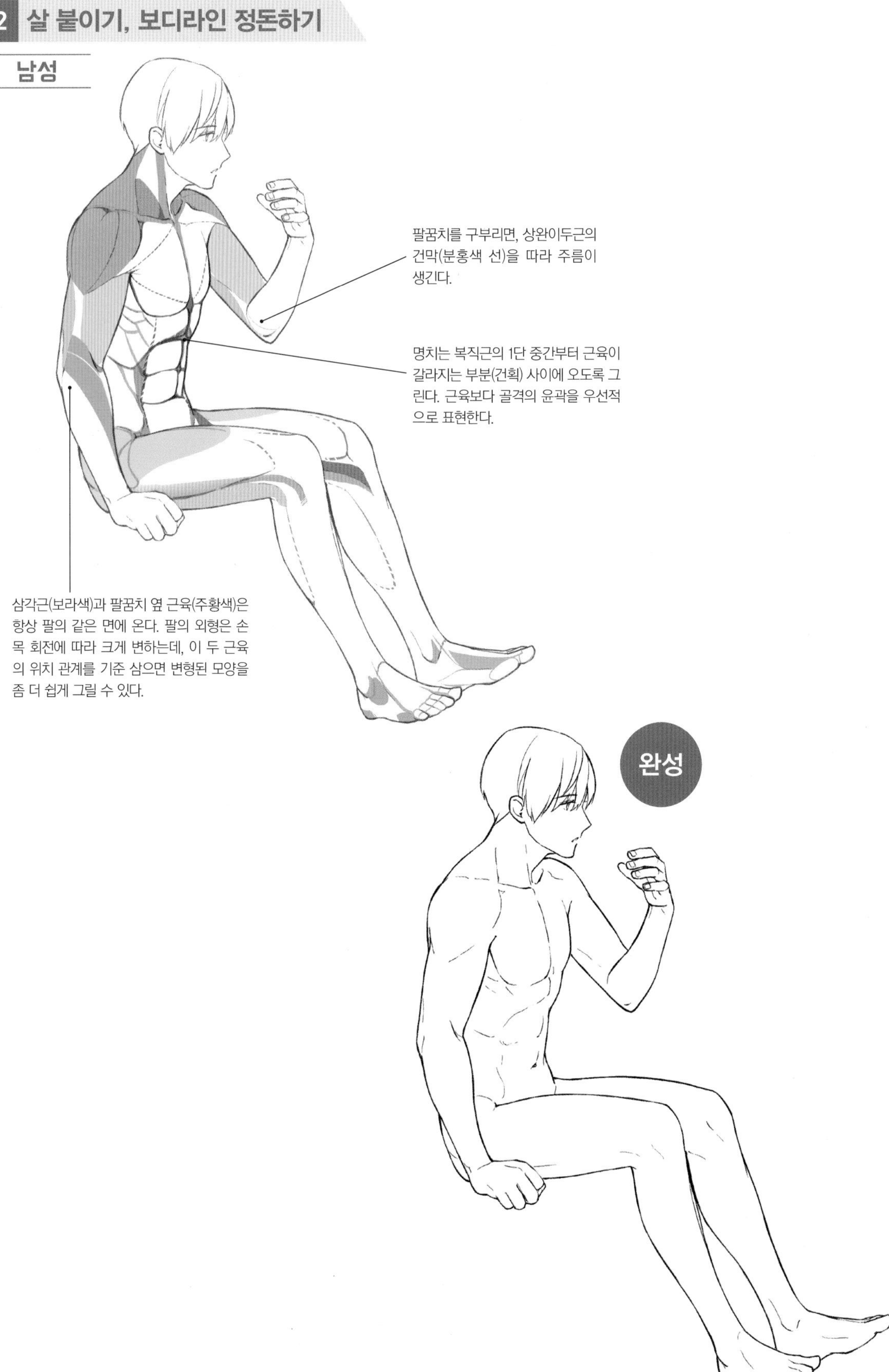

팔꿈치를 구부리면, 상완이두근의 건막(분홍색 선)을 따라 주름이 생긴다.

명치는 복직근의 1단 중간부터 근육이 갈라지는 부분(건획) 사이에 오도록 그린다. 근육보다 골격의 윤곽을 우선적으로 표현한다.

삼각근(보라색)과 팔꿈치 옆 근육(주황색)은 항상 팔의 같은 면에 온다. 팔의 외형은 손목 회전에 따라 크게 변하는데, 이 두 근육의 위치 관계를 기준 삼으면 변형된 모양을 좀 더 쉽게 그릴 수 있다.

2 살 붙이기, 보디라인 정돈하기

여성

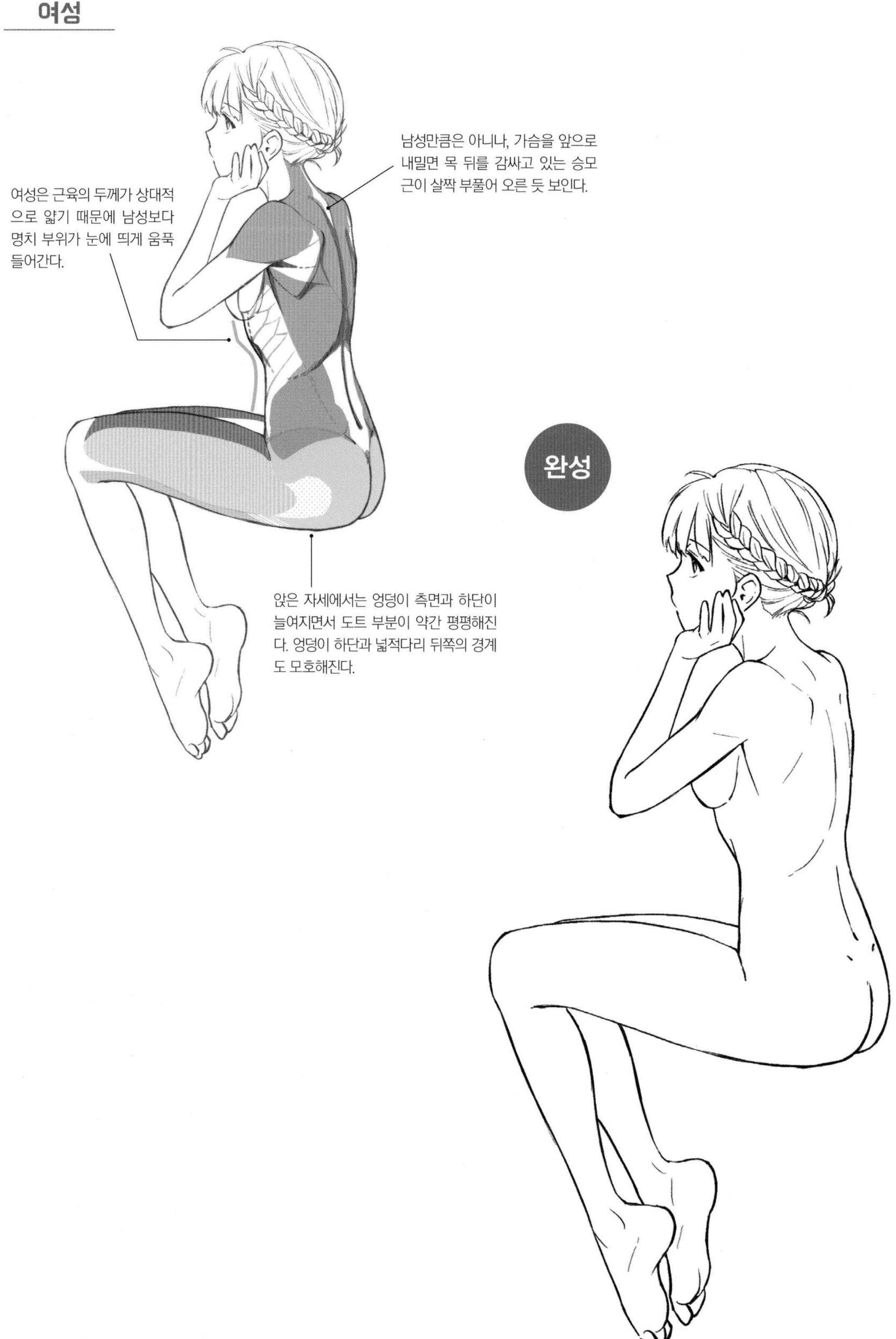
남성만큼은 아니나, 가슴을 앞으로 내밀면 목 뒤를 감싸고 있는 승모근이 살짝 부풀어 오른 듯 보인다.
여성은 근육의 두께가 상대적으로 얇기 때문에 남성보다 명치 부위가 눈에 띄게 움푹 들어간다.
완성
앉은 자세에서는 엉덩이 측면과 하단이 늘여지면서 도트 부분이 약간 평평해진다. 엉덩이 하단과 넓적다리 뒤쪽의 경계도 모호해진다.

의상까지
완성

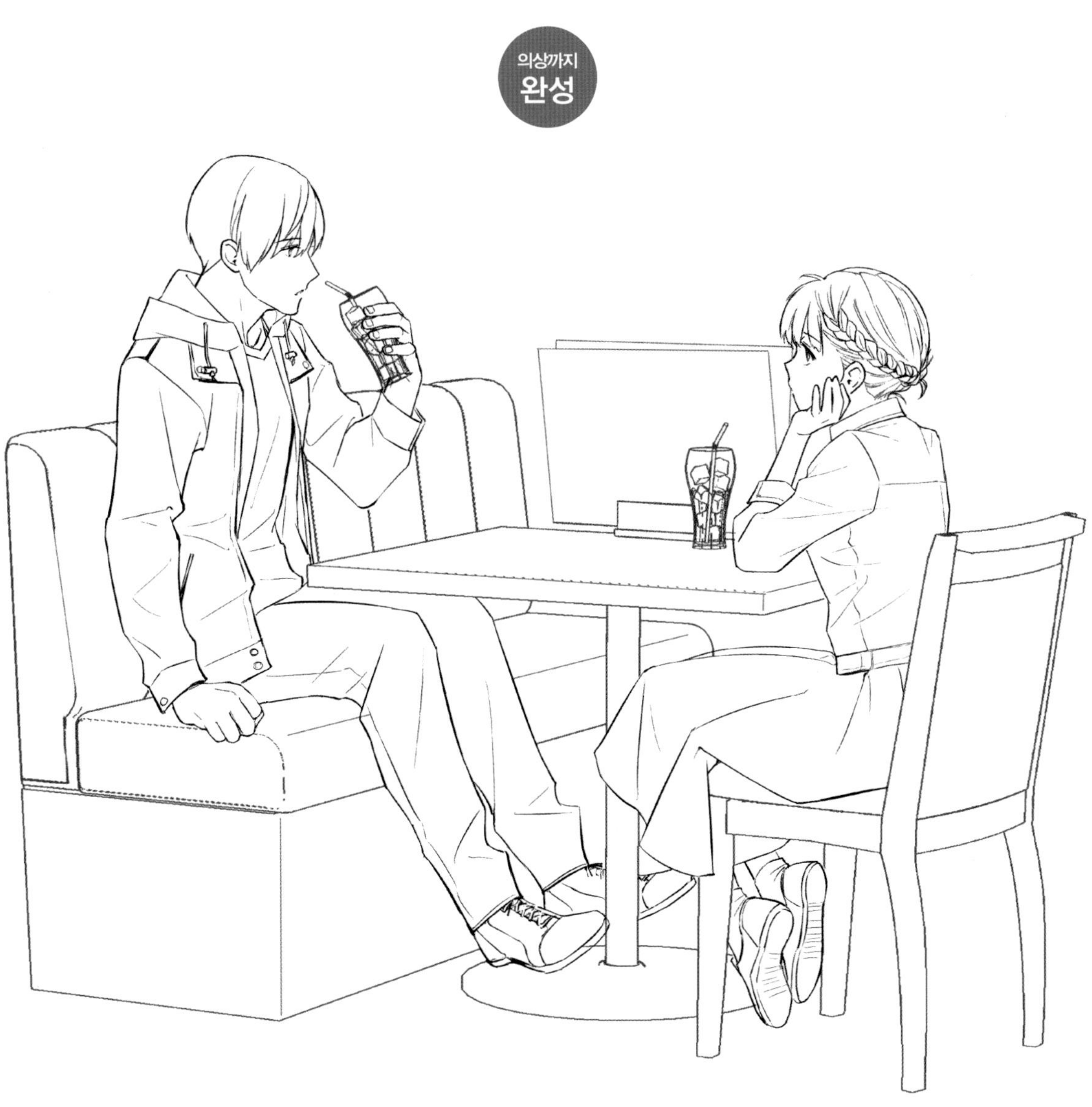

연인 사이　레스토랑에서 식사하는 모습 ② 반측면, 하이 앵글

하이 앵글에서 본 모습입니다. 상반신에 달걀 형태로 흉곽 가늠선을 그리고, 이를 기준으로 몸의 윤곽을 잡아 나갑니다. 남녀 모두 앞으로 몸을 기울인 자세이므로, 흉곽 가늠선 바로 아래로 이어지는 복부를 '〉' 형태로 꺾어 표현합니다.

MODEL
데생
인형

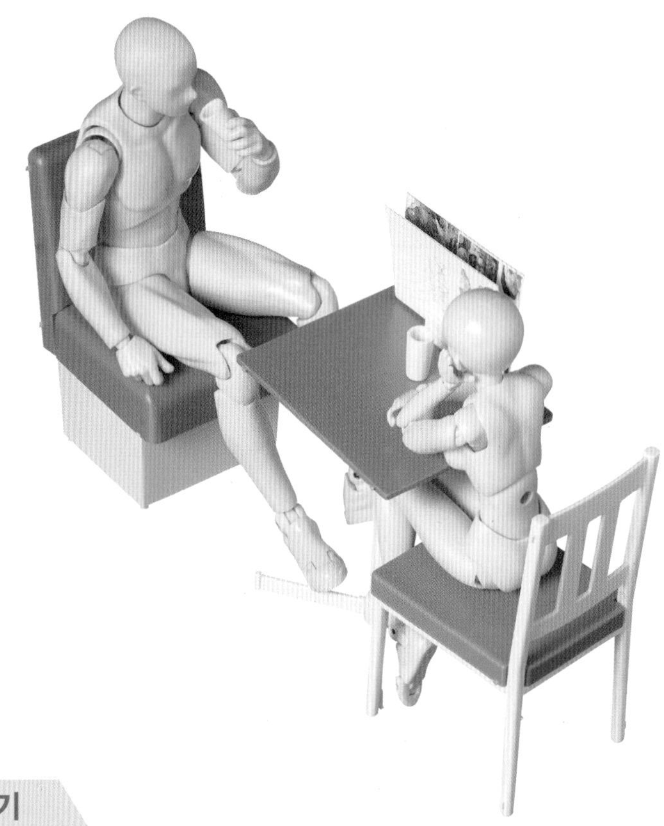

1 자세 · 가늠선 잡기

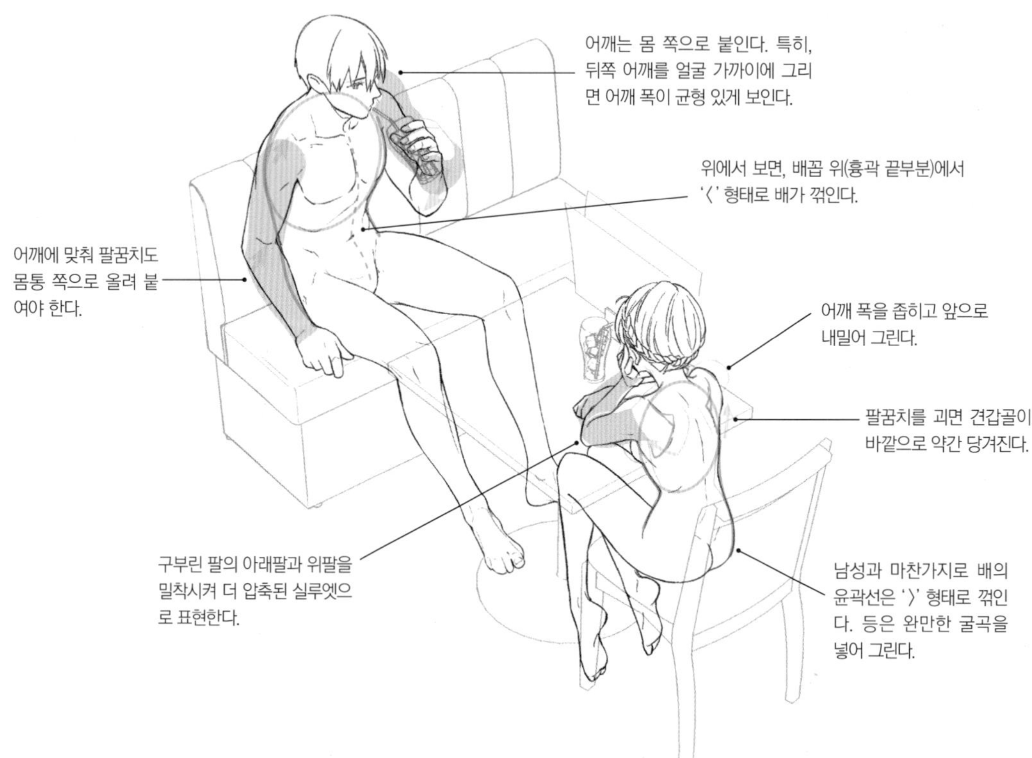
어깨는 몸 쪽으로 붙인다. 특히, 뒤쪽 어깨를 얼굴 가까이에 그리면 어깨 폭이 균형 있게 보인다.
위에서 보면, 배꼽 위(흉곽 끝부분)에서 '〈' 형태로 배가 꺾인다.
어깨에 맞춰 팔꿈치도 몸통 쪽으로 올려 붙여야 한다.
어깨 폭을 좁히고 앞으로 내밀어 그린다.
팔꿈치를 괴면 견갑골이 바깥으로 약간 당겨진다.
구부린 팔의 아래팔과 위팔을 밀착시켜 더 압축된 실루엣으로 표현한다.
남성과 마찬가지로 배의 윤곽선은 '〉' 형태로 꺾인다. 등은 완만한 굴곡을 넣어 그린다.

2 살 붙이기 · 보디라인 정돈하기

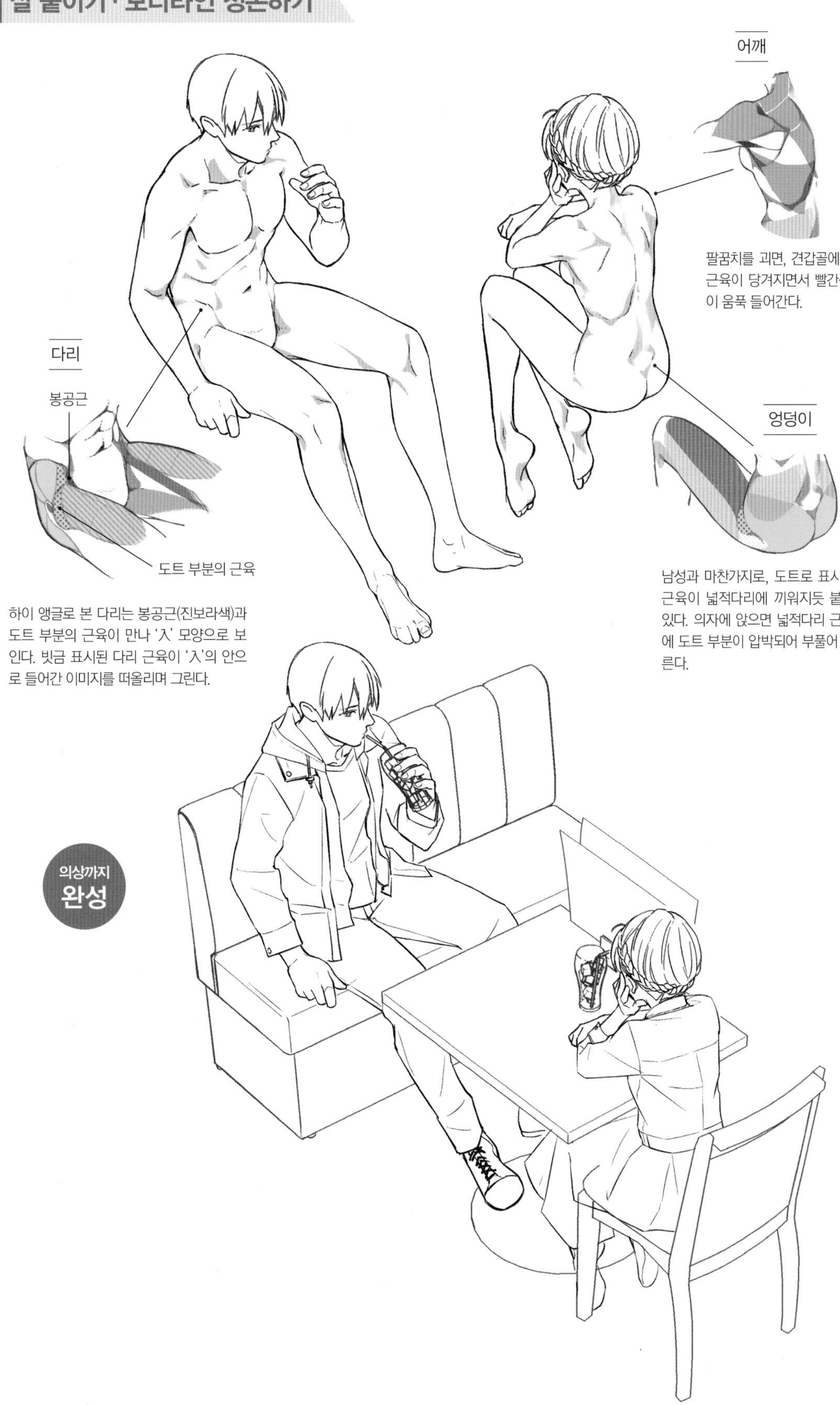

어깨
팔꿈치를 괴면, 견갑골에 부착된 근육이 당겨지면서 빨간색 부분이 움푹 들어간다.
다리
봉공근
도트 부분의 근육
엉덩이
남성과 마찬가지로, 도트로 표시한 근육이 넓적다리에 끼워지듯 붙어 있다. 의자에 앉으면 넓적다리 근육에 도트 부분이 압박되어 부풀어 오른다.
의상까지
완성

하이 앵글로 본 다리는 봉공근(진보라색)과 도트 부분의 근육이 만나 'ㅅ' 모양으로 보인다. 빗금 표시된 다리 근육이 'ㅅ'의 안으로 들어간 이미지를 떠올리며 그린다.

스쿠터 타고 드라이브 ① 측면

스쿠터를 타는 포즈는 안정감 있게 균형을 유지하며 그리기가 쉽지 않습니다. 우선 스쿠터 바퀴와 핸들 모양부터 가늠선을 잡습니다. 그다음 좌석처럼 스쿠터와 캐릭터가 접한 부분(손·엉덩이·발)을 그리고, 마지막에 몸 전체의 가늠선을 그립니다.

MODEL
데생 인형

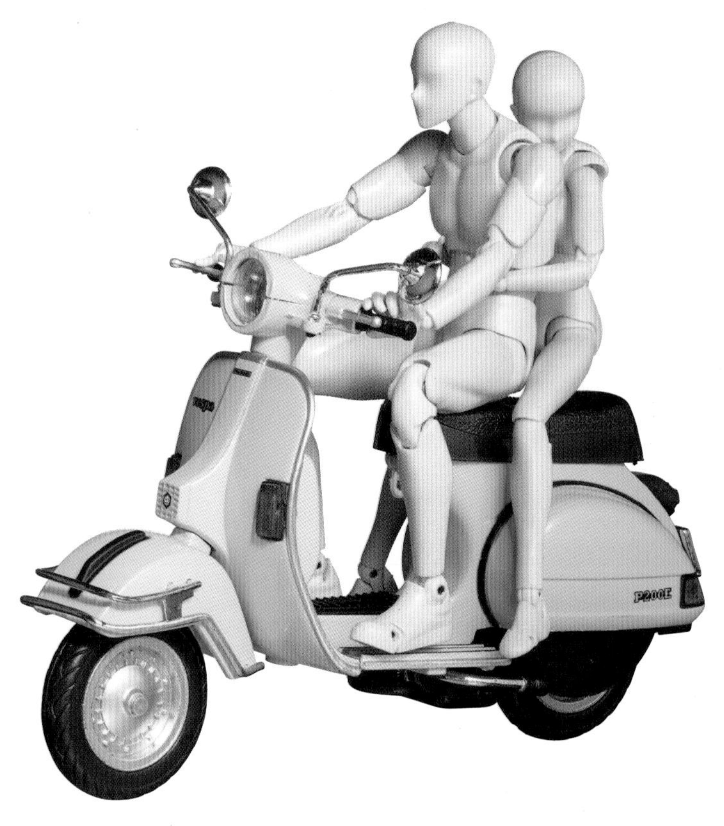

1 자세 · 가늠선 잡기

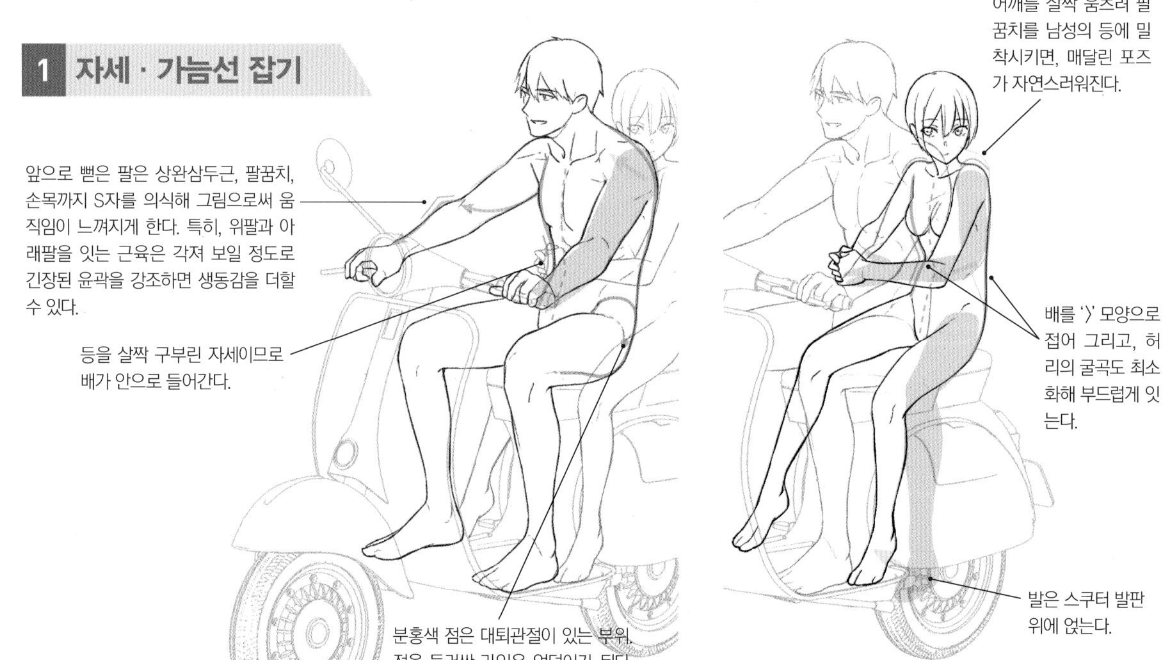
앞으로 뻗은 팔은 상완삼두근, 팔꿈치, 손목까지 S자를 의식해 그림으로써 움직임이 느껴지게 한다. 특히, 위팔과 아래팔을 잇는 근육은 각져 보일 정도로 긴장된 윤곽을 강조하면 생동감을 더할 수 있다.
등을 살짝 구부린 자세이므로 배가 안으로 들어간다.
분홍색 점은 대퇴관절이 있는 부위. 점을 둘러싼 라인은 엉덩이가 된다. 다리 시작부는 비교적 낮은 위치에 있다는 점을 기억하자.
어깨를 살짝 움츠려 팔꿈치를 남성의 등에 밀착시키면, 매달린 포즈가 자연스러워진다.
배를 '〉' 모양으로 접어 그리고, 허리의 굴곡도 최소화해 부드럽게 잇는다.
발은 스쿠터 발판 위에 얹는다.

2 살 붙이기 · 보디라인 정돈하기

남성

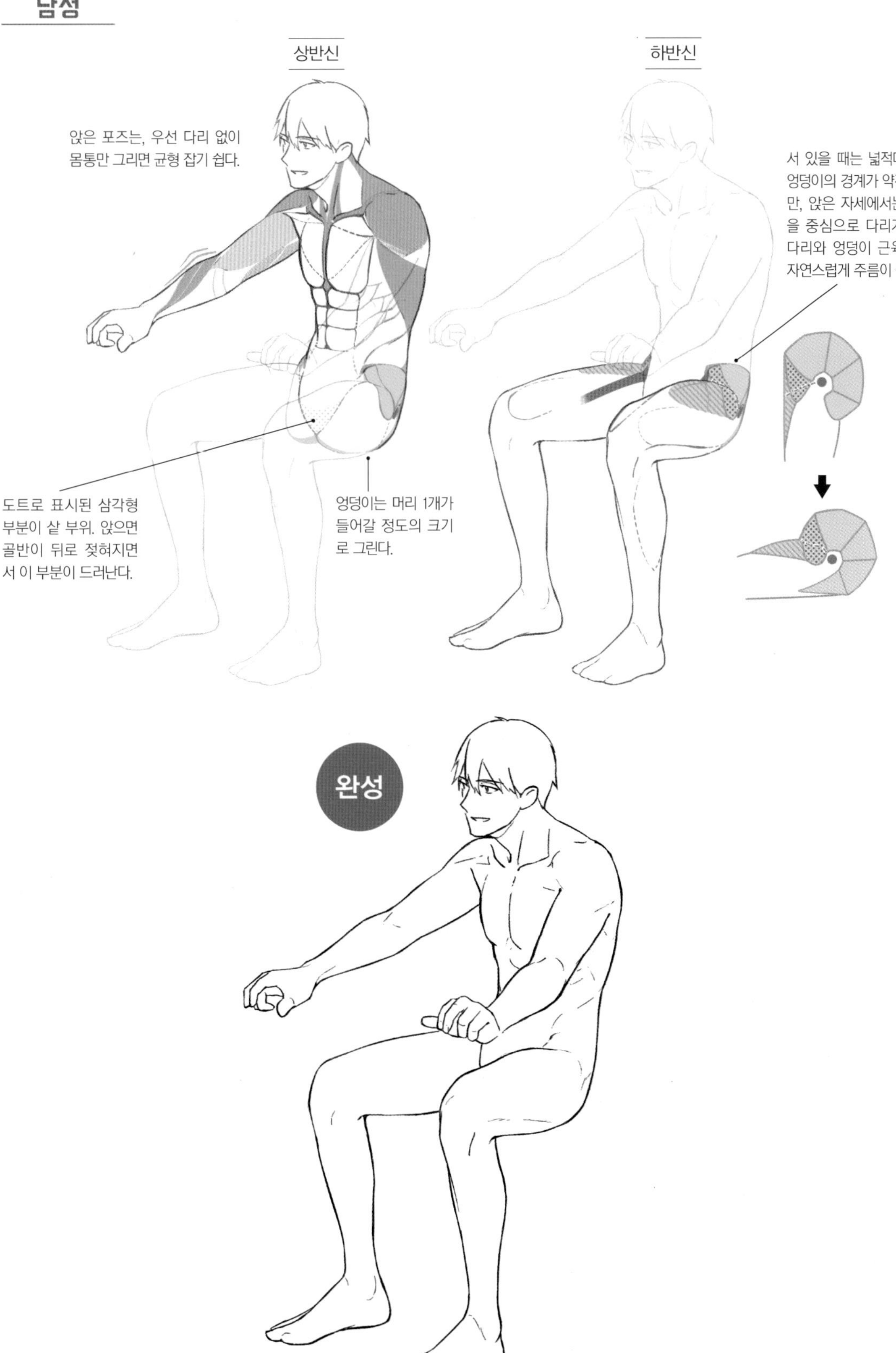
상반신
하반신
앉은 포즈는, 우선 다리 없이
몸통만 그리면 균형 잡기 쉽다.
서 있을 때는 넓적다리 앞쪽과
엉덩이의 경계가 약간 모호하지
만, 앉은 자세에서는 대퇴관절
을 중심으로 다리가 접히면서
다리와 엉덩이 근육의 경계에
자연스럽게 주름이 잡힌다.
도트로 표시된 삼각형
부분이 살 부위. 앉으면
골반이 뒤로 젖혀지면
서 이 부분이 드러난다.
엉덩이는 머리 1개가
들어갈 정도의 크기
로 그린다.
완성

2 살 붙이기 · 보디라인 정돈하기

여성

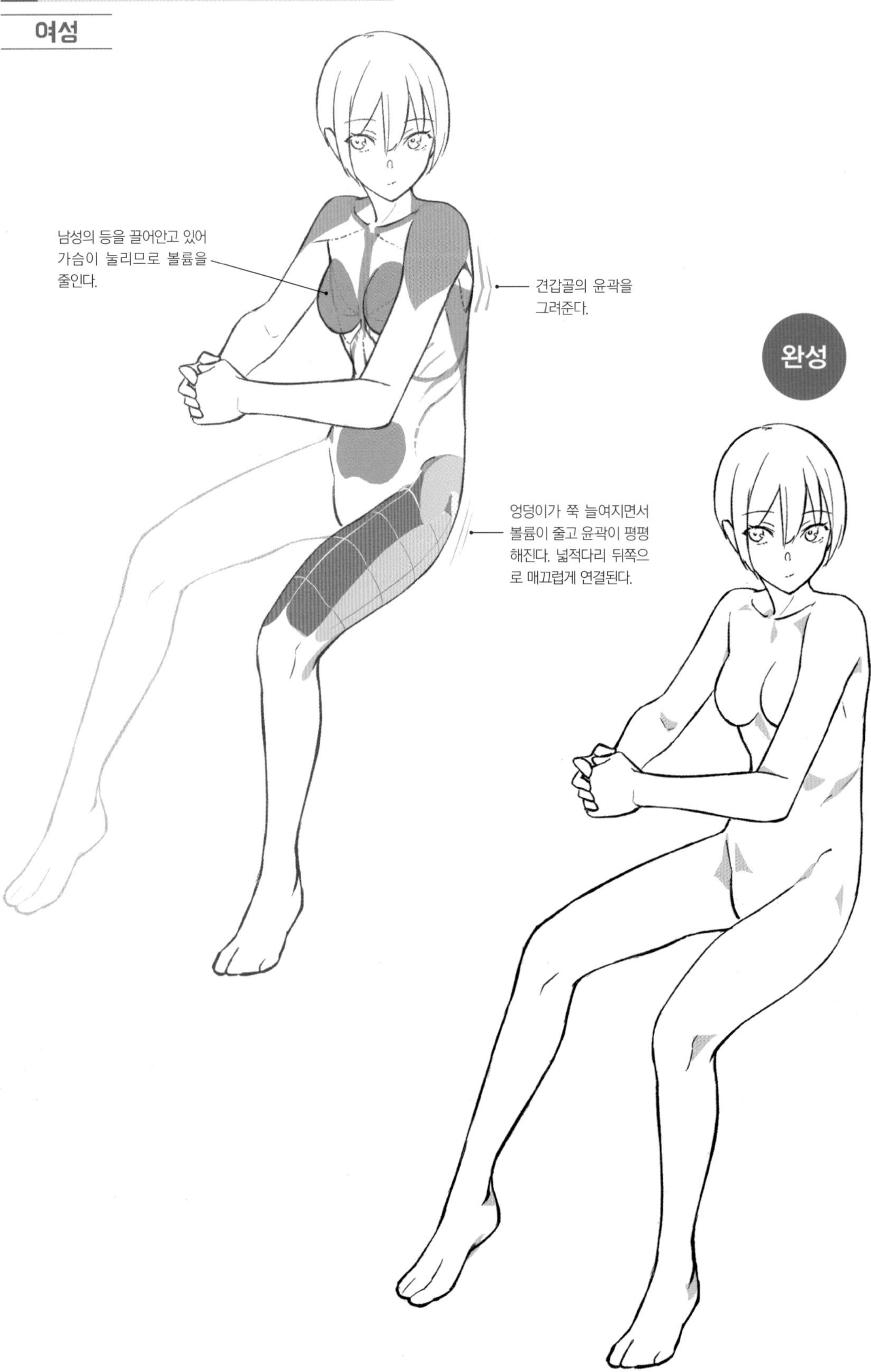
남성의 등을 끌어안고 있어
가슴이 눌리므로 볼륨을
줄인다.
견갑골의 윤곽을
그려준다.
완성
엉덩이가 쭉 늘여지면서
볼륨이 줄고 윤곽이 평평
해진다. 넓적다리 뒤쪽으
로 매끄럽게 연결된다.

의상까지
완성

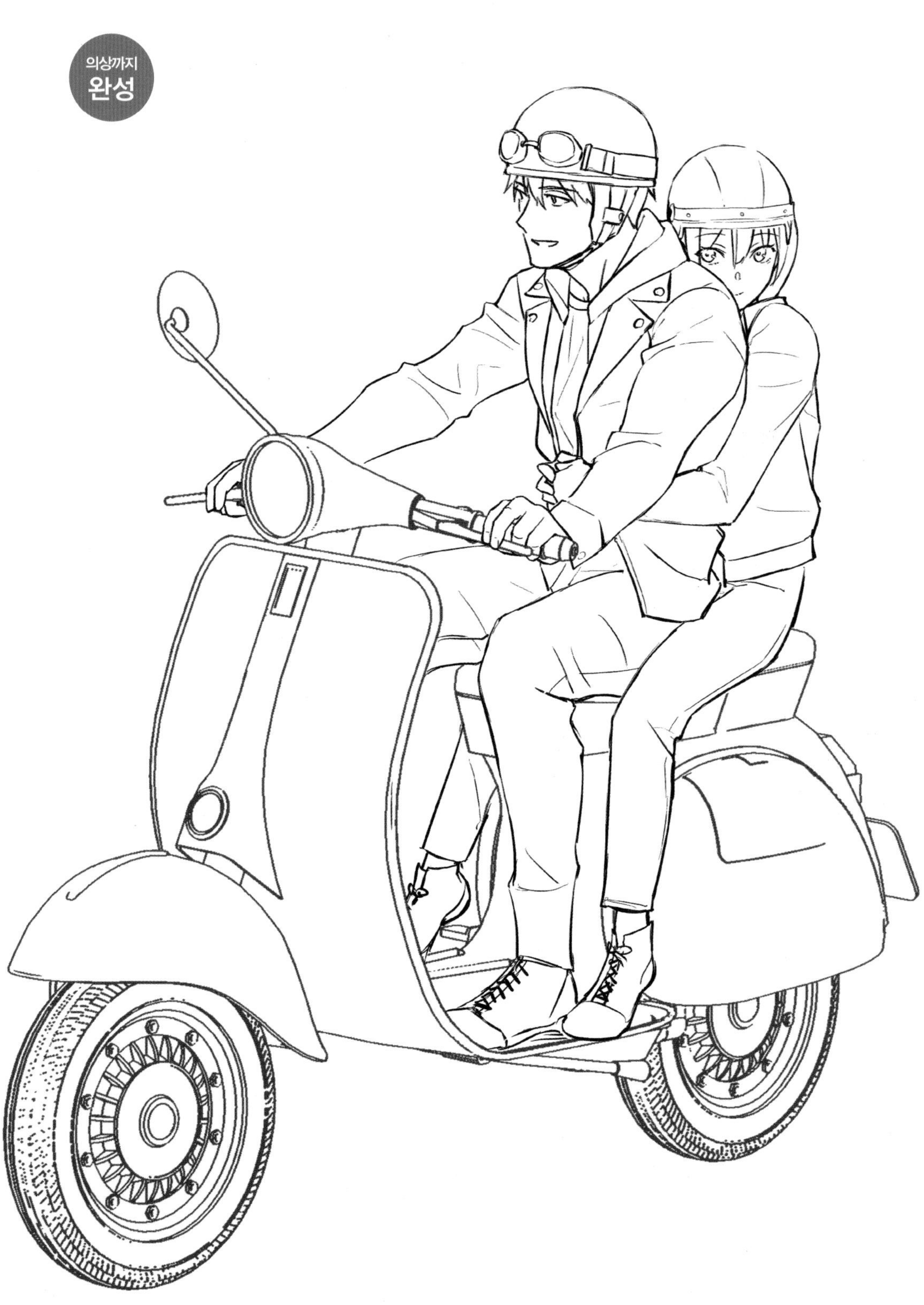

연인 사이 스쿠터 타고 드라이브 ② 전면, 하이 앵글

약간 하이 앵글로 앞에서 바라본 모습입니다. 남성에게 가려져 여성의 몸이 잘 보이지 않지만, 얼굴은 잘 드러나도록 여성의 머리를 기울입니다. 남성은 몸을 앞으로 기울인 자세이므로 목의 윤곽이 거의 보이지 않습니다.

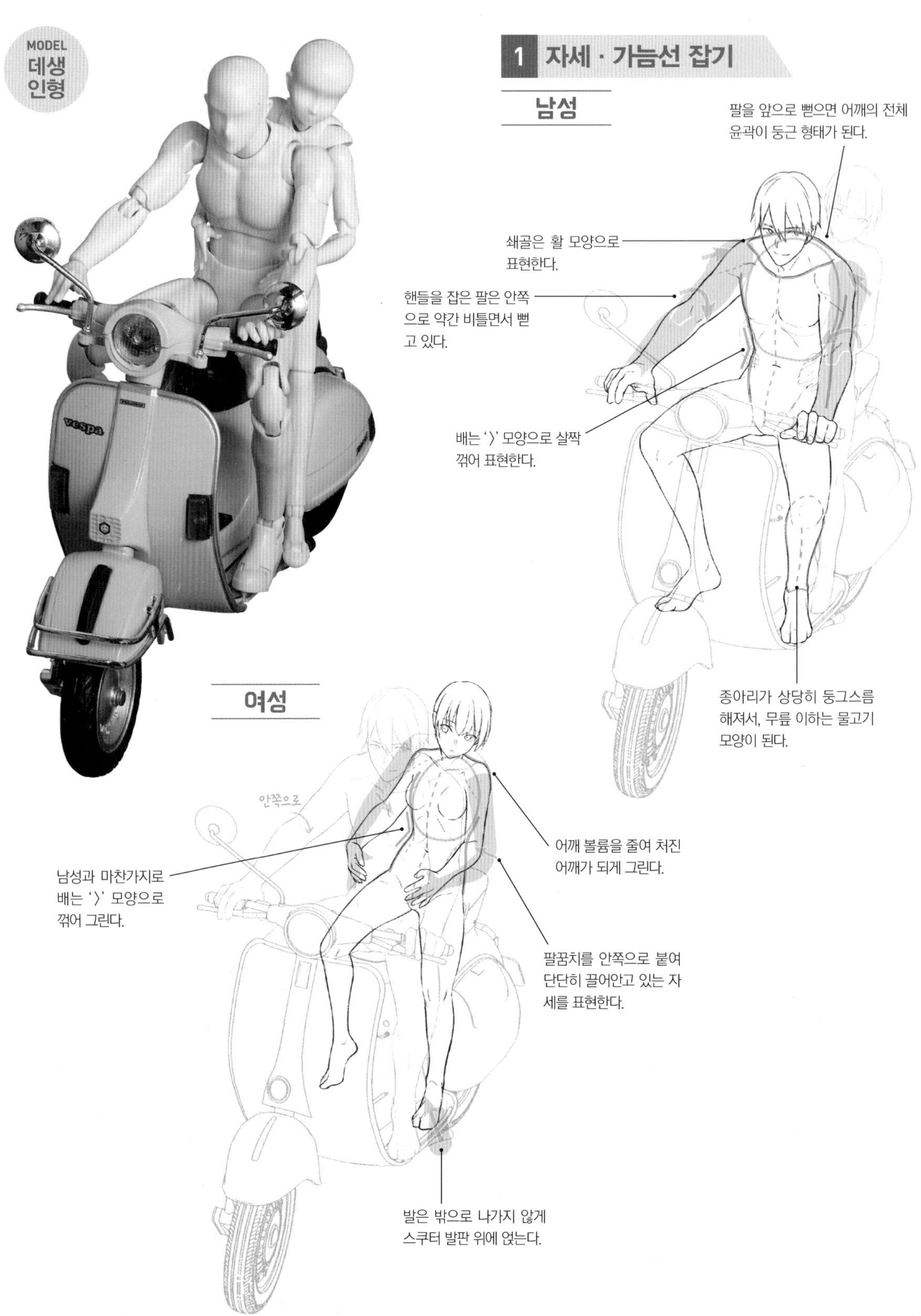
MODEL
데생
인형
vespa
1 자세 · 가늠선 잡기
남성
팔을 앞으로 뻗으면 어깨의 전체 윤곽이 둥근 형태가 된다.
쇄골은 활 모양으로 표현한다.
핸들을 잡은 팔은 안쪽으로 약간 비틀면서 뻗고 있다.
배는 '〉' 모양으로 살짝 꺾어 표현한다.
종아리가 상당히 둥그스름해져서, 무릎 이하는 물고기 모양이 된다.
여성
안쪽으로
남성과 마찬가지로 배는 '〉' 모양으로 꺾어 그린다.
어깨 볼륨을 줄여 처진 어깨가 되게 그린다.
팔꿈치를 안쪽으로 붙여 단단히 끌어안고 있는 자세를 표현한다.
발은 밖으로 나가지 않게 스쿠터 발판 위에 얹는다.

Point 팔 길이의 조절

좌석에 앉은 상태를 위에서 내려다보면, 남녀 모두 원근감 때문에 다리가 약간 짧아 보입니다. 그래서 상대적으로 팔이 부자연스럽게 길어 보일 수 있는데, 머리 길이를 기준 삼으면 자연스러운 팔 길이를 가늠할 수 있습니다.

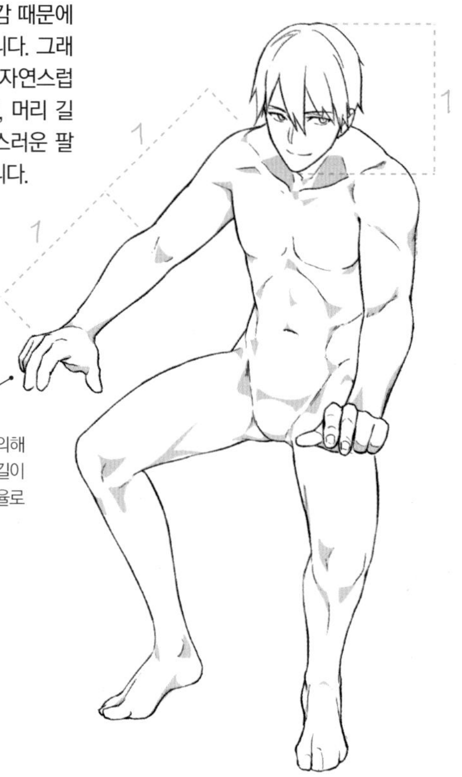

여성은 팔을 가볍게 굽히고 있으므로 머리와 팔의 비율이 남성과는 다르다. 팔을 약간 짧게 조정해야 한다.

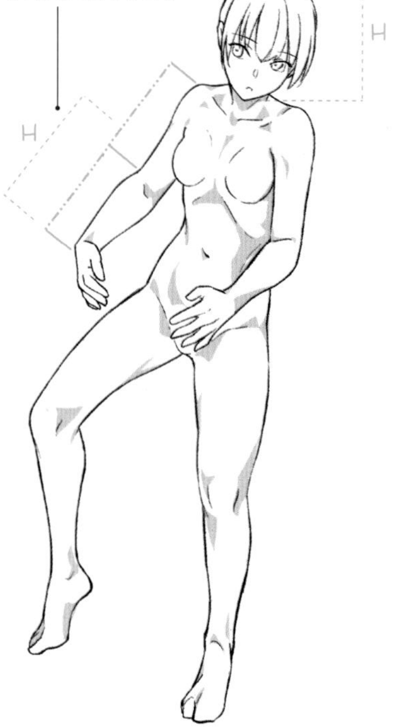

남성은 포즈와 앵글에 의해 팔이 길어 보인다. 머리 길이와 팔을 대략 1 : 2의 비율로 그린다.

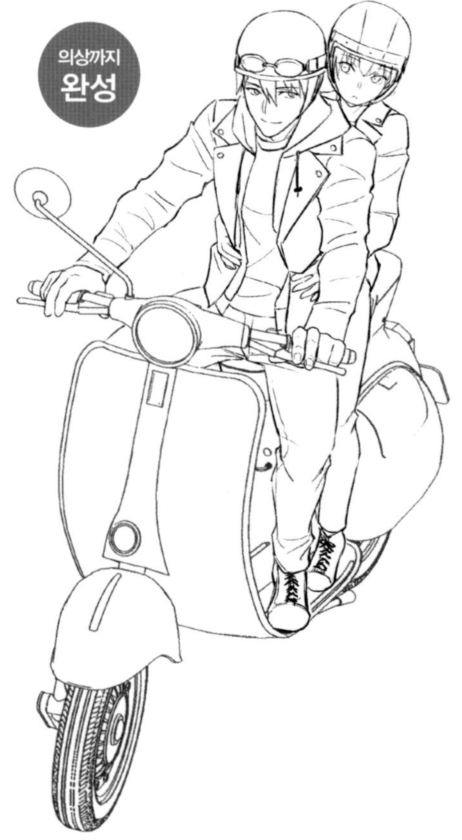

연인 사이 키스하는 모습 ① 측면

다정한 연인이 입맞춤하는 포즈입니다. 키 차이가 많이 나므로 남성은 등을 굽히며 머리를 숙이고, 여성은 한쪽 발로 발돋움하는 이미지로 그립니다. 여성의 얼굴 각도도 주의합니다.

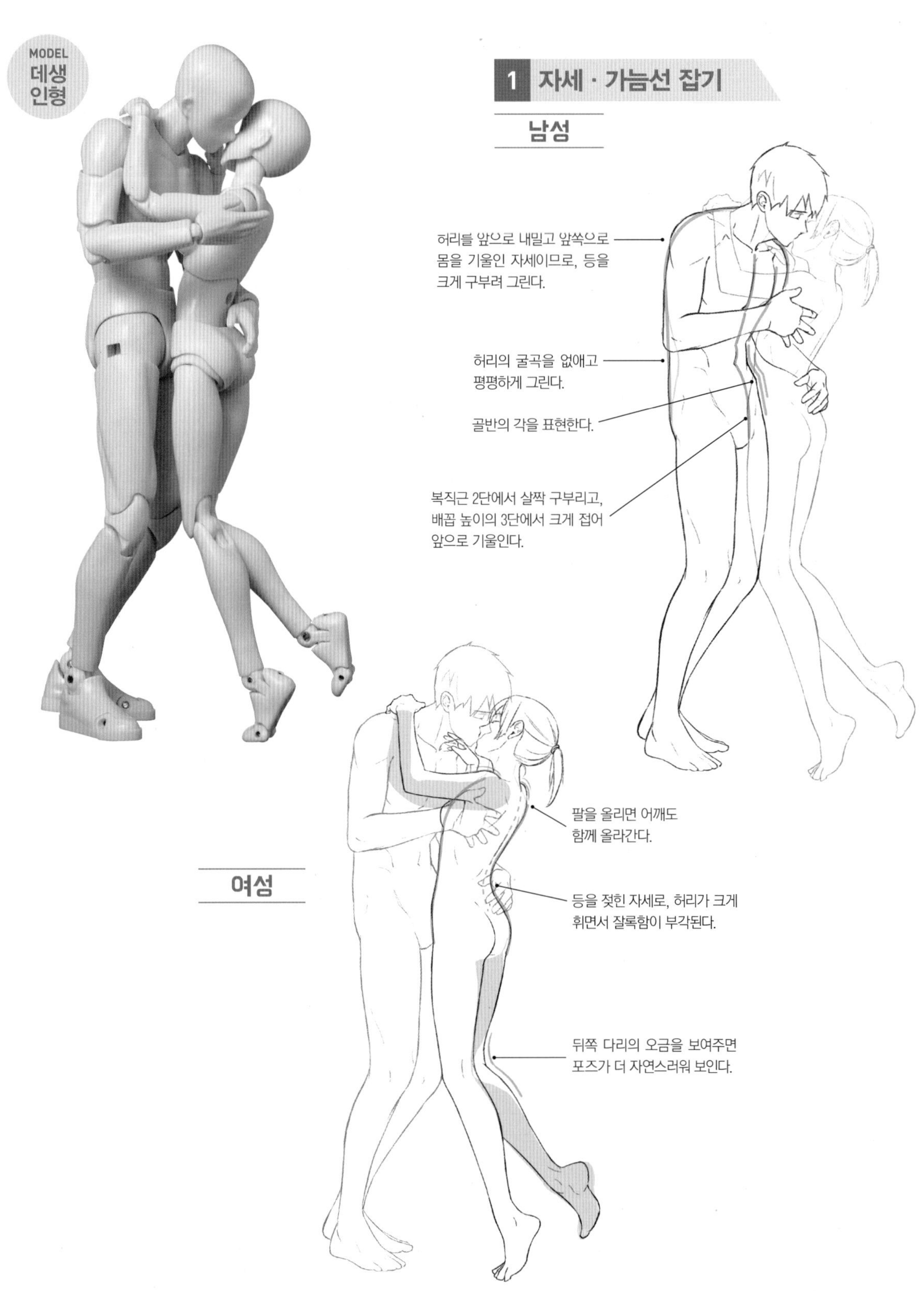

MODEL
데생 인형
1 자세 · 가늠선 잡기
남성
허리를 앞으로 내밀고 앞쪽으로 몸을 기울인 자세이므로, 등을 크게 구부려 그린다.
허리의 굴곡을 없애고 평평하게 그린다.
골반의 각을 표현한다.
복직근 2단에서 살짝 구부리고, 배꼽 높이의 3단에서 크게 접어 앞으로 기울인다.
여성
팔을 올리면 어깨도 함께 올라간다.
등을 젖힌 자세로, 허리가 크게 휘면서 잘록함이 부각된다.
뒤쪽 다리의 오금을 보여주면 포즈가 더 자연스러워 보인다.

2 살 붙이기 · 보디라인 정돈하기

여성에 비해 몸의 굴곡이 현저히 적은 남성의 실루엣은, 단순히 윤곽선만 따라 그리면 균형감을 잃기 쉽습니다. '머리와 몸통의 길이 비율', '머리와 흉곽의 길이 비율', '유두, 배꼽, 치골 간의 폭' 등을 확인하면서 몸통을 그립니다.

남성

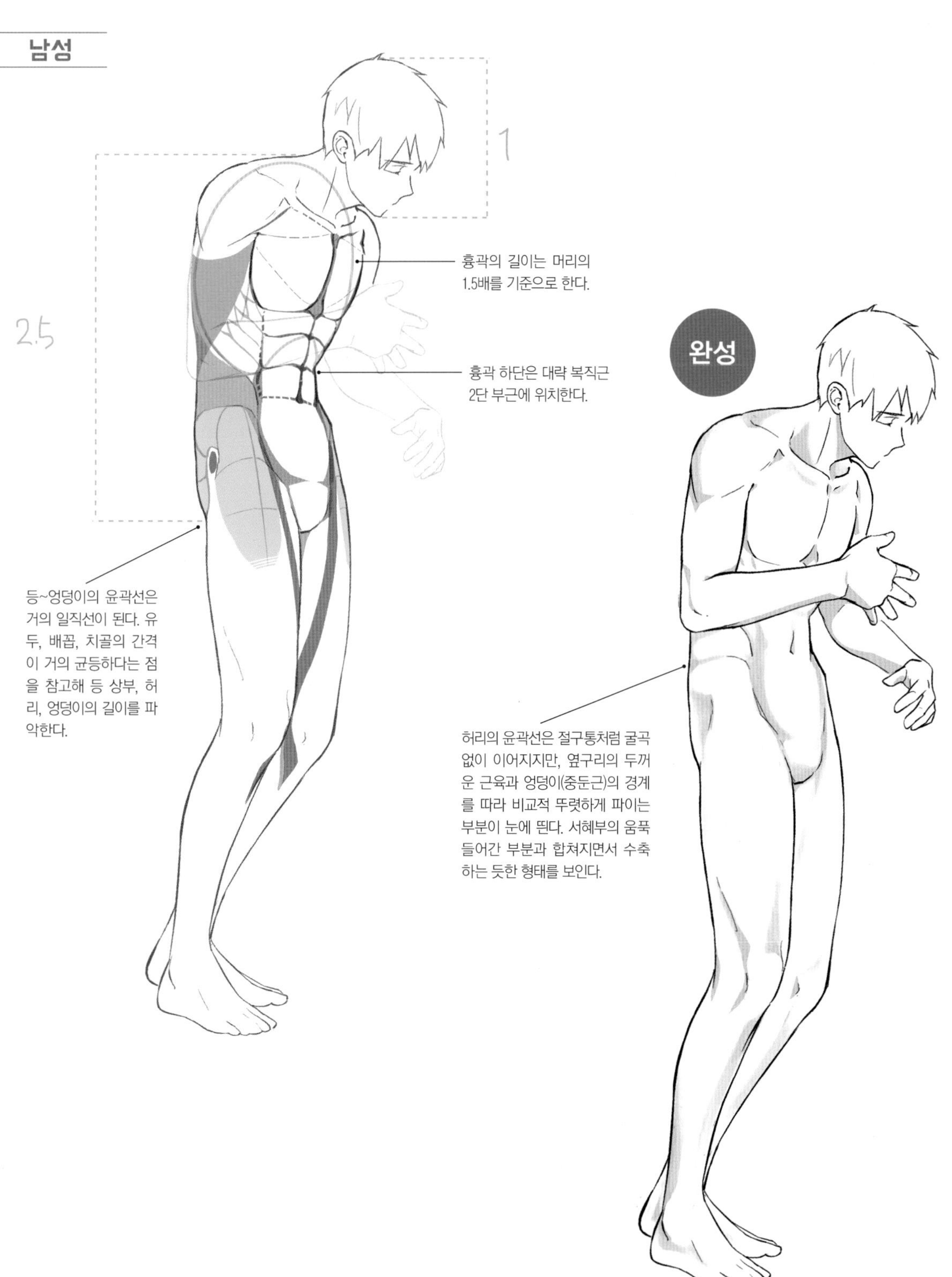
1
2.5
흉곽의 길이는 머리의 1.5배를 기준으로 한다.
흉곽 하단은 대략 복직근 2단 부근에 위치한다.
완성
등~엉덩이의 윤곽선은 거의 일직선이 된다. 유두, 배꼽, 치골의 간격이 거의 균등하다는 점을 참고해 등 상부, 허리, 엉덩이의 길이를 파악한다.
허리의 윤곽선은 절구통처럼 굴곡 없이 이어지지만, 옆구리의 두꺼운 근육과 엉덩이(중둔근)의 경계를 따라 비교적 뚜렷하게 파이는 부분이 눈에 띈다. 서혜부의 움푹 들어간 부분과 합쳐지면서 수축하는 듯한 형태를 보인다.

2 살 붙이기 · 보디라인 정돈하기

여성

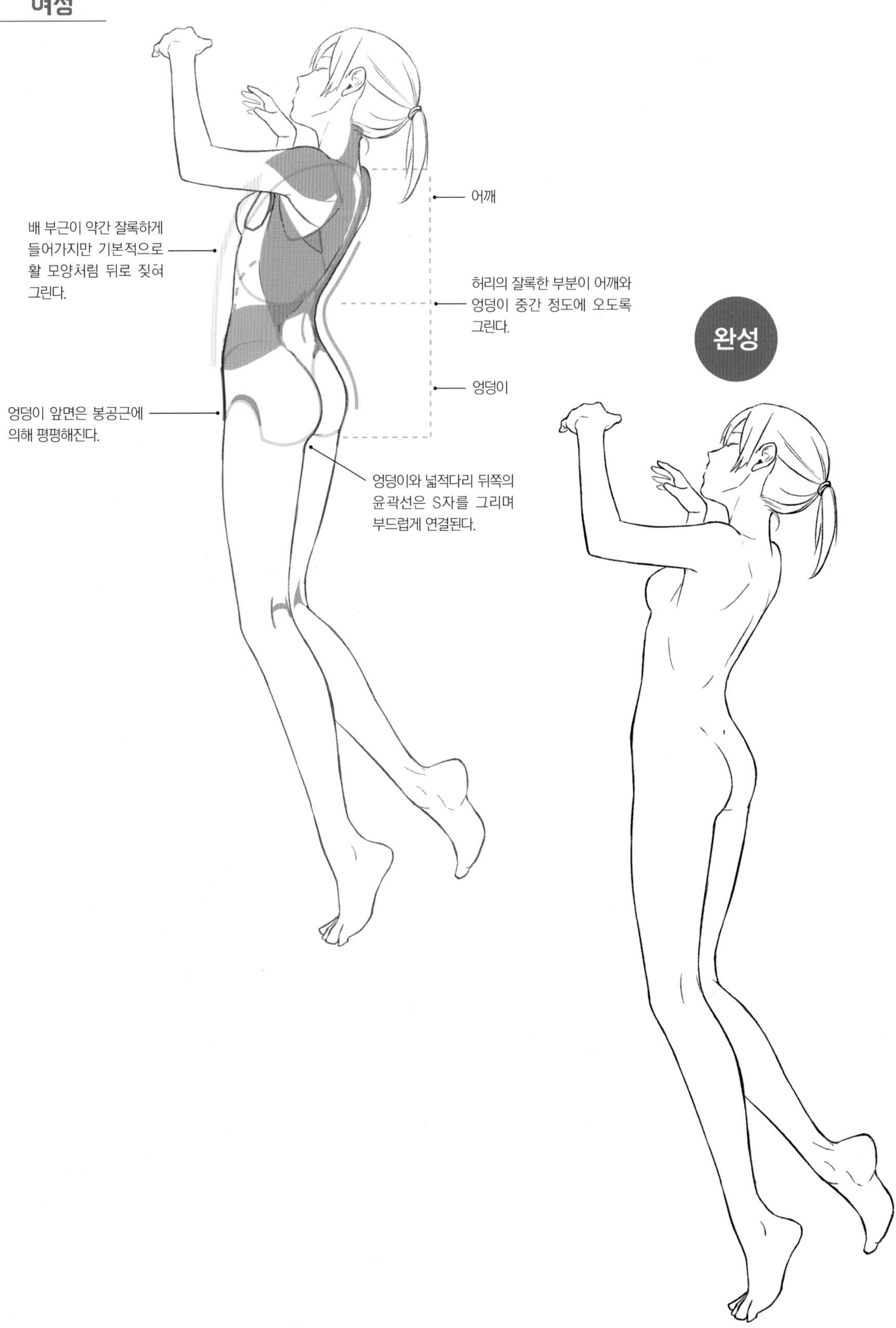
어깨
배 부근이 약간 잘록하게 들어가지만 기본적으로 활 모양처럼 뒤로 젖혀 그린다.
허리의 잘록한 부분이 어깨와 엉덩이 중간 정도에 오도록 그린다.
완성
엉덩이
엉덩이 앞면은 봉공근에 의해 평평해진다.
엉덩이와 넓적다리 뒤쪽의 윤곽선은 S자를 그리며 부드럽게 연결된다.

의상까지
완성

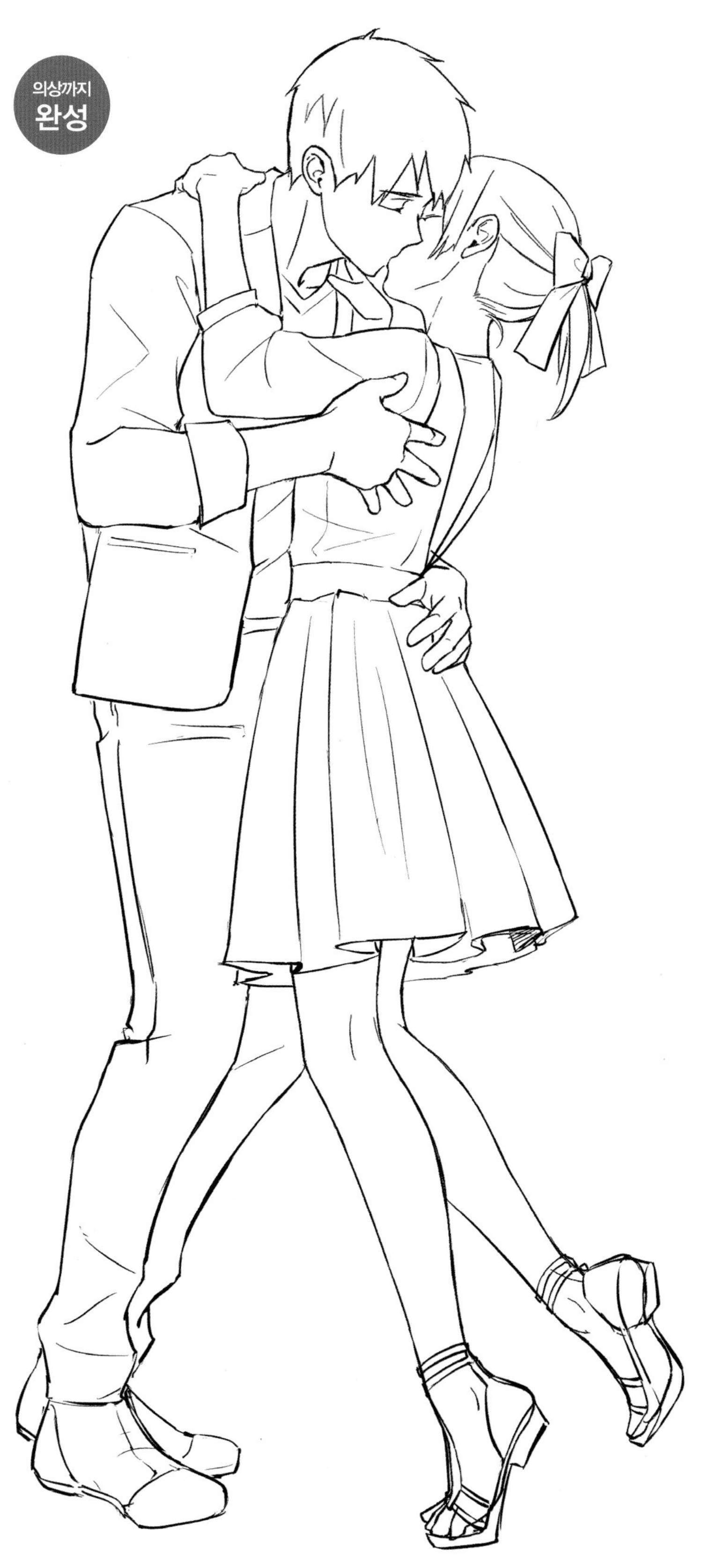

연인 사이 키스하는 모습 ② 후면, 하이 앵글

남성의 뒤쪽에서 약간 하이 앵글로 바라본 모습입니다. 남성 데생 인형의 무릎이 지나치게 벌어져 오다리에 가까운 형태로 보이므로 어깨뿐 아니라 다리도 데생 인형보다 약간 붙여 그립니다. 키스 장면임을 알 수 있도록 얼굴 위치를 신경 써서 그립니다.

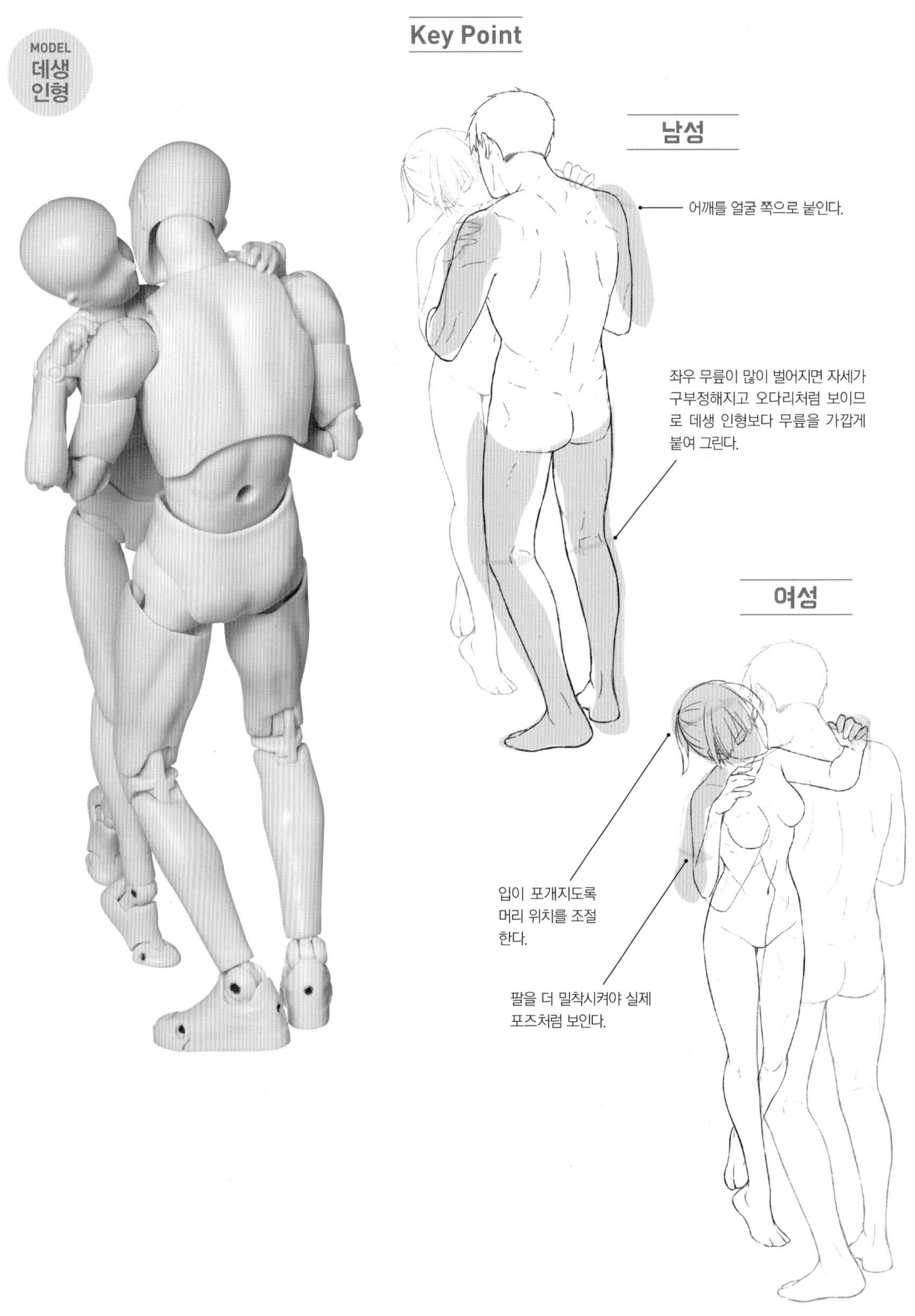
MODEL
데생
인형
Key Point
남성
어깨를 얼굴 쪽으로 붙인다.
좌우 무릎이 많이 벌어지면 자세가 구부정해지고 오다리처럼 보이므로 데생 인형보다 무릎을 가깝게 붙여 그린다.
여성
입이 포개지도록 머리 위치를 조절한다.
팔을 더 밀착시켜야 실제 포즈처럼 보인다.

남성

1 자세 · 가늠선 잡기

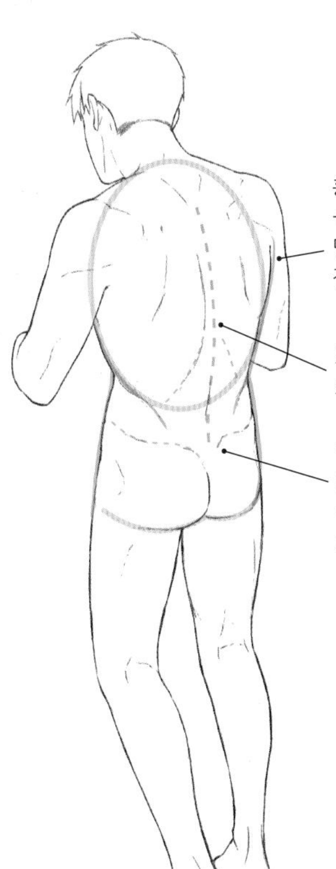

흉곽+광배근의 두께, 평평한 허리+엉덩이의 측면 윤곽을 따라 그리면 남성적인 실루엣의 등이 만들어진다(분홍색 선).

보라색 점선이 척추 라인. 몸통 오른쪽에서 1/3 부근을 지난다.

광배근과 엉덩이 근육의 가장자리(분홍색 점선)를 따라 우묵하게 들어간다. 생략하지 말고 표현해 입체감을 살린다.

2 살 붙이기 · 보디라인 정돈하기

후면 하이 앵글에서는 광배근과 옆구리 근육이 교차하면서, 몸통 좌우가 '〉' 모양으로 꺾인 윤곽을 띤다. 앞으로 기운 자세여서, 복부 쪽이 더 선명한 각을 이룬다.

약간 비스듬히 선 뒷모습에서는 모서리가 둥근 '〉' 모양으로 엉덩이 보조개가 들어간다. 앵글에 따라 함몰된 형태가 달라지므로, 단순한 선이 아니라 엉덩이의 입체적인 형태를 고려해 파악할 필요가 있다.

완성

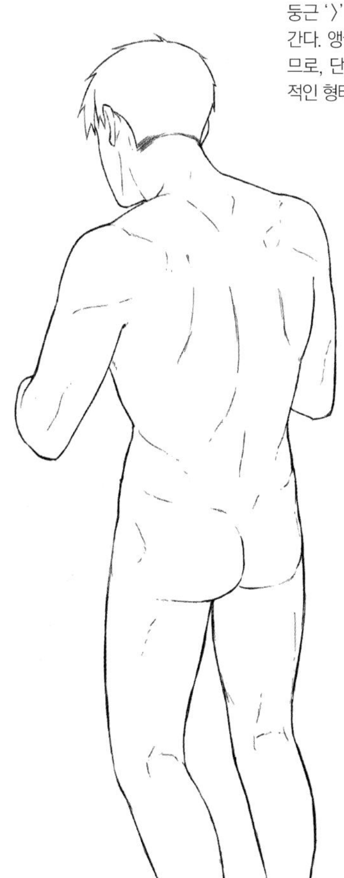

여성

1 자세 · 가늠선 잡기

2 살 붙이기 · 보디라인 정돈하기

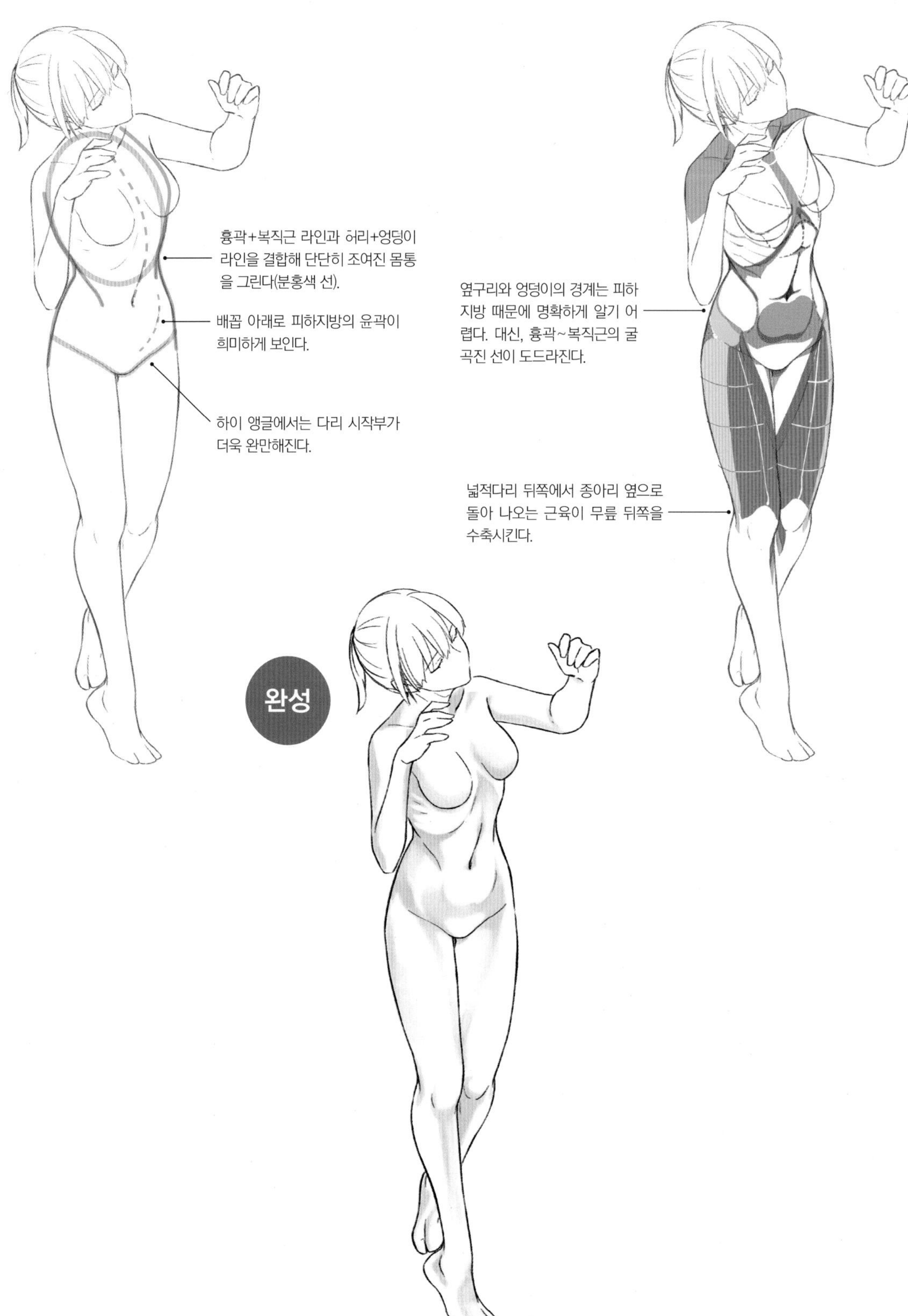
흉곽+복직근 라인과 허리+엉덩이 라인을 결합해 단단히 조여진 몸통을 그린다(분홍색 선).
배꼽 아래로 피하지방의 윤곽이 희미하게 보인다.
하이 앵글에서는 다리 시작부가 더욱 완만해진다.
옆구리와 엉덩이의 경계는 피하지방 때문에 명확하게 알기 어렵다. 대신, 흉곽~복직근의 굴곡진 선이 도드라진다.
넓적다리 뒤쪽에서 종아리 옆으로 돌아 나오는 근육이 무릎 뒤쪽을 수축시킨다.
완성

의상까지
완성

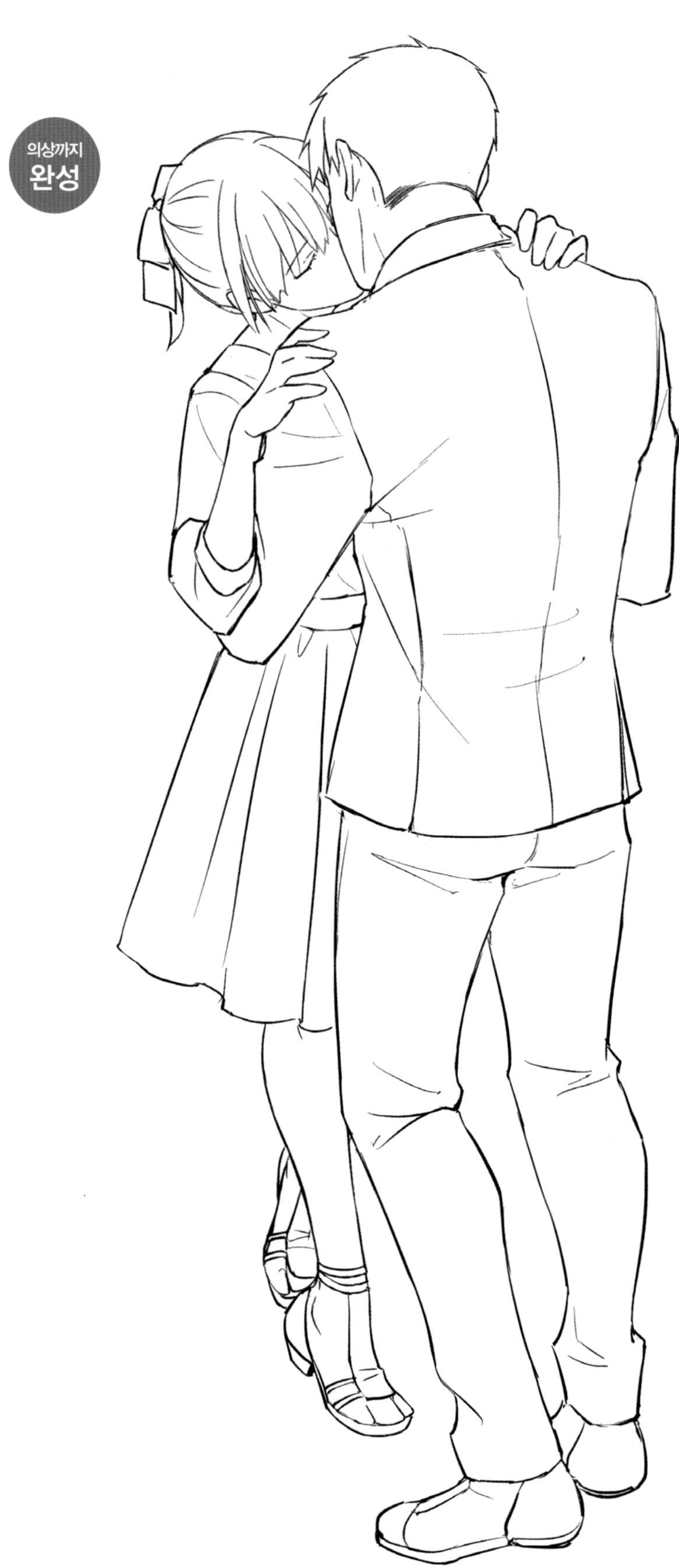

연인 사이　다정하게 백허그를 하는 모습

여성은 체중을 무릎 쪽으로 실으며 상체를 기울여 앉아 있습니다. 뒤의 남성은 등을 약간 구부린 채, 등 뒤 바닥을 한 손으로 짚고 몸을 살짝 뒤로 기울인 자세입니다. 남성의 다리와 여성의 엉덩이를 가까이 밀착시켜 바닥이 보이지 않게 함으로써, 두 캐릭터가 앉은 바닥면의 어색한 원근감을 보완합니다.

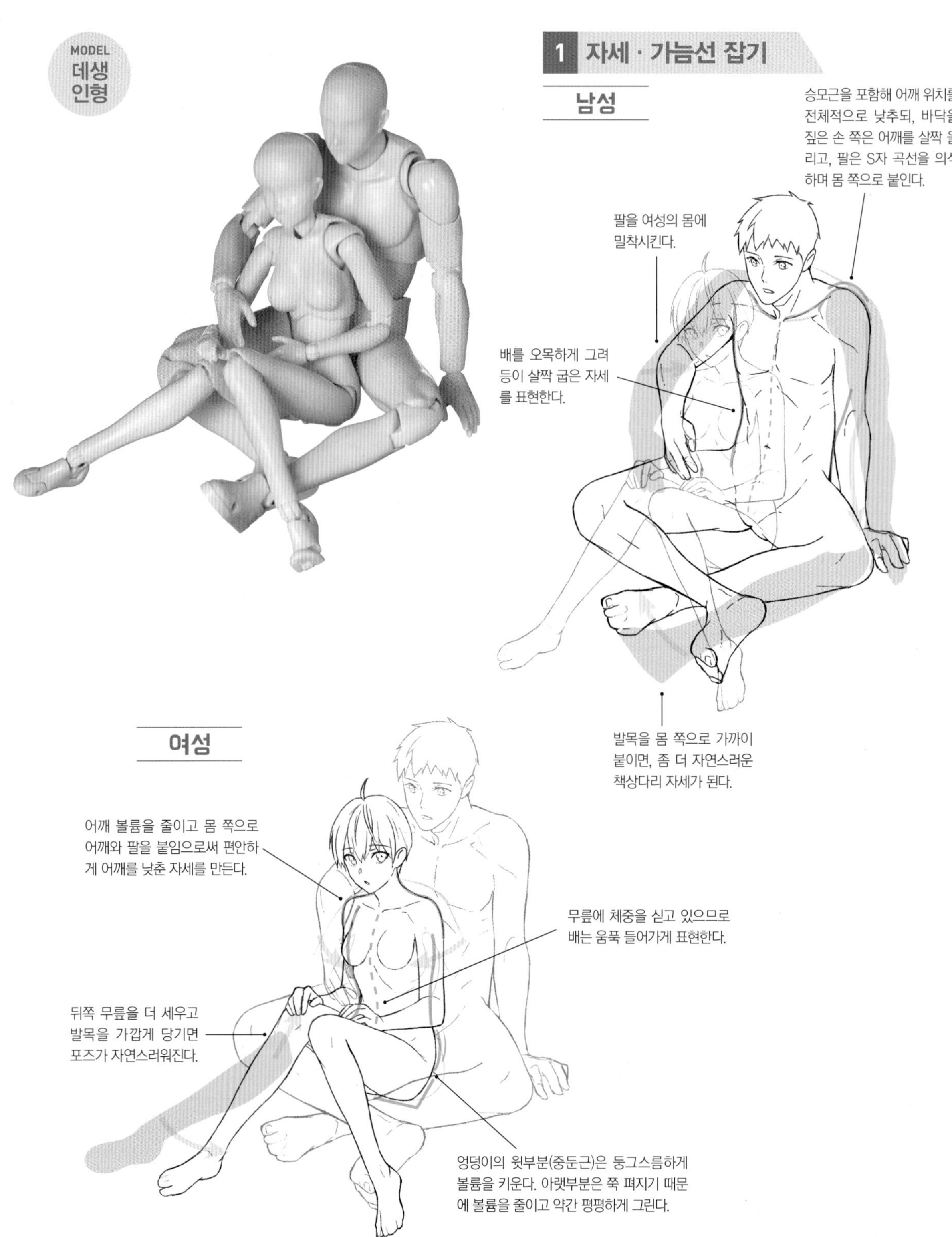

MODEL
데생
인형
1 자세 · 가늠선 잡기
남성
승모근을 포함해 어깨 위치를 전체적으로 낮추되, 바닥을 짚은 손 쪽은 어깨를 살짝 올리고, 팔은 S자 곡선을 의식하며 몸 쪽으로 붙인다.
팔을 여성의 몸에 밀착시킨다.
배를 오목하게 그려 등이 살짝 굽은 자세를 표현한다.
발목을 몸 쪽으로 가까이 붙이면, 좀 더 자연스러운 책상다리 자세가 된다.
여성
어깨 볼륨을 줄이고 몸 쪽으로 어깨와 팔을 붙임으로써 편안하게 어깨를 낮춘 자세를 만든다.
무릎에 체중을 싣고 있으므로 배는 움푹 들어가게 표현한다.
뒤쪽 무릎을 더 세우고 발목을 가깝게 당기면 포즈가 자연스러워진다.
엉덩이의 윗부분(중둔근)은 둥그스름하게 볼륨을 키운다. 아랫부분은 쭉 펴지기 때문에 볼륨을 줄이고 약간 평평하게 그린다.

2 살 붙이기 · 보디라인 정돈하기

남성

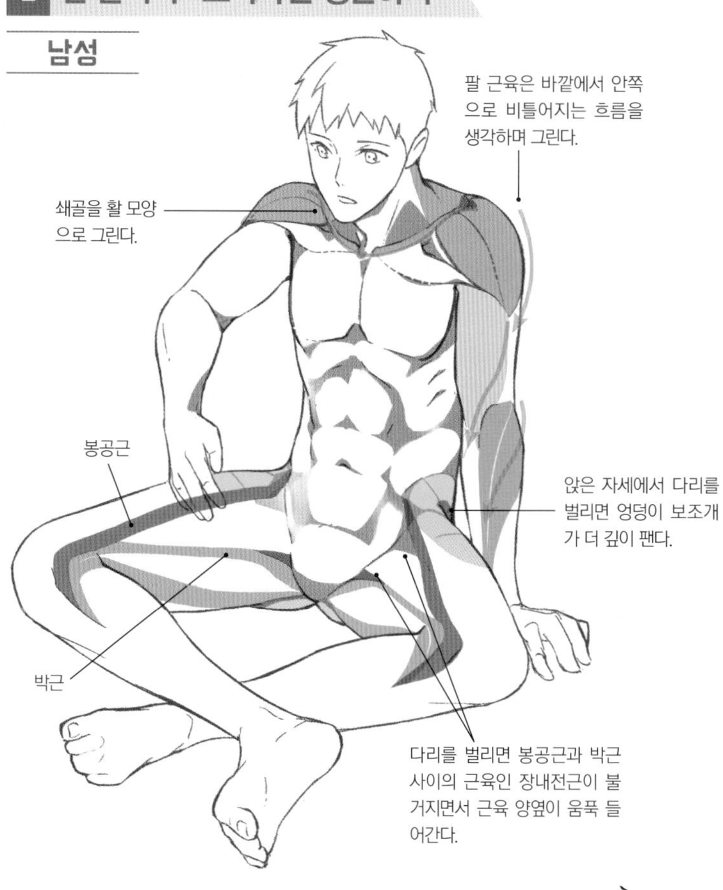
팔 근육은 바깥에서 안쪽
으로 비틀어지는 흐름을
생각하며 그린다.
쇄골을 활 모양
으로 그린다.
봉공근
앉은 자세에서 다리를
벌리면 엉덩이 보조개
가 더 깊이 팬다.
박근
다리를 벌리면 봉공근과 박근
사이의 근육인 장내전근이 불
거지면서 근육 양옆이 움푹 들
어간다.

Point 머리와 상반신의 균형

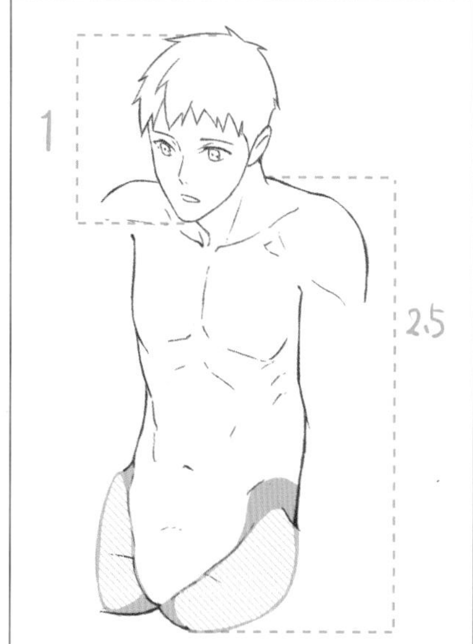
1
2.5

어깨~엉덩이의 길이는 머리의 2.5~3배가 균형감 있어 보입니다.

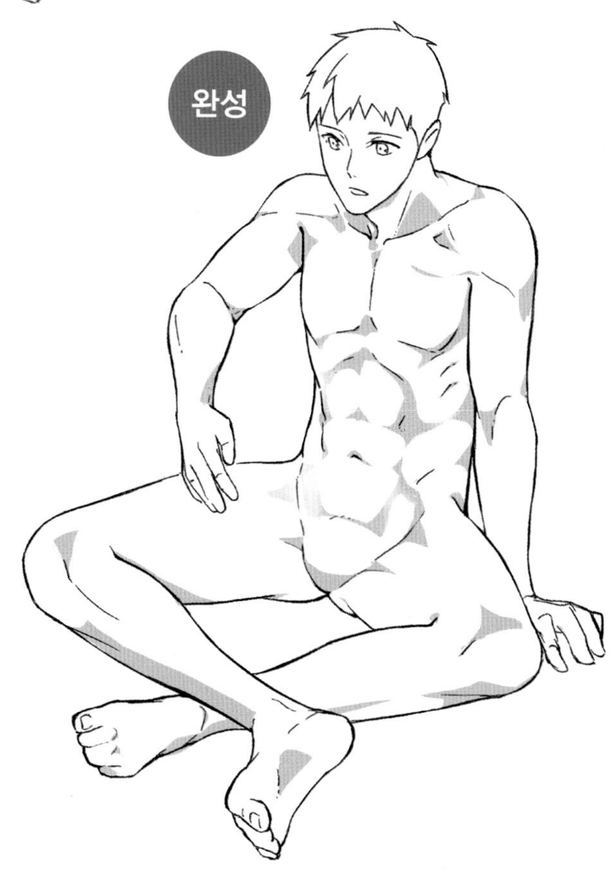
완성

2 살 붙이기 · 보디라인 정돈하기

여성

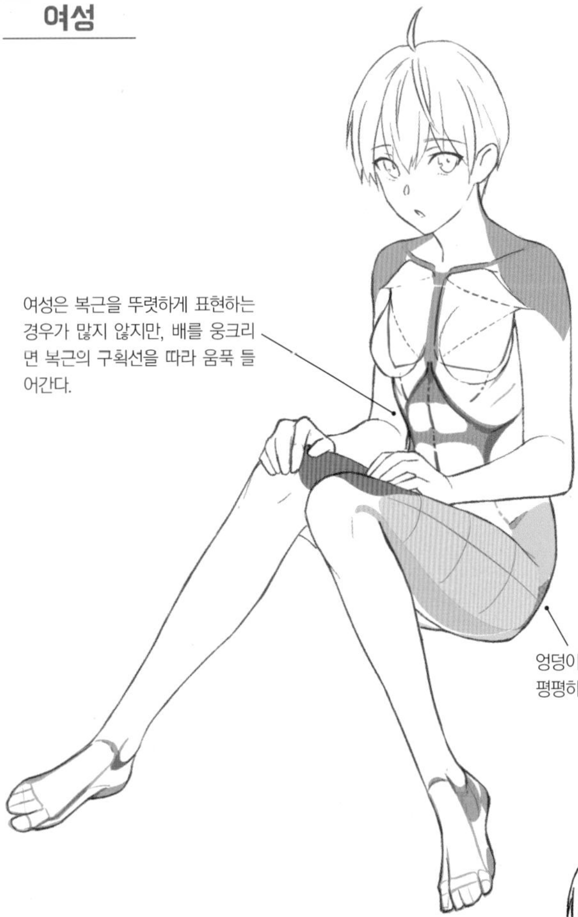

여성은 복근을 뚜렷하게 표현하는 경우가 많지 않지만, 배를 웅크리면 복근의 구획선을 따라 움푹 들어간다.

엉덩이 아래쪽 윤곽은 평평하게 그린다.

Point 머리와 상반신의 균형

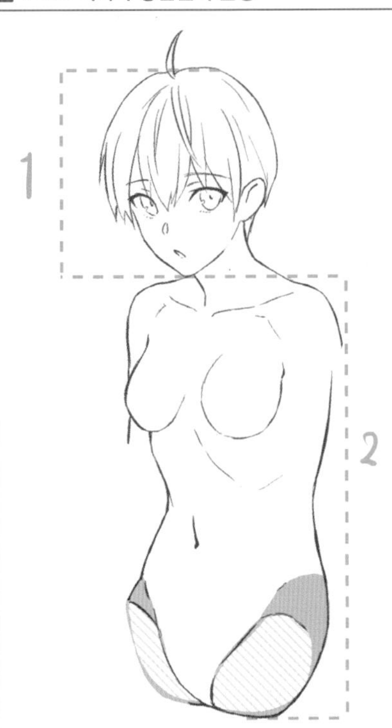

여성은 머리와 상반신의 비율이 남성과 약간 차이가 있습니다. 어깨~엉덩이 길이는 머리의 약 2배로 잡으면 보기 좋습니다.

완성

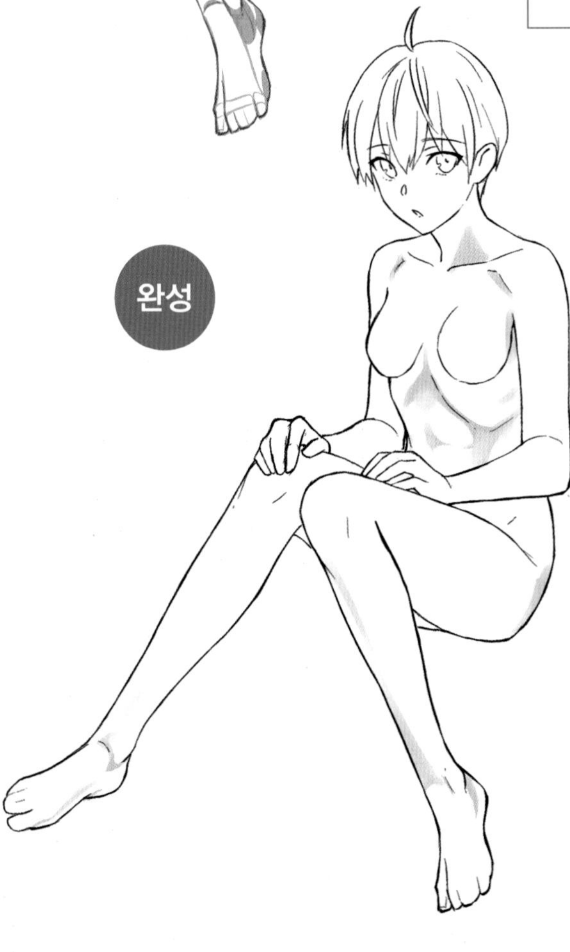

의상까지
완성

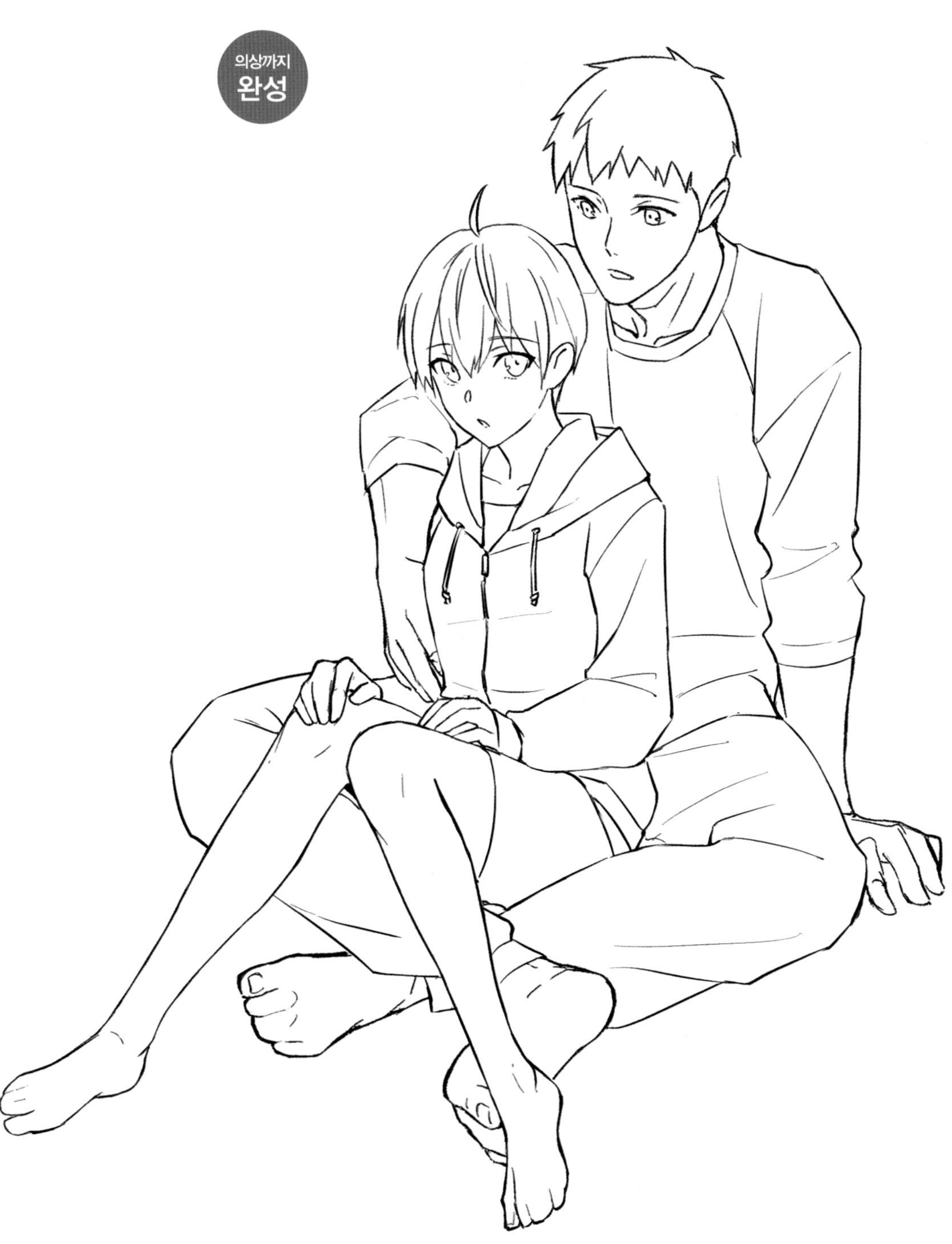

공주님 안기 ① 전면

여성을 안아 올려 무게를 지탱해야 하는 남성은 허리를 앞으로 내밀어 골반으로 받치는 듯한 포즈가 됩니다. 여성은 데생 인형과 달리 등이 구부러지고 엉덩이가 아래로 더 내려오도록 그려야 자연스럽습니다.

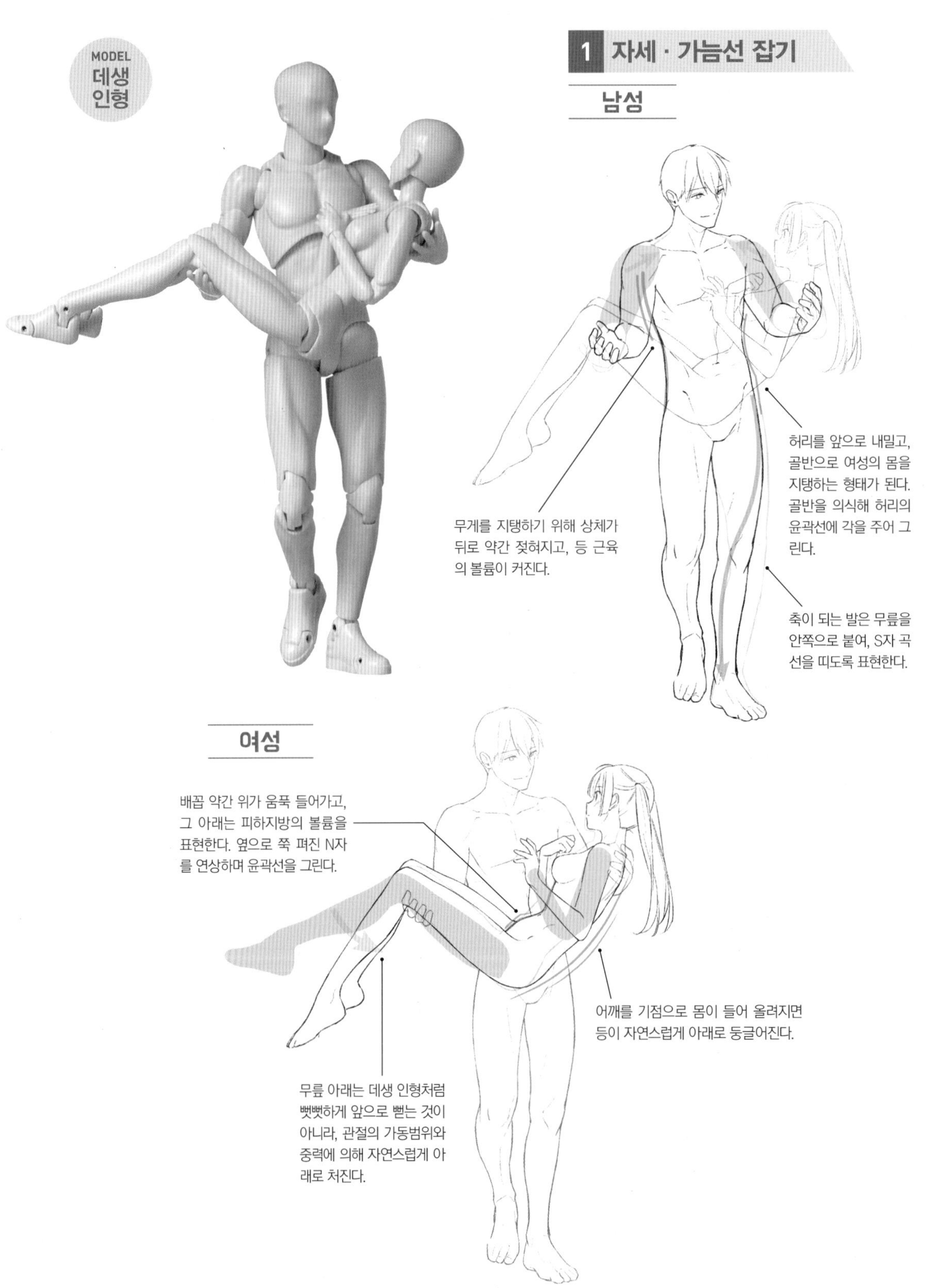
MODEL
데생 인형
1 자세 · 가늠선 잡기
남성
무게를 지탱하기 위해 상체가 뒤로 약간 젖혀지고, 등 근육의 볼륨이 커진다.
허리를 앞으로 내밀고, 골반으로 여성의 몸을 지탱하는 형태가 된다. 골반을 의식해 허리의 윤곽선에 각을 주어 그린다.
축이 되는 발은 무릎을 안쪽으로 붙여, S자 곡선을 띠도록 표현한다.
여성
배꼽 약간 위가 움푹 들어가고, 그 아래는 피하지방의 볼륨을 표현한다. 옆으로 쭉 펴진 N자를 연상하며 윤곽선을 그린다.
어깨를 기점으로 몸이 들어 올려지면 등이 자연스럽게 아래로 둥글어진다.
무릎 아래는 데생 인형처럼 뻣뻣하게 앞으로 뻗는 것이 아니라, 관절의 가동범위와 중력에 의해 자연스럽게 아래로 처진다.

2 살 붙이기 · 보디라인 정돈하기

남성

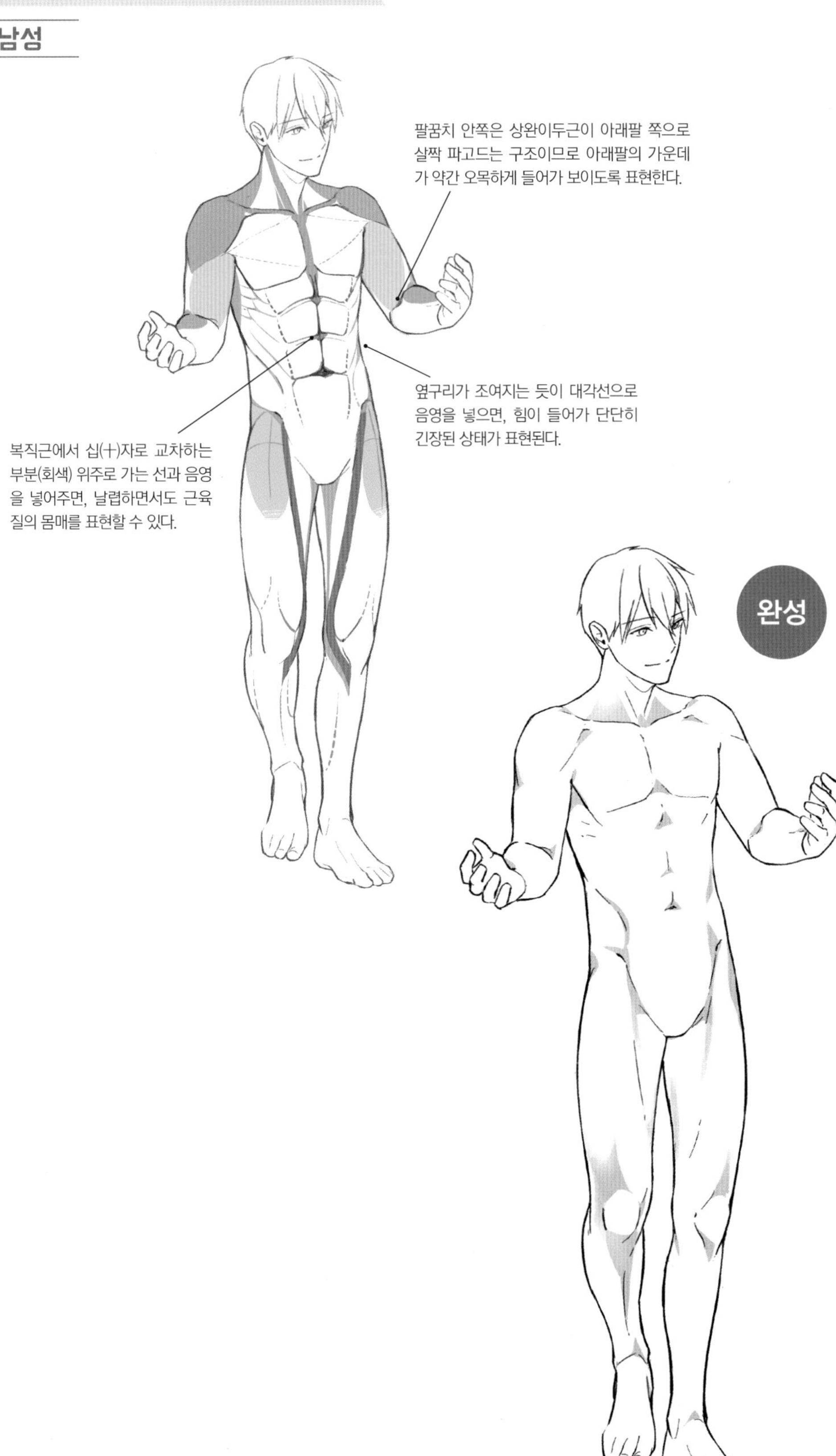

팔꿈치 안쪽은 상완이두근이 아래팔 쪽으로 살짝 파고드는 구조이므로 아래팔의 가운데가 약간 오목하게 들어가 보이도록 표현한다.
옆구리가 조여지는 듯이 대각선으로 음영을 넣으면, 힘이 들어가 단단히 긴장된 상태가 표현된다.
복직근에서 십(十)자로 교차하는 부분(회색) 위주로 가는 선과 음영을 넣어주면, 날렵하면서도 근육질의 몸매를 표현할 수 있다.
완성

2 살 붙이기 · 보디라인 정돈하기

여성

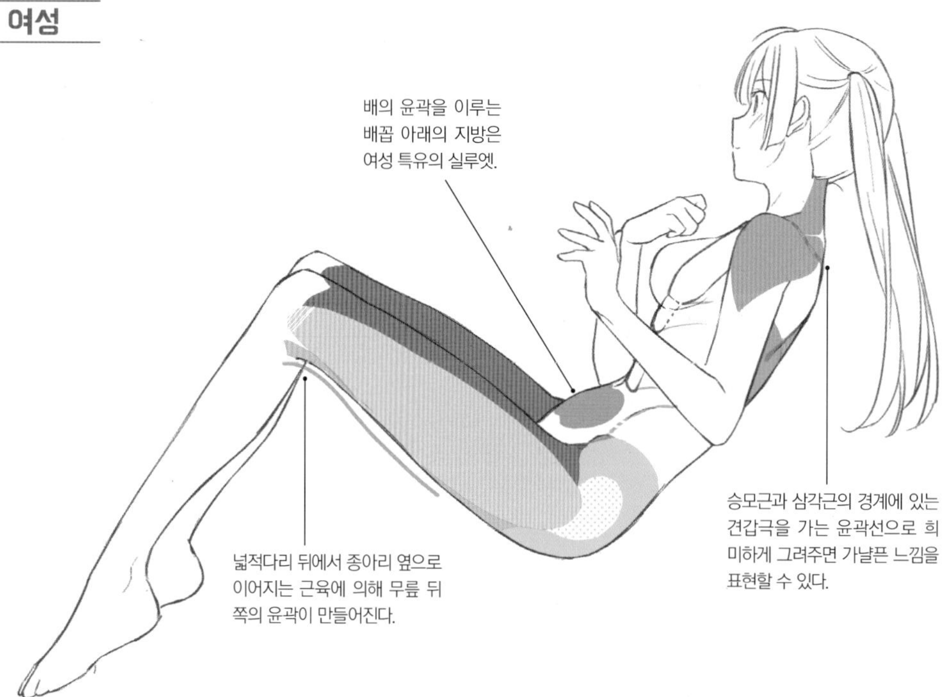
배의 윤곽을 이루는
배꼽 아래의 지방은
여성 특유의 실루엣.
승모근과 삼각근의 경계에 있는
견갑극을 가는 윤곽선으로 희
미하게 그려주면 가냘픈 느낌을
표현할 수 있다.
넓적다리 뒤에서 종아리 옆으로
이어지는 근육에 의해 무릎 뒤
쪽의 윤곽이 만들어진다.

완성

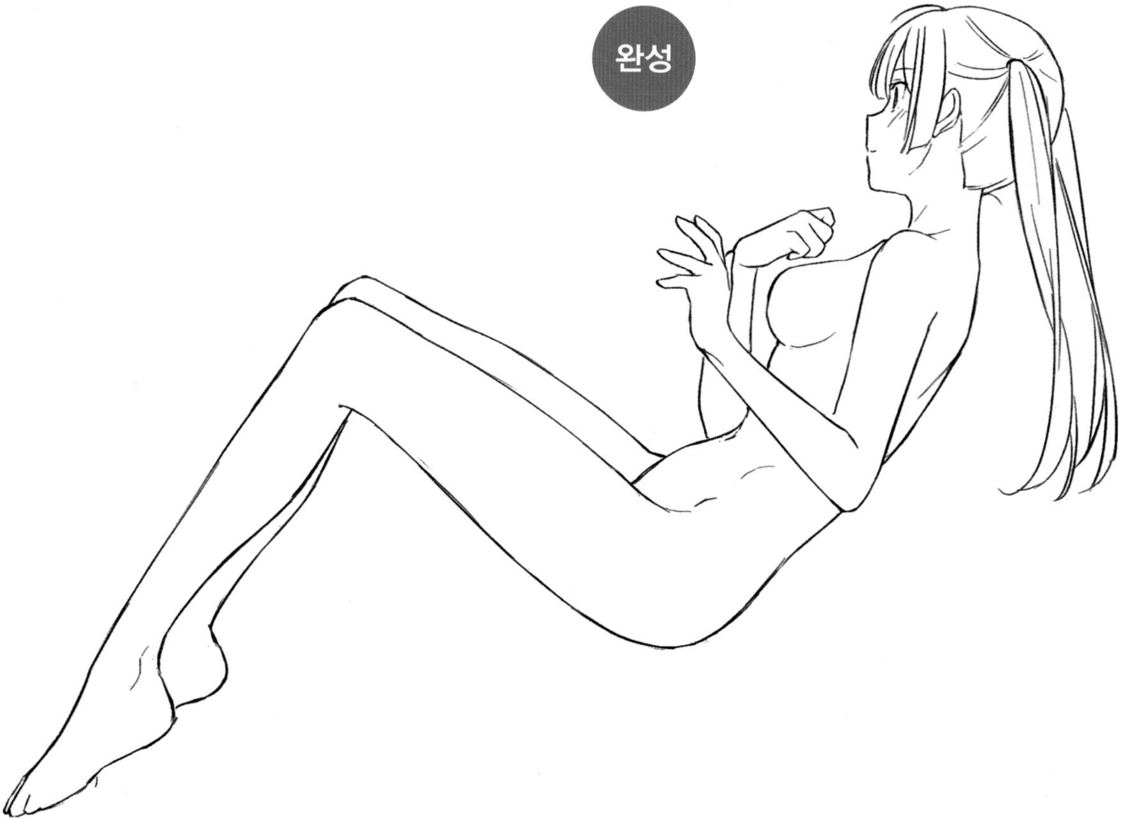

의상까지 완성

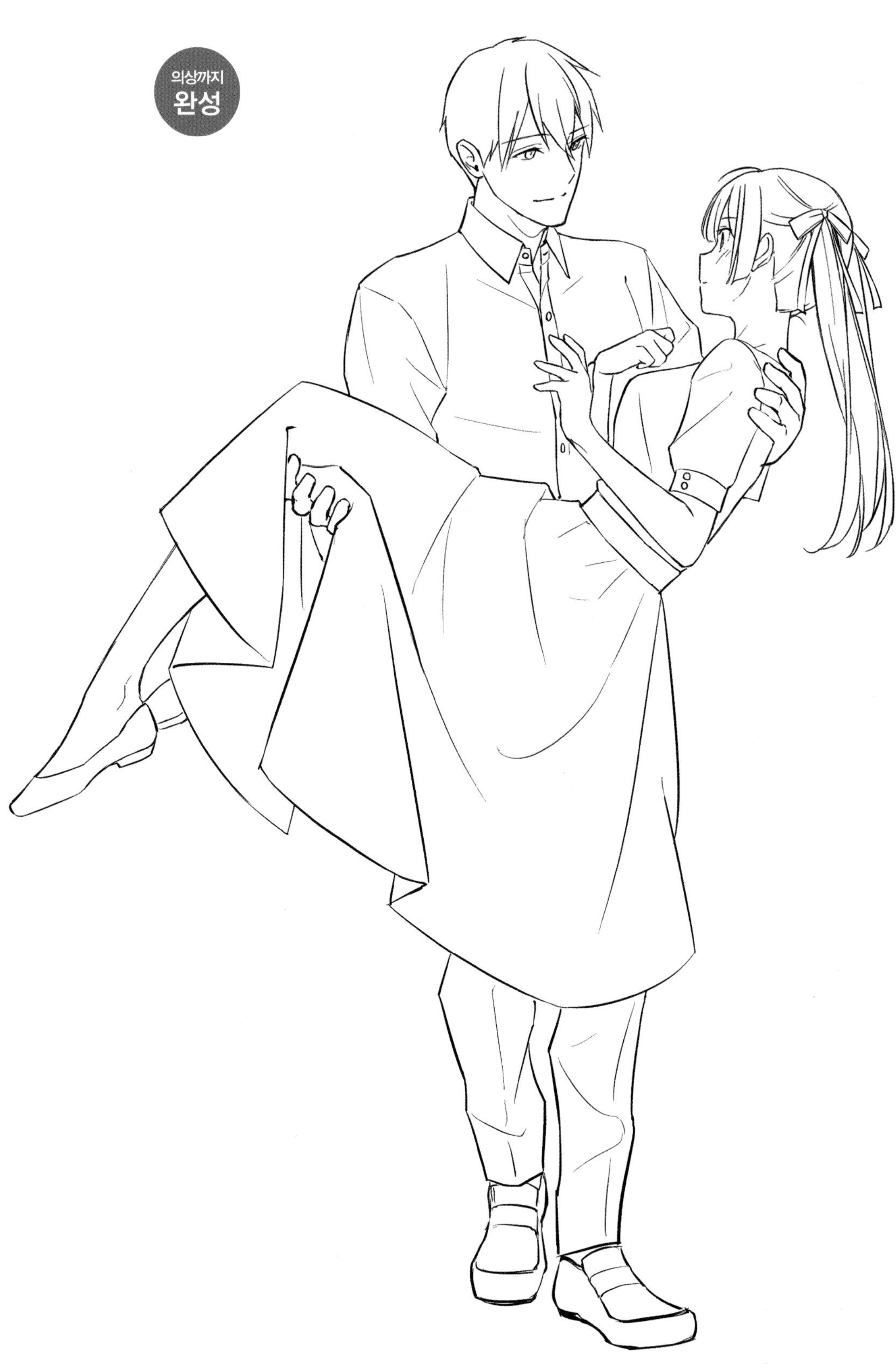

공주님 안기 ② 반측면, 하이 앵글

반측면의 하이 앵글로 바라본 모습입니다. 남성은 허리와 골반으로 여성의 몸을 받치는 상태이므로 허리를 크게 젖힌 포즈가 됩니다. 여성은 무릎의 높이를 딱 맞춰 정렬하면 경직된 인상을 줄 수 있으므로 남성의 몸에 가까운 쪽 무릎을 약간 높게 그립니다.

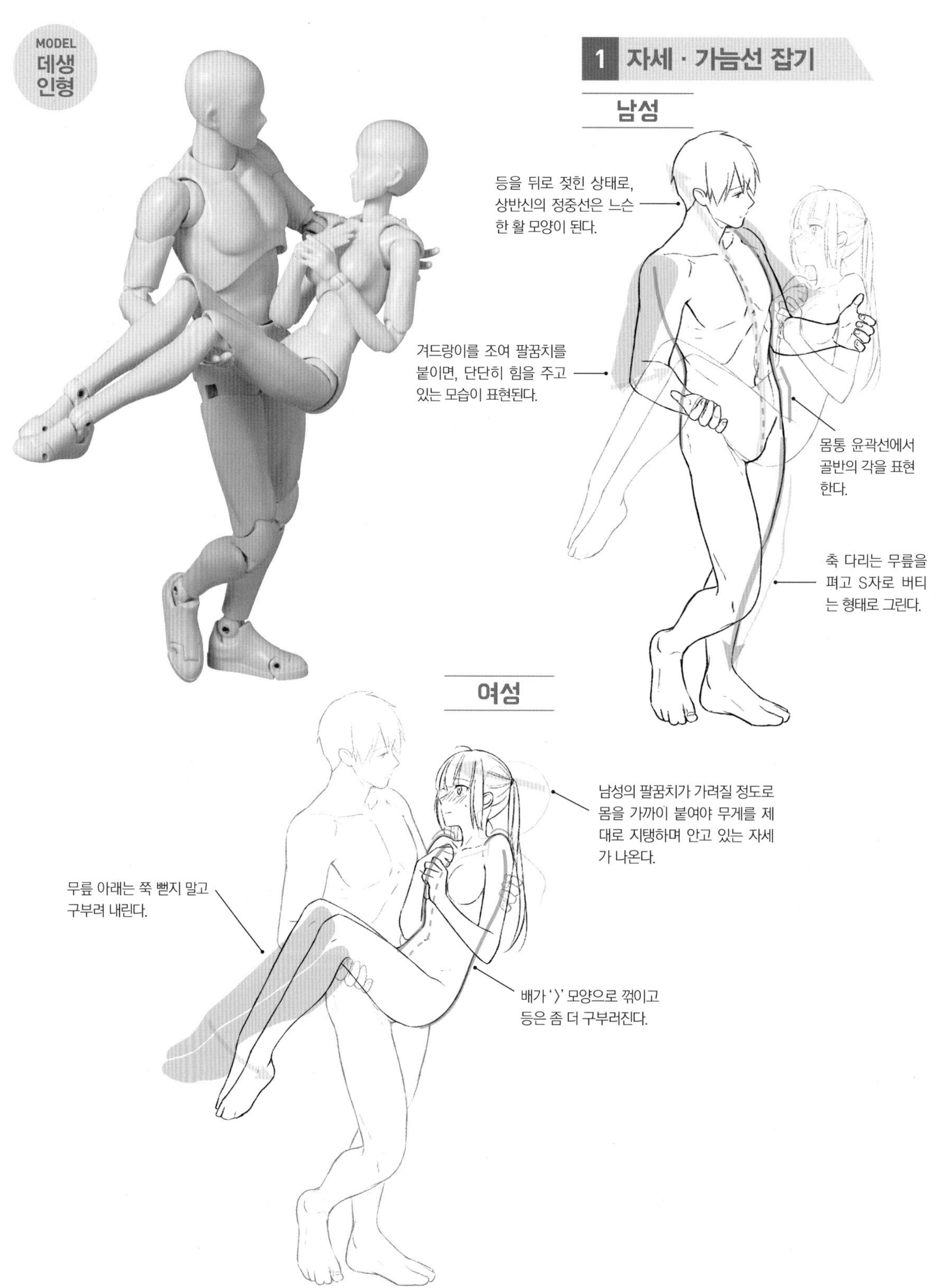
MODEL
데생 인형
1 자세 · 가늠선 잡기
남성
등을 뒤로 젖힌 상태로, 상반신의 정중선은 느슨한 활 모양이 된다.
겨드랑이를 조여 팔꿈치를 붙이면, 단단히 힘을 주고 있는 모습이 표현된다.
몸통 윤곽선에서 골반의 각을 표현한다.
축 다리는 무릎을 펴고 S자로 버티는 형태로 그린다.
여성
남성의 팔꿈치가 가려질 정도로 몸을 가까이 붙여야 무게를 제대로 지탱하며 안고 있는 자세가 나온다.
무릎 아래는 쭉 뻗지 말고 구부려 내린다.
배가 '〉' 모양으로 꺾이고 등은 좀 더 구부러진다.

2 살 붙이기 · 보디라인 정돈하기

남성

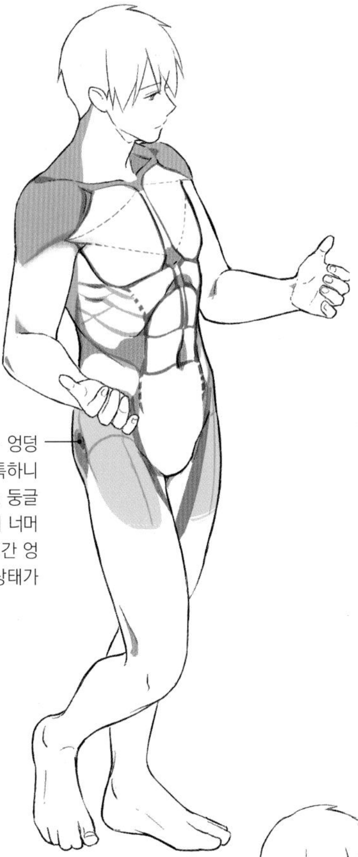

엉덩이 윤곽선과 엉덩이 보조개가 바특하니 거의 붙어 보인다. 둥글게 부푼 넓적다리 너머로 우묵하게 들어간 엉덩이가 보이는 상태가 된다.

Point 원근법의 표현

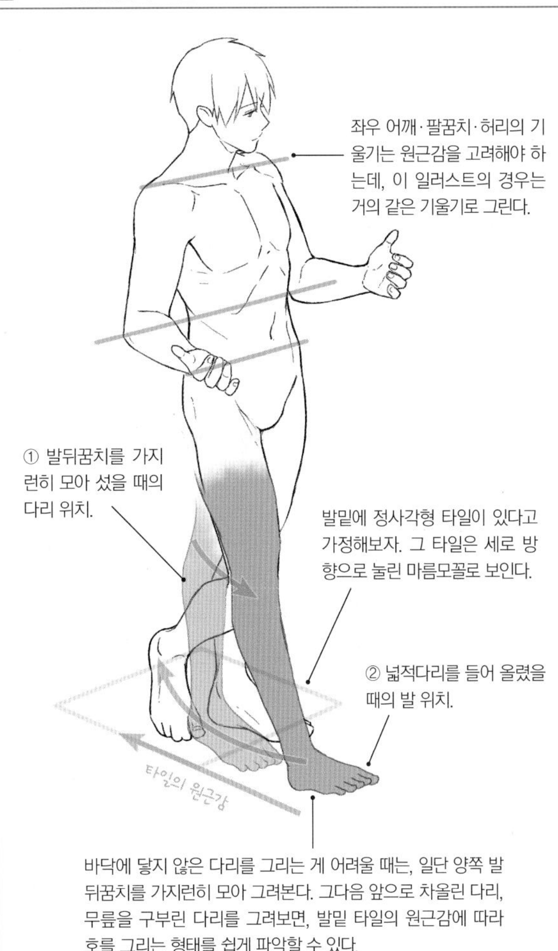

좌우 어깨·팔꿈치·허리의 기울기는 원근감을 고려해야 하는데, 이 일러스트의 경우는 거의 같은 기울기로 그린다.
① 발뒤꿈치를 가지런히 모아 섰을 때의 다리 위치.
발밑에 정사각형 타일이 있다고 가정해보자. 그 타일은 세로 방향으로 눌린 마름모꼴로 보인다.
② 넓적다리를 들어 올렸을 때의 발 위치.
타일의 원근감
바닥에 닿지 않은 다리를 그리는 게 어려울 때는, 일단 양쪽 발뒤꿈치를 가지런히 모아 그려본다. 그다음 앞으로 차올린 다리, 무릎을 구부린 다리를 그려보면, 발밑 타일의 원근감에 따라 호를 그리는 형태를 쉽게 파악할 수 있다.

완성

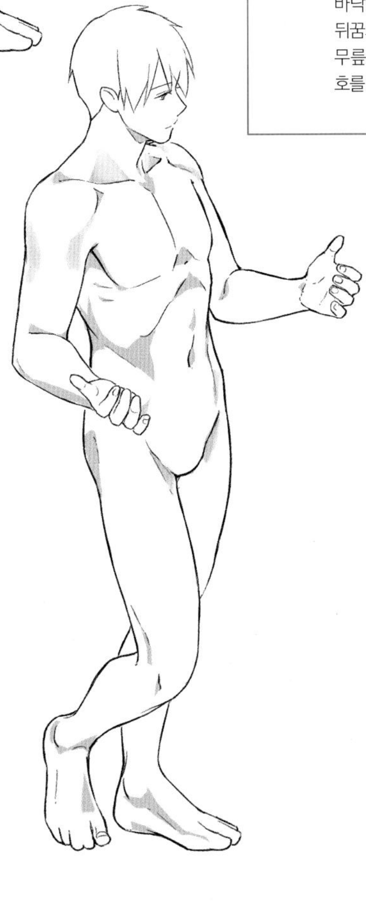

2 살 붙이기 · 보디라인 정돈하기

여성

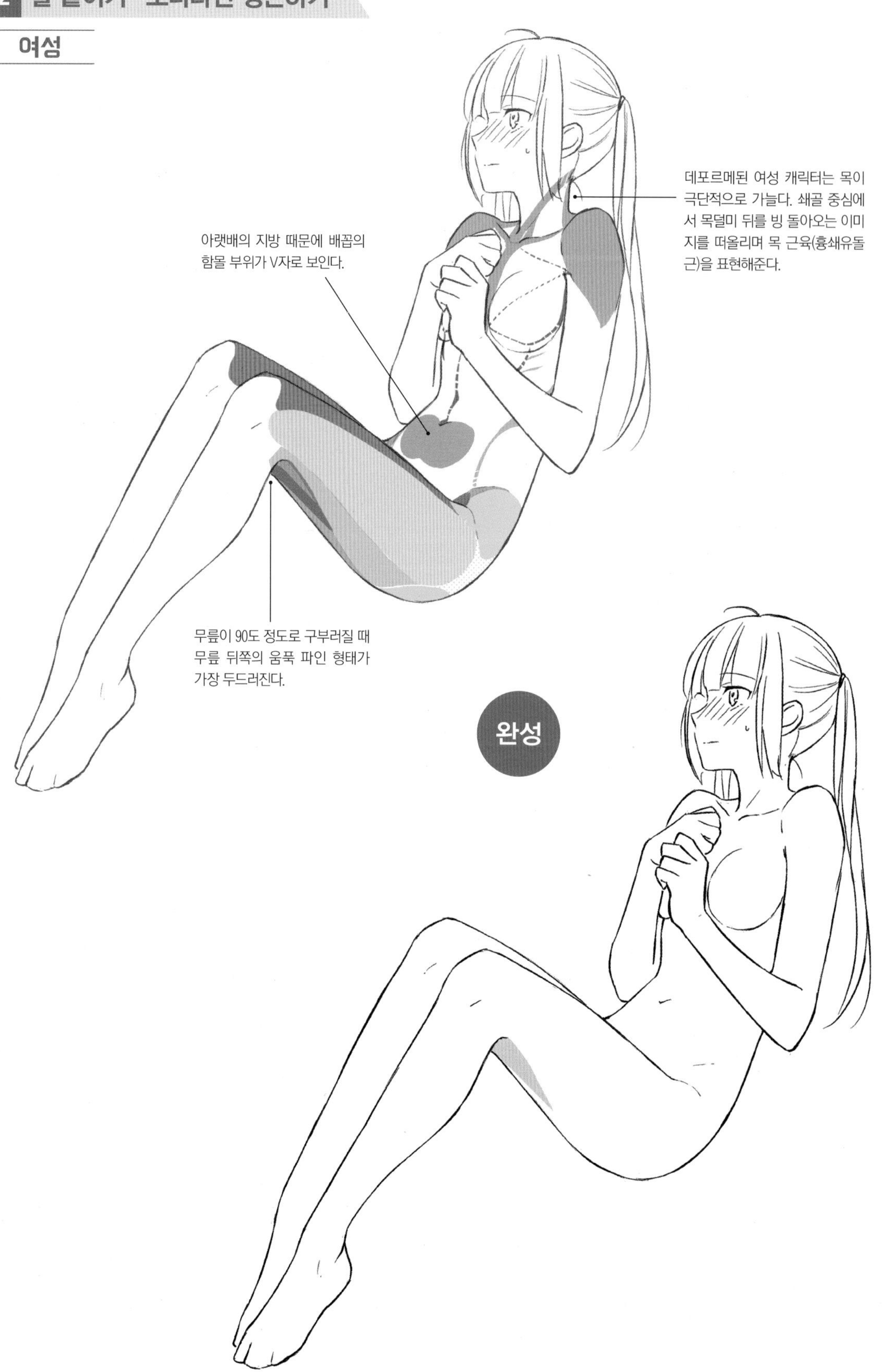

데포르메된 여성 캐릭터는 목이 극단적으로 가늘다. 쇄골 중심에서 목덜미 뒤를 빙 돌아오는 이미지를 떠올리며 목 근육(흉쇄유돌근)을 표현해준다.
아랫배의 지방 때문에 배꼽의 함몰 부위가 V자로 보인다.
무릎이 90도 정도로 구부러질 때 무릎 뒤쪽의 움푹 파인 형태가 가장 두드러진다.
완성

의상까지 완성

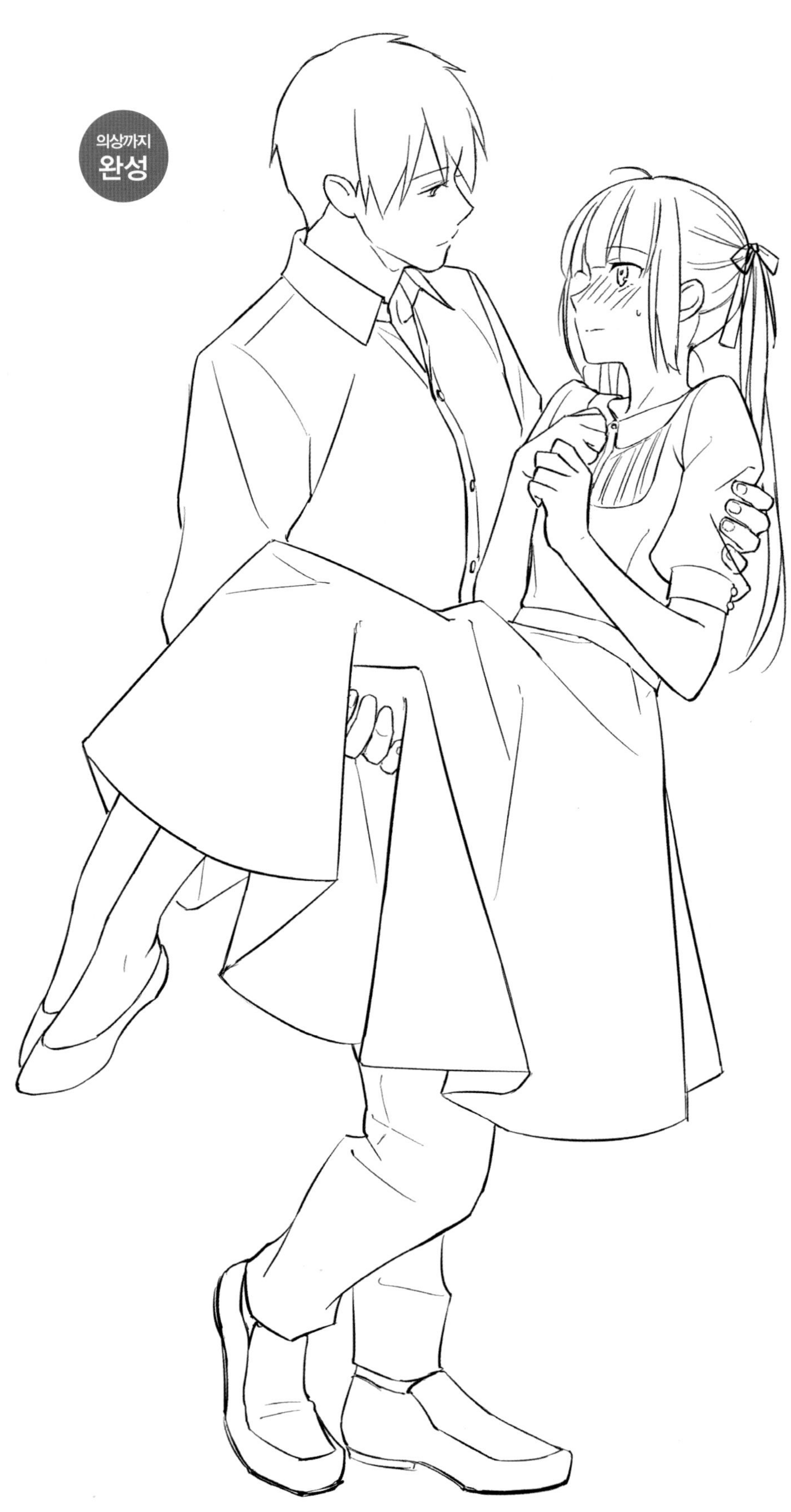

COLUMN 2

발 그리기

STEP 1

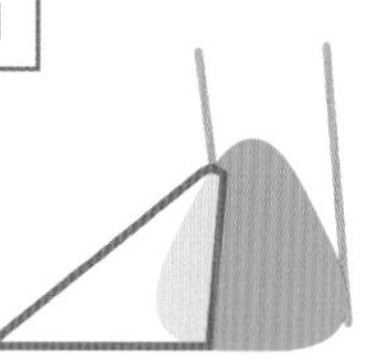
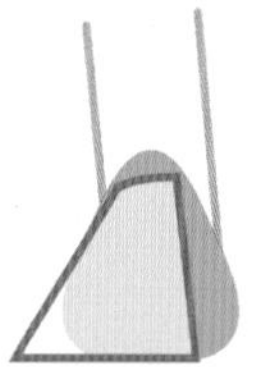
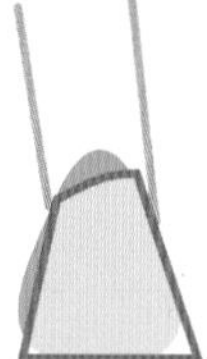
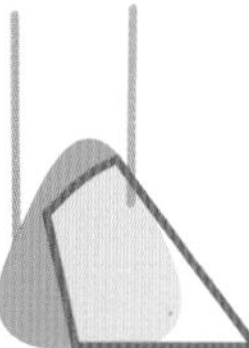
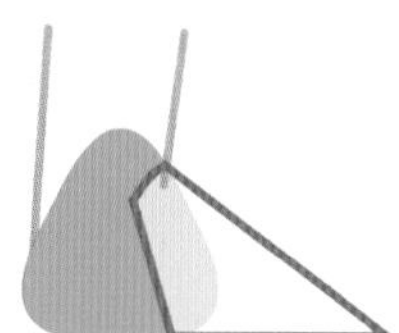

발은 발뒤꿈치에 해당하는 '모서리가 둥근 삼각형'과 발등과 발바닥에 해당하는 '미끄럼틀 형태의 사다리꼴'을 조합해 형태를 잡습니다. 어느 각도에서도 모양이 크게 변하지는 않는 발뒤꿈치(삼각형)에 발등 부위(사다리꼴)가 수평 선상에서 포개지는 이미지를 떠올립니다. 정면 앵글처럼 발의 윤곽이 명확하지 않은 경우에도 두 실루엣으로 나눠 생각하면 자연스러운 발 형태를 표현할 수 있습니다.

STEP 2

발목 안쪽의 복사뼈는 비교적 앞쪽에 위치.

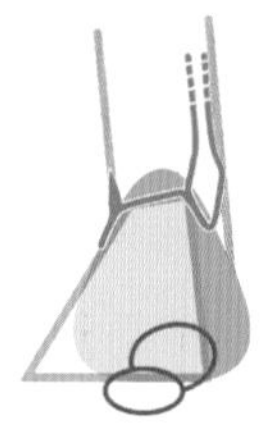
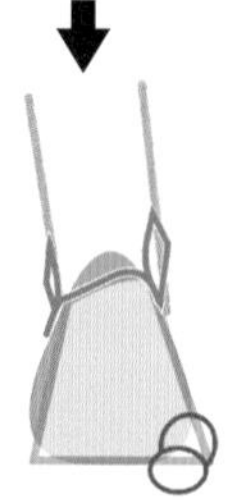
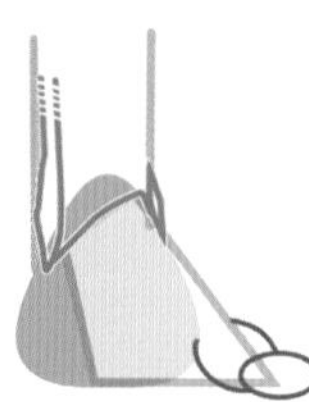
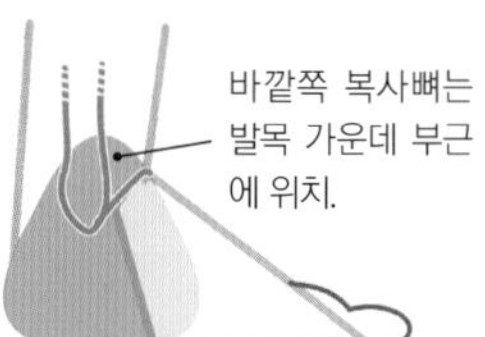

바깥쪽 복사뼈는 발목 가운데 부근에 위치.

발을 그릴 때는 발목 좌우에 튀어나온 복사뼈의 표현이 매우 중요합니다. 안쪽 복사뼈는 바깥쪽 복사뼈보다 높이 있으며, 발등의 가로면 경사도 안쪽에서 바깥쪽에서 비스듬히 낮아집니다. 바깥쪽의 복사뼈는 발뒤꿈치보다 더 돌출되어 있으므로 어느 방향에서 봐도 눈에 띕니다.

STEP 3

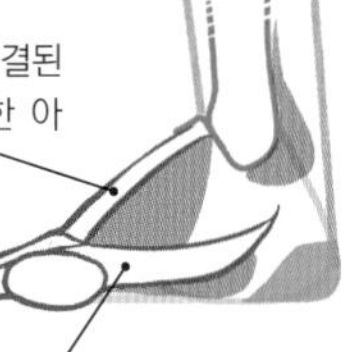
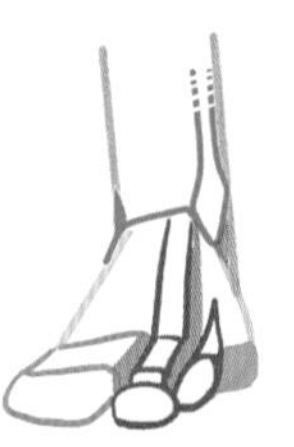
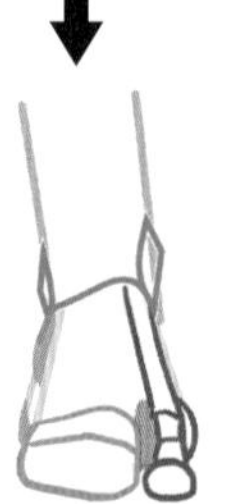
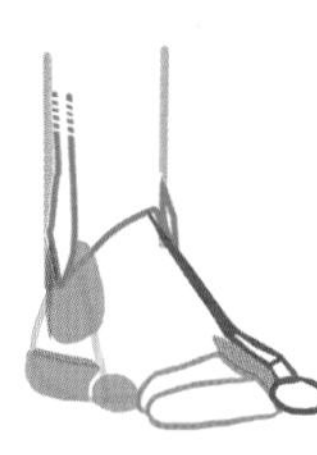

엄지발가락과 연결된 중족골은 완만한 아치형.

엄지발가락과 발뒤꿈치를 잇는 근육.

엄지발가락 쪽의 중족골 아치와 엄지발가락 끝이 살짝 보인다.

발바닥의 지방.

마지막으로 발에서 우묵하게 들어간 부분을 음영이나 가는 선으로 표현해줍니다. 특히 두드러지는 부분은 발바닥 안쪽으로 보이는 장심이며, 그다음이 엄지발가락과 둘째 발가락의 벌어진 틈입니다. 엄지발가락에서 발등 쪽으로 이어지는 뼈(중족골)와 근육 주변에는 우묵하게 들어가는 부분이 많으므로 음영을 넣어줍니다. 발 바깥쪽은 복사뼈 아랫부분과 발바닥에 지방이 있습니다(보라색). 발바닥 지방 위로 희미한 음영을 넣어 표현합니다.

완성

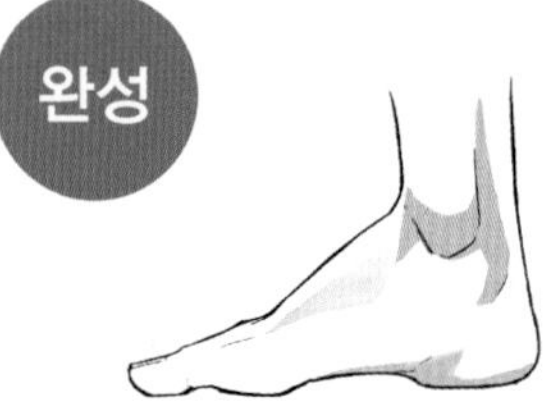
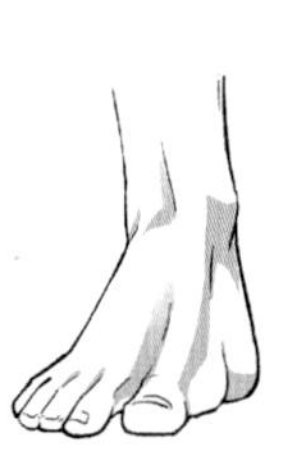
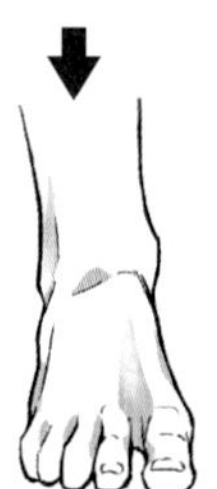
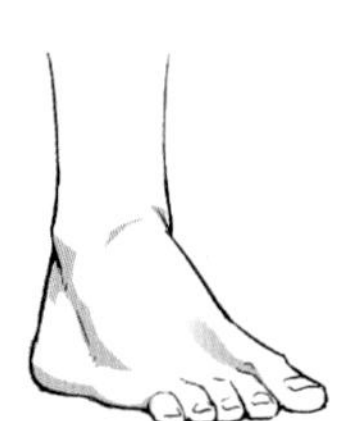
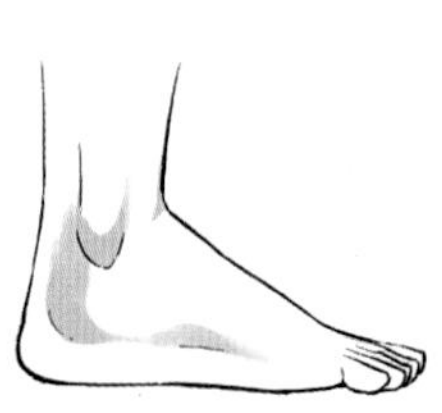

까치발 그리는 요령

발등은 안쪽(엄지발가락 쪽)으로 갈수록 높아집니다. 까치발 자세를 발 안쪽에서 보면, 새끼발가락 쪽으로 갈수록 엄지 쪽 발등에 가려져 덜 보입니다.

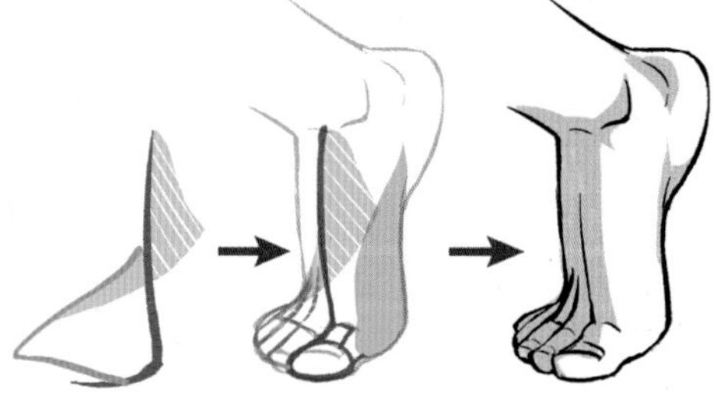
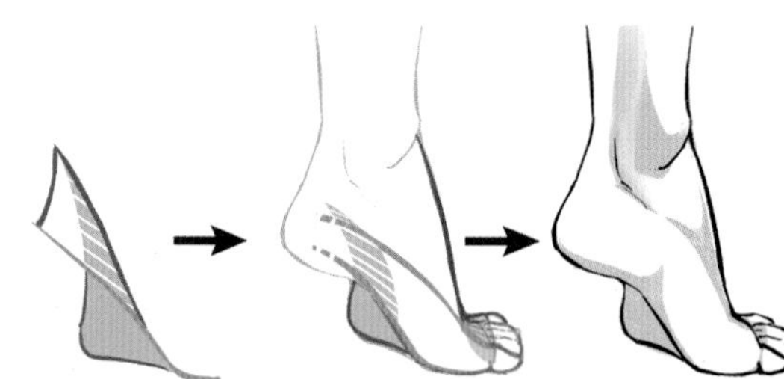

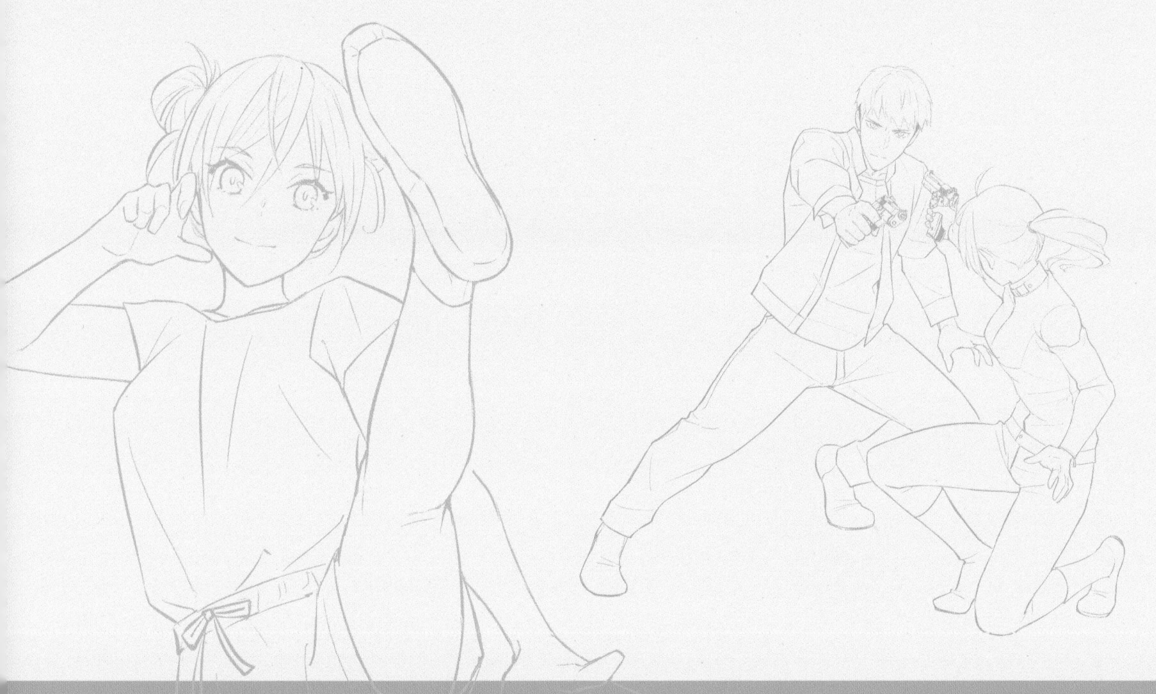

PART 3 | 액션 포즈 그리기

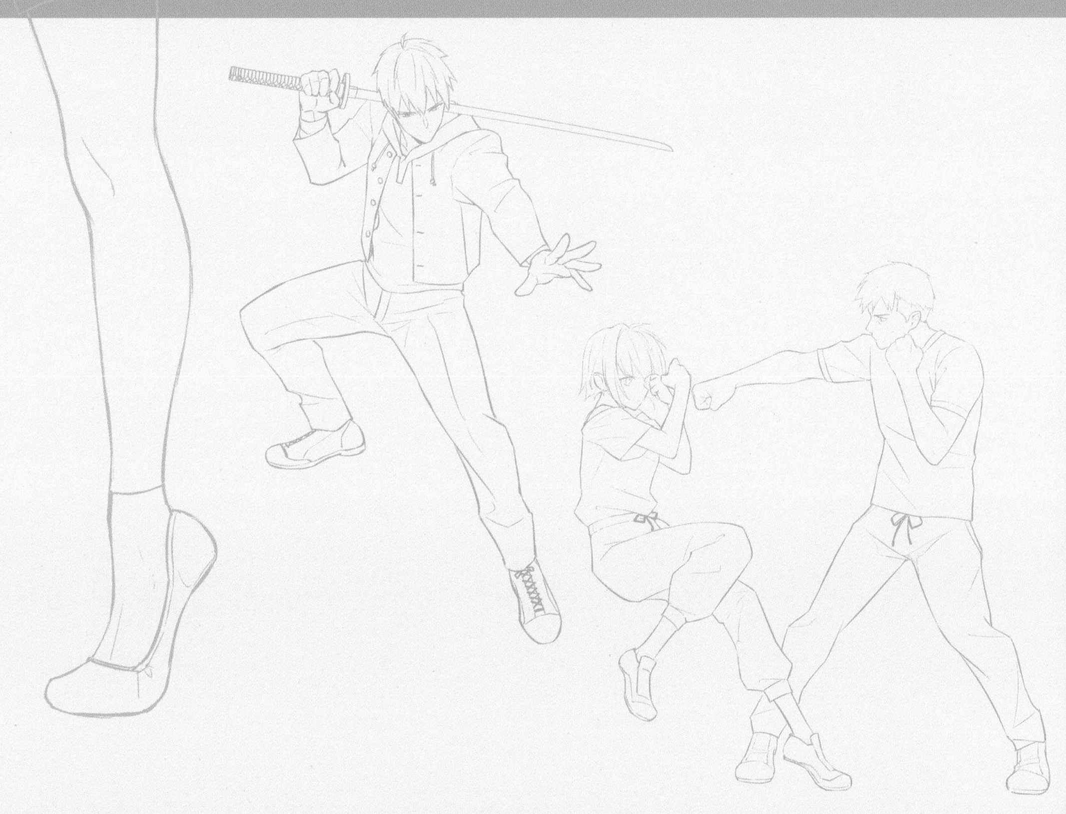

격투기 스트레이트 ① 전면

주먹을 앞으로 곧게 뻗어 스트레이트를 날리는 포즈입니다. 펀치를 정면에서 바라본 앵글에서는 앞으로 뻗은 팔의 표현이 중요합니다. 데생 인형보다 어깨를 부풀리고 주먹을 크게 그려 파워풀한 움직임을 표현합니다.

MODEL 데생 인형

1 자세 · 가늠선 잡기

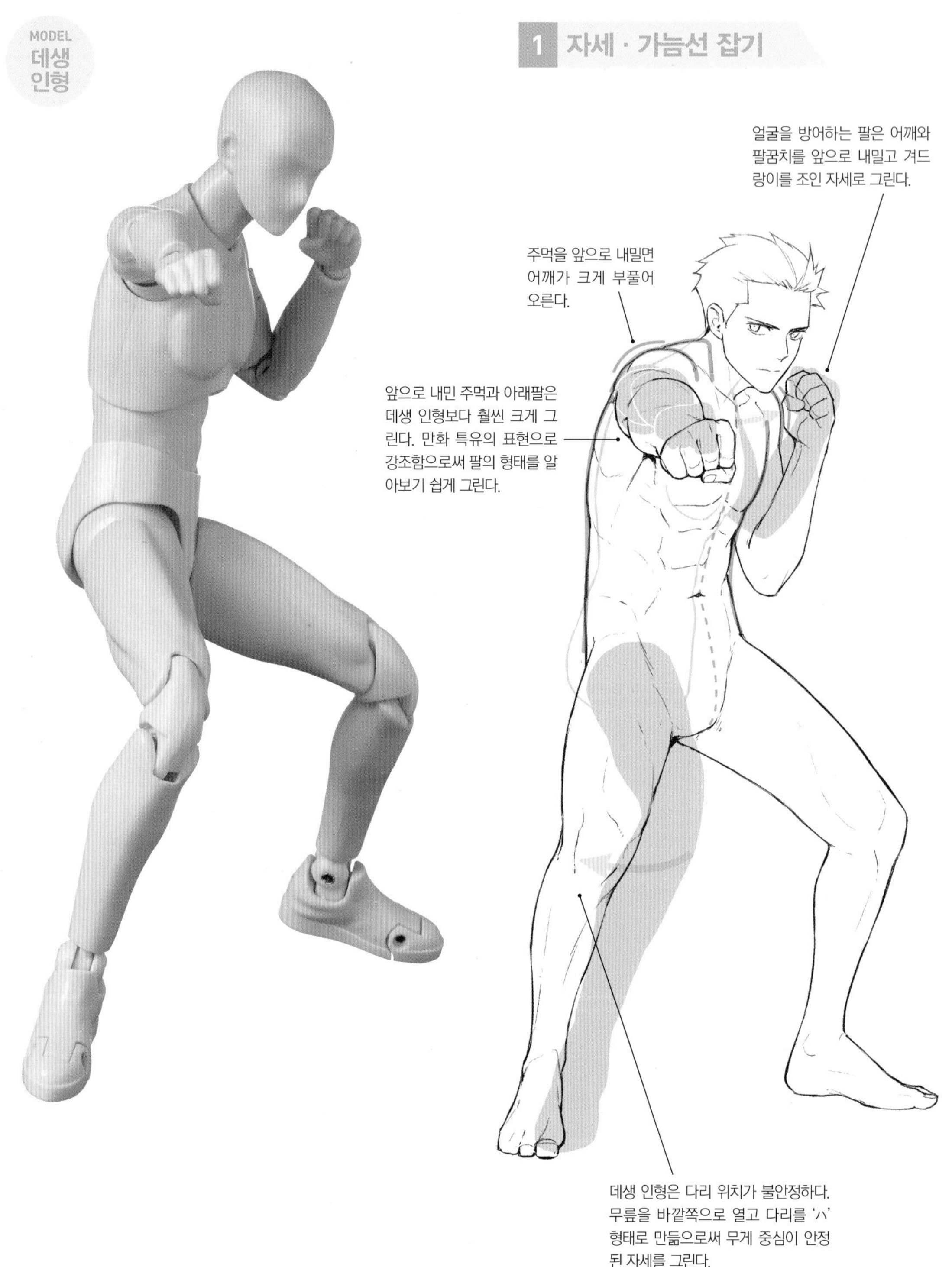
얼굴을 방어하는 팔은 어깨와 팔꿈치를 앞으로 내밀고 겨드랑이를 조인 자세로 그린다.
주먹을 앞으로 내밀면 어깨가 크게 부풀어 오른다.
앞으로 내민 주먹과 아래팔은 데생 인형보다 훨씬 크게 그린다. 만화 특유의 표현으로 강조함으로써 팔의 형태를 알아보기 쉽게 그린다.
데생 인형은 다리 위치가 불안정하다. 무릎을 바깥쪽으로 열고 다리를 'ハ' 형태로 만듦으로써 무게 중심이 안정된 자세를 그린다.

2 살 붙이기 · 보디라인 정돈하기

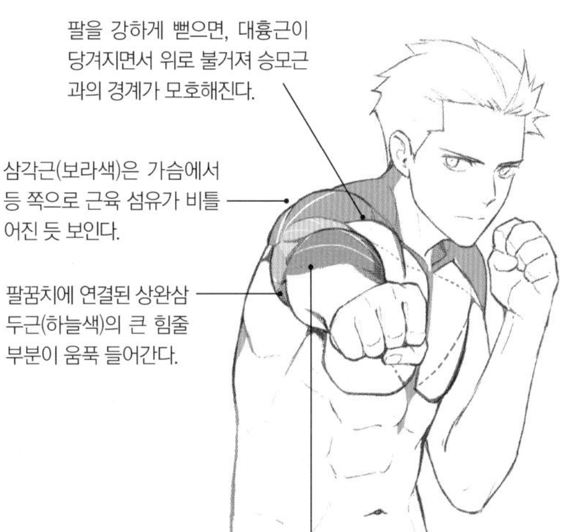

팔을 강하게 뻗으면, 대흉근이 당겨지면서 위로 불거져 승모근과의 경계가 모호해진다.
삼각근(보라색)은 가슴에서 등 쪽으로 근육 섬유가 비틀어진 듯 보인다.
팔꿈치에 연결된 상완삼두근(하늘색)의 큰 힘줄 부분이 움푹 들어간다.
위팔과 아래팔을 잇는 근육(주황색)이 크게 부풀어, 위팔과 손목이 명확하게 구분된다.

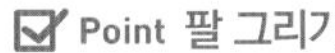

Point 팔 그리기

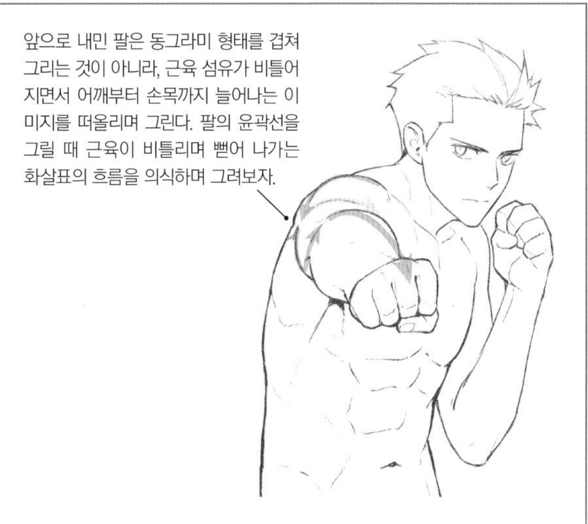

앞으로 내민 팔은 동그라미 형태를 겹쳐 그리는 것이 아니라, 근육 섬유가 비틀어지면서 어깨부터 손목까지 늘어나는 이미지를 떠올리며 그린다. 팔의 윤곽선을 그릴 때 근육이 비틀리며 뻗어 나가는 화살표의 흐름을 의식하며 그려보자.

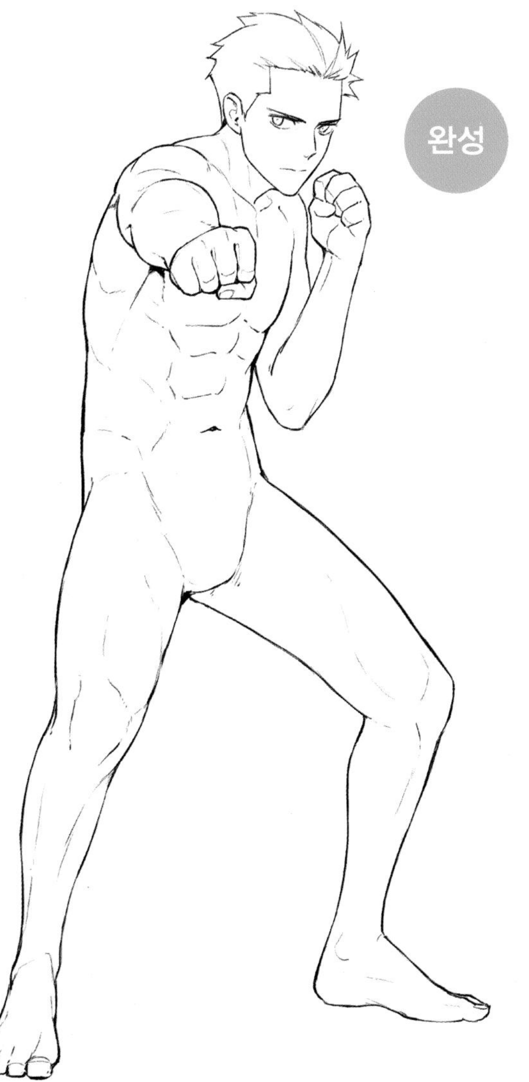

완성

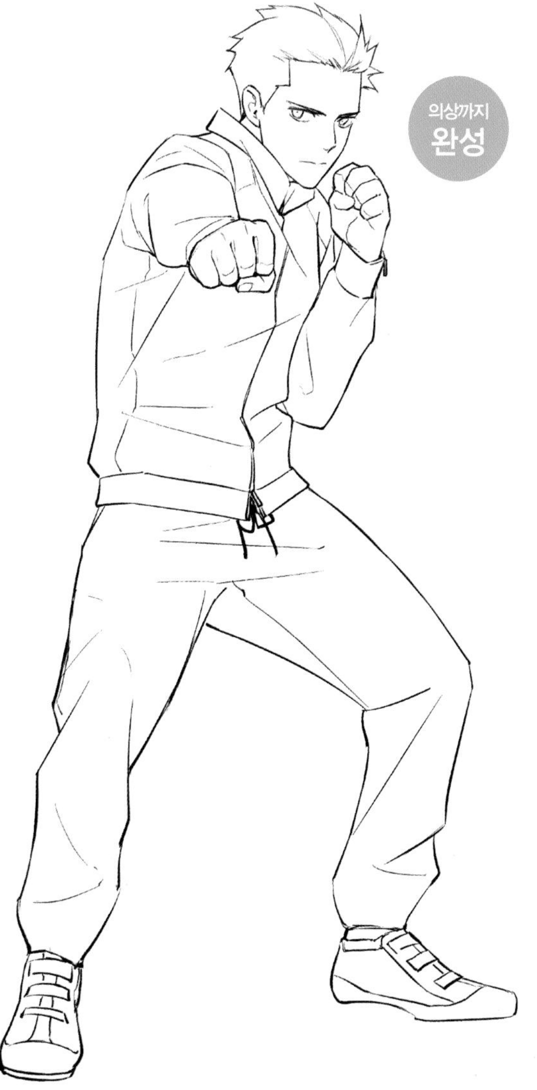

의상까지
완성

스트레이트 ② 측면

펀치를 날리는 팔의 움직임이 잘 드러나는 앵글입니다. 바닥을 단단히 딛고 버티는 하체와, 안쪽으로 비틀어지면서 뻗어 나가는 팔의 형태를 표현해봅시다. 턱을 당기고 눈을 날카롭게 치켜뜬 얼굴로 그리면 매섭게 공격하는 격투가의 분위기를 연출할 수 있습니다.

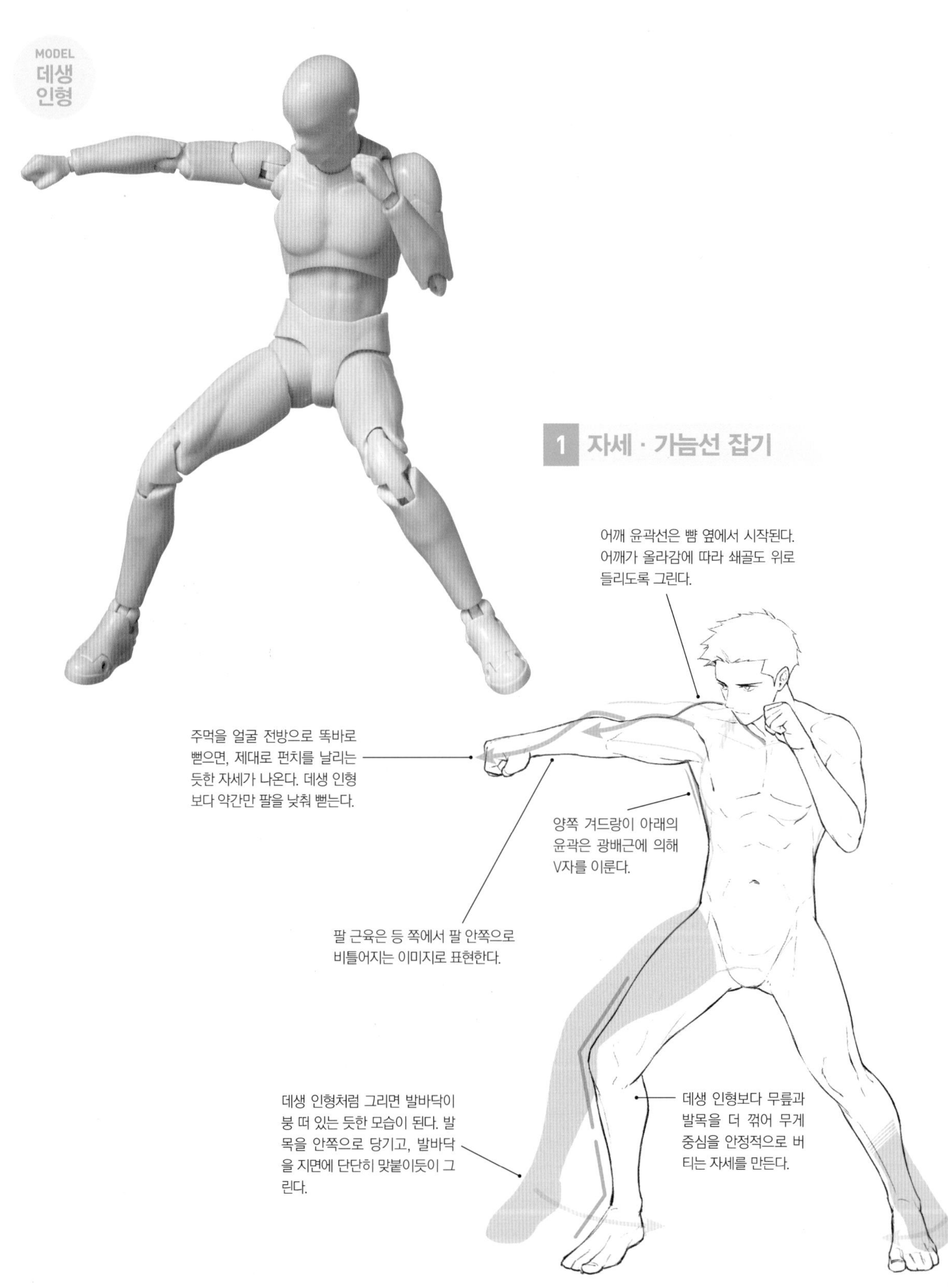
MODEL
데생 인형
1 자세 · 가늠선 잡기
어깨 윤곽선은 뺨 옆에서 시작된다. 어깨가 올라감에 따라 쇄골도 위로 들리도록 그린다.
주먹을 얼굴 전방으로 똑바로 뻗으면, 제대로 펀치를 날리는 듯한 자세가 나온다. 데생 인형보다 약간만 팔을 낮춰 뻗는다.
양쪽 겨드랑이 아래의 윤곽은 광배근에 의해 V자를 이룬다.
팔 근육은 등 쪽에서 팔 안쪽으로 비틀어지는 이미지로 표현한다.
데생 인형처럼 그리면 발바닥이 붕 떠 있는 듯한 모습이 된다. 발목을 안쪽으로 당기고, 발바닥을 지면에 단단히 맞붙이듯이 그린다.
데생 인형보다 무릎과 발목을 더 꺾어 무게 중심을 안정적으로 버티는 자세를 만든다.

2 살 붙이기 · 보디라인 정돈하기

삼각근(보라색)과 위팔·아래팔을 잇는 근육(주황색)은 위로 볼륨이 불거지고, 상완이두근(분홍색)은 팔 안쪽으로 볼륨이 불거지므로 팔의 전체 윤곽선은 가운데가 오목하게 들어가는 실루엣을 띤다. 3개의 봉긋한 호가 나열된 형태로 그리지 않도록 주의한다.

상반신

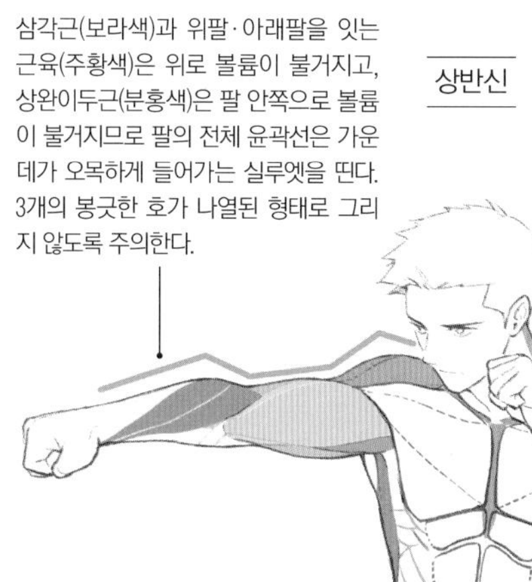

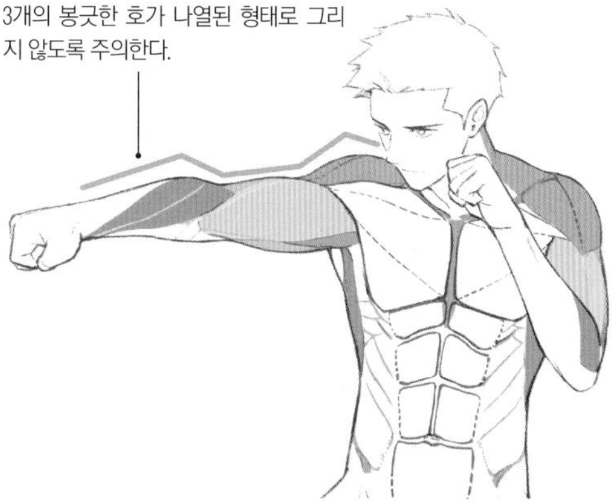

팔

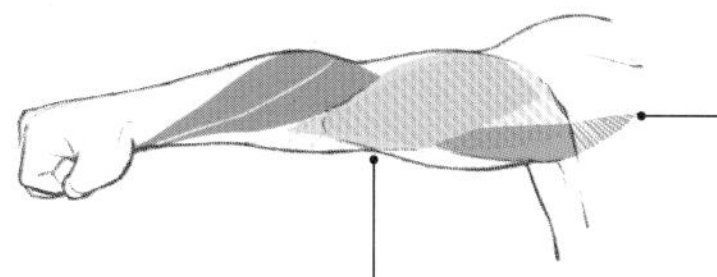

상완이두근(분홍색)의 양옆으로 상완근(노란색)이 보인다. 얇고 넓은 근육으로, 상완이두근과 상완삼두근(옅은 남색) 사이에 끼어 있다. 구조를 알아두면 팔 근육을 그릴 때 도움이 된다.

겨드랑이 부근에서 상완이두근과 상완삼두근 사이로 보이는 근육을 오훼완근(초록색)이라고 한다. 윤곽이 도드라지는 근육은 아니지만, 겨드랑이 밑을 그릴 때 형태를 의식하면 세밀한 묘사에 도움이 된다.

완성

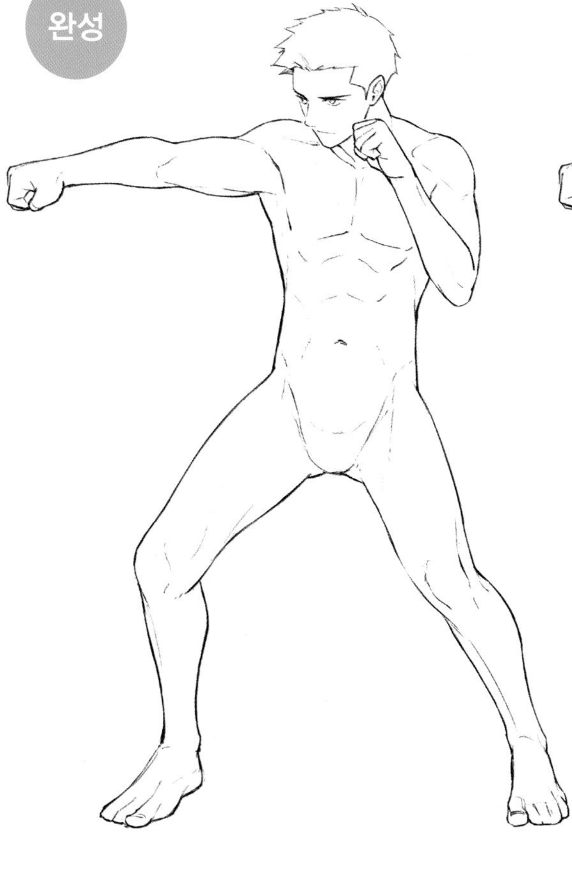

의상까지 완성

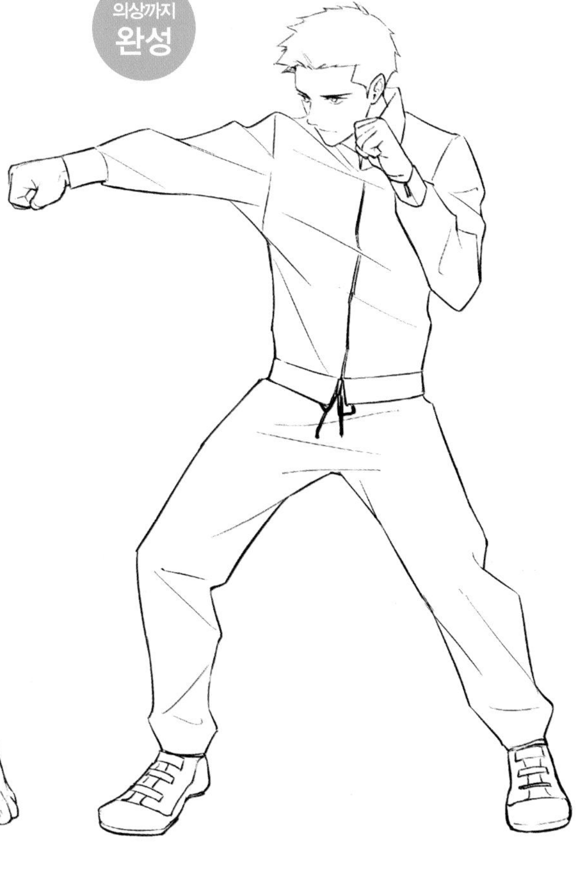

격투기 어퍼컷 ① 전면

데생 인형처럼 넓적다리와 살 사이의 공간이 넓으면 부자연스러우므로 어느 정도 밀착시켜 그립니다. 팔에서 다리에 이르기까지 완만한 커브를 의식해 그리면 포즈에 약동감을 더할 수 있습니다.

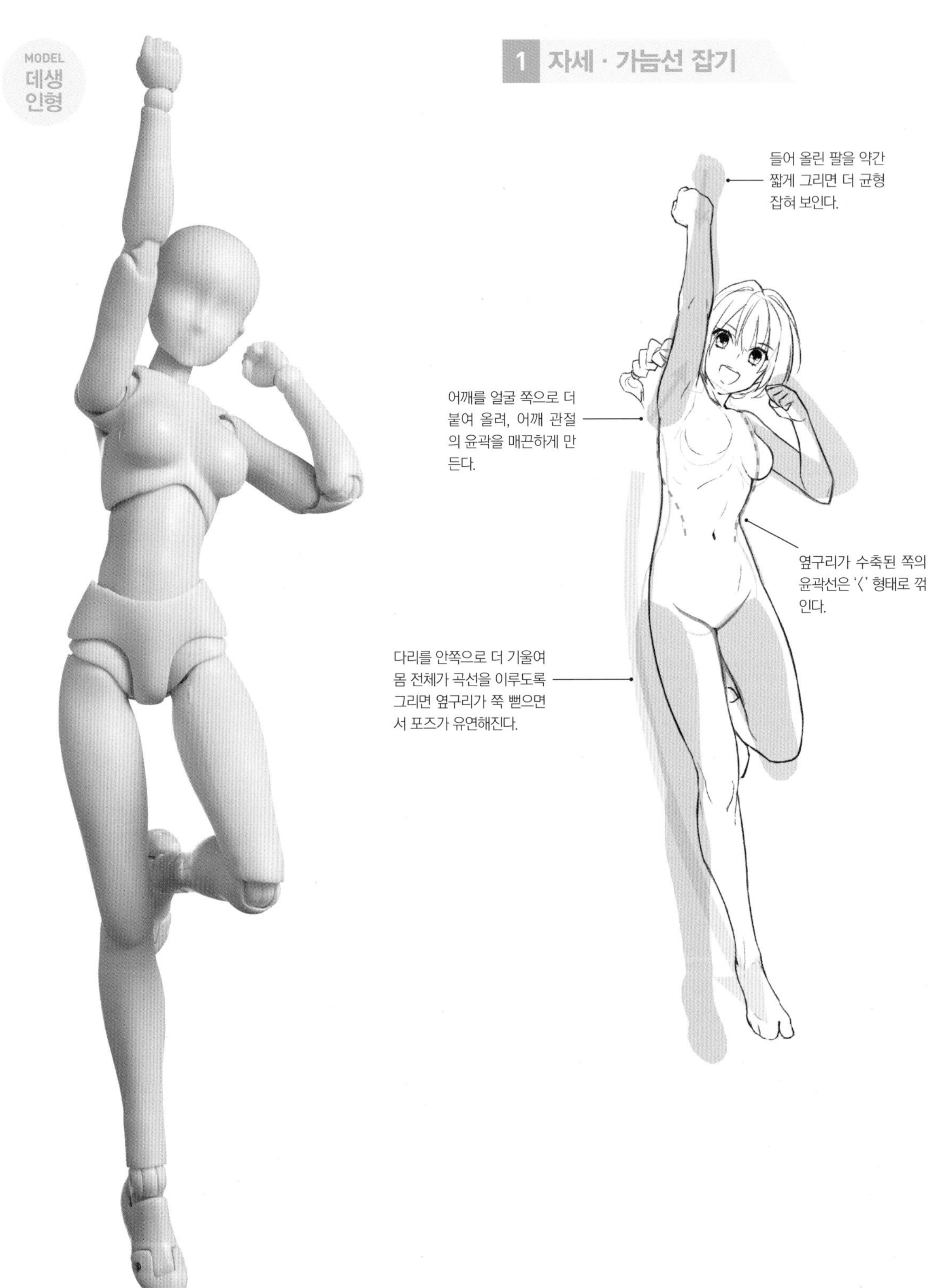
MODEL
데생 인형
1 자세 · 가늠선 잡기
들어 올린 팔을 약간 짧게 그리면 더 균형 잡혀 보인다.
어깨를 얼굴 쪽으로 더 붙여 올려, 어깨 관절의 윤곽을 매끈하게 만든다.
옆구리가 수축된 쪽의 윤곽선은 '〈' 형태로 꺾인다.
다리를 안쪽으로 더 기울여 몸 전체가 곡선을 이루도록 그리면 옆구리가 쭉 뻗으면서 포즈가 유연해진다.

2 살 붙이기 · 보디라인 정돈하기

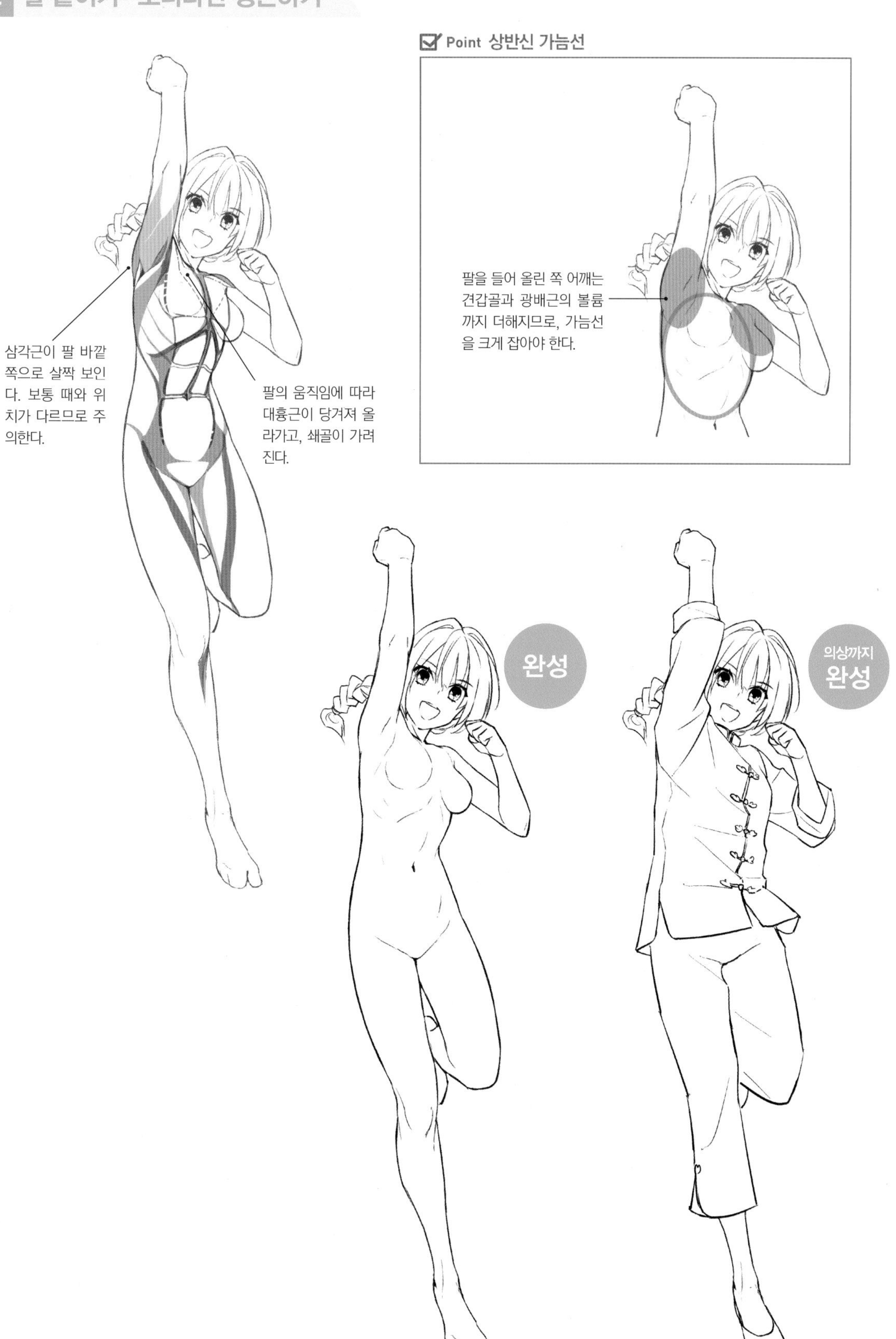

Point 상반신 가슴선
팔을 들어 올린 쪽 어깨는 견갑골과 광배근의 볼륨까지 더해지므로, 가슴선을 크게 잡아야 한다.
삼각근이 팔 바깥쪽으로 살짝 보인다. 보통 때와 위치가 다르므로 주의한다.
팔의 움직임에 따라 대흉근이 당겨져 올라가고, 쇄골이 가려진다.
완성
의상까지 완성

격투기 어퍼컷 ② 반측면, 로우 앵글

어퍼컷①을 반측면의 로우 앵글로 본 모습입니다. 특히 어깨와 가슴 부분이 위로 올라가 보이고 쇄골과 목이 가려지는 한편, 겨드랑이 아래가 훤히 보입니다. 땋아 내린 머리는 아치형으로 날려 표현하면 생동감을 더할 수 있습니다.

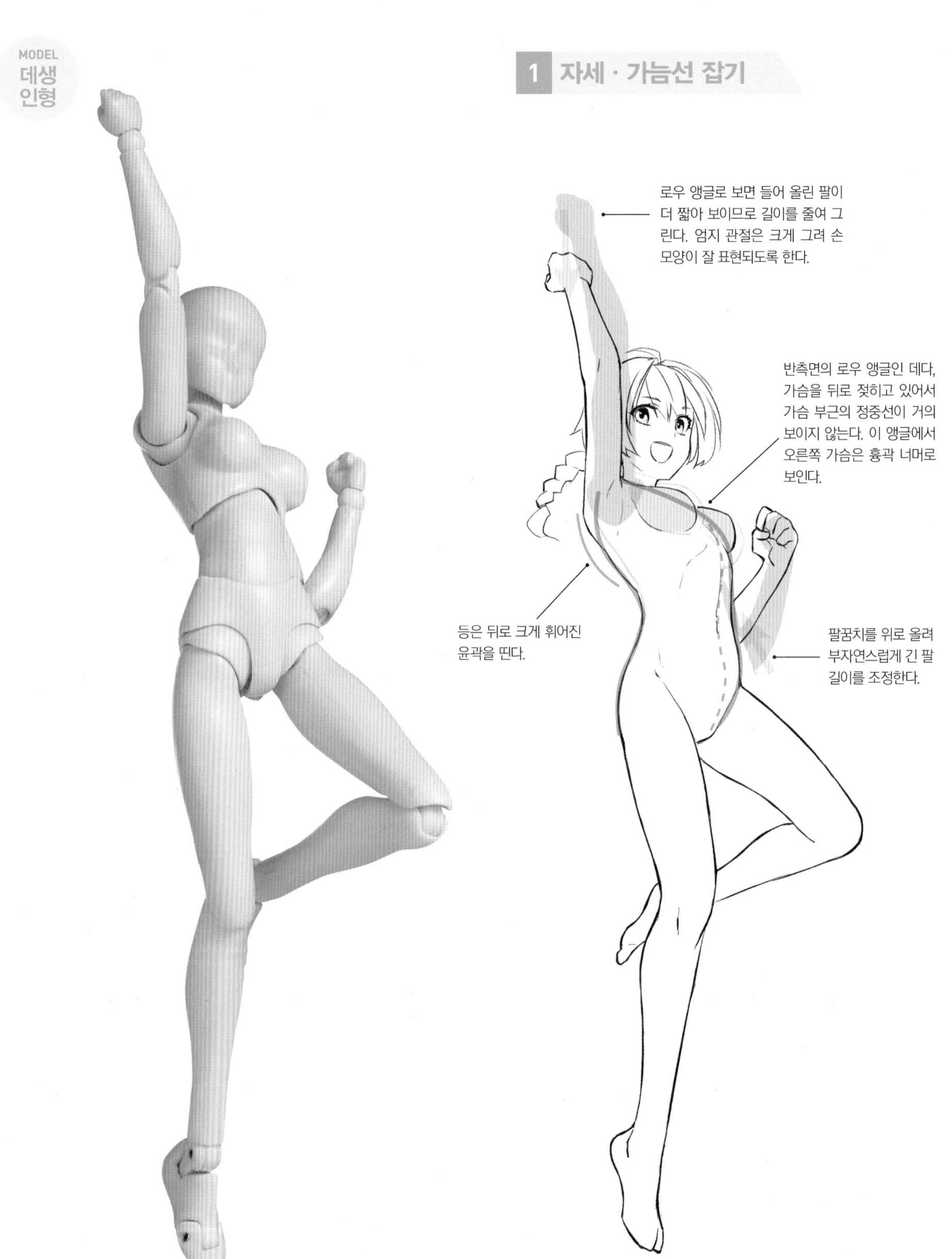
MODEL
데생
인형
1 자세 · 가늠선 잡기
로우 앵글로 보면 들어 올린 팔이 더 짧아 보이므로 길이를 줄여 그린다. 엄지 관절은 크게 그려 손 모양이 잘 표현되도록 한다.
반측면의 로우 앵글인 데다, 가슴을 뒤로 젖히고 있어서 가슴 부근의 정중선이 거의 보이지 않는다. 이 앵글에서 오른쪽 가슴은 흉곽 너머로 보인다.
등은 뒤로 크게 휘어진 윤곽을 띤다.
팔꿈치를 위로 올려 부자연스럽게 긴 팔 길이를 조정한다.

2 살 붙이기 · 보디라인 정돈하기

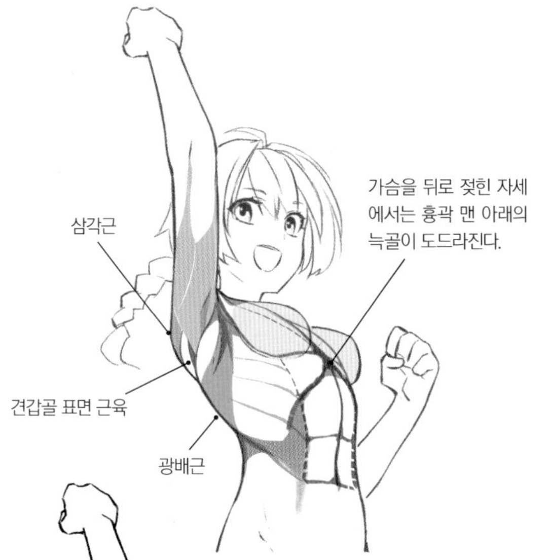

가슴을 뒤로 젖힌 자세에서는 흉곽 맨 아래의 늑골이 도드라진다.

삼각근

견갑골 표면 근육

광배근

완성

Point 상반신 가늠선

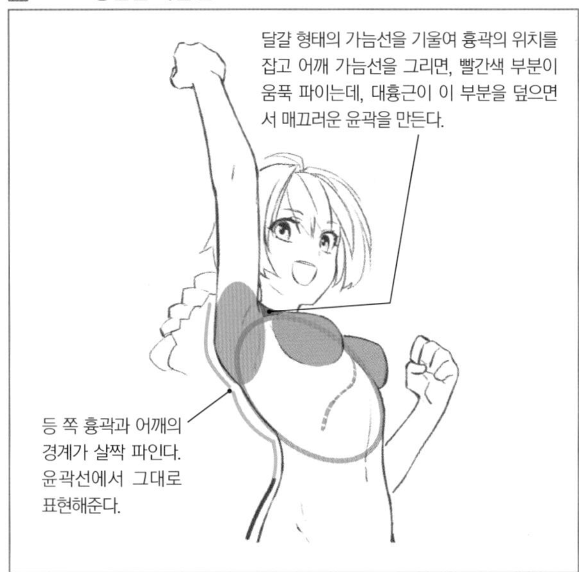
달걀 형태의 가늠선을 기울여 흉곽의 위치를 잡고 어깨 가늠선을 그리면, 빨간색 부분이 움푹 파이는데, 대흉근이 이 부분을 덮으면서 매끄러운 윤곽을 만든다.
등 쪽 흉곽과 어깨의 경계가 살짝 파인다. 윤곽선에서 그대로 표현해준다.

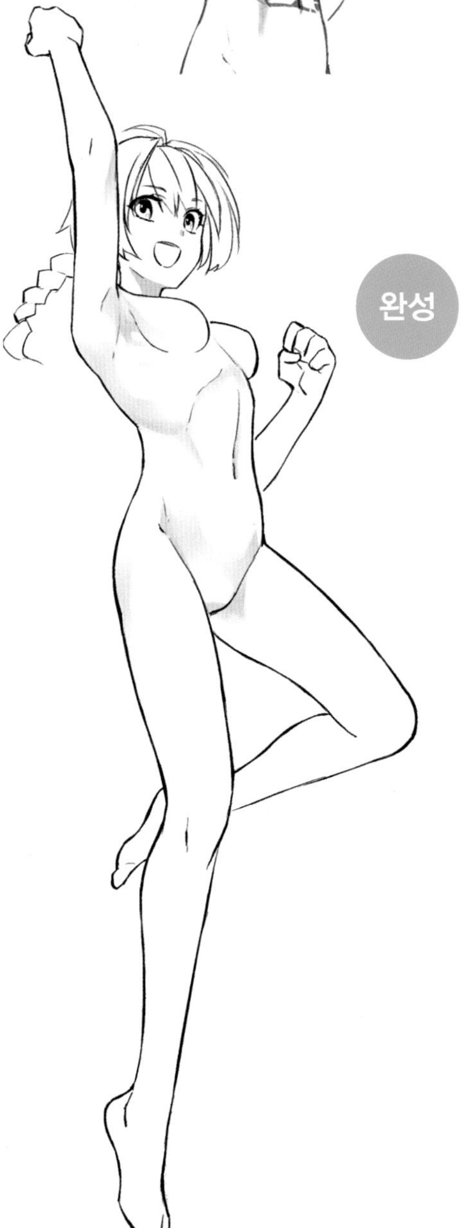

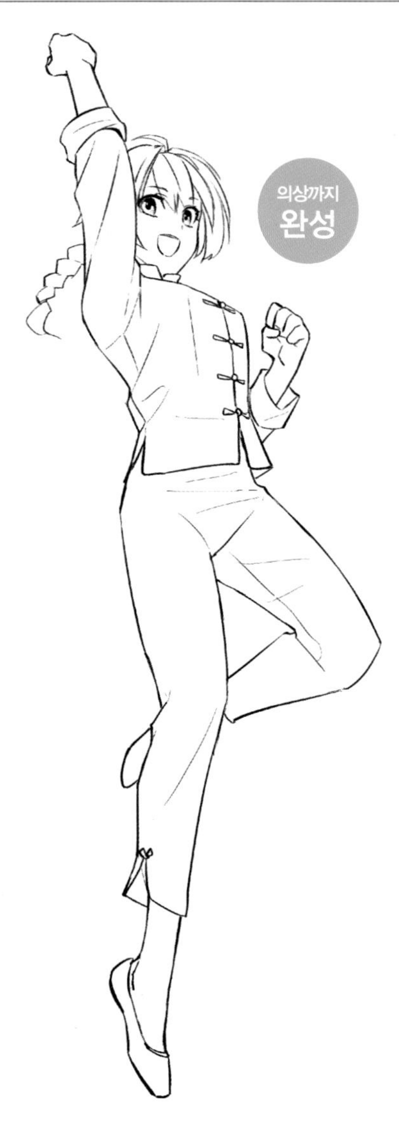
의상까지
완성

날아오는 펀치를 방어하는 모습 ① 측면

거리감을 주의하면서 두 사람의 다리가 서로 교차하도록 배치하면, 남성의 주먹과 이를 방어하는 여성의 팔이 엇갈려 보이는 것을 방지할 수 있습니다. 겨드랑이와 다리를 조임으로써 단단히 긴장한 포즈를 만들어, 강한 힘이 느껴지도록 그립니다.

MODEL 데생 인형

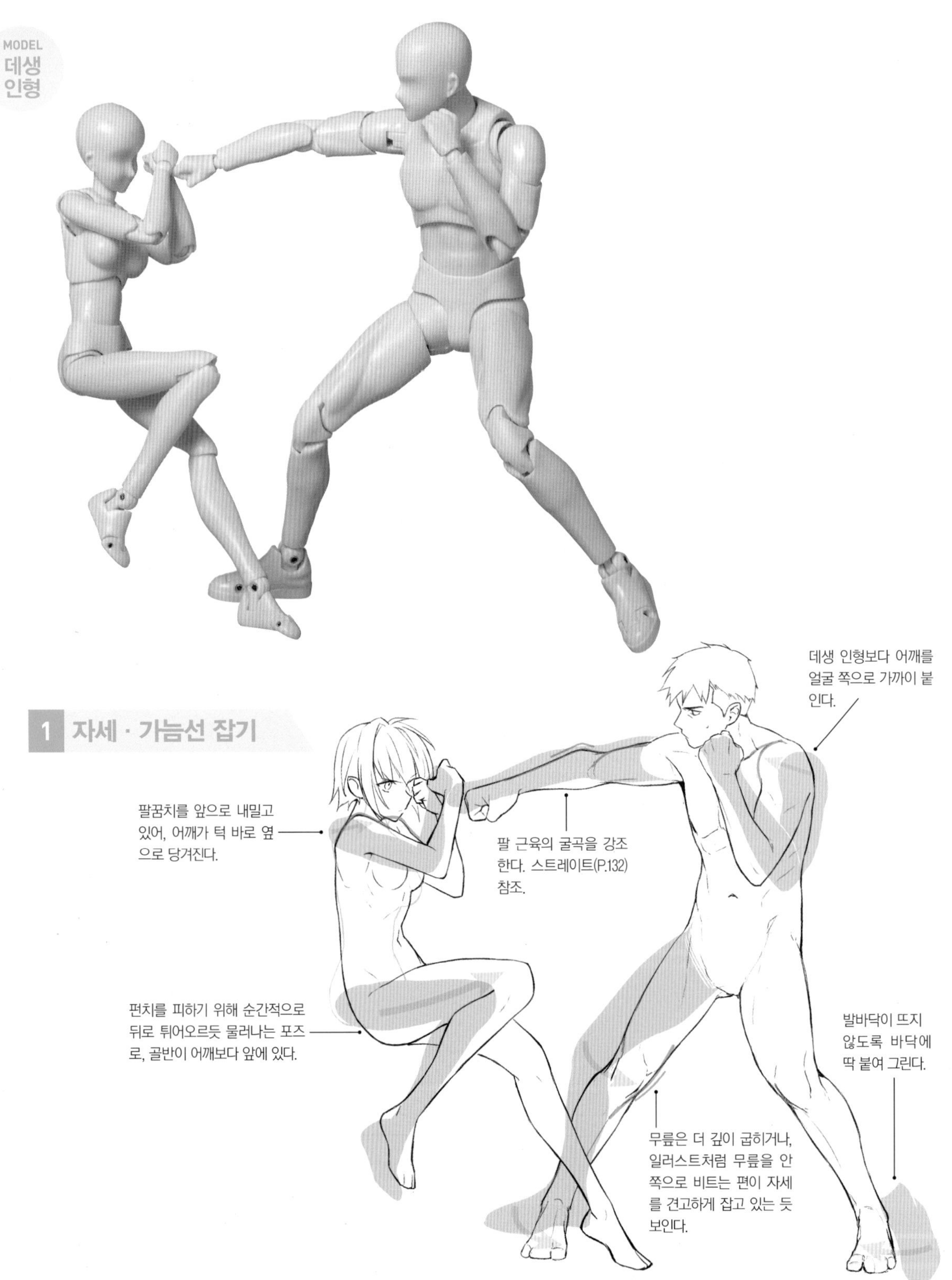
데생 인형보다 어깨를 얼굴 쪽으로 가까이 붙인다.
팔꿈치를 앞으로 내밀고 있어, 어깨가 턱 바로 옆으로 당겨진다.
팔 근육의 굴곡을 강조한다. 스트레이트(P.132) 참조.
펀치를 피하기 위해 순간적으로 뒤로 튀어오르듯 물러나는 포즈로, 골반이 어깨보다 앞에 있다.
발바닥이 뜨지 않도록 바닥에 딱 붙여 그린다.
무릎은 더 깊이 굽히거나, 일러스트처럼 무릎을 안쪽으로 비트는 편이 자세를 견고하게 잡고 있는 듯 보인다.

1 자세 · 가늠선 잡기

2 살 붙이기 · 보디라인 정돈하기

남성

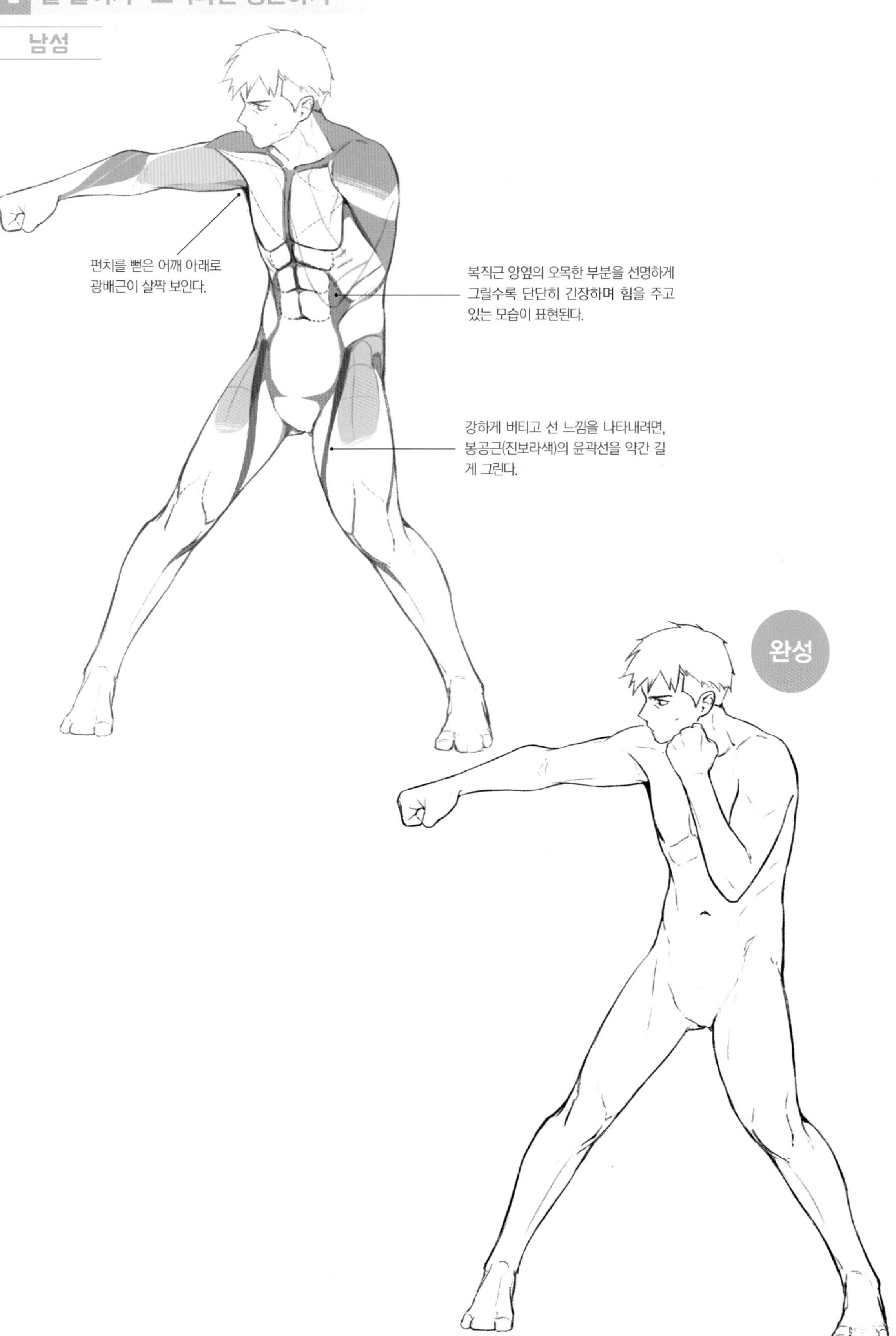

펀치를 뻗은 어깨 아래로
광배근이 살짝 보인다.
복직근 양옆의 오목한 부분을 선명하게
그릴수록 단단히 긴장하며 힘을 주고
있는 모습이 표현된다.
강하게 버티고 선 느낌을 나타내려면,
봉공근(진보라색)의 윤곽선을 약간 길
게 그린다.
완성

2 살 붙이기 · 보디라인 정돈하기

여성

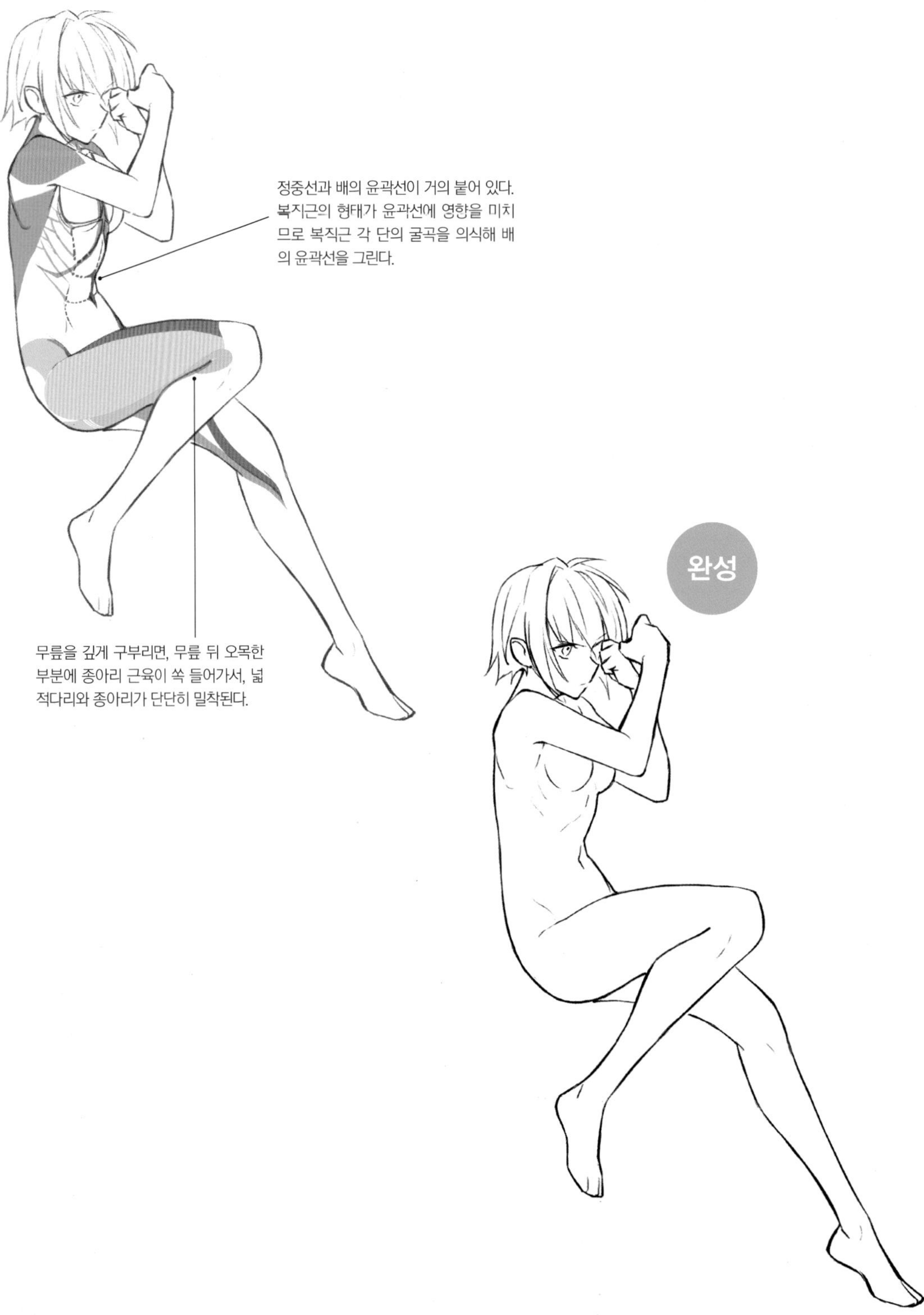

정중선과 배의 윤곽선이 거의 붙어 있다. 복직근의 형태가 윤곽선에 영향을 미치므로 복직근 각 단의 굴곡을 의식해 배의 윤곽선을 그린다.
무릎을 깊게 구부리면, 무릎 뒤 오목한 부분에 종아리 근육이 쏙 들어가서, 넓적다리와 종아리가 단단히 밀착된다.
완성

의상까지
완성

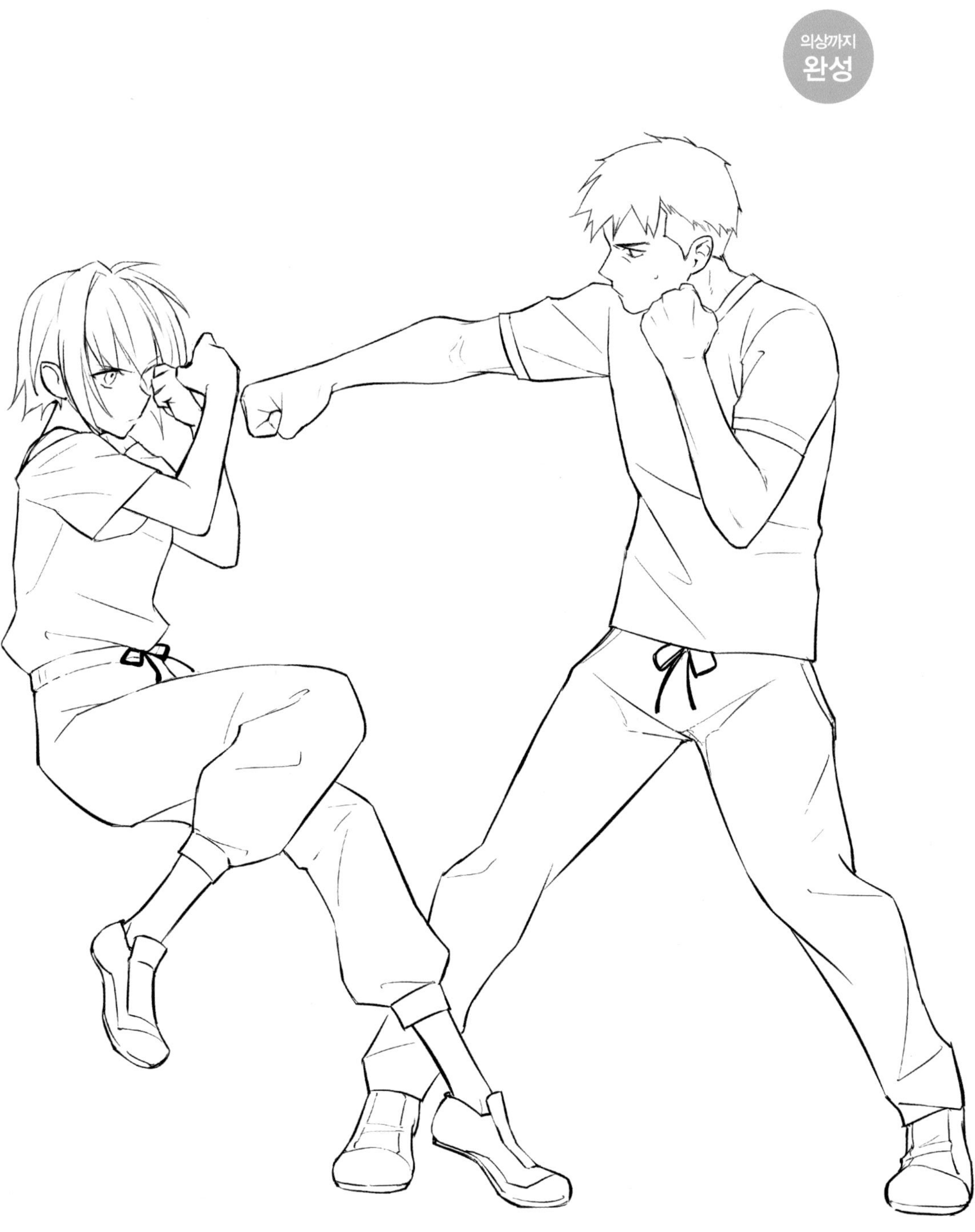

격투기 날아오는 펀치를 방어하는 모습 ② 전면, 하이 앵글

펀치를 날리는 사람 쪽에서 하이 앵글로 바라본 모습입니다. 펀치가 뻗어 나가는 직선 상에 캐릭터의 다리를 나란히 놓아 움직임을 강조하되, 여성의 발이 남성의 발을 밟지 않도록 주의합니다. 남성은 얼굴이 보이지 않는 만큼, 뒤에서 보이는 귀의 위치나 얇은 모양새, 목덜미와 연결되는 형태를 신경 써서 그립니다.

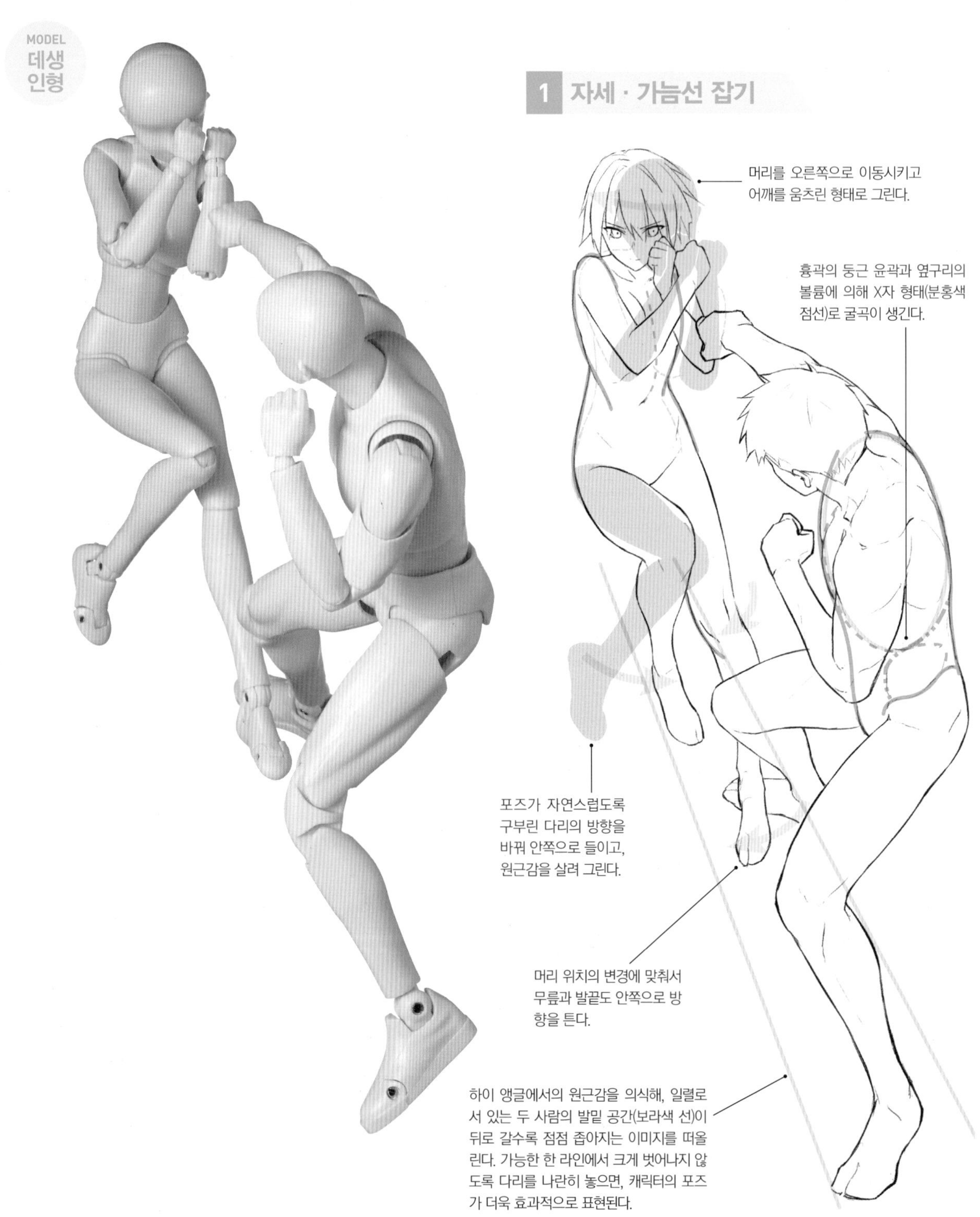
MODEL
데생
인형
1 자세 · 가늠선 잡기
머리를 오른쪽으로 이동시키고
어깨를 움츠린 형태로 그린다.
흉곽의 둥근 윤곽과 옆구리의
볼륨에 의해 X자 형태(분홍색
점선)로 굴곡이 생긴다.
포즈가 자연스럽도록
구부린 다리의 방향을
바꿔 안쪽으로 들이고,
원근감을 살려 그린다.
머리 위치의 변경에 맞춰서
무릎과 발끝도 안쪽으로 방
향을 튼다.
하이 앵글에서의 원근감을 의식해, 일렬로
서 있는 두 사람의 발밑 공간(보라색 선)이
뒤로 갈수록 점점 좁아지는 이미지를 떠올
린다. 가능한 한 라인에서 크게 벗어나지 않
도록 다리를 나란히 놓으면, 캐릭터의 포즈
가 더욱 효과적으로 표현된다.

2 살 붙이기 · 보디라인 정돈하기

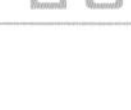

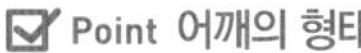

오른쪽은 옆을 향한 어깨의 모양을 위에서 본 모습. 입술 모양을 90도 회전시킨 듯하다. 왼쪽 일러스트의 어깨와 비교하면서 살펴본다. 머리가 없는 상태에서 어깨를 그려보면 좌우의 균형을 쉽게 잡을 수 있다.

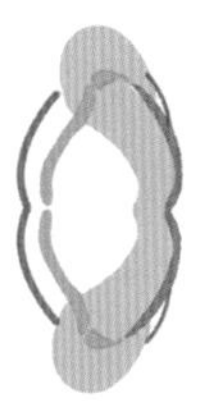

목 근육(흉쇄유돌근)은 쇄골의 중심에서 귀 뒤를 지난다. 익숙한 정면 방향과는 다른 형태로 보인다.

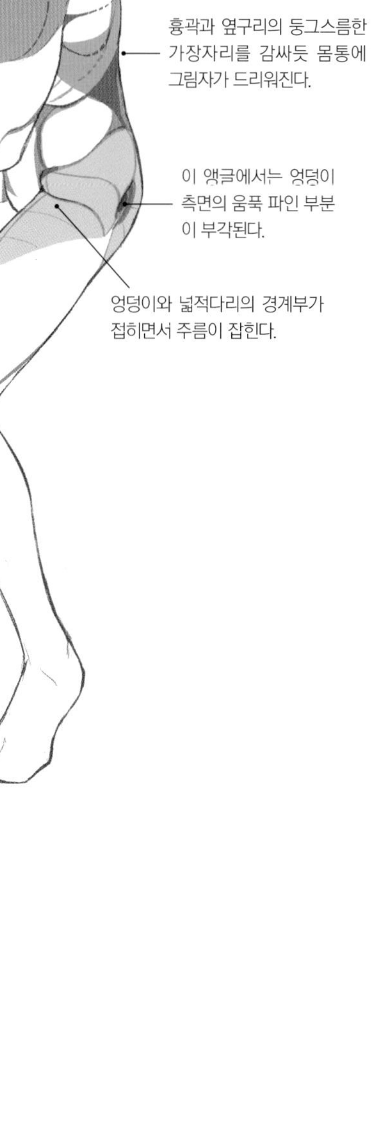

흉곽과 옆구리의 둥그스름한 가장자리를 감싸듯 몸통에 그림자가 드리워진다.

이 앵글에서는 엉덩이 측면의 움푹 파인 부분이 부각된다.

엉덩이와 넓적다리의 경계부가 접히면서 주름이 잡힌다.

완성

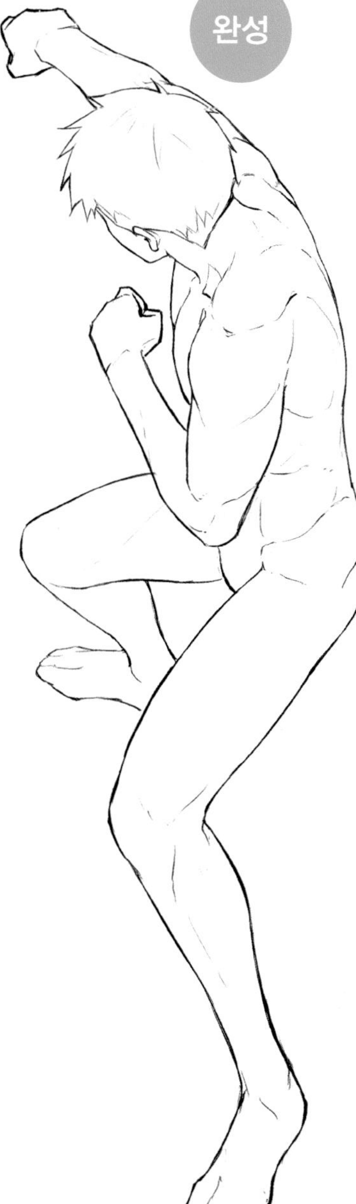

2 살 붙이기 · 보디라인 정돈하기

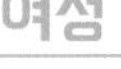

여성

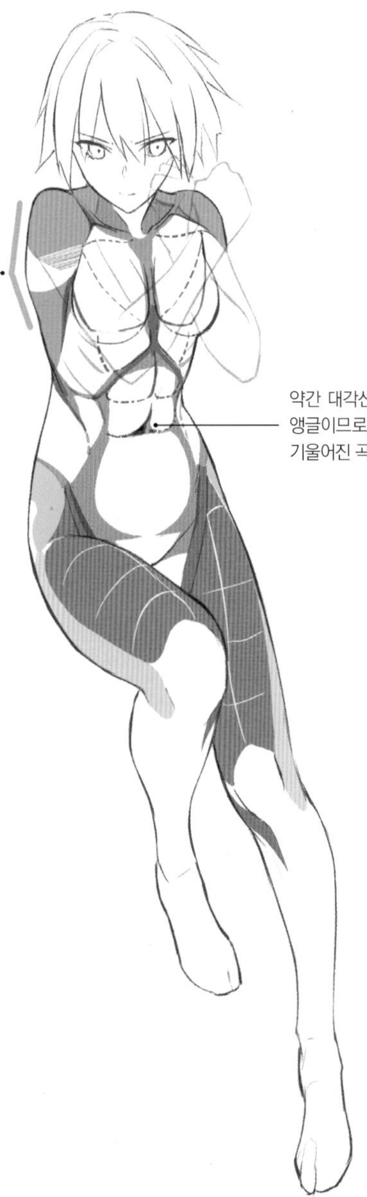

몸 앞에서 두 팔을 교차시키면, 견갑골이 몸통 옆까지 당겨져 각진 윤곽이 드러난다.

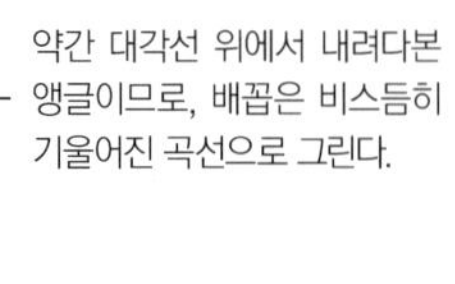

약간 대각선 위에서 내려다본 앵글이므로, 배꼽은 비스듬히 기울어진 곡선으로 그린다.

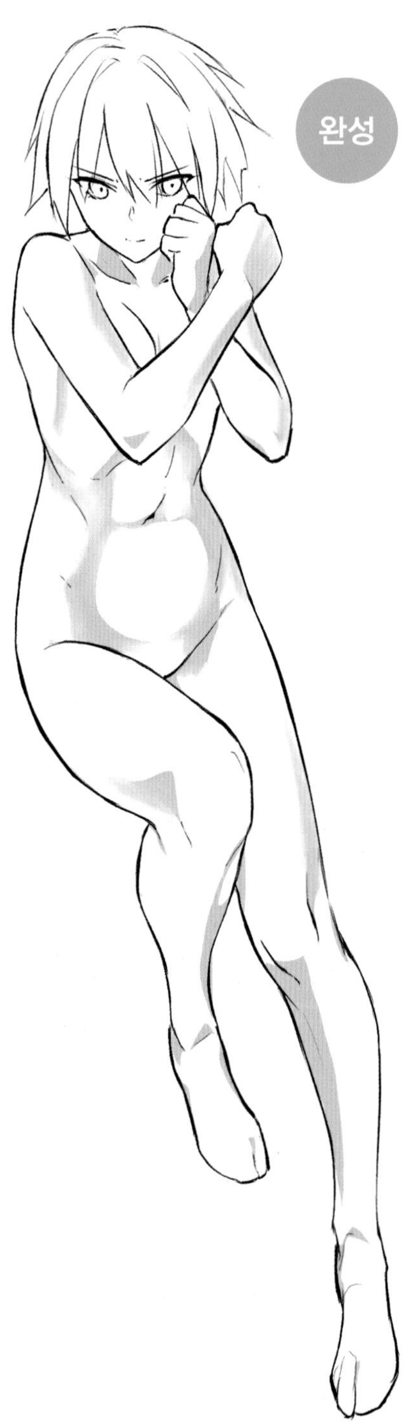

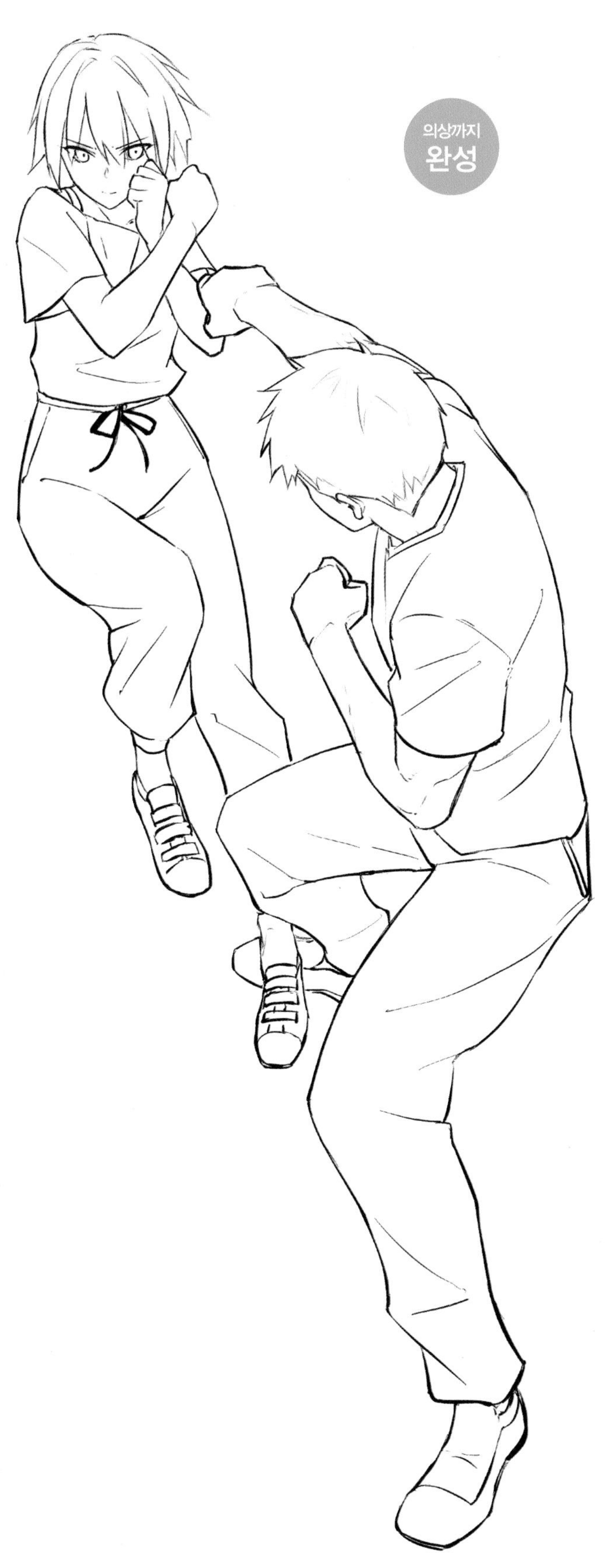
의상까지
완성

날아차기

날아차기는 대표적인 액션 포즈입니다. 밑에서 위로 올려다보는 앵글에서는 움직임이 더욱 박력 있게 보입니다. 상반신의 기울기와 근육의 형태를 잘 생각하며 그립니다.

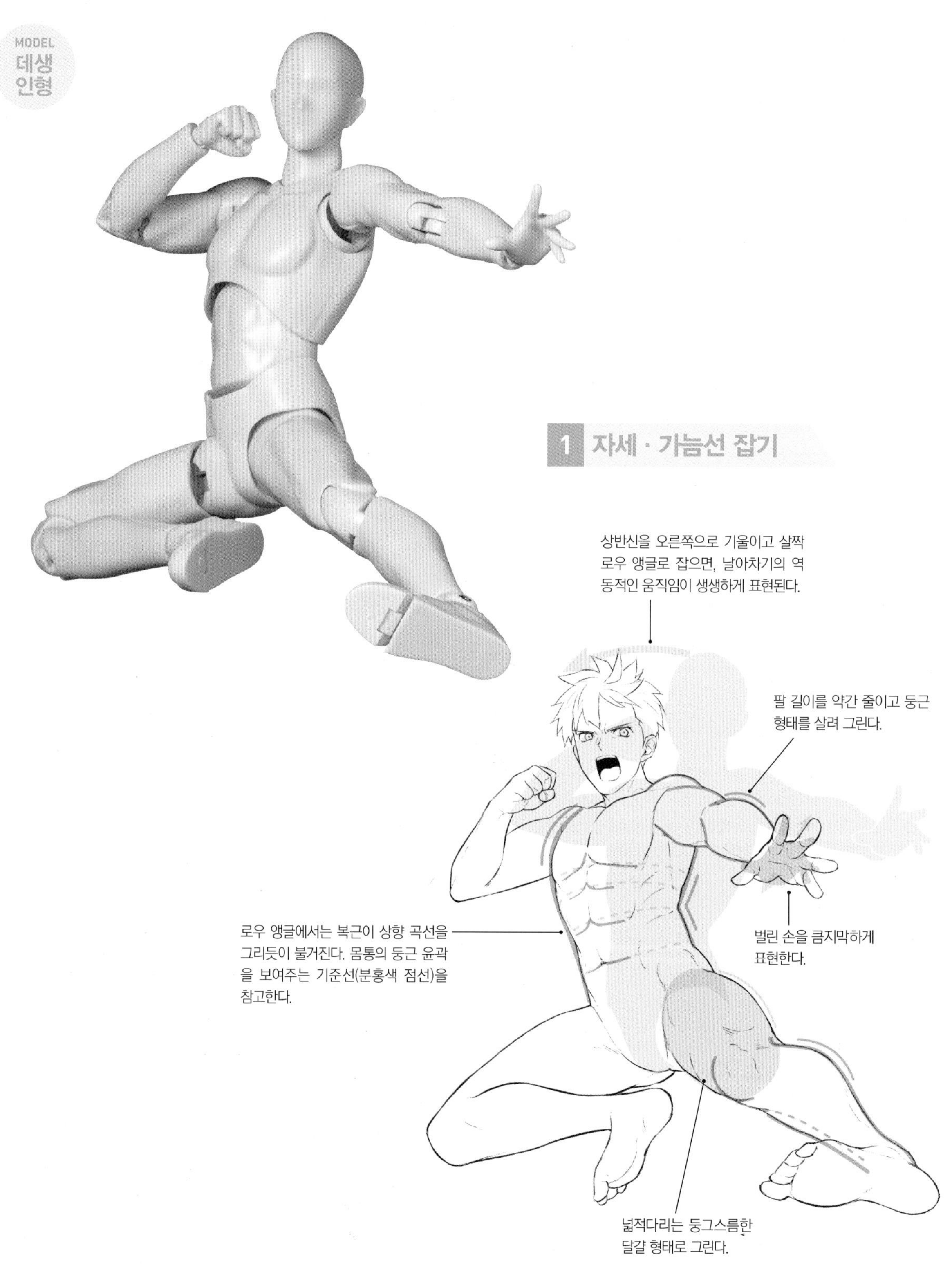
MODEL
데생
인형
1 자세 · 가늠선 잡기
상반신을 오른쪽으로 기울이고 살짝 로우 앵글로 잡으면, 날아차기의 역동적인 움직임이 생생하게 표현된다.
팔 길이를 약간 줄이고 둥근 형태를 살려 그린다.
로우 앵글에서는 복근이 상향 곡선을 그리듯이 불거진다. 몸통의 둥근 윤곽을 보여주는 기준선(분홍색 점선)을 참고한다.
벌린 손을 큼지막하게 표현한다.
넓적다리는 둥그스름한 달걀 형태로 그린다.

2 살 붙이기 · 보디라인 정돈하기

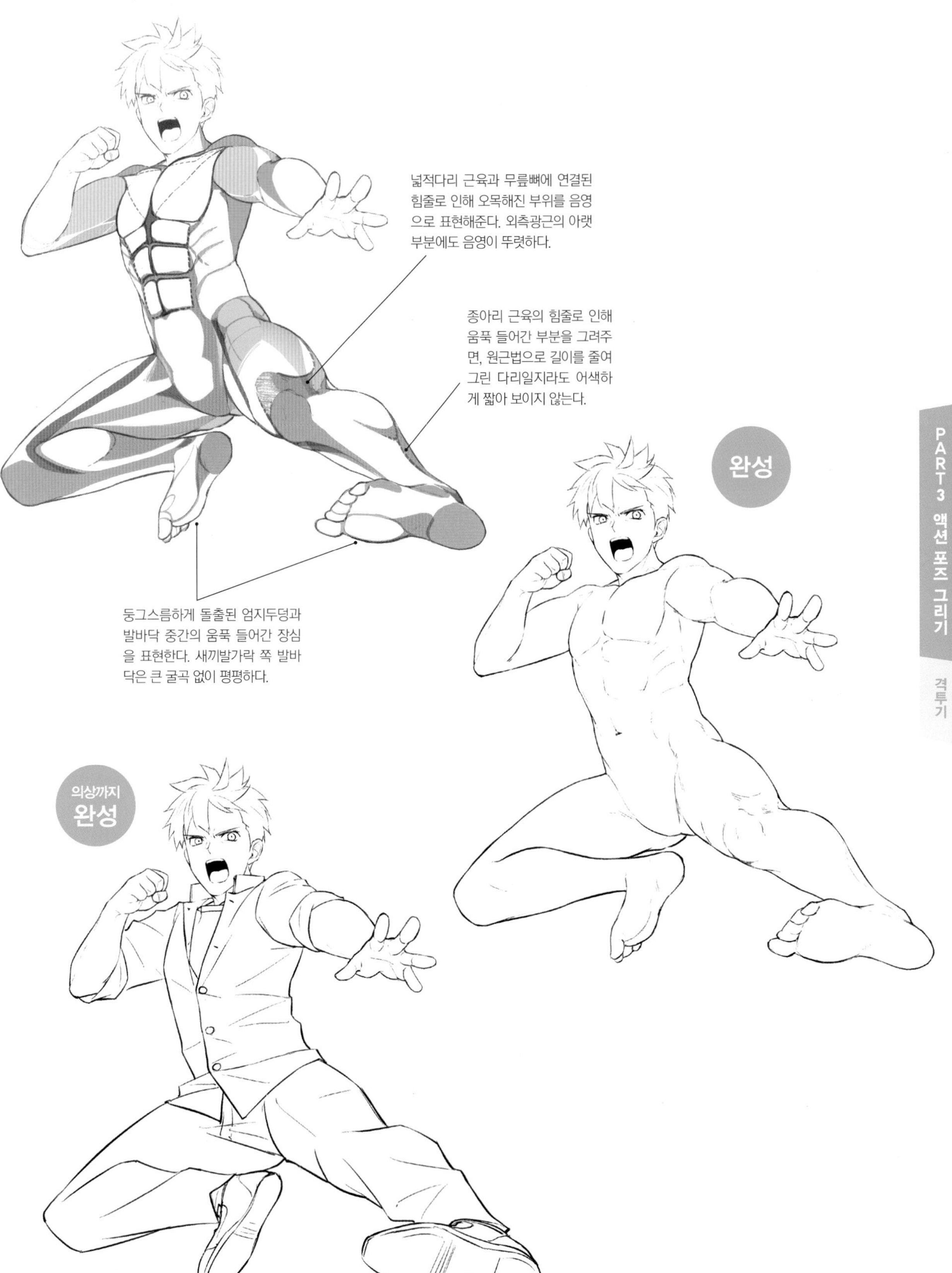
넓적다리 근육과 무릎뼈에 연결된 힘줄로 인해 오목해진 부위를 음영으로 표현해준다. 외측광근의 아랫부분에도 음영이 뚜렷하다.
종아리 근육의 힘줄로 인해 움푹 들어간 부분을 그려주면, 원근법으로 길이를 줄여 그린 다리일지라도 어색하게 짧아 보이지 않는다.
완성
둥그스름하게 돌출된 엄지두덩과 발바닥 중간의 움푹 들어간 장심을 표현한다. 새끼발가락 쪽 발바닥은 큰 굴곡 없이 평평하다.
의상까지 완성

격투기 하이 킥

머리 높이까지 올린 다리는 몸통과의 연결 부분을 자연스럽게 표현하는 것이 중요합니다. 넓적다리 안쪽의 박근(P.117)과 서혜부의 움푹 들어간 부분이 딱 겹치도록 그립니다.

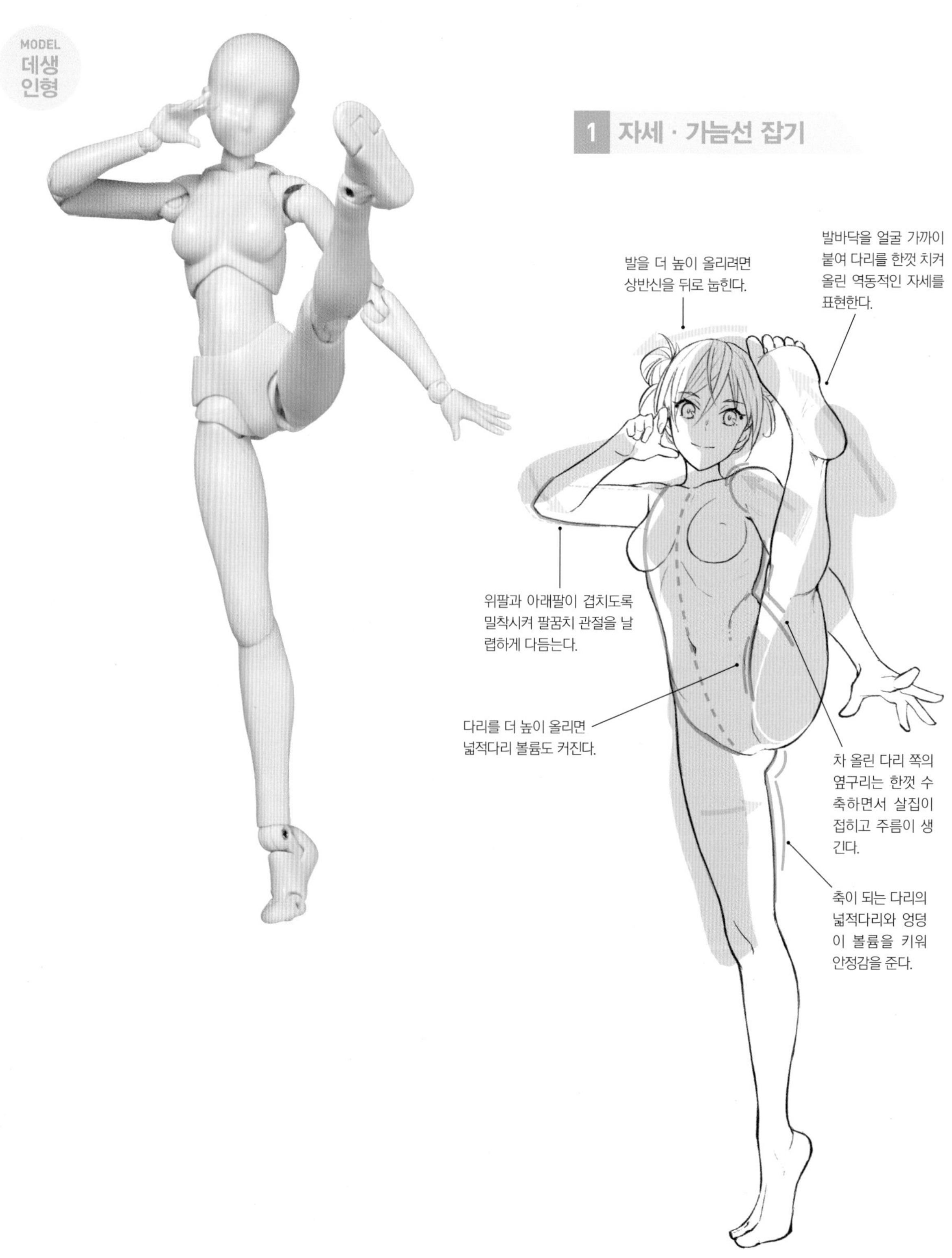
MODEL
데생
인형
1 자세 · 가늠선 잡기
발을 더 높이 올리려면 상반신을 뒤로 눕힌다.
발바닥을 얼굴 가까이 붙여 다리를 한껏 치켜 올린 역동적인 자세를 표현한다.
위팔과 아래팔이 겹치도록 밀착시켜 팔꿈치 관절을 날렵하게 다듬는다.
다리를 더 높이 올리면 넓적다리 볼륨도 커진다.
차 올린 다리 쪽의 옆구리는 한껏 수축하면서 살집이 접히고 주름이 생긴다.
축이 되는 다리의 넓적다리와 엉덩이 볼륨을 키워 안정감을 준다.

2 살 붙이기 · 보디라인 정돈하기

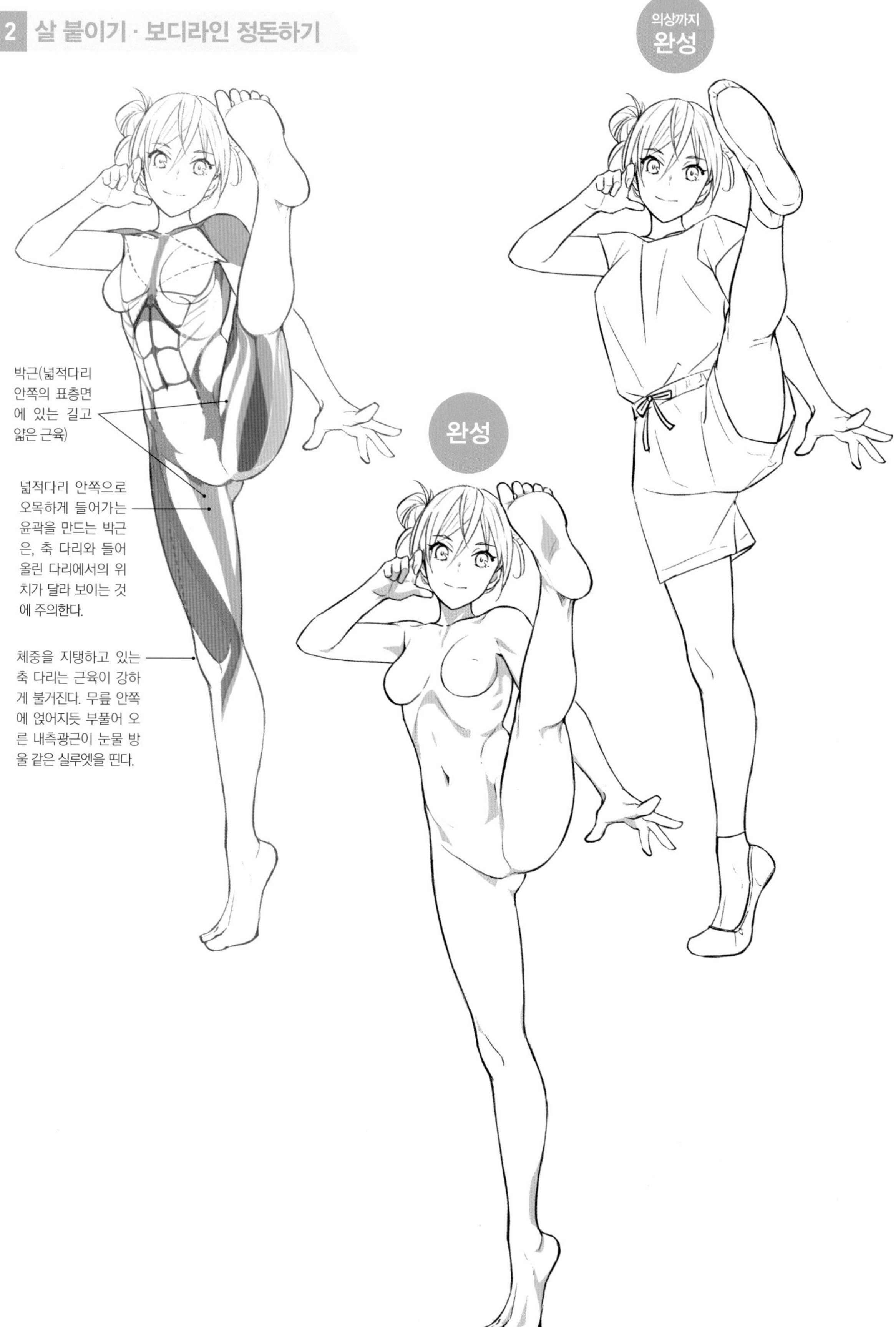

의상까지
완성
박근(넓적다리
안쪽의 표층면
에 있는 길고
얇은 근육)
넓적다리 안쪽으로
오목하게 들어가는
윤곽을 만드는 박근
은, 축 다리와 들어
올린 다리에서의 위
치가 달라 보이는 것
에 주의한다.
체중을 지탱하고 있는
축 다리는 근육이 강하
게 불거진다. 무릎 안쪽
에 얹어지듯 부풀어 오
른 내측광근이 눈물 방
울 같은 실루엣을 띤다.
완성

마주 보고 총 겨누기 ① 측면

일촉즉발의 아슬아슬한 대치 상황입니다. 남녀 모두 상체를 기울인 자세로, 기민하게 움직일 준비를 하고 있습니다. 어깨와 팔 위치를 조정할 때는 총구가 상대의 머리나 가슴을 향하도록 손목과 총의 기울기도 함께 변경해야 합니다.

MODEL
데생 인형

1 자세 · 가늠선 잡기

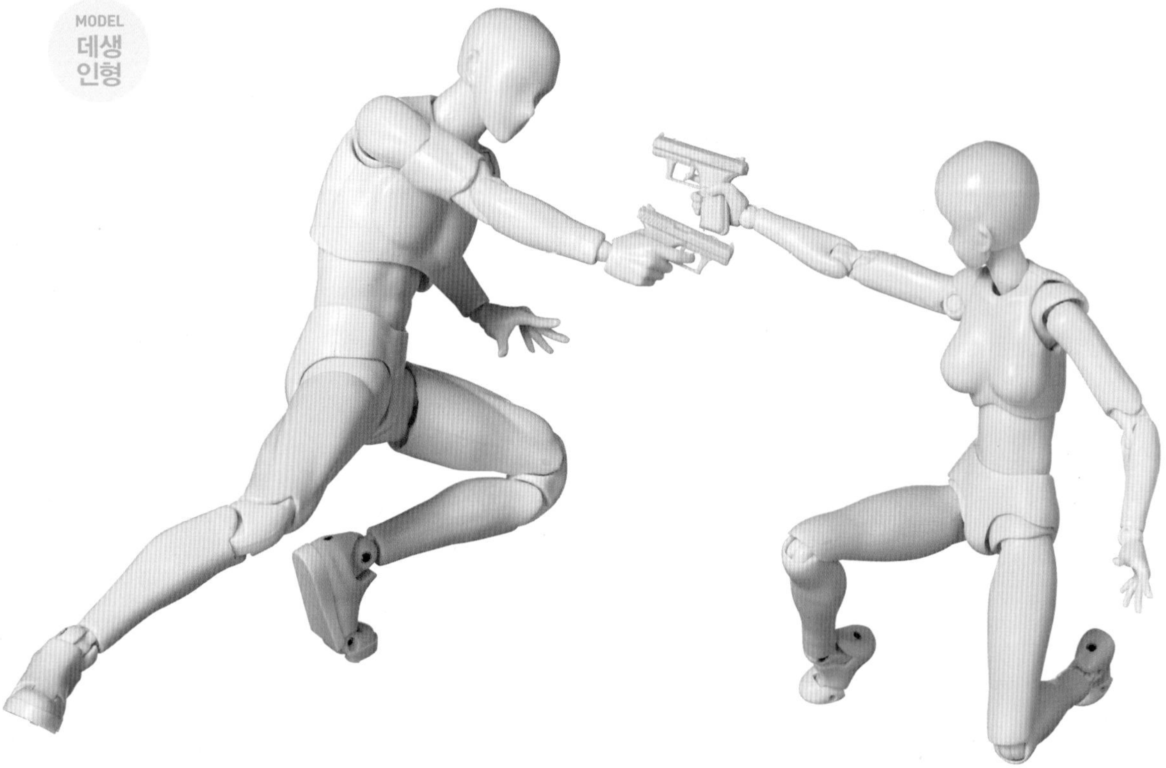

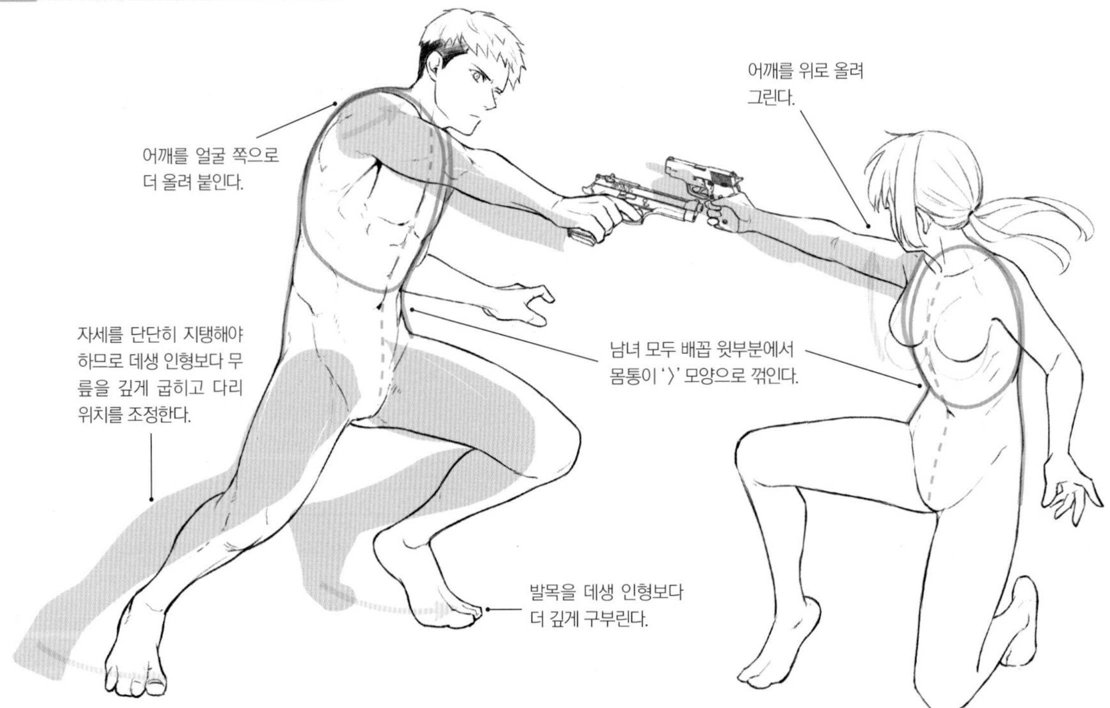
어깨를 얼굴 쪽으로
더 올려 붙인다.
어깨를 위로 올려
그린다.
자세를 단단히 지탱해야
하므로 데생 인형보다 무
릎을 깊게 굽히고 다리
위치를 조정한다.
남녀 모두 배꼽 윗부분에서
몸통이 '〉' 모양으로 꺾인다.
발목을 데생 인형보다
더 깊게 구부린다.

2 살 붙이기 · 보디라인 정돈하기

남성

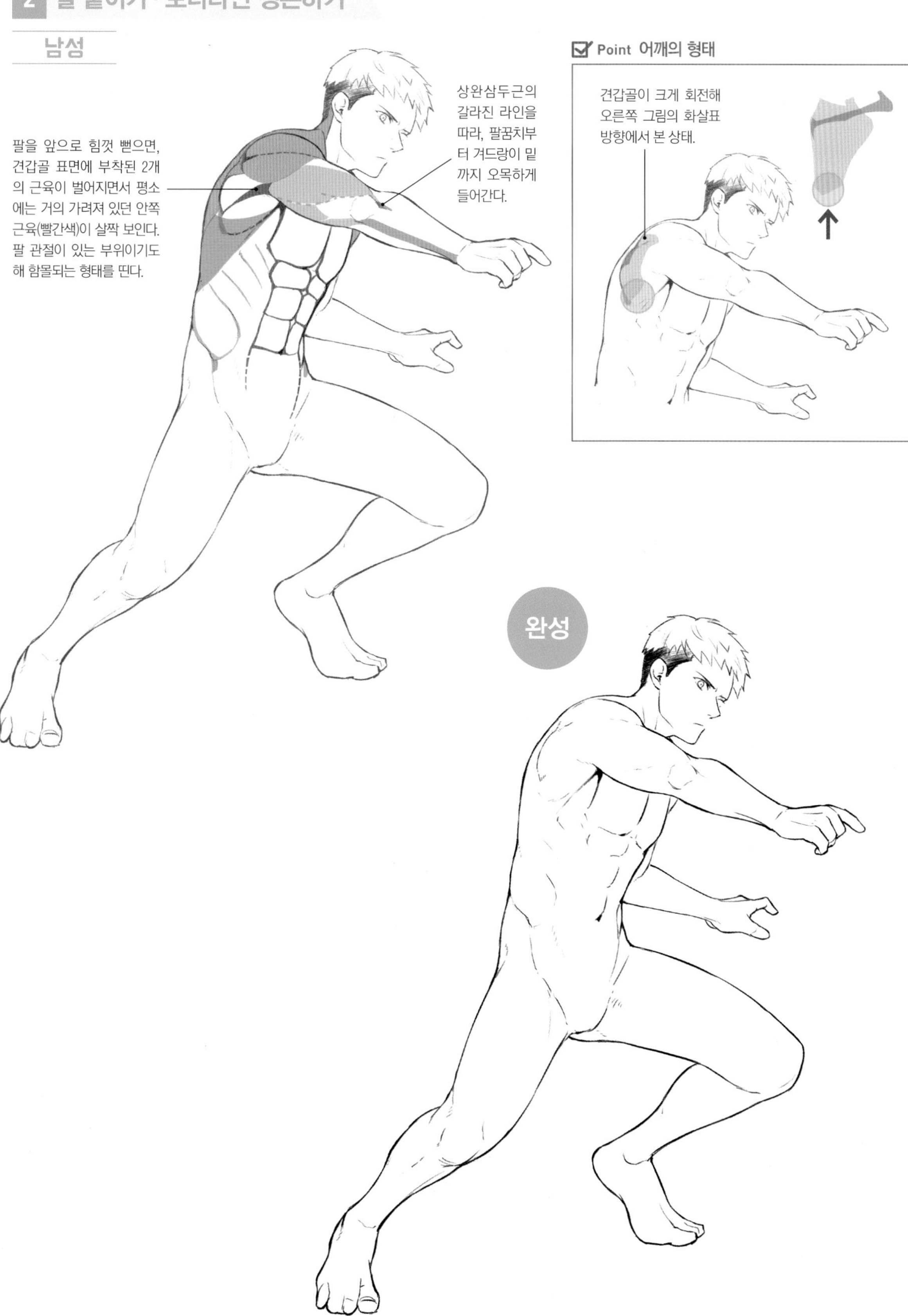
팔을 앞으로 힘껏 뻗으면, 견갑골 표면에 부착된 2개의 근육이 벌어지면서 평소에는 거의 가려져 있던 안쪽 근육(빨간색)이 살짝 보인다. 팔 관절이 있는 부위이기도 해 함몰되는 형태를 띤다.
상완삼두근의 갈라진 라인을 따라, 팔꿈치부터 겨드랑이 밑까지 오목하게 들어간다.
Point 어깨의 형태
견갑골이 크게 회전해 오른쪽 그림의 화살표 방향에서 본 상태.
완성

2 살 붙이기 · 보디라인 정돈하기

여성

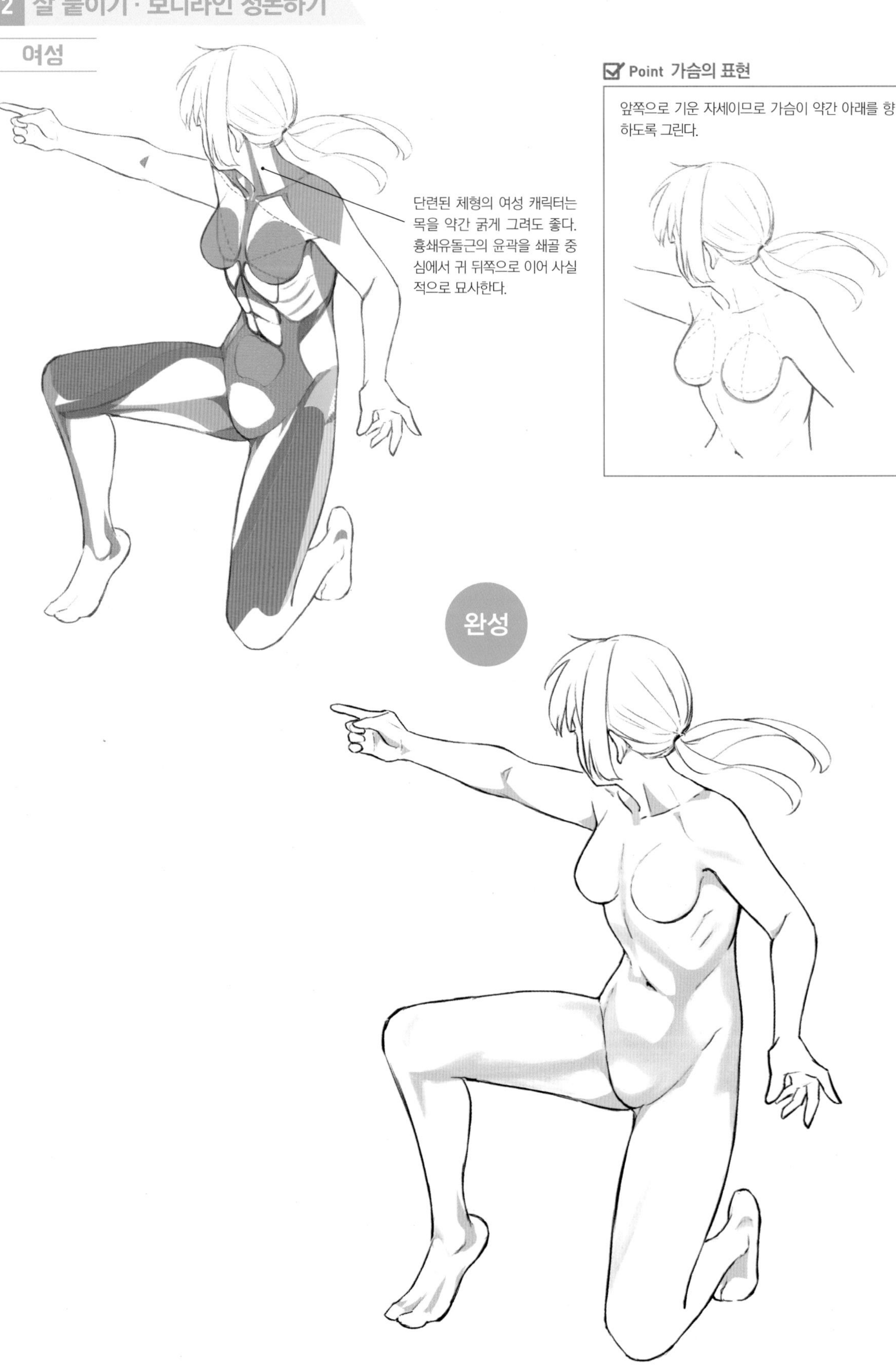

단련된 체형의 여성 캐릭터는 목을 약간 굵게 그려도 좋다. 흉쇄유돌근의 윤곽을 쇄골 중심에서 귀 뒤쪽으로 이어 사실적으로 묘사한다.

Point 가슴의 표현

앞쪽으로 기운 자세이므로 가슴이 약간 아래를 향하도록 그린다.

완성

의상까지
완성

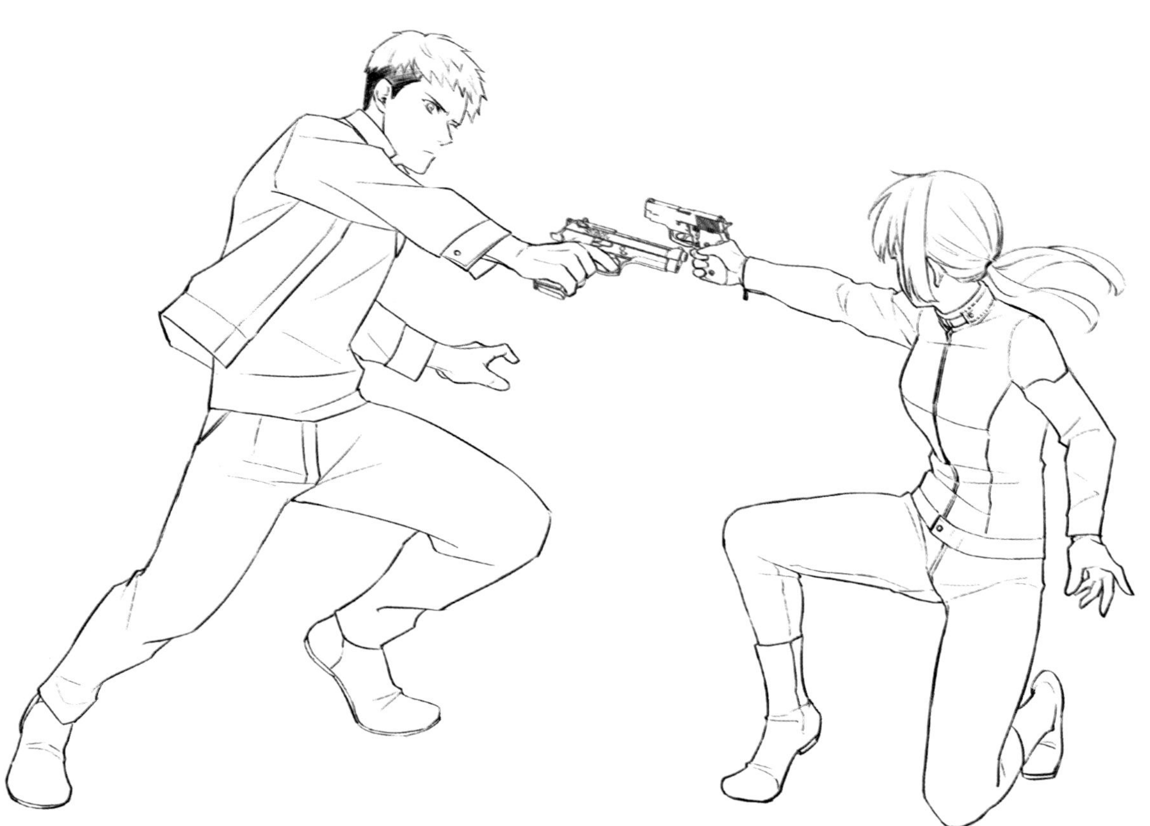

마주 보고 총 겨누기② 전면

남성의 앞쪽에서 바라본 앵글입니다. 데생 인형대로 그리면 불균형적이고 부자연스러운 포즈로 인해 긴장감이 떨어집니다. 남녀 모두 팔과 다리를 가운데로 몰아, 일러스트에 생동감을 실어줍니다.

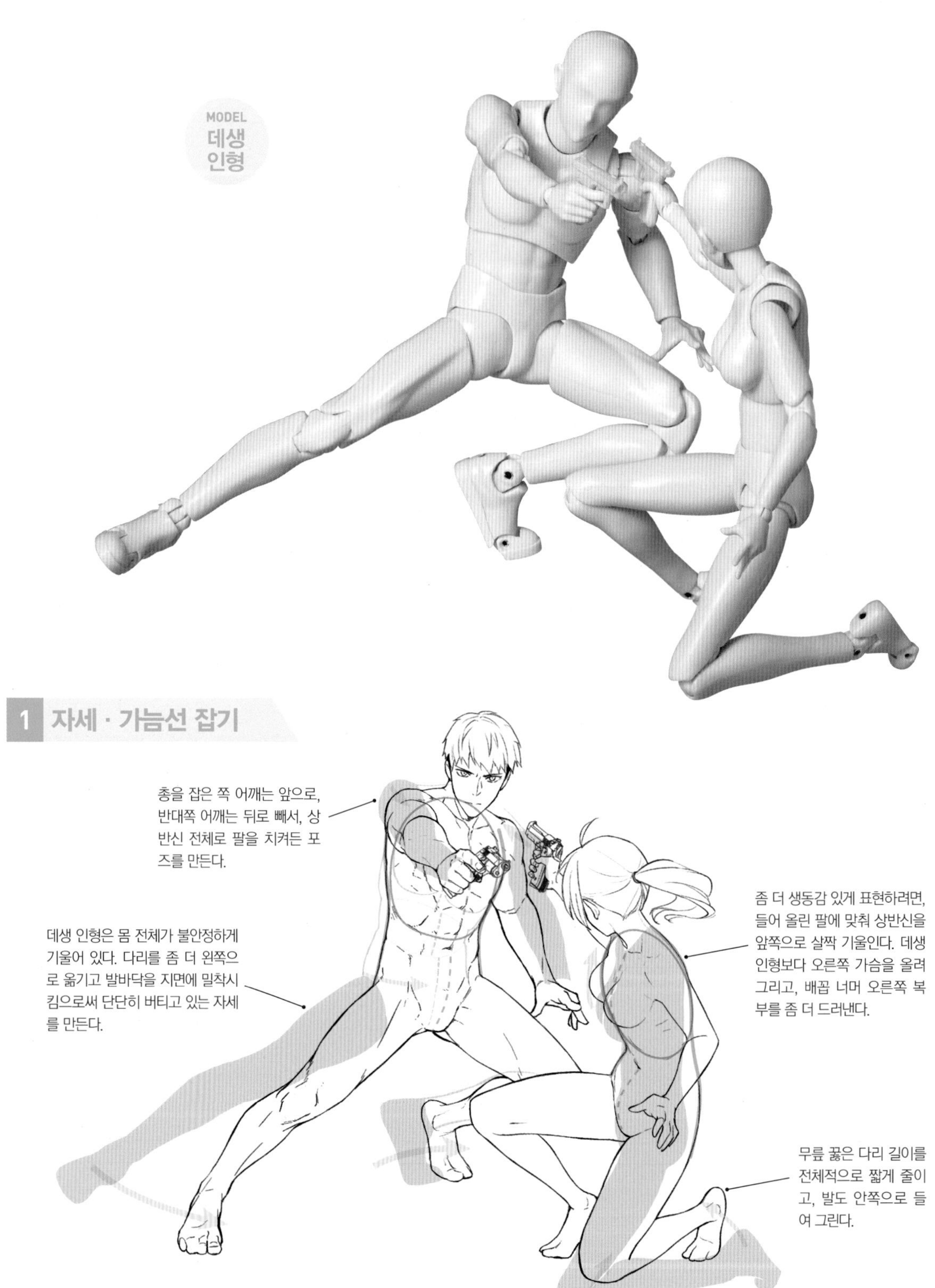
MODEL
데생 인형
1 자세 · 가늠선 잡기
총을 잡은 쪽 어깨는 앞으로, 반대쪽 어깨는 뒤로 빼서, 상반신 전체로 팔을 치켜든 포즈를 만든다.
데생 인형은 몸 전체가 불안정하게 기울어 있다. 다리를 좀 더 왼쪽으로 옮기고 발바닥을 지면에 밀착시킴으로써 단단히 버티고 있는 자세를 만든다.
좀 더 생동감 있게 표현하려면, 들어 올린 팔에 맞춰 상반신을 앞쪽으로 살짝 기울인다. 데생 인형보다 오른쪽 가슴을 올려 그리고, 배꼽 너머 오른쪽 복부를 좀 더 드러낸다.
무릎 꿇은 다리 길이를 전체적으로 짧게 줄이고, 발도 안쪽으로 들여 그린다.

2 살 붙이기 · 보디라인 정돈하기

남성

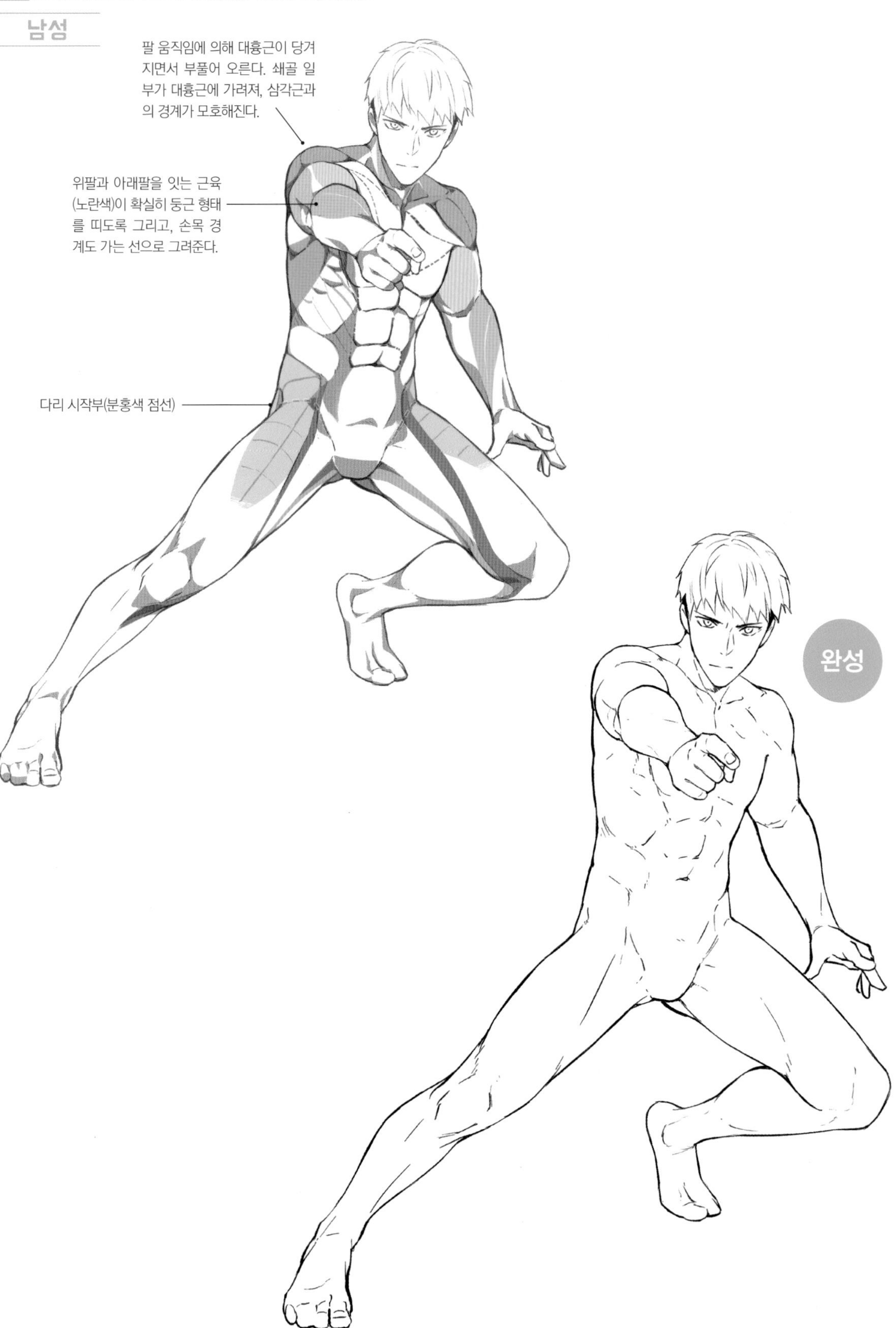

팔 움직임에 의해 대흉근이 당겨지면서 부풀어 오른다. 쇄골 일부가 대흉근에 가려져, 삼각근과의 경계가 모호해진다.
위팔과 아래팔을 잇는 근육(노란색)이 확실히 둥근 형태를 띠도록 그리고, 손목 경계도 가는 선으로 그려준다.
다리 시작부(분홍색 점선)
완성

2 살 붙이기 · 보디라인 정돈하기

여성

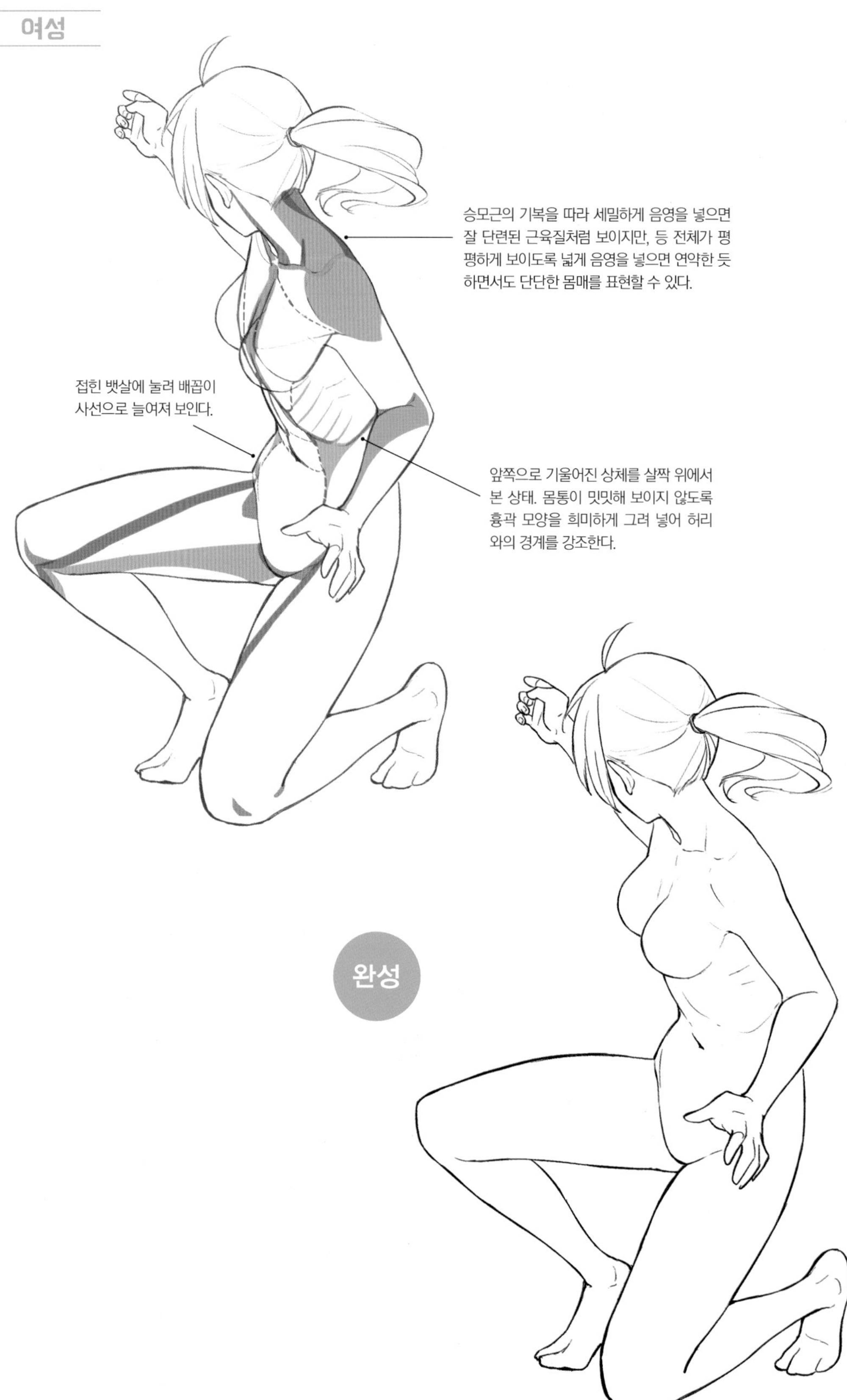

승모근의 기복을 따라 세밀하게 음영을 넣으면 잘 단련된 근육질처럼 보이지만, 등 전체가 평평하게 보이도록 넓게 음영을 넣으면 연약한 듯하면서도 단단한 몸매를 표현할 수 있다.
접힌 뱃살에 눌려 배꼽이 사선으로 늘여져 보인다.
앞쪽으로 기울어진 상체를 살짝 위에서 본 상태. 몸통이 밋밋해 보이지 않도록 흉곽 모양을 희미하게 그려 넣어 허리와의 경계를 강조한다.
완성

의상까지
완성

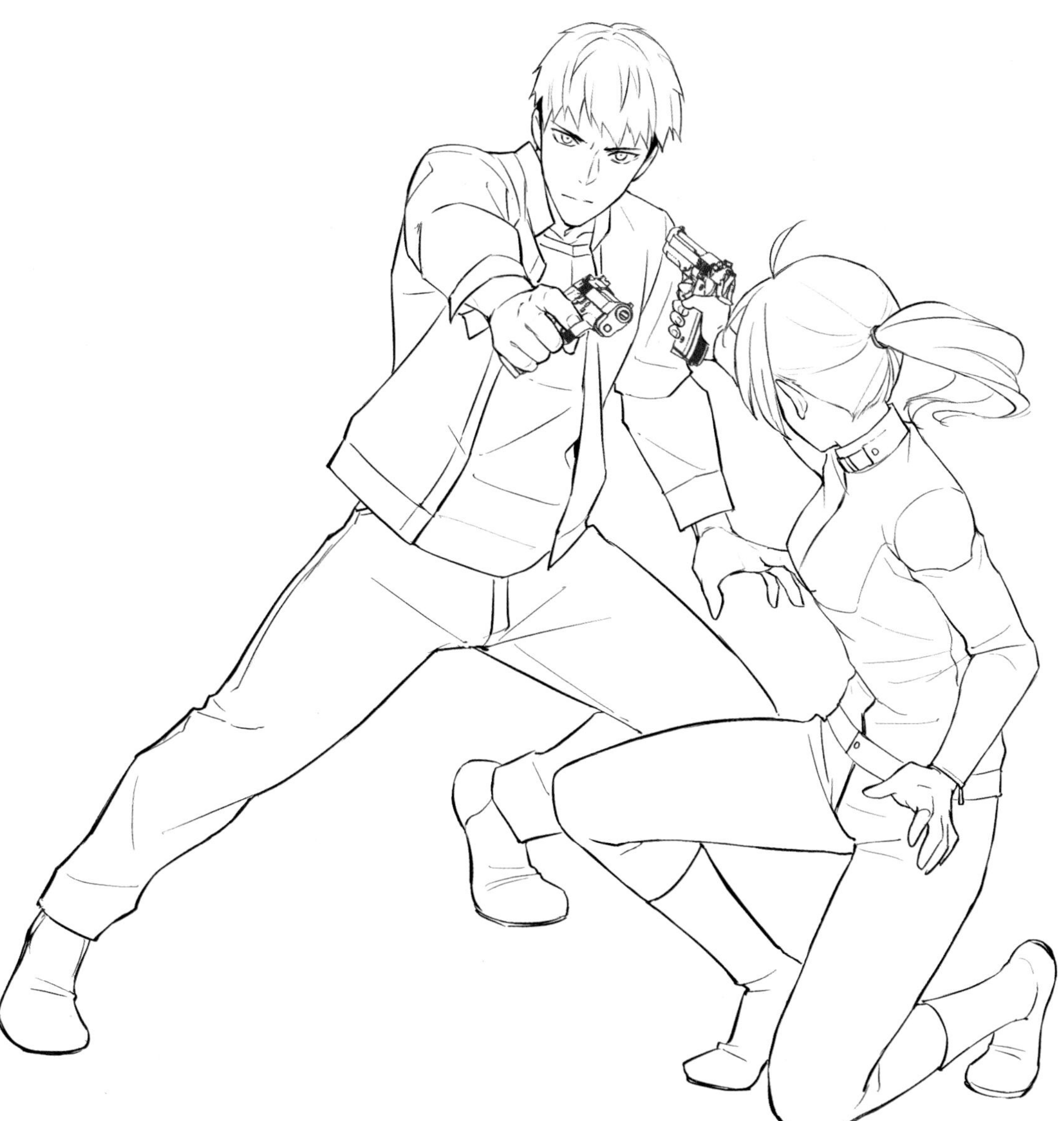

쌍권총을 든 남성 ① 측면

양손에 권총을 들고 경계 태세로 서 있는 남성을 옆에서 바라본 모습입니다. 일러스트에서 생동감을 주는 포인트는, 허리를 앞으로 내밀고 등 근육을 강조하는 것입니다. 두 가지 포인트를 유념해 멋진 포즈를 완성합니다.

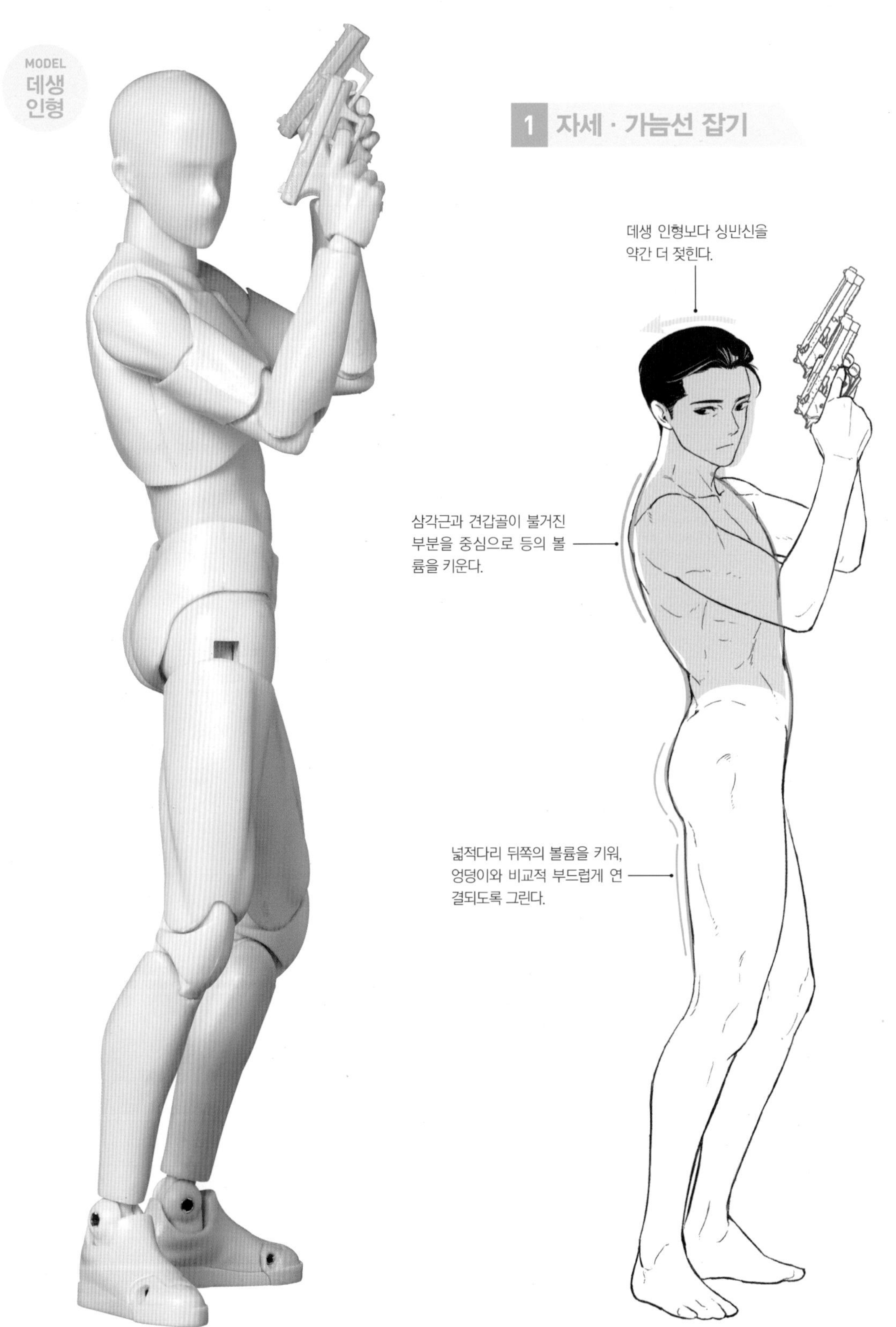
MODEL
데생 인형
1 자세 · 가늠선 잡기
데생 인형보다 상반신을 약간 더 젖힌다.
삼각근과 견갑골이 불거진 부분을 중심으로 등의 볼륨을 키운다.
넓적다리 뒤쪽의 볼륨을 키워, 엉덩이와 비교적 부드럽게 연결되도록 그린다.

2 살 붙이기 · 보디라인 정돈하기

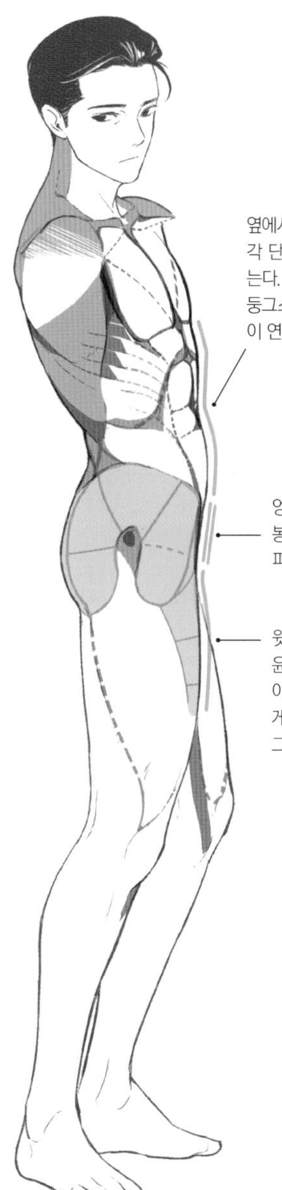

옆에서 본 복부의 윤곽선에는 복직근 각 단의 볼륨 차가 거의 드러나지 않는다. 대신 흉곽의 돌출부, 배꼽의 홈, 둥그스름하게 나온 아랫배의 윤곽선이 연결되면서 느슨한 M자를 이룬다.

엉덩이 앞쪽은 골반과 봉공근에 의해 곧게 펴진 윤곽을 보인다.

윗부분의 직선적인 윤곽이 넓적다리로 이어지면서 완만하게 부푼 아치형을 그린다.

완성

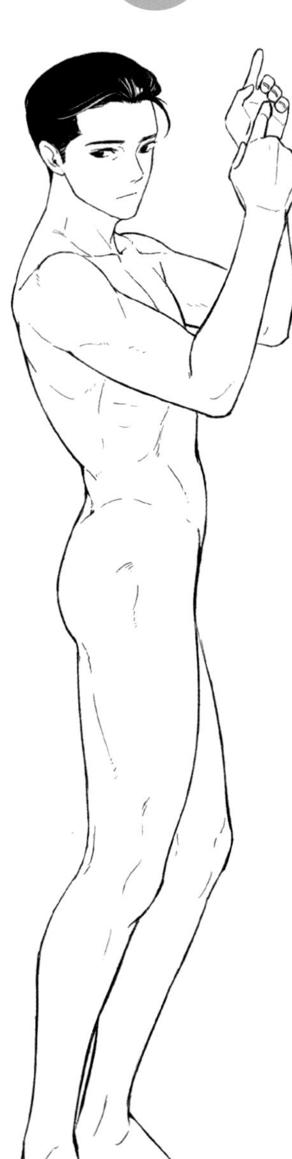

의상까지 완성

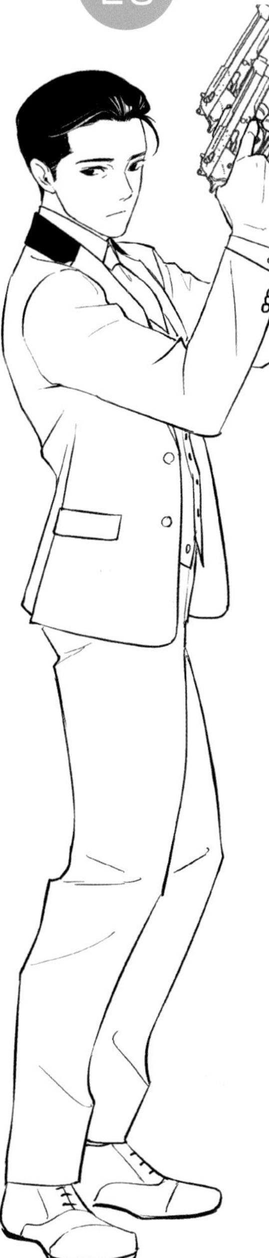

쌍권총을 든 남성 ② 후면

쌍권총을 든 남성의 뒷모습입니다. 탄탄하게 단련한 근육질의 등을 묘사하는 것이 중요합니다. 체중을 싣고 있는 축 다리와 가볍게 내디딘 다리의 차이를 강조함으로써 여유로우면서도 프로페셔널한 분위기를 낼 수 있습니다.

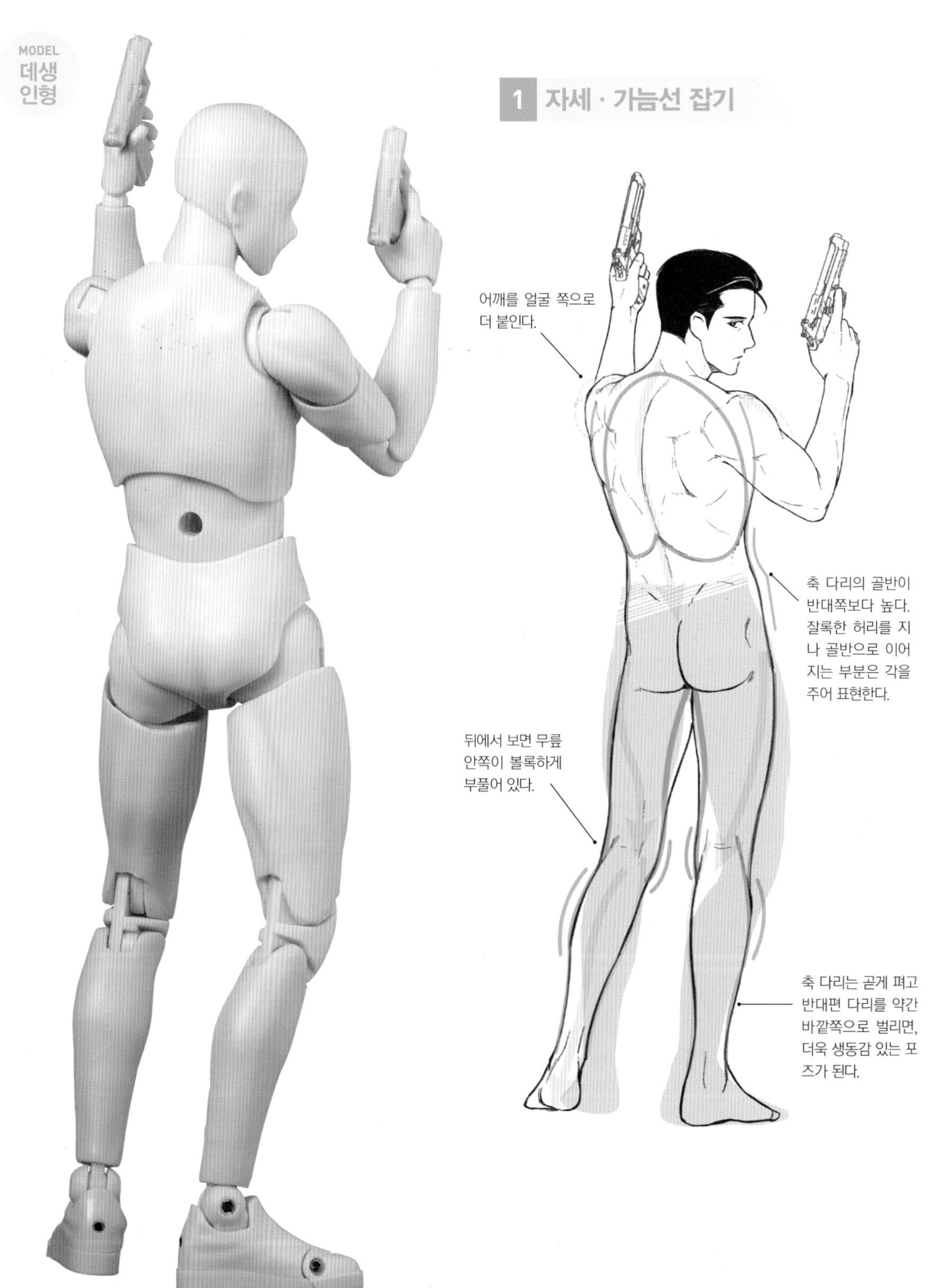
MODEL
데생 인형
1 자세 · 가늠선 잡기
어깨를 얼굴 쪽으로 더 붙인다.
축 다리의 골반이 반대쪽보다 높다. 잘록한 허리를 지나 골반으로 이어지는 부분은 각을 주어 표현한다.
뒤에서 보면 무릎 안쪽이 볼록하게 부풀어 있다.
축 다리는 곧게 펴고 반대편 다리를 약간 바깥쪽으로 벌리면, 더욱 생동감 있는 포즈가 된다.

2 살 붙이기 · 보디라인 정돈하기

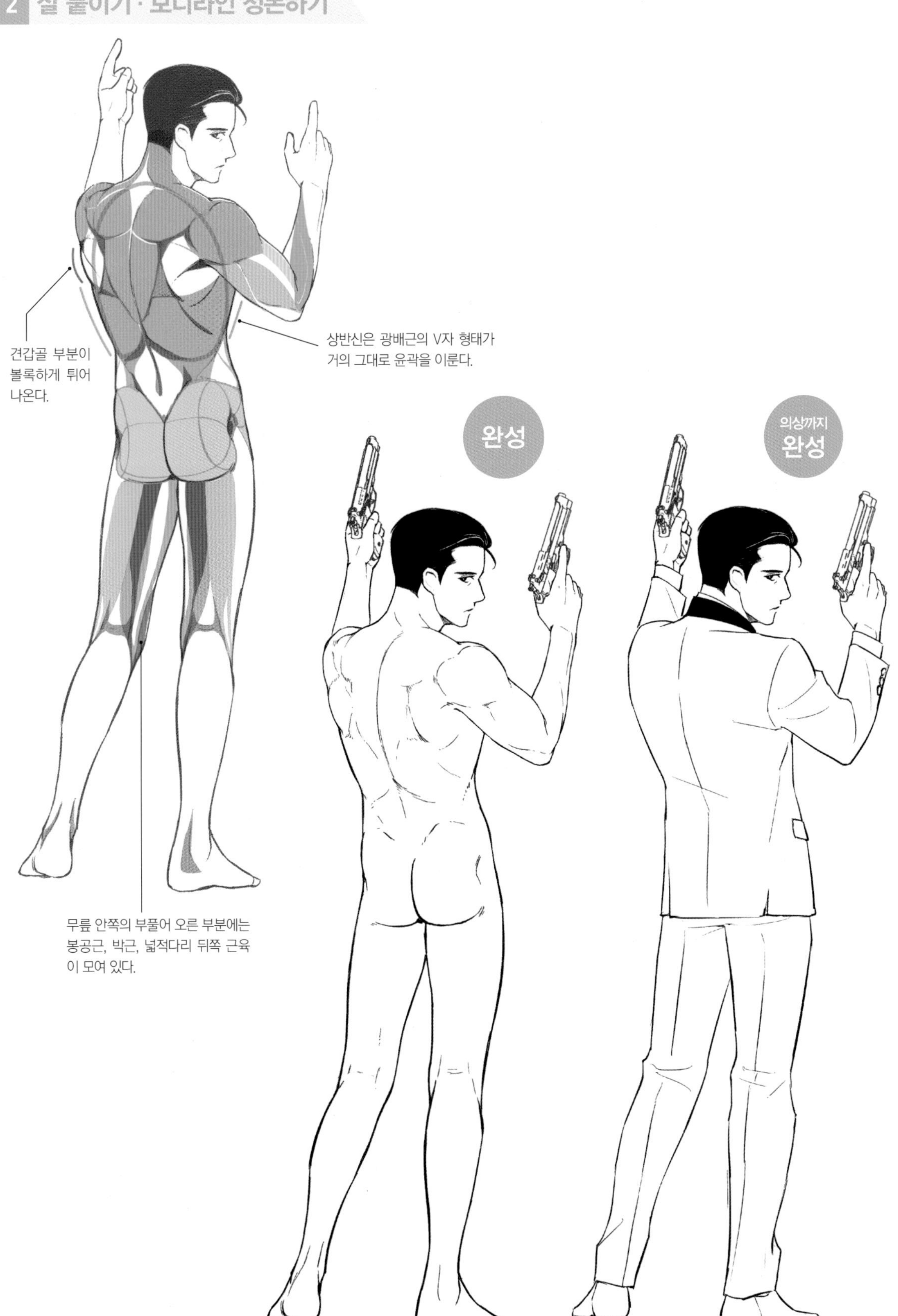

견갑골 부분이
볼록하게 튀어
나온다.
상반신은 광배근의 V자 형태가
거의 그대로 윤곽을 이룬다.
무릎 안쪽의 부풀어 오른 부분에는
봉공근, 박근, 넓적다리 뒤쪽 근육
이 모여 있다.
완성
의상까지
완성

총격전 쌍권총을 든 여성 ① 전면

얼굴은 정면을 향하고 상반신은 반측면, 하반신은 그보다 더 틀어져 옆을 향하고 있는 역동적인 느낌의 포즈입니다. 몸통의 회전이 좀 더 유연하고 자연스럽게 보이도록 허리를 뒤로 젖혀 그립니다.

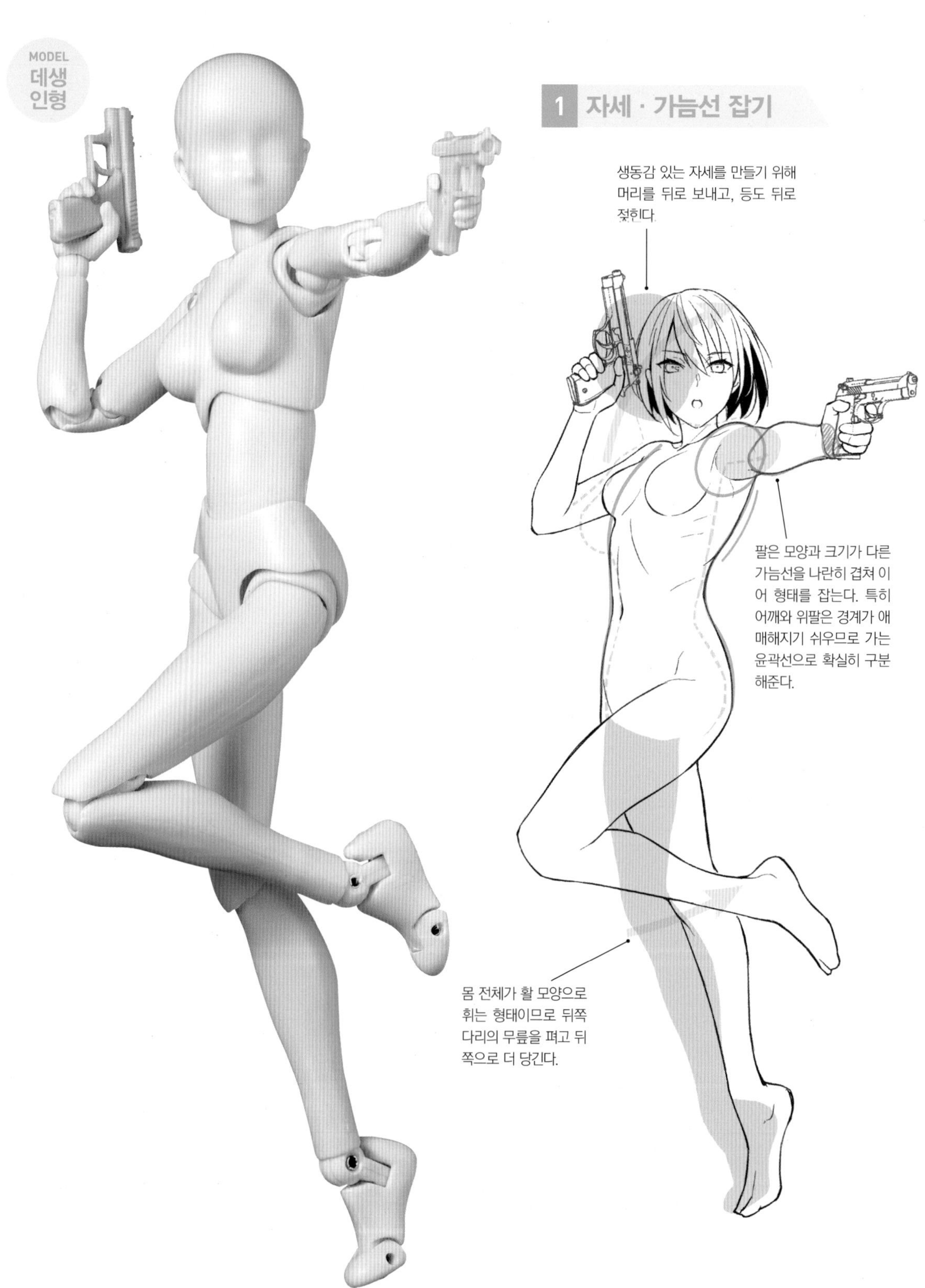
MODEL
데생 인형
1 자세 · 가늠선 잡기
생동감 있는 자세를 만들기 위해 머리를 뒤로 보내고, 등도 뒤로 젖힌다.
팔은 모양과 크기가 다른 가늠선을 나란히 겹쳐 이어 형태를 잡는다. 특히 어깨와 위팔은 경계가 애매해지기 쉬우므로 가는 윤곽선으로 확실히 구분해준다.
몸 전체가 활 모양으로 휘는 형태이므로 뒤쪽 다리의 무릎을 펴고 뒤쪽으로 더 당긴다.

2 살 붙이기 · 보디라인 정돈하기

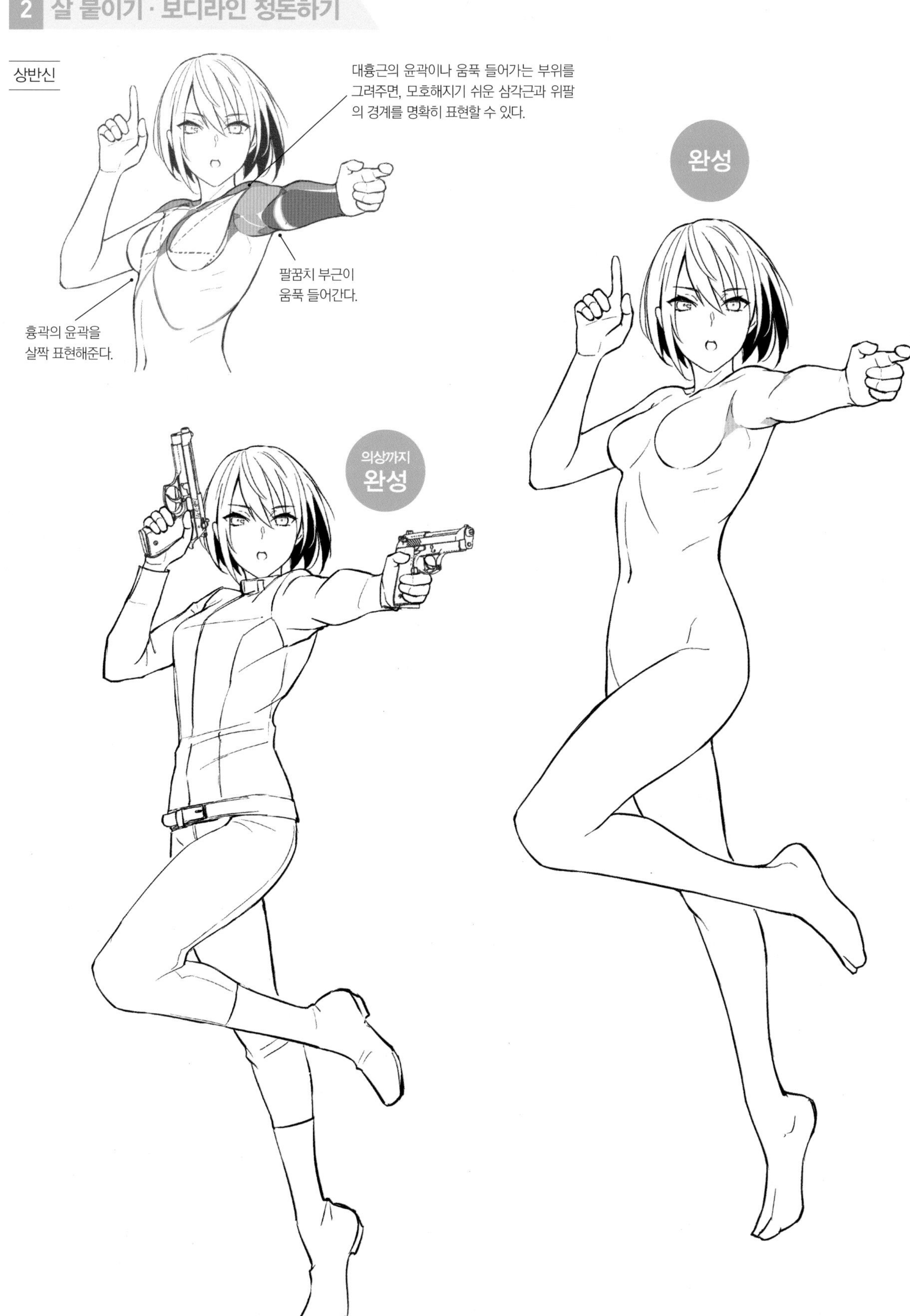
상반신
대흉근의 윤곽이나 움푹 들어가는 부위를 그려주면, 모호해지기 쉬운 삼각근과 위팔의 경계를 명확히 표현할 수 있다.
팔꿈치 부근이 움푹 들어간다.
흉곽의 윤곽을 살짝 표현해준다.
완성
의상까지 완성

총격전 쌍권총을 든 여성 ② 측면

총을 겨눈 동작을 측면에서 바라본 모습입니다. 몸의 굴곡을 강조하면서 허리를 크게 뒤로 젖혀, 여성 특유의 유연함을 표현해봅니다. 여기에 액션과는 어울리지 않을 법한 위장용 의상을 착용하면 색다른 매력을 선보이는 캐릭터를 연출할 수 있습니다.

MODEL 데생 인형

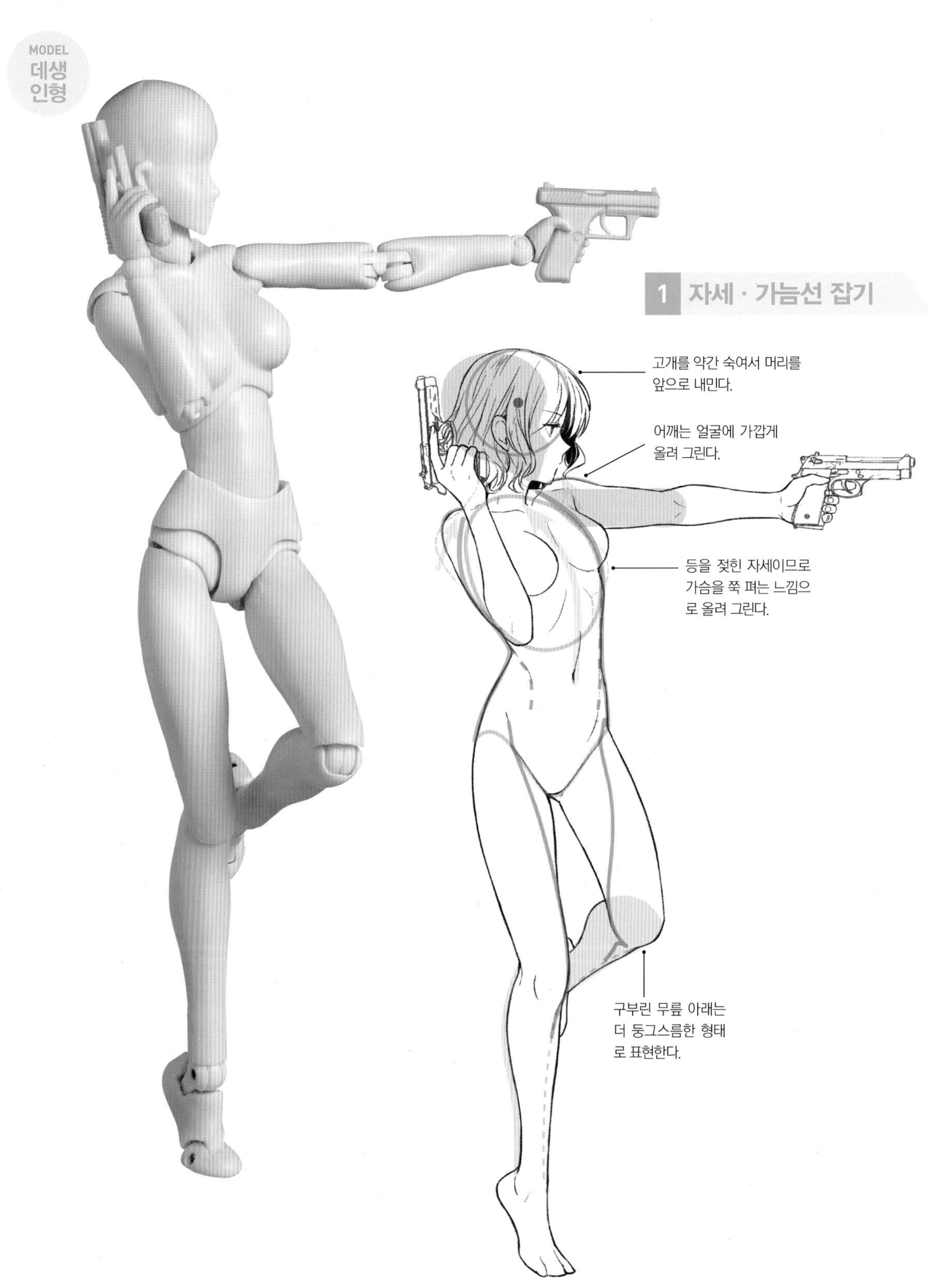

1 자세 · 가늠선 잡기
고개를 약간 숙여서 머리를 앞으로 내민다.
어깨는 얼굴에 가깝게 올려 그린다.
등을 젖힌 자세이므로 가슴을 쭉 펴는 느낌으로 올려 그린다.
구부린 무릎 아래는 더 둥그스름한 형태로 표현한다.

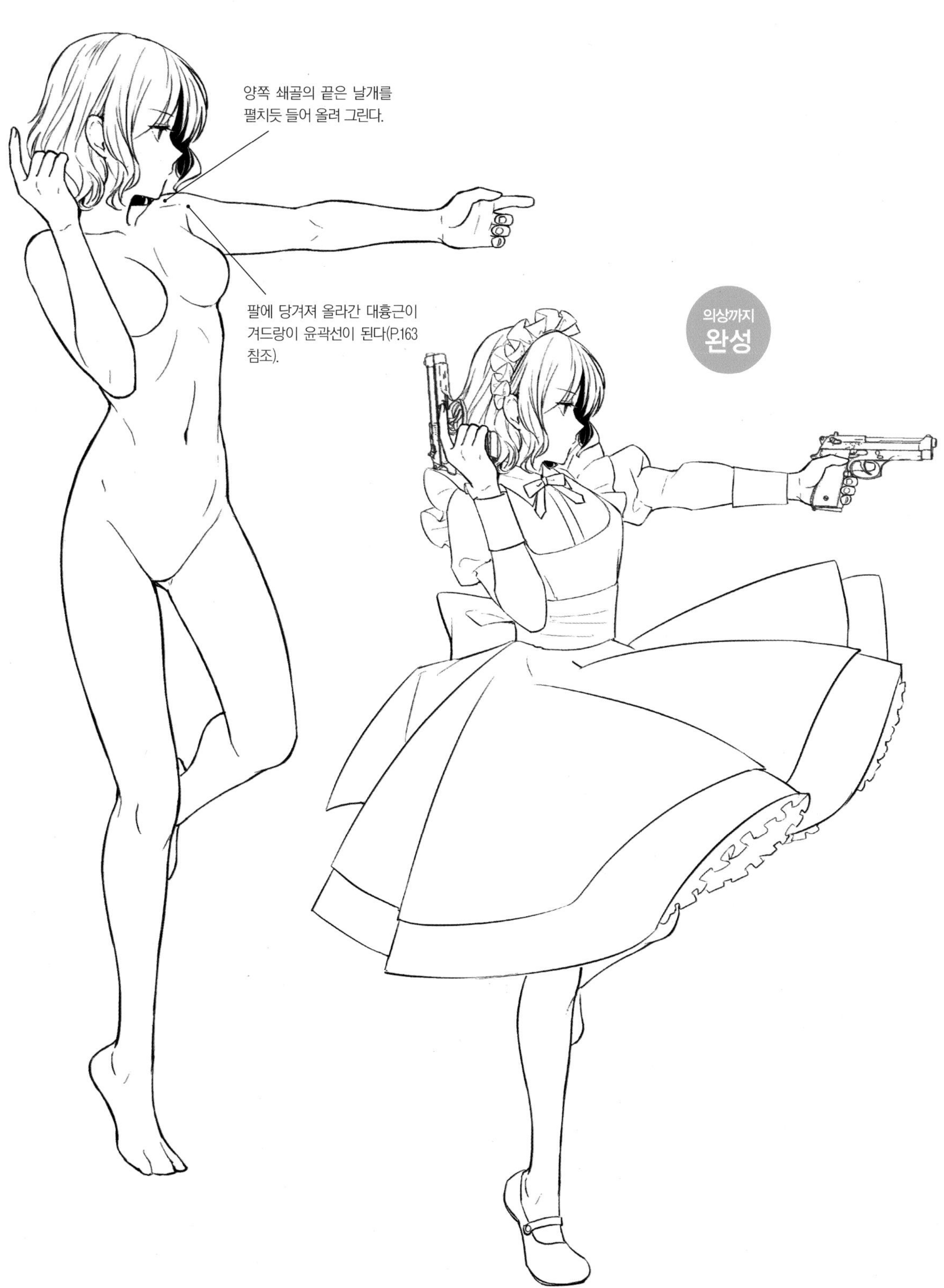
완성
양쪽 쇄골의 끝은 날개를
펼치듯 들어 올려 그린다.
팔에 당겨져 올라간 대흉근이
겨드랑이 윤곽선이 된다(P.163
참조).
의상까지
완성

총격전 엄폐물 뒤에서의 응전

단단한 재질로 만들어진 데생 인형은 근육의 신축이 반영되지 않으므로 포즈와 맞지 않는 부자연스러운 근육 형태를 세밀히 조정해주어야 합니다. 가령 남성의 자세에서 무릎을 굽힌 다리의 내측광근은, 데생 인형과 달리 평평하게 그려야 합니다. 배경도 세부적인 부분까지 꼼꼼하게 설정해 작품의 세계관을 표현합니다.

MODEL 데생 인형

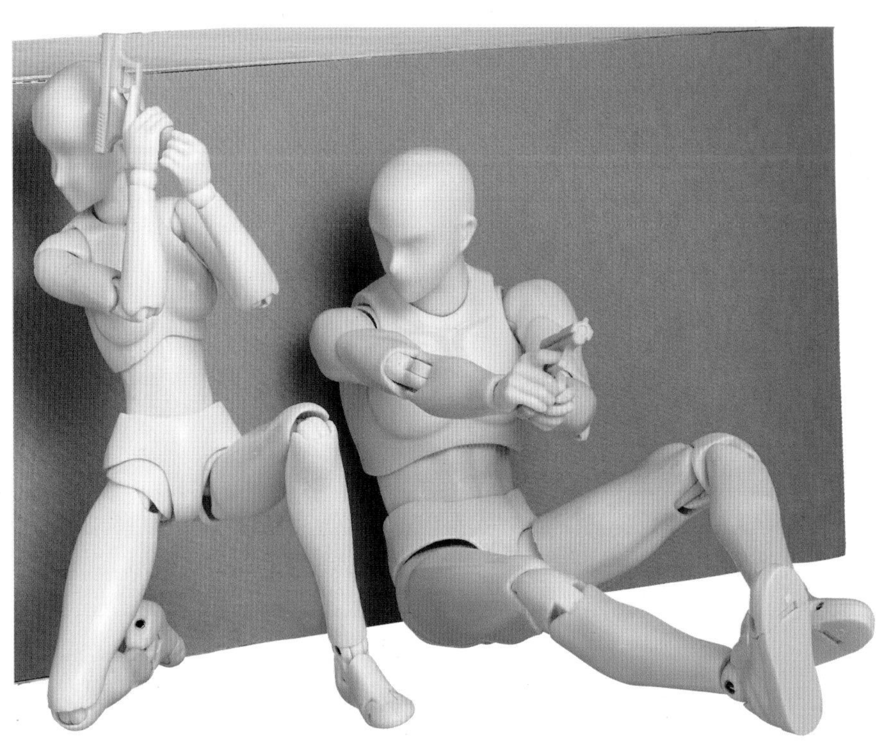

1 자세 · 가늠선 잡기

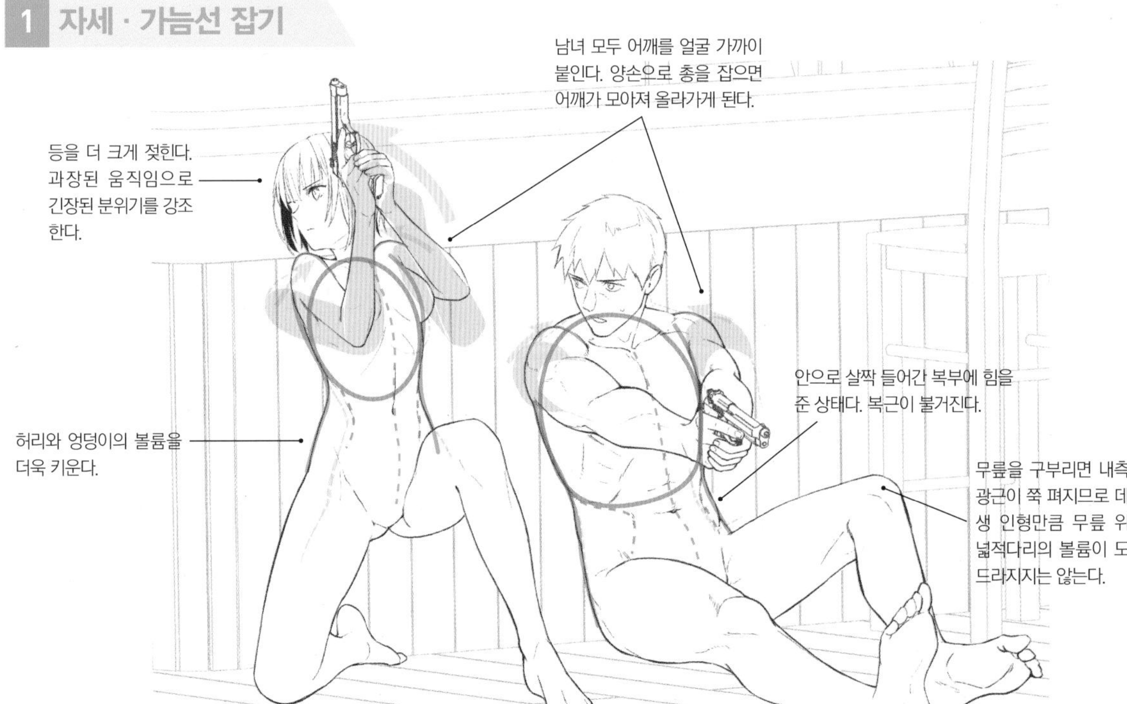
남녀 모두 어깨를 얼굴 가까이 붙인다. 양손으로 총을 잡으면 어깨가 모아져 올라가게 된다.
등을 더 크게 젖힌다. 과장된 움직임으로 긴장된 분위기를 강조한다.
허리와 엉덩이의 볼륨을 더욱 키운다.
안으로 살짝 들어간 복부에 힘을 준 상태다. 복근이 불거진다.
무릎을 구부리면 내측광근이 쭉 펴지므로 데생 인형만큼 무릎 위 넓적다리의 볼륨이 도드라지지는 않는다.

2 살 붙이기 · 보디라인 정돈하기

남성

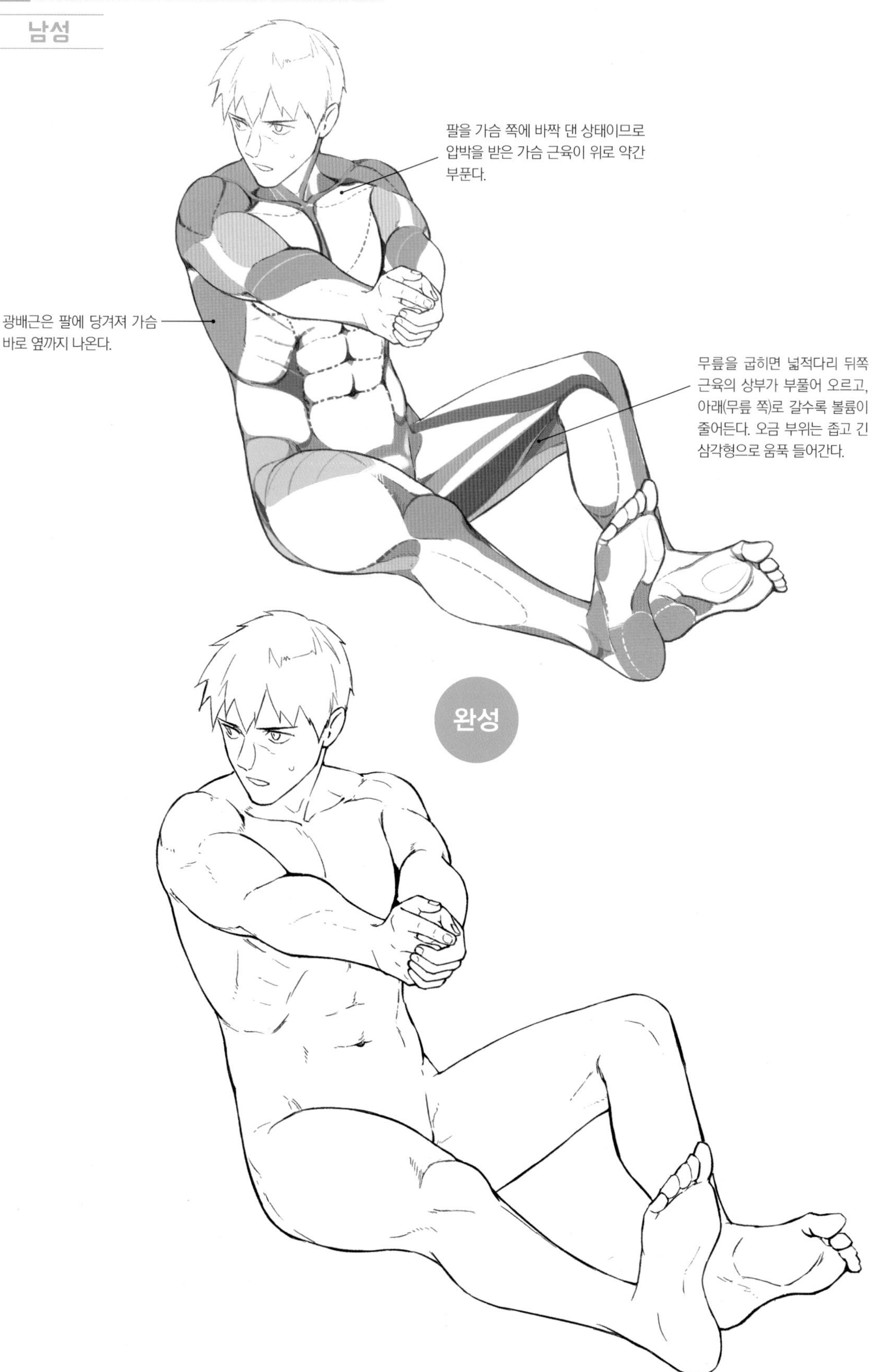

팔을 가슴 쪽에 바짝 댄 상태이므로 압박을 받은 가슴 근육이 위로 약간 부푼다.
광배근은 팔에 당겨져 가슴 바로 옆까지 나온다.
무릎을 굽히면 넓적다리 뒤쪽 근육의 상부가 부풀어 오르고, 아래(무릎 쪽)로 갈수록 볼륨이 줄어든다. 오금 부위는 좁고 긴 삼각형으로 움푹 들어간다.
완성

2 살 붙이기 · 보디라인 정돈하기

여성

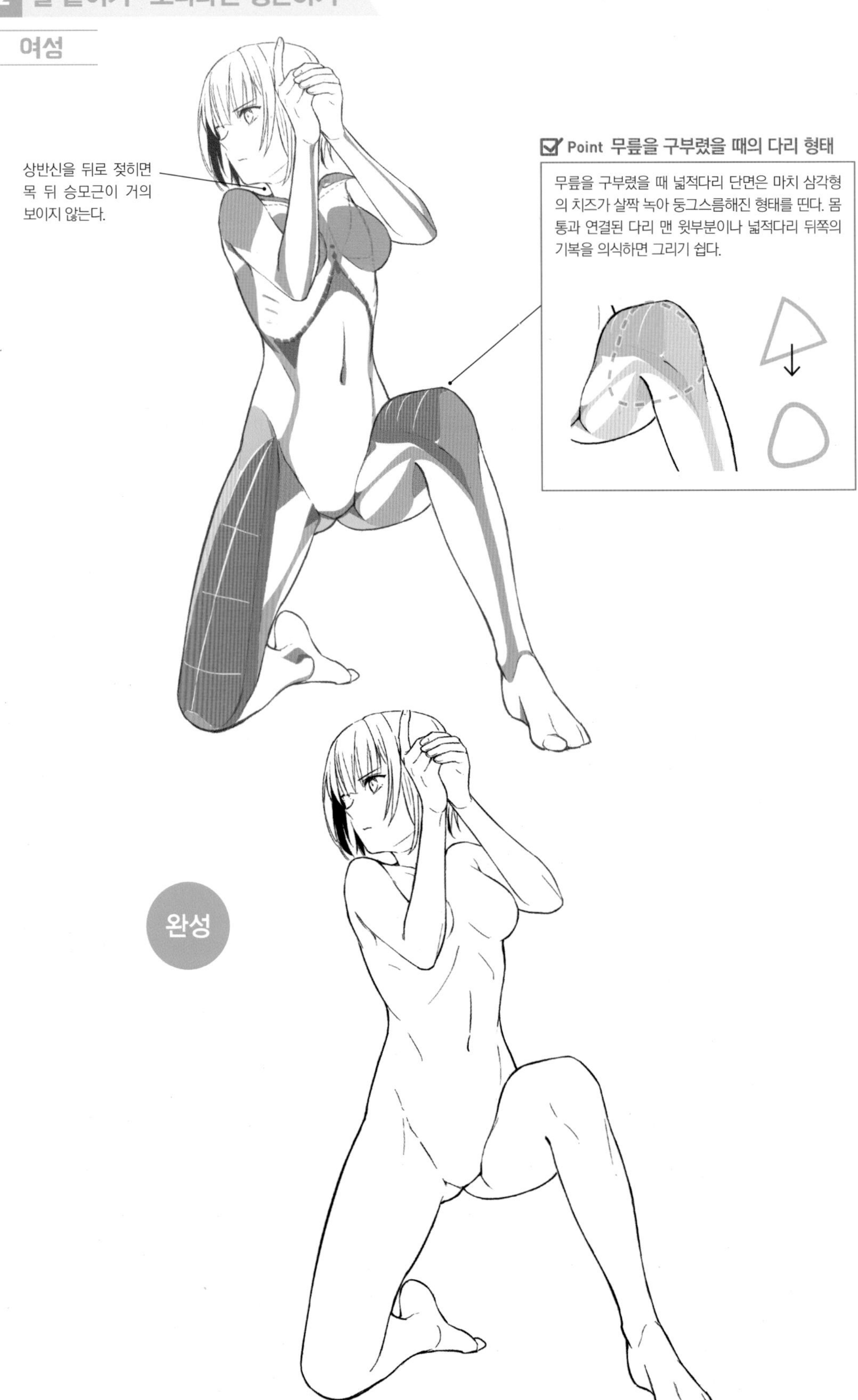

상반신을 뒤로 젖히면 목 뒤 승모근이 거의 보이지 않는다.
Point 무릎을 구부렸을 때의 다리 형태
무릎을 구부렸을 때 넓적다리 단면은 마치 삼각형의 치즈가 살짝 녹아 둥그스름해진 형태를 띤다. 몸통과 연결된 다리 맨 윗부분이나 넓적다리 뒤쪽의 기복을 의식하면 그리기 쉽다.
완성

의상까지
완성

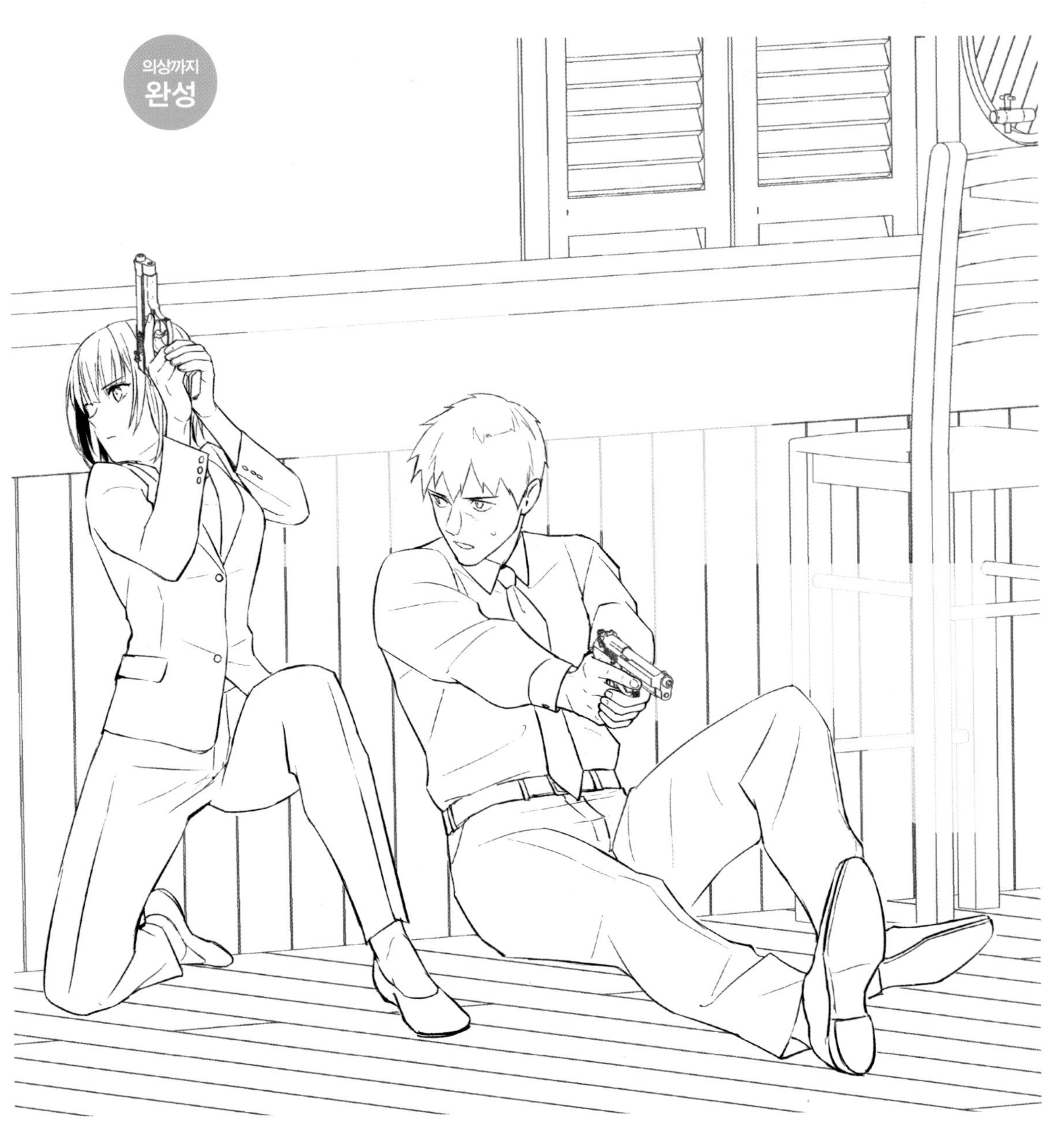

총격전 　등 맞댄 총잡이 콤비 ① 측면

액션 콤비를 그릴 때 꾸준히 사랑받는 포즈입니다. 남녀의 키와 체격 차이가 확연히 드러납니다. 정면을 향한 얼굴에 흔들리지 말고, 몸의 방향이나 총을 쥔 손, 손가락의 모양을 주의해 그립니다.

MODEL 데생 인형

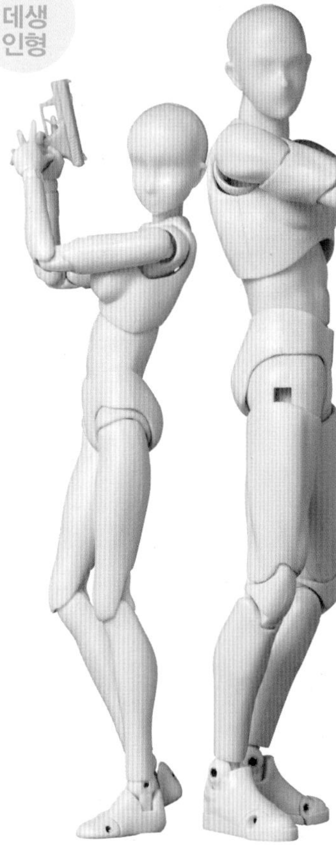

Key Point

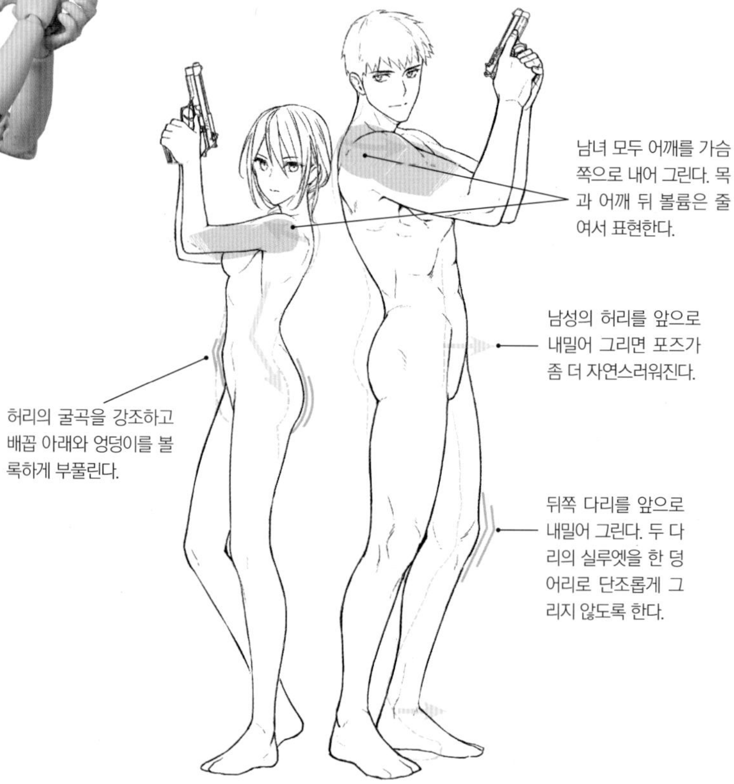

남녀 모두 어깨를 가슴 쪽으로 내어 그린다. 목과 어깨 뒤 볼륨은 줄여서 표현한다.

남성의 허리를 앞으로 내밀어 그리면 포즈가 좀 더 자연스러워진다.

허리의 굴곡을 강조하고 배꼽 아래와 엉덩이를 볼록하게 부풀린다.

뒤쪽 다리를 앞으로 내밀어 그린다. 두 다리의 실루엣을 한 덩어리로 단조롭게 그리지 않도록 한다.

Point 총을 쥔 손 그리기

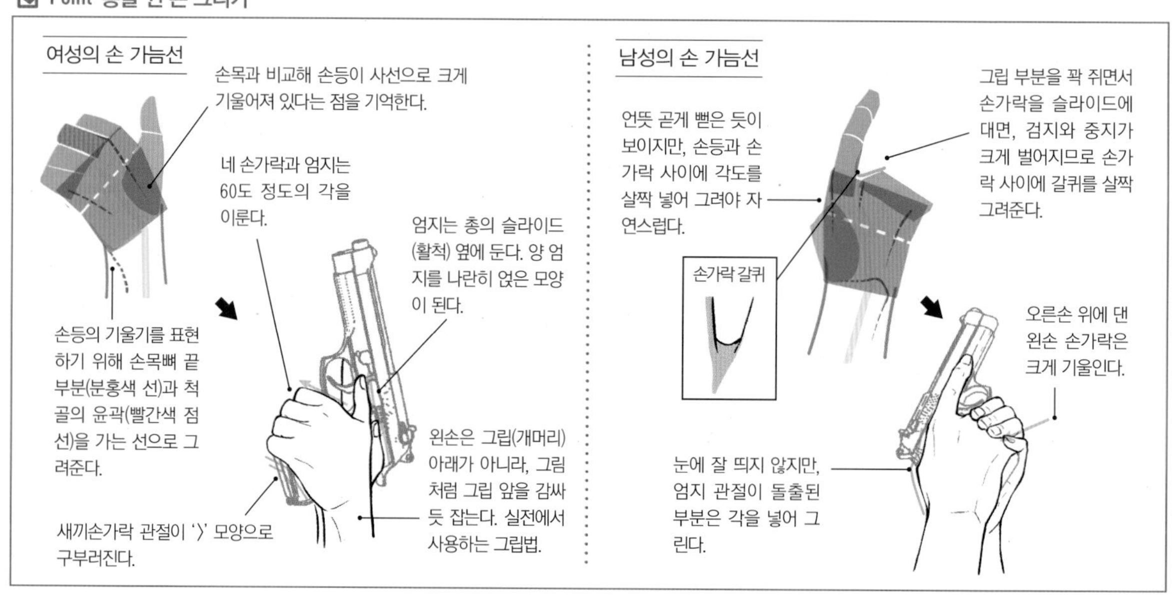

여성의 손 가늠선
손목과 비교해 손등이 사선으로 크게 기울어져 있다는 점을 기억한다.
네 손가락과 엄지는 60도 정도의 각을 이룬다.
엄지는 총의 슬라이드(활척) 옆에 둔다. 양 엄지를 나란히 얹은 모양이 된다.
손등의 기울기를 표현하기 위해 손목뼈 끝 부분(분홍색 선)과 척골의 윤곽(빨간색 점선)을 가는 선으로 그려준다.
왼손은 그립(개머리) 아래가 아니라, 그림처럼 그립 앞을 감싸듯 잡는다. 실전에서 사용하는 그립법.
새끼손가락 관절이 '〉' 모양으로 구부러진다.
남성의 손 가늠선
언뜻 곧게 뻗은 듯이 보이지만, 손등과 손가락 사이에 각도를 살짝 넣어 그려야 자연스럽다.
그립 부분을 꽉 쥐면서 손가락을 슬라이드에 대면, 검지와 중지가 크게 벌어지므로 손가락 사이에 갈퀴를 살짝 그려준다.
손가락 갈퀴
오른손 위에 댄 왼손 손가락은 크게 기울인다.
눈에 잘 띄지 않지만, 엄지 관절이 돌출된 부분은 각을 넣어 그린다.

남성

1 자세 · 가늠선 잡기

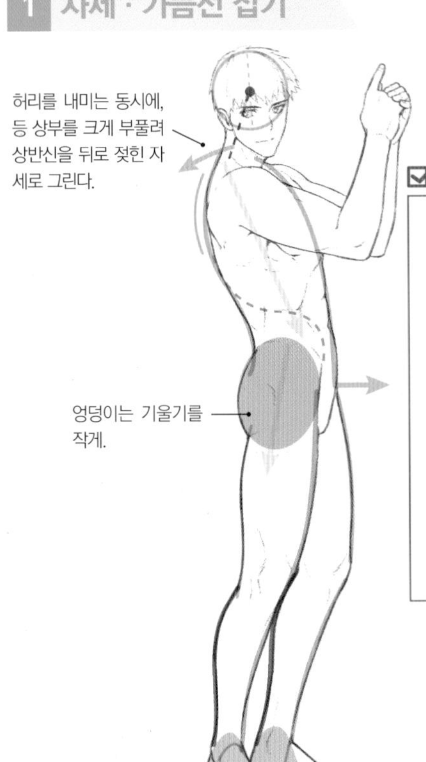

허리를 내미는 동시에, 등 상부를 크게 부풀려 상반신을 뒤로 젖힌 자세로 그린다.
엉덩이는 기울기를 작게.

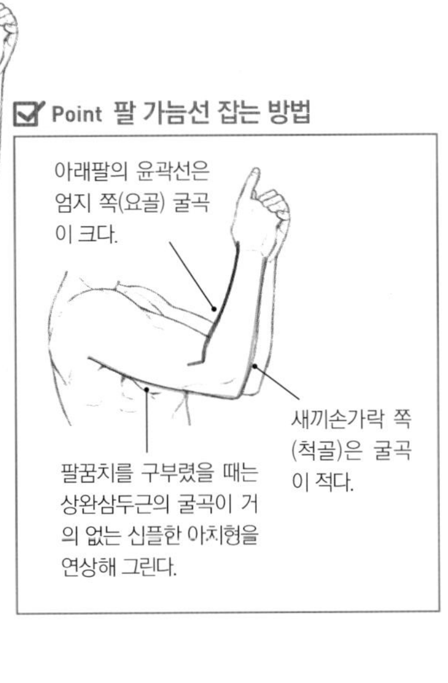

Point 팔 가늠선 잡는 방법
아래팔의 윤곽선은 엄지 쪽(요골) 굴곡이 크다.
새끼손가락 쪽(척골)은 굴곡이 적다.
팔꿈치를 구부렸을 때는 상완삼두근의 굴곡이 거의 없는 심플한 아치형을 연상해 그린다.

2 살 붙이기

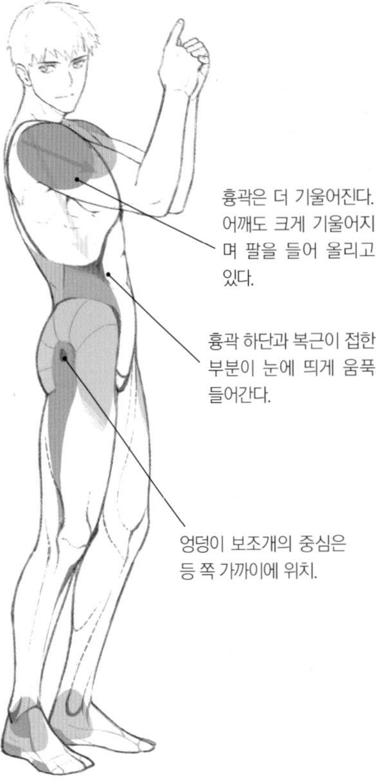

흉곽은 더 기울어진다. 어깨도 크게 기울어지며 팔을 들어 올리고 있다.
흉곽 하단과 복근이 접한 부분이 눈에 띄게 움푹 들어간다.
엉덩이 보조개의 중심은 등 쪽 가까이에 위치.

3 보디라인 정돈하기

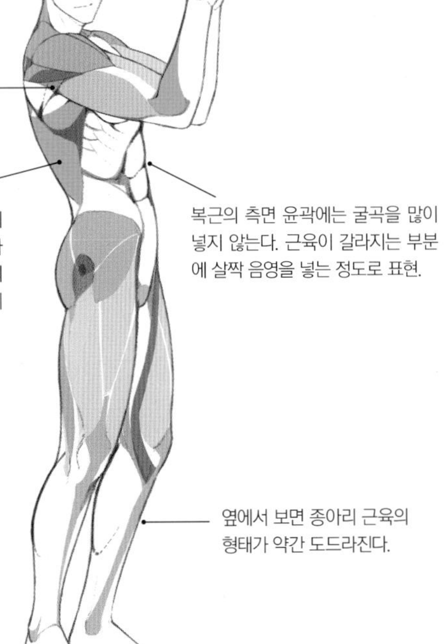

팔을 앞으로 움직이면 등 쪽 삼각근이 늘어나면서, 삼각근과 상완삼두근 사이가 움푹 들어간다.
광배근(주황색)은 팔에 당겨져 앞으로 많이 나온다. 광배근과 견갑골의 형태를 따라, 겨드랑이 아래로 음영이 생긴다.
복근의 측면 윤곽에는 굴곡을 많이 넣지 않는다. 근육이 갈라지는 부분에 살짝 음영을 넣는 정도로 표현.
옆에서 보면 종아리 근육의 형태가 약간 도드라진다.

완성

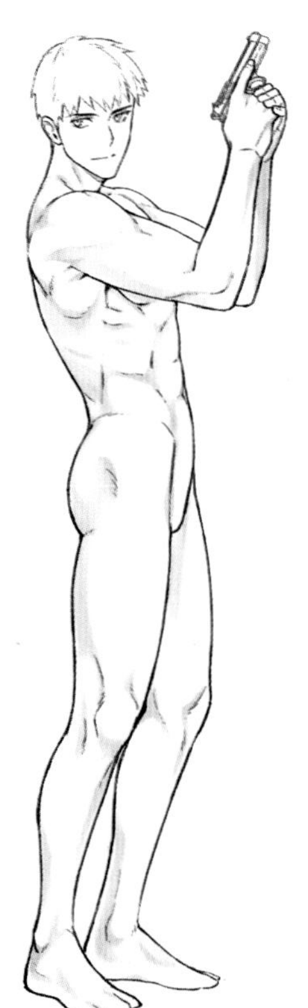

여성

1 자세 · 가늠선 잡기

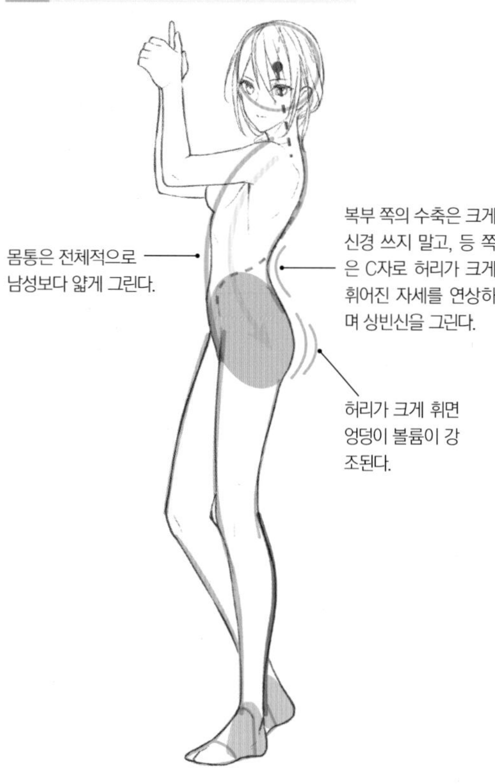

몸통은 전체적으로 남성보다 얇게 그린다.
복부 쪽의 수축은 크게 신경 쓰지 말고, 등 쪽은 C자로 허리가 크게 휘어진 자세를 연상하며 상반신을 그린다.
허리가 크게 휘면 엉덩이 볼륨이 강조된다.

2 살 붙이기

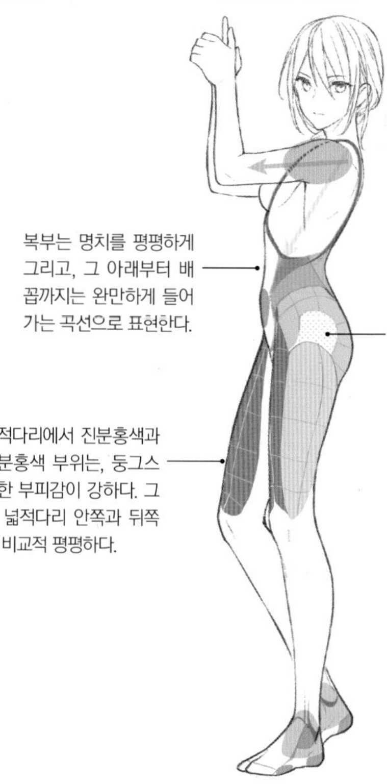

복부는 명치를 평평하게 그리고, 그 아래부터 배꼽까지는 완만하게 들어가는 곡선으로 표현한다.
엉덩이 보조개는 남성과 달리, 대퇴관절 주변에 거의 평평한 면으로 펴져 있다.
넓적다리에서 진분홍색과 연분홍색 부위는, 둥그스름한 부피감이 강하다. 그 외 넓적다리 안쪽과 뒤쪽은 비교적 평평하다.

3 보디라인 정돈하기

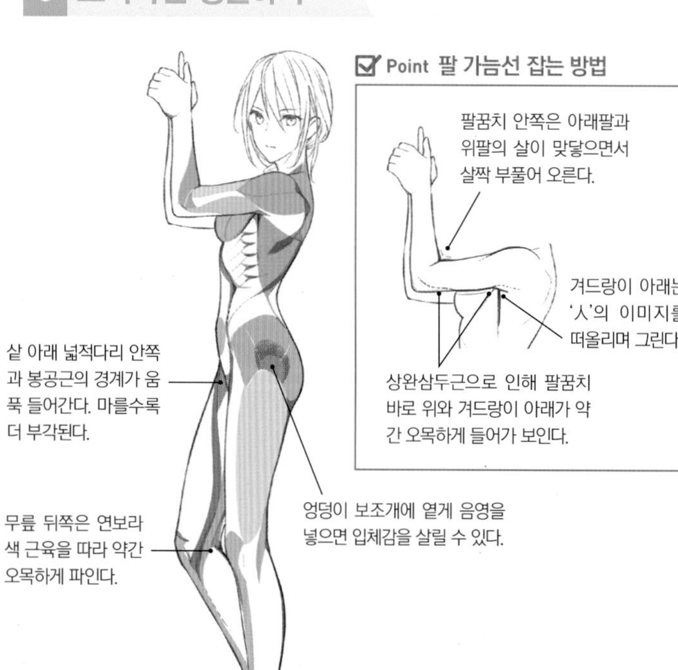

Point 팔 가늠선 잡는 방법
팔꿈치 안쪽은 아래팔과 위팔의 살이 맞닿으면서 살짝 부풀어 오른다.
겨드랑이 아래는 '人'의 이미지를 떠올리며 그린다.
상완삼두근으로 인해 팔꿈치 바로 위와 겨드랑이 아래가 약간 오목하게 들어가 보인다.
샅 아래 넓적다리 안쪽과 봉공근의 경계가 움푹 들어간다. 마를수록 더 부각된다.
엉덩이 보조개에 옅게 음영을 넣으면 입체감을 살릴 수 있다.
무릎 뒤쪽은 연보라색 근육을 따라 약간 오목하게 파인다.

완성

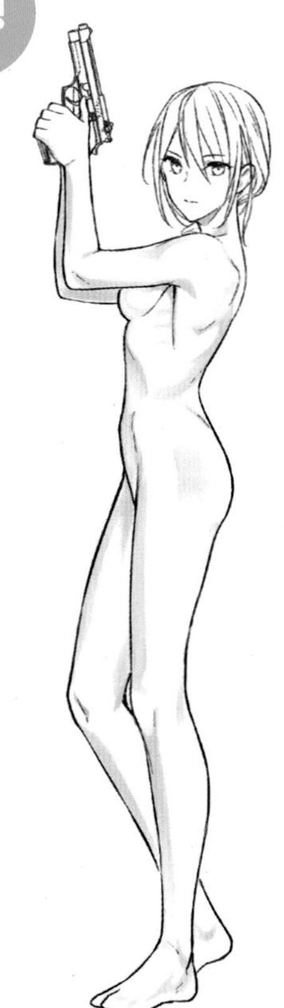

옷 주름의 특징

노란색 몸의 윤곽에서 돌출되는 부분
빨간색 당겨지는 형태의 주름
초록색 늘어지는 형태의 주름

정장 재킷처럼 몸의 기본 형태에 맞춰 만들어진 포멀한 의상은 팔을 들어 올리면 어깨 부분이 크게 따라 올라간다.

재킷을 입고 팔을 앞으로 들어 올리면, 접히거나 늘어진 형태의 크고 작은 주름이 위팔 부위에 많이 잡힌다.

의상까지
완성

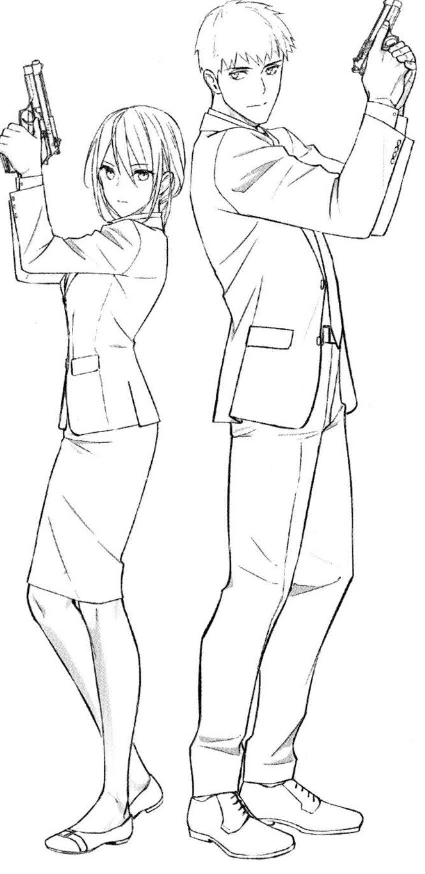

총격전 등 맞댄 총잡이 콤비 ② 하이 앵글

콤비 포즈를 하이 앵글에서 바라본 모습입니다. 전체적인 실루엣이 아래로 좁아지는 형태가 되도록 그립니다. 등 윤곽선은 기복이 커서 등을 딱 맞대어 버리면 제대로 그리기가 어렵습니다. 약간 공간을 띄워 포즈에 여유를 둡니다.

MODEL 데생 인형

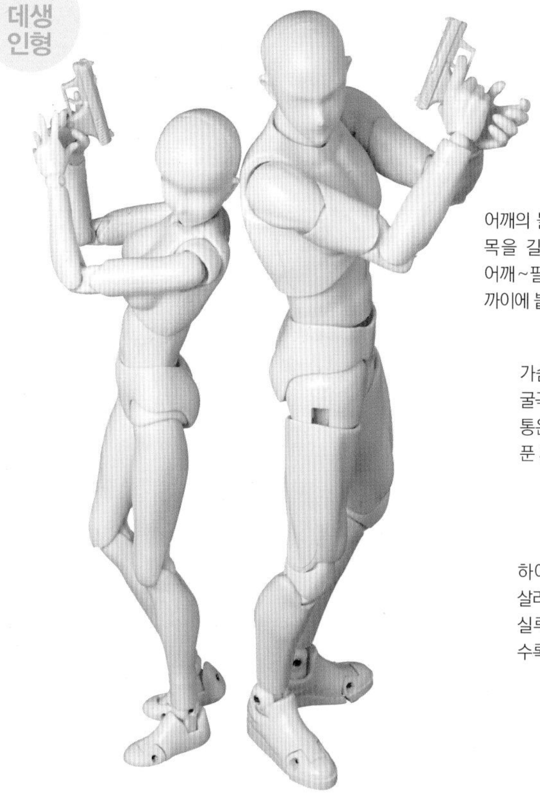

Key Point

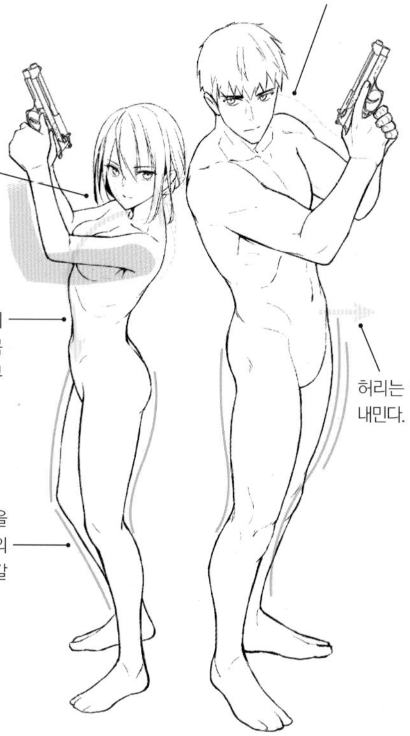

뒤쪽 어깨의 볼륨을 줄이고 얼굴 가까이에 붙인다.

어깨의 볼륨을 줄여 목을 길게 그리고, 어깨~팔을 얼굴 가까이에 붙인다.

가슴을 펴고 명치의 굴곡을 강조한다. 몸통은 상부가 크게 부푼 S자 형태가 된다.

허리는 앞으로 내민다.

하이 앵글의 특징을 살리기 위해 하반신의 실루엣은 아래로 갈수록 더 좁혀 그린다.

1 자세 · 가늠선 잡기

Point 여성의 가늠선

여성은 흉곽을 크게 기울여, 명치와 허리의 잘록함을 강조한다.

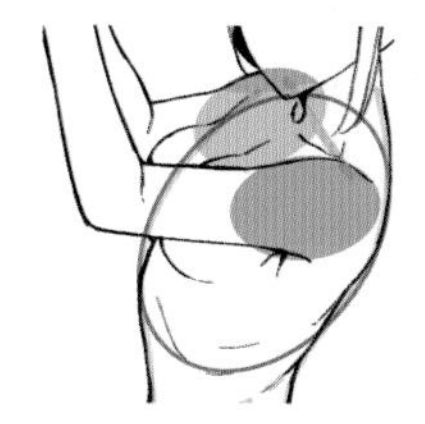

점선으로 표시한 라인과 안으로 들어간 배꼽 라인을 그리면, 하이 앵글에서도 몸통이 부자연스럽게 짧아 보이지 않는다.

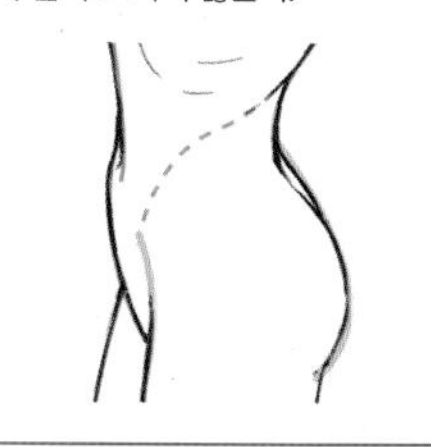

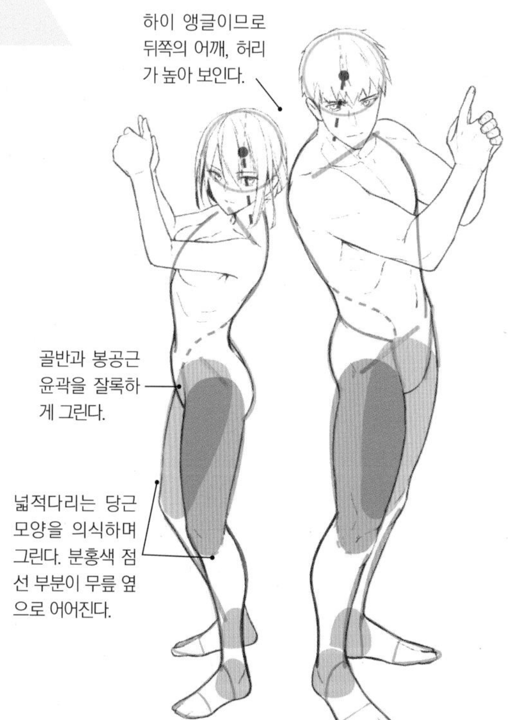

하이 앵글이므로 뒤쪽의 어깨, 허리가 높아 보인다.
골반과 봉공근 윤곽을 잘록하게 그린다.
넓적다리는 당근 모양을 의식하며 그린다. 분홍색 점선 부분이 무릎 옆으로 어어진다.

Point 남성의 가늠선

흉곽과 어깨는 여성보다 큰 원으로 가늠선을 잡는다. 흉곽은 약간만 기울인다.

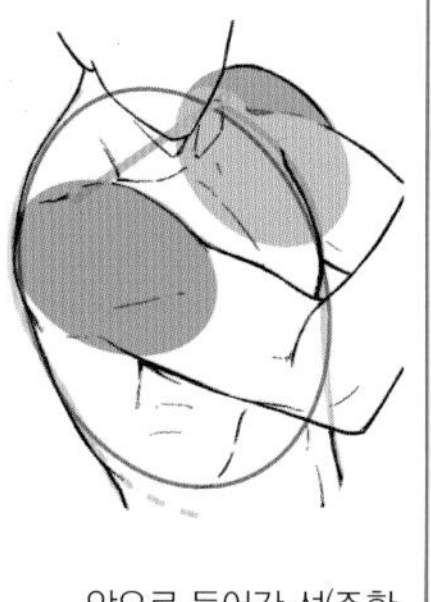

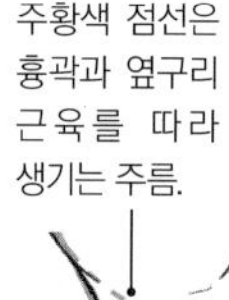
주황색 점선은 흉곽과 옆구리 근육를 따라 생기는 주름.

안으로 들어간 선(주황색)은 복직근의 윤곽.

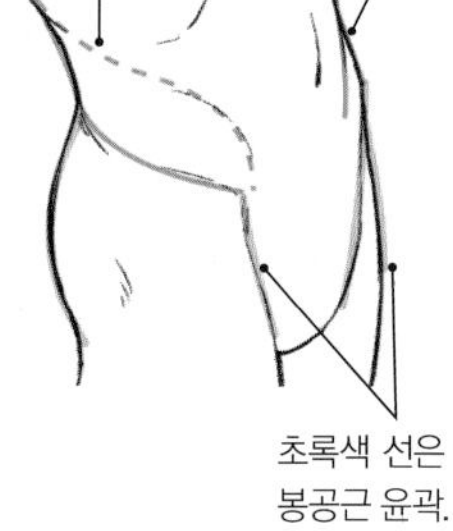

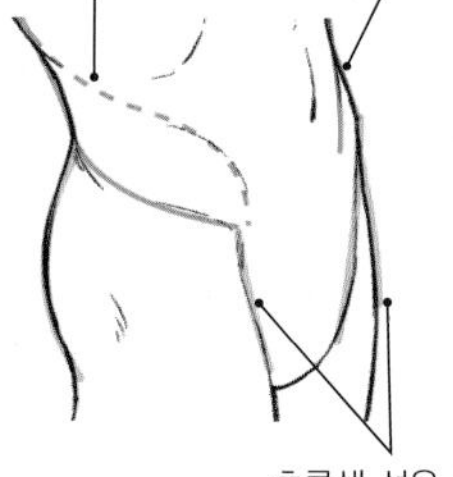

초록색 선은 골반과 봉공근 윤곽.

2 살 붙이기 · 보디라인 정돈하기

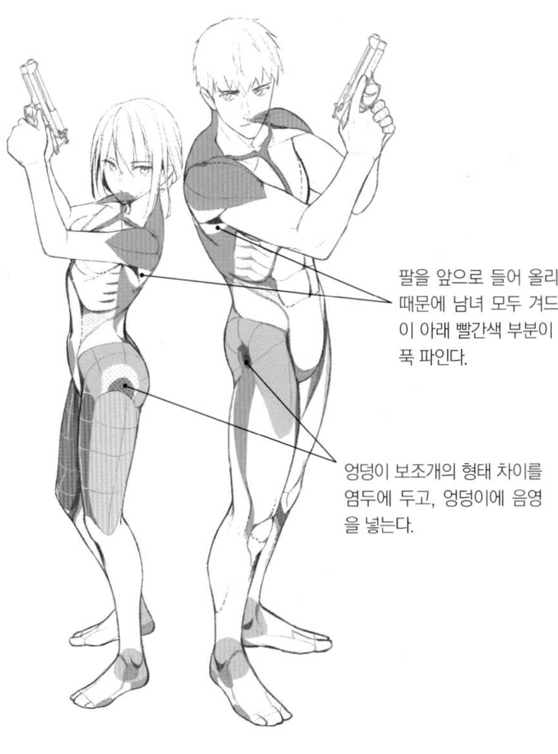

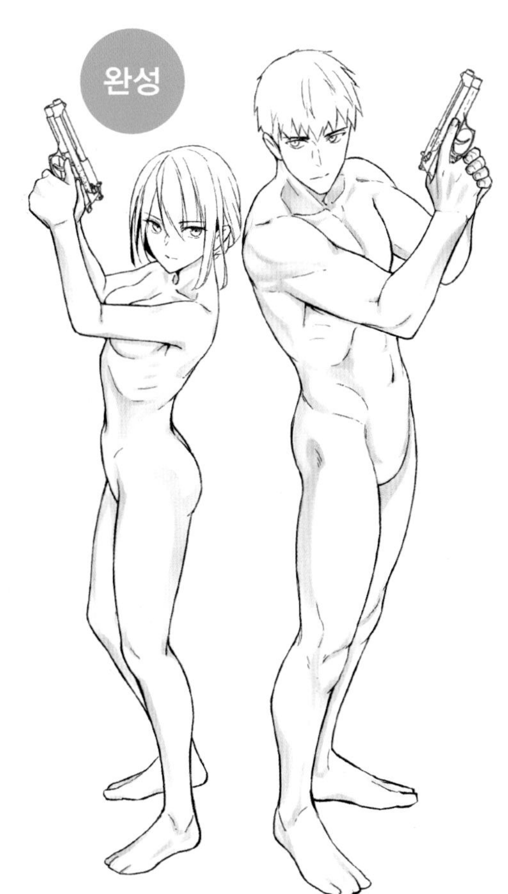

의상 그리는 방법

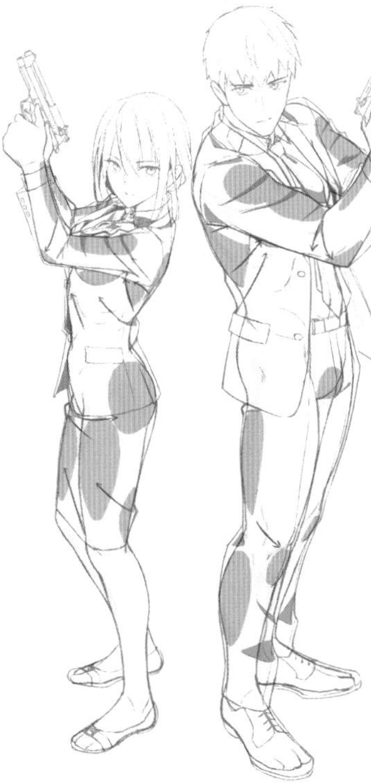

의상까지 완성

옷 주름의 특징

노란색 몸의 윤곽에서 돌출되는 부분
빨간색 당겨지는 형태의 주름
초록색 늘어지는 형태의 주름

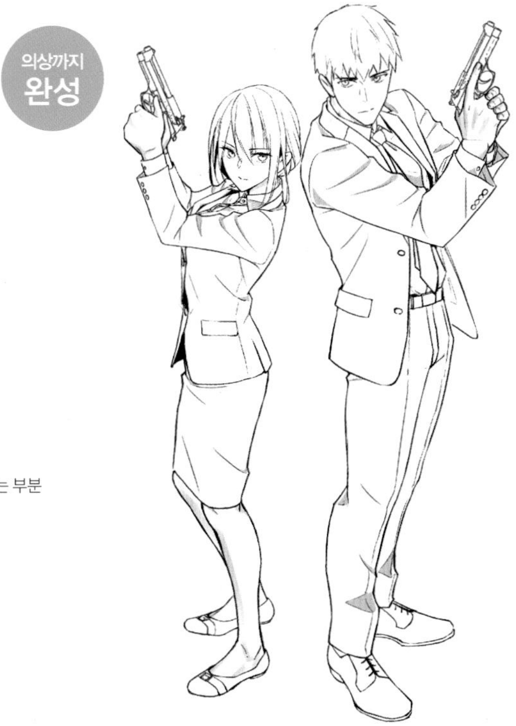

중단 자세

검도에서 자세의 기본이 되는 '중단세(中段勢)'입니다. 데생 인형은 몸과 검 둘 다 약간 비스듬하게 돌아가 있으나, 일러스트에서는 몸과 검이 정면을 향하도록 조정해 그립니다. 오른발을 왼발보다 한 발 앞으로 내디뎌 그려야 바른 자세가 됩니다.

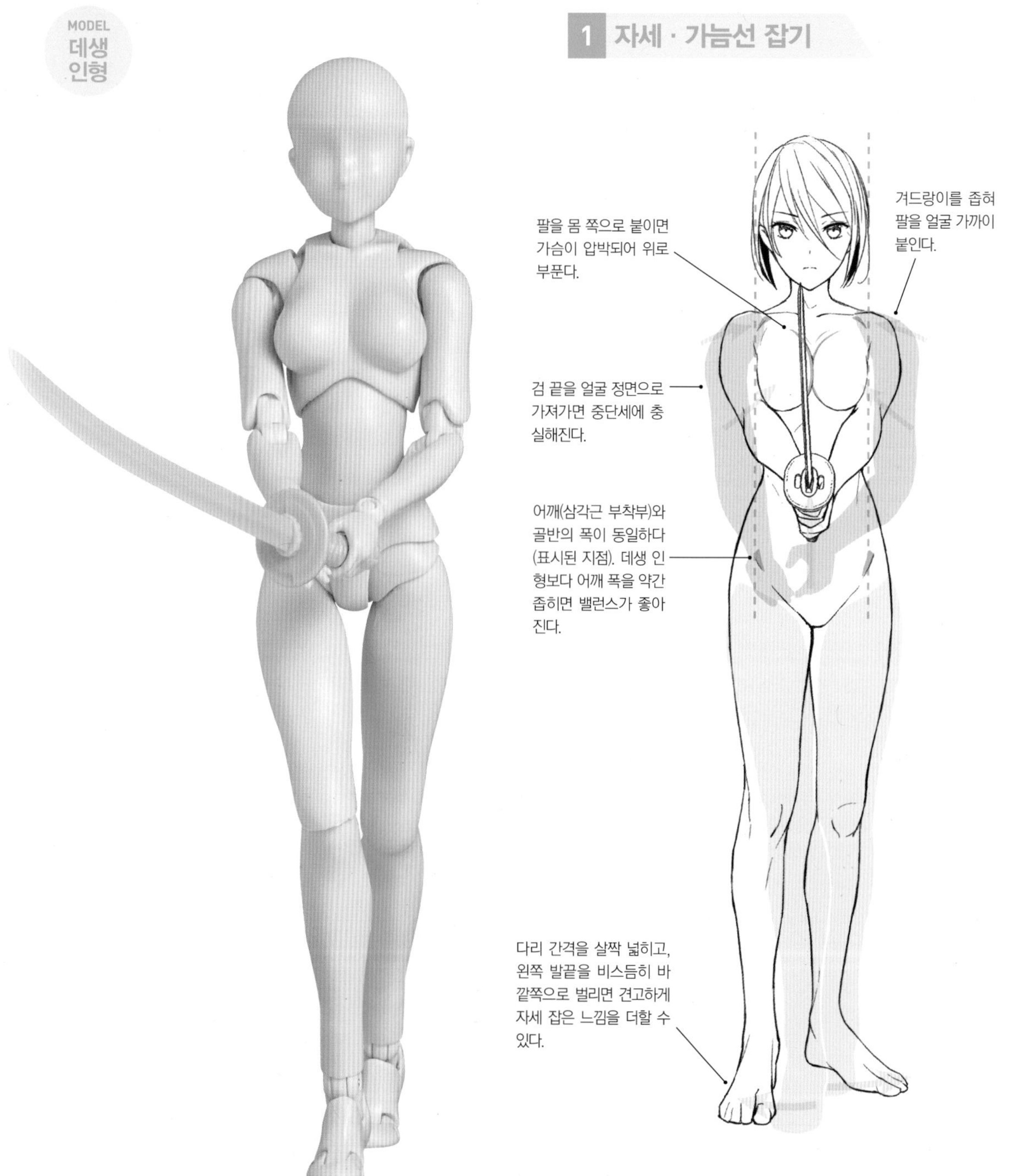
MODEL
데생 인형
1 자세 · 가늠선 잡기
팔을 몸 쪽으로 붙이면 가슴이 압박되어 위로 부푼다.
겨드랑이를 좁혀 팔을 얼굴 가까이 붙인다.
검 끝을 얼굴 정면으로 가져가면 중단세에 충실해진다.
어깨(삼각근 부착부)와 골반의 폭이 동일하다(표시된 지점). 데생 인형보다 어깨 폭을 약간 좁히면 밸런스가 좋아진다.
다리 간격을 살짝 넓히고, 왼쪽 발끝을 비스듬히 바깥쪽으로 벌리면 견고하게 자세 잡은 느낌을 더할 수 있다.

2 살 붙이기 · 보디라인 정돈하기

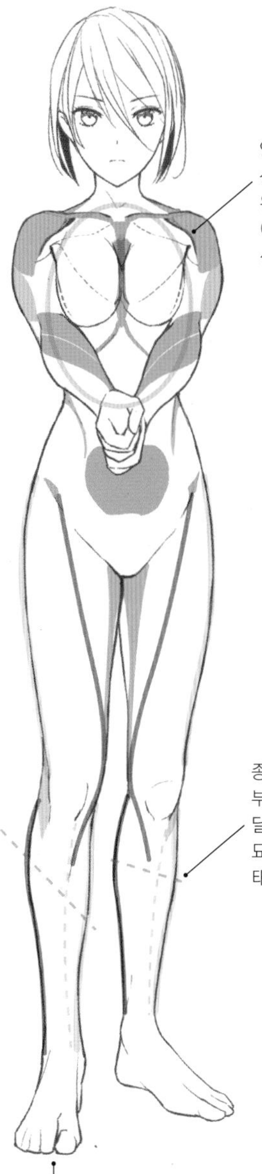

양팔을 가슴 옆에 바짝 붙여 올린 상태다. 대흉근 쇄골부(쇄골과 상완골에 부착된 대흉근)가 꺾이듯이 수축해 'ㅅ' 모양으로 주름이 생긴다.

종아리 좌우의 가장 볼록한 부분을 연결한 선의 기울기를 달리 해주면, 발끝 방향이 미묘하게 다른 두 종아리의 형태를 잘 표현할 수 있다.

무릎 아래 종아리의 볼륨은 두 다리 모두 오른편이 더 커 보인다.

완성

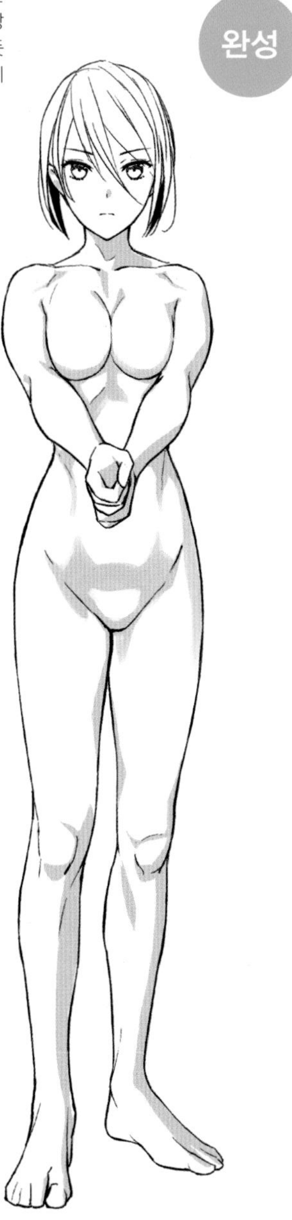

의상까지 완성

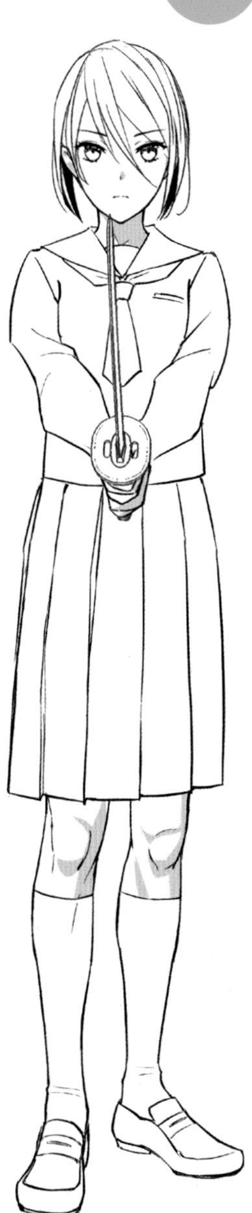

검술 검을 치켜든 모습

검을 치켜 올린 검객의 자세를 더욱 절도 있고 날카롭게 표현하기 위해 팔을 조정해 검 끝을 내려 그립니다. 데생 인형이 벌린 손바닥도 검지에 살짝 여유를 주어 검을 쥐도록 수정하면, 보다 자연스러운 손동작이 됩니다.

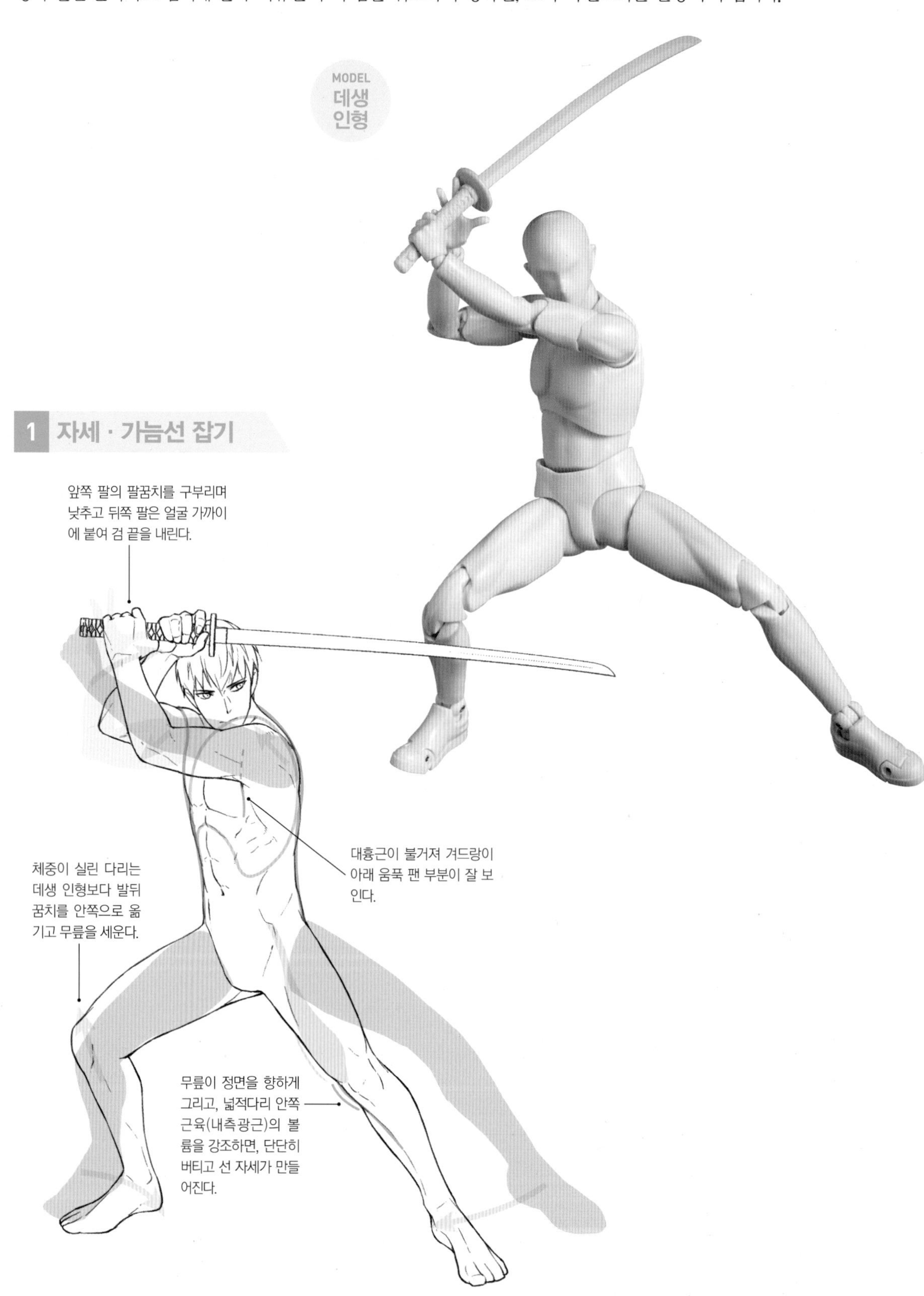

MODEL
데생 인형
1 자세 · 가늠선 잡기
앞쪽 팔의 팔꿈치를 구부리며 낮추고 뒤쪽 팔은 얼굴 가까이에 붙여 검 끝을 내린다.
체중이 실린 다리는 데생 인형보다 발뒤꿈치를 안쪽으로 옮기고 무릎을 세운다.
대흉근이 불거져 겨드랑이 아래 움푹 팬 부분이 잘 보인다.
무릎이 정면을 향하게 그리고, 넓적다리 안쪽 근육(내측광근)의 볼륨을 강조하면, 단단히 버티고 선 자세가 만들어진다.

2 살 붙이기 · 보디라인 정돈하기

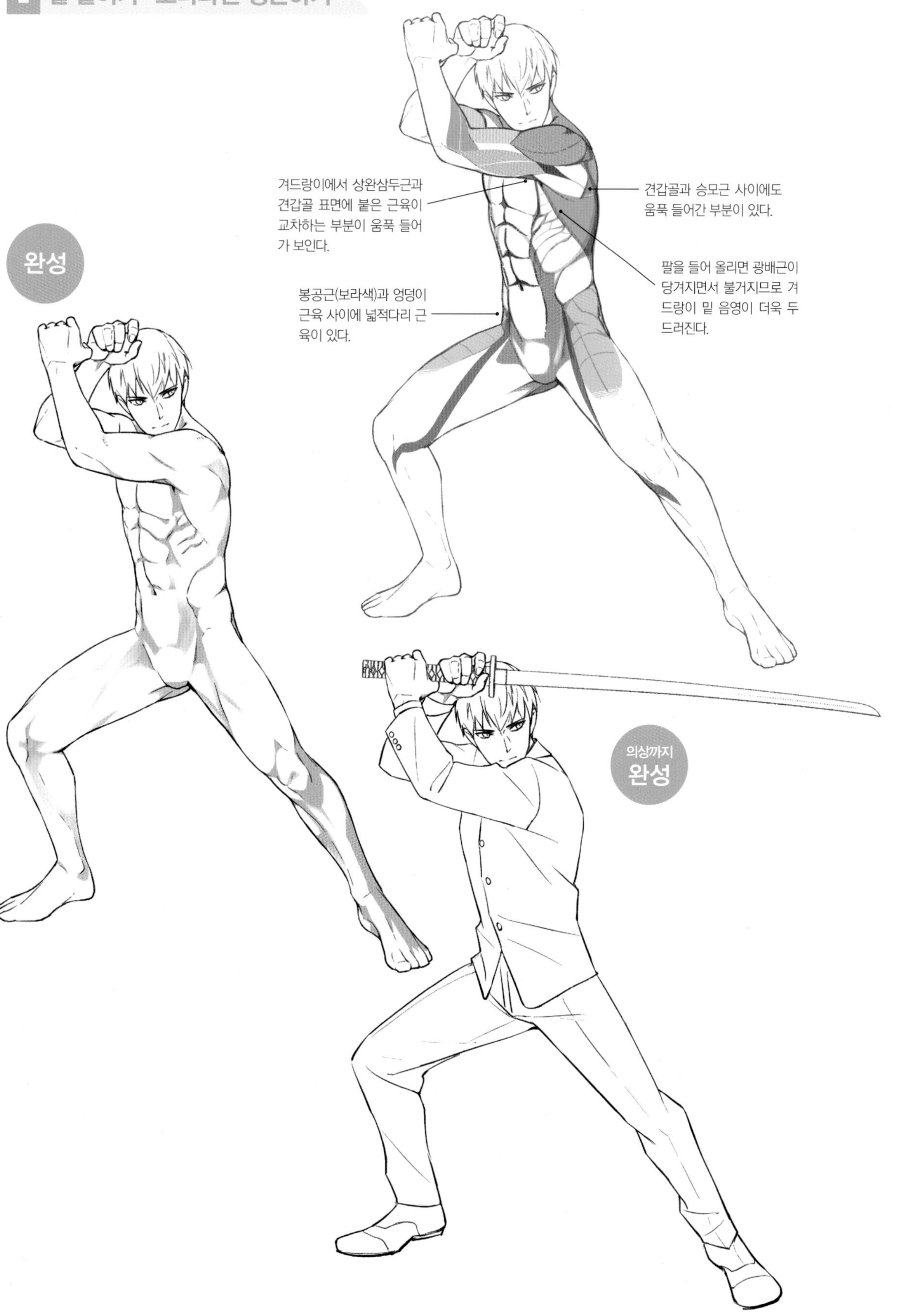

겨드랑이에서 상완삼두근과 견갑골 표면에 붙은 근육이 교차하는 부분이 움푹 들어가 보인다.
견갑골과 승모근 사이에도 움푹 들어간 부분이 있다.
팔을 들어 올리면 광배근이 당겨지면서 불거지므로 겨드랑이 밑 음영이 더욱 두드러진다.
봉공근(보라색)과 엉덩이 근육 사이에 넓적다리 근육이 있다.
완성
의상까지
완성

PART 3 액션 포즈 그리기

검술

검술 마주 보고 겨루기

두 검객이 금방이라도 대결을 펼칠 듯한 포즈로 마주하고 있습니다. 두 사람의 검 끝을 몸 뒤로 돌려 상대에게 보이지 않도록 조정함으로써 더욱 팽팽한 긴장감이 흐르는 분위기를 그려봅시다.

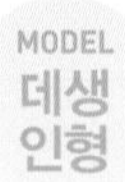
MODEL
데생
인형

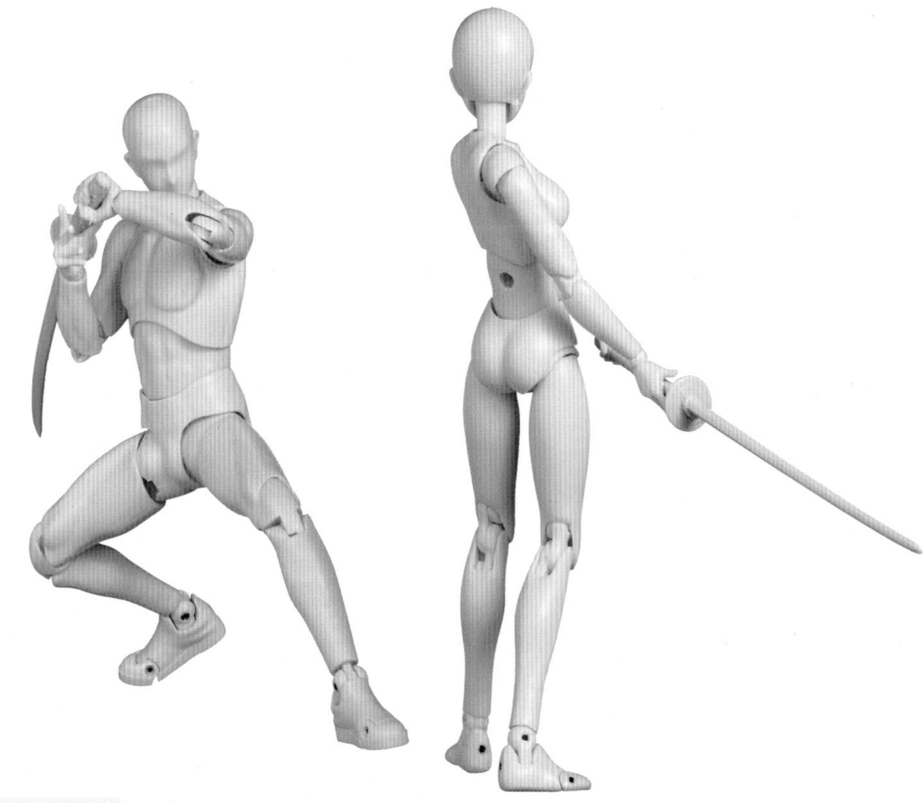

1 자세 · 가늠선 잡기

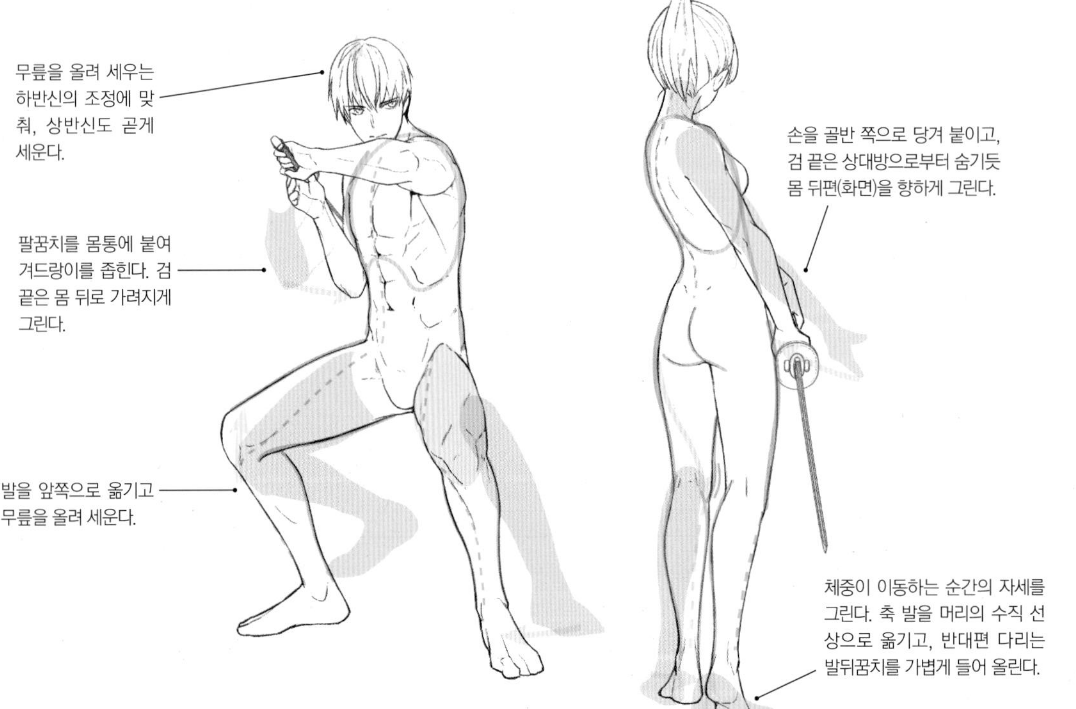
무릎을 올려 세우는 하반신의 조정에 맞춰, 상반신도 곧게 세운다.
팔꿈치를 몸통에 붙여 겨드랑이를 좁힌다. 검 끝은 몸 뒤로 가려지게 그린다.
발을 앞쪽으로 옮기고 무릎을 올려 세운다.
손을 골반 쪽으로 당겨 붙이고, 검 끝은 상대방으로부터 숨기듯 몸 뒤편(화면)을 향하게 그린다.
체중이 이동하는 순간의 자세를 그린다. 축 발을 머리의 수직 선상으로 옮기고, 반대편 다리는 발뒤꿈치를 가볍게 들어 올린다.

2 살 붙이기 · 보디라인 정돈하기

남성

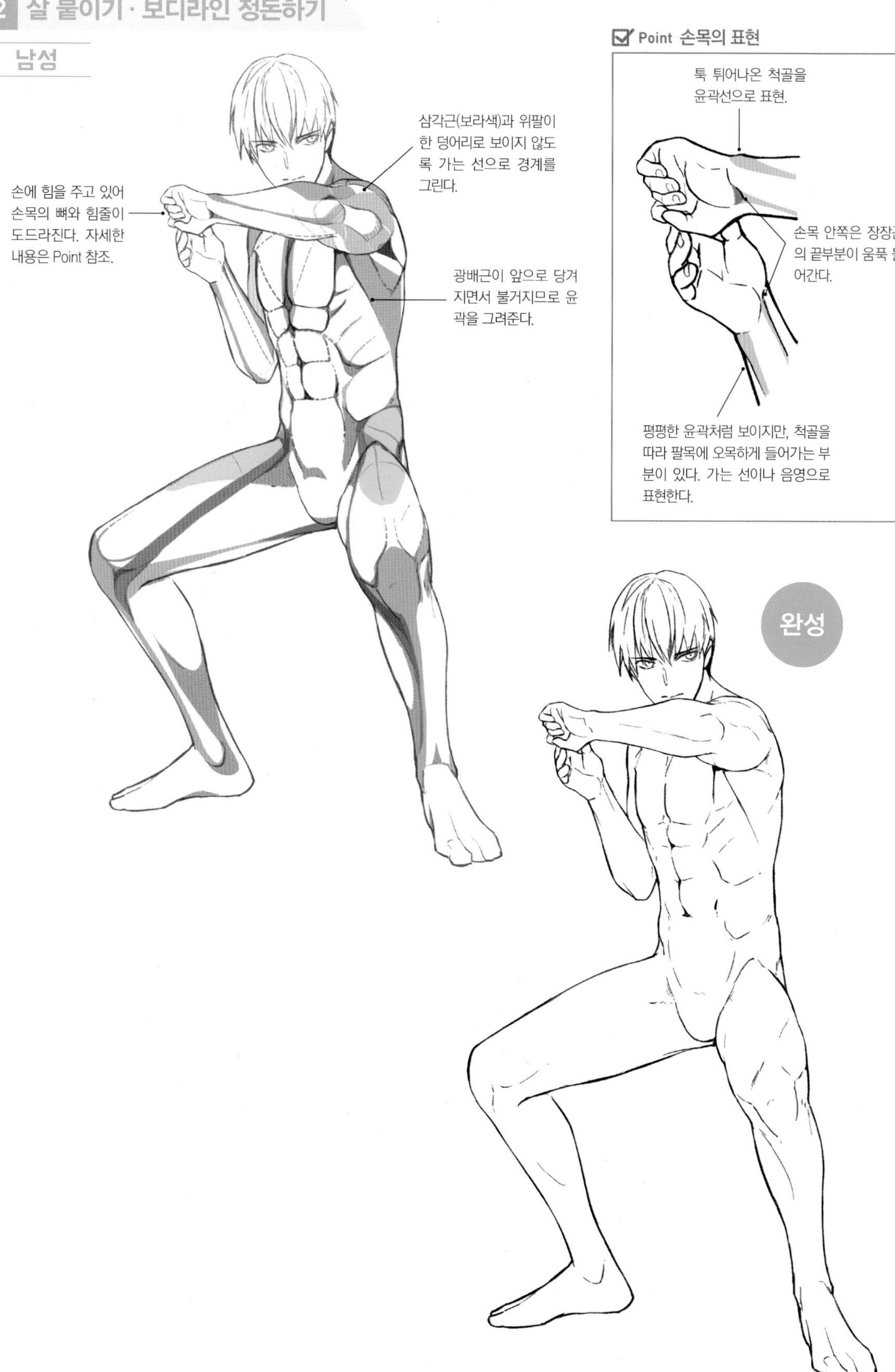

손에 힘을 주고 있어 손목의 뼈와 힘줄이 도드라진다. 자세한 내용은 Point 참조.
삼각근(보라색)과 위팔이 한 덩어리로 보이지 않도록 가는 선으로 경계를 그린다.
광배근이 앞으로 당겨지면서 불거지므로 윤곽을 그려준다.
Point 손목의 표현
툭 튀어나온 척골을 윤곽선으로 표현.
손목 안쪽은 장장근의 끝부분이 움푹 들어간다.
평평한 윤곽처럼 보이지만, 척골을 따라 팔목에 오목하게 들어가는 부분이 있다. 가는 선이나 음영으로 표현한다.
완성

2 살 붙이기 · 보디라인 정돈하기

여성

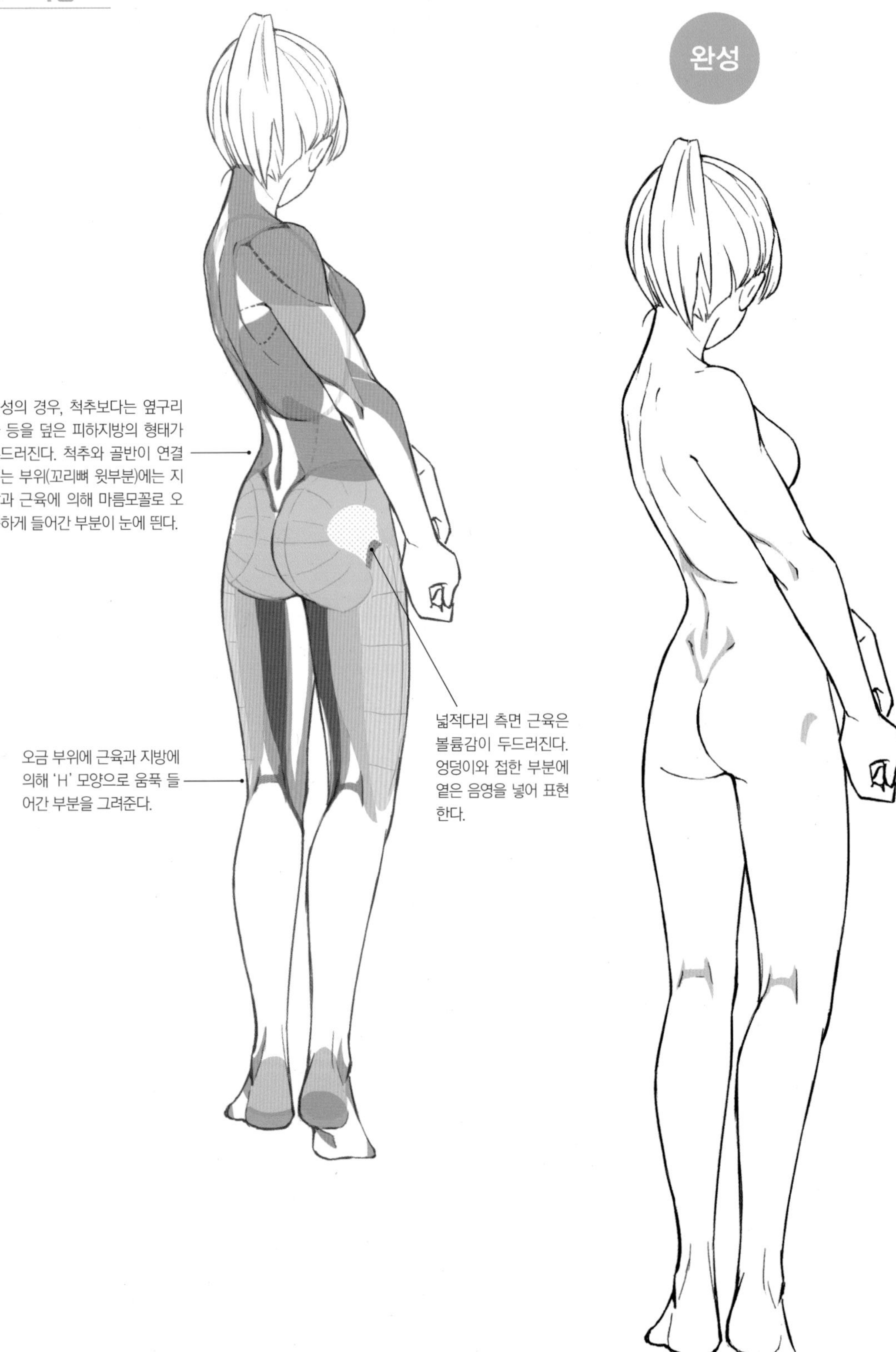

완성
여성의 경우, 척추보다는 옆구리와 등을 덮은 피하지방의 형태가 두드러진다. 척추와 골반이 연결되는 부위(꼬리뼈 윗부분)에는 지방과 근육에 의해 마름모꼴로 오목하게 들어간 부분이 눈에 띈다.
넓적다리 측면 근육은 볼륨감이 두드러진다. 엉덩이와 접한 부분에 옅은 음영을 넣어 표현한다.
오금 부위에 근육과 지방에 의해 'H' 모양으로 움푹 들어간 부분을 그려준다.

의상까지
완성

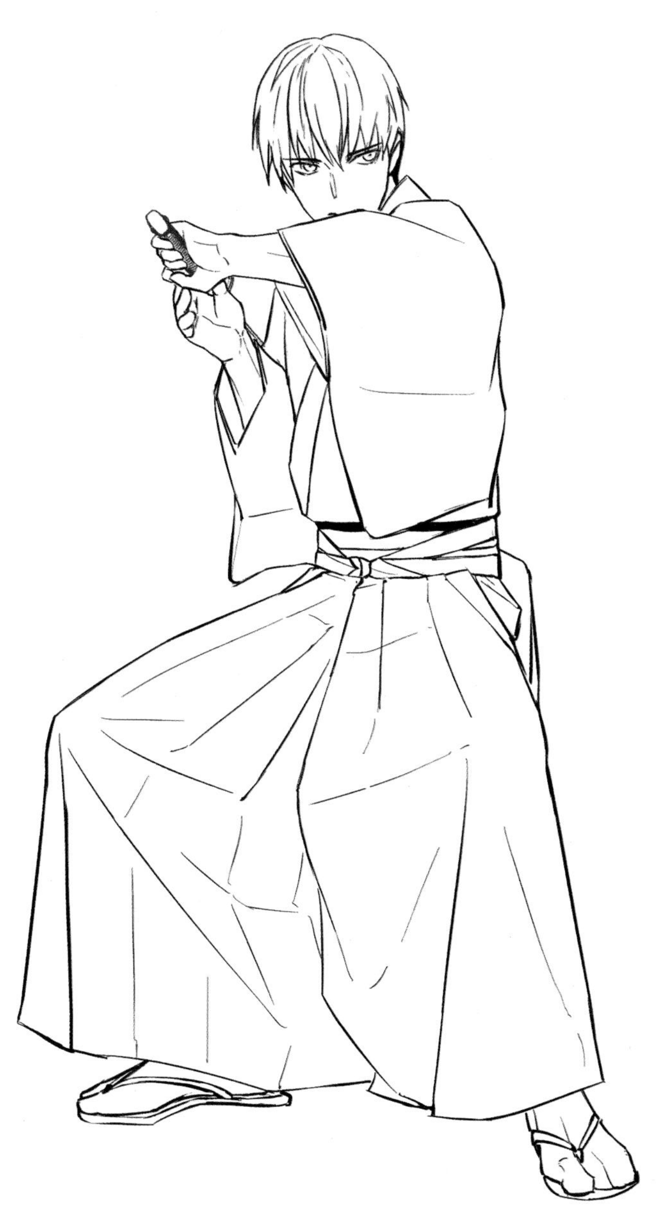

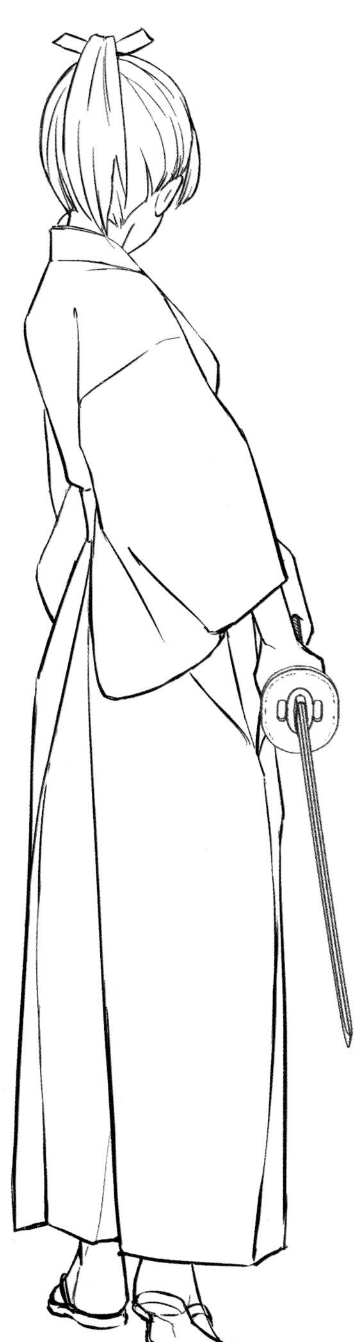

검술 검을 어깨에 얹고 도발하는 모습 ① 전면

칼등을 어깨에 올리고 상대를 도발하는 듯한 검객의 모습입니다. 어깨에 얹은 검날의 방향이 거꾸로 되지 않도록 주의합니다. 앞으로 내민 손바닥은 여유를 넘어 약간 허세가 더해진 이미지를 떠올리며 대담하게 그려보았습니다.

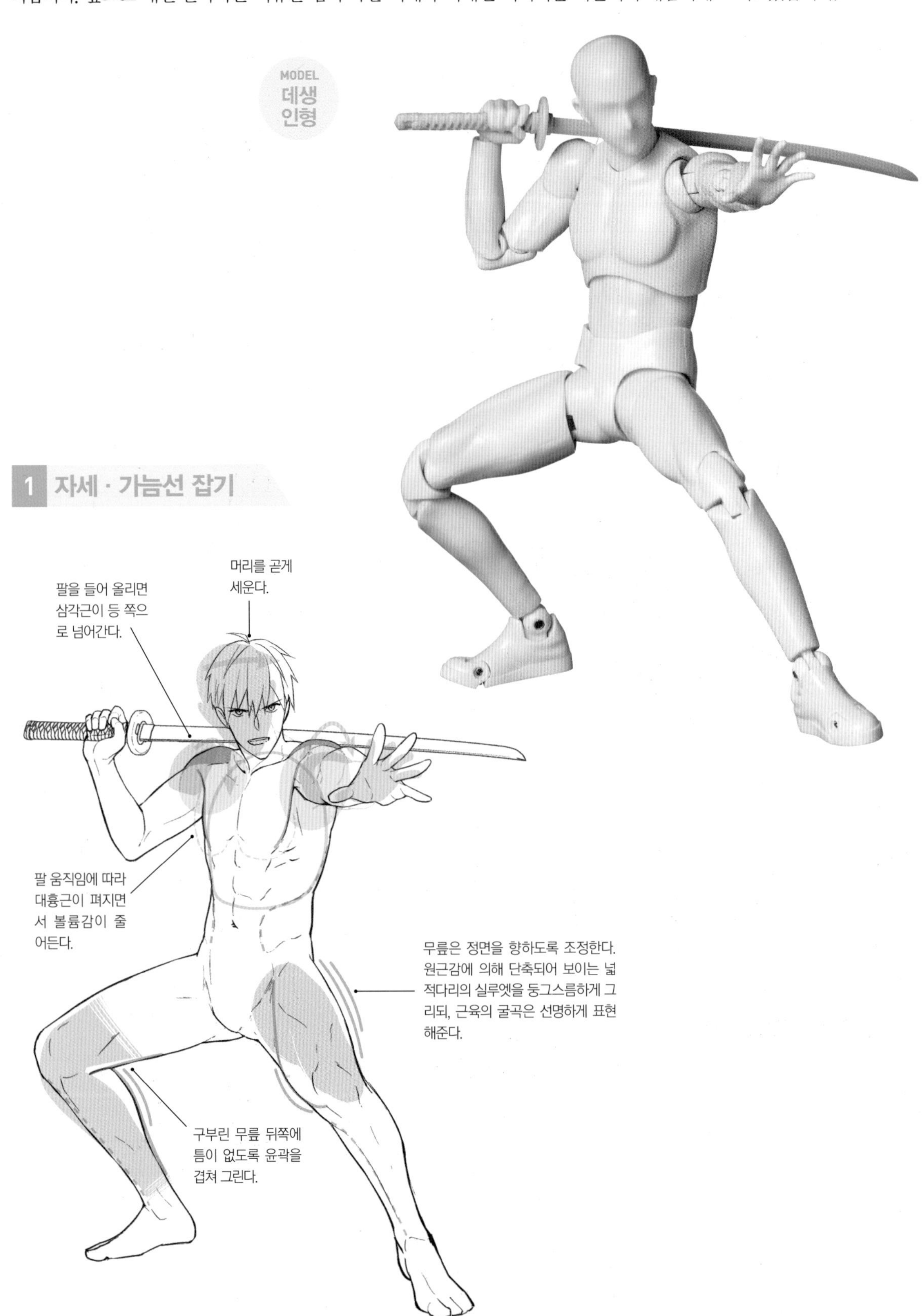
MODEL
데생
인형
1 자세 · 기능선 잡기
머리를 곧게 세운다.
팔을 들어 올리면 삼각근이 등 쪽으로 넘어간다.
팔 움직임에 따라 대흉근이 펴지면서 볼륨감이 줄어든다.
무릎은 정면을 향하도록 조정한다. 원근감에 의해 단축되어 보이는 넓적다리의 실루엣을 둥그스름하게 그리되, 근육의 굴곡은 선명하게 표현해준다.
구부린 무릎 뒤쪽에 틈이 없도록 윤곽을 겹쳐 그린다.

Point 가늠선을 그릴 때 주의점

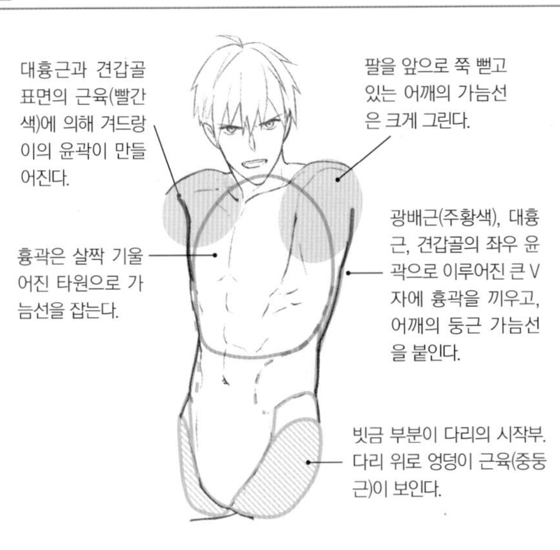
대흉근과 견갑골 표면의 근육(빨간색)에 의해 겨드랑이의 윤곽이 만들어진다.
흉곽은 살짝 기울어진 타원으로 가늠선을 잡는다.
팔을 앞으로 쭉 뻗고 있는 어깨의 가늠선은 크게 그린다.
광배근(주황색), 대흉근, 견갑골의 좌우 윤곽으로 이루어진 큰 V자에 흉곽을 끼우고, 어깨의 둥근 가늠선을 붙인다.
빗금 부분이 다리의 시작부. 다리 위로 엉덩이 근육(중둥근)이 보인다.

2 살 붙이기 · 보디라인 정돈하기

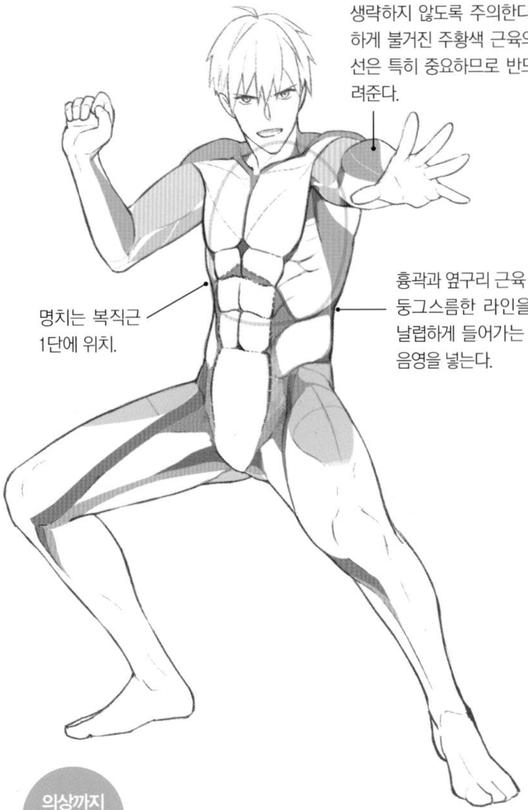

앞으로 뻗은 팔 근육의 윤곽선을 생략하지 않도록 주의한다. 볼록하게 불거진 주황색 근육의 윤곽선은 특히 중요하므로 반드시 그려준다.

명치는 복직근 1단에 위치.

흉곽과 옆구리 근육 사이의 둥그스름한 라인을 따라, 날렵하게 들어가는 느낌의 음영을 넣는다.

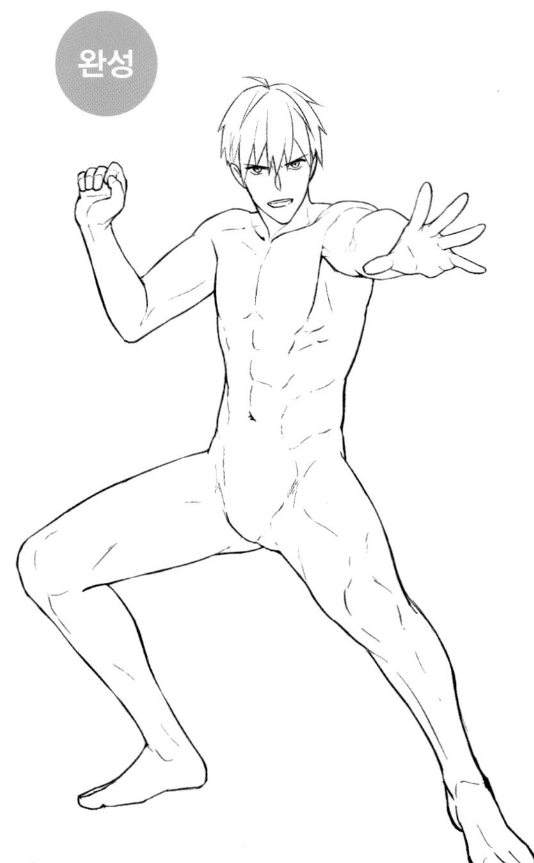
완성

의상까지 완성

PART3 액션 포즈 그리기

검술

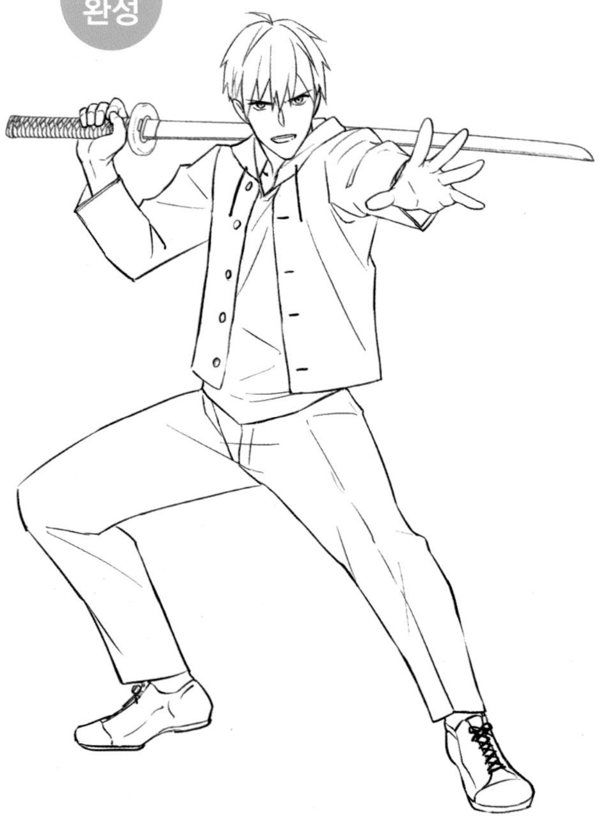

검을 어깨에 얹고 도발하는 모습 ② 하이 앵글

같은 포즈를 하이 앵글로 바라본 모습입니다. 어깨에 얹은 검 끝은 후방으로 곧게 뻗는 것이 아니라, 앞으로 내민 손바닥 쪽으로 약간 기울여 좀 더 날렵한 분위기를 연출합니다. 손과 다리 형태도 신경 써서 그립니다.

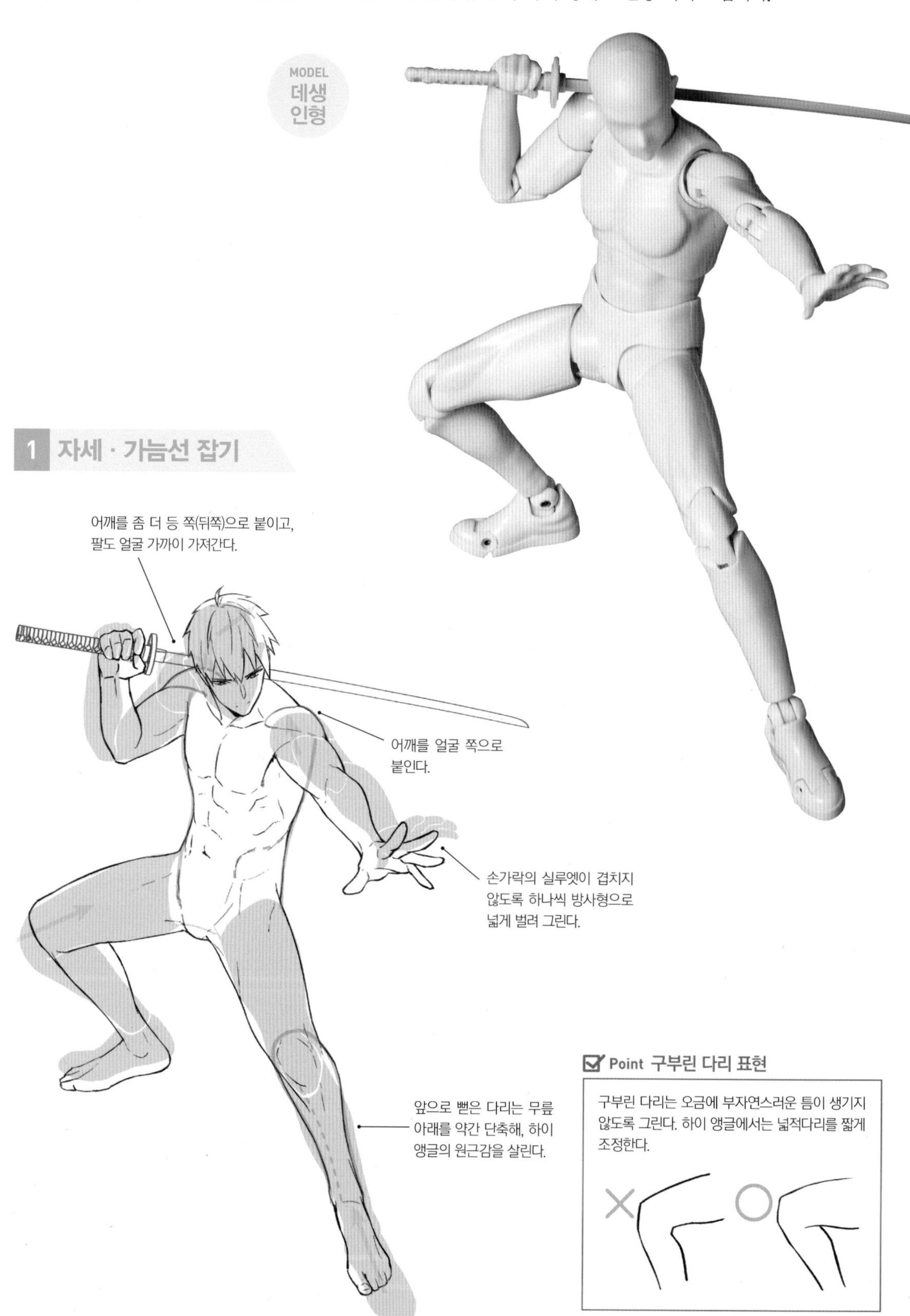

MODEL
데생
인형
1 자세 · 가늠선 잡기
어깨를 좀 더 등 쪽(뒤쪽)으로 붙이고,
팔도 얼굴 가까이 가져간다.
어깨를 얼굴 쪽으로
붙인다.
손가락의 실루엣이 겹치지
않도록 하나씩 방사형으로
넓게 벌려 그린다.
앞으로 뻗은 다리는 무릎
아래를 약간 단축해, 하이
앵글의 원근감을 살린다.
Point 구부린 다리 표현
구부린 다리는 오금에 부자연스러운 틈이 생기지
않도록 그린다. 하이 앵글에서는 넓적다리를 짧게
조정한다.

2 살 붙이기 · 보디라인 정돈하기

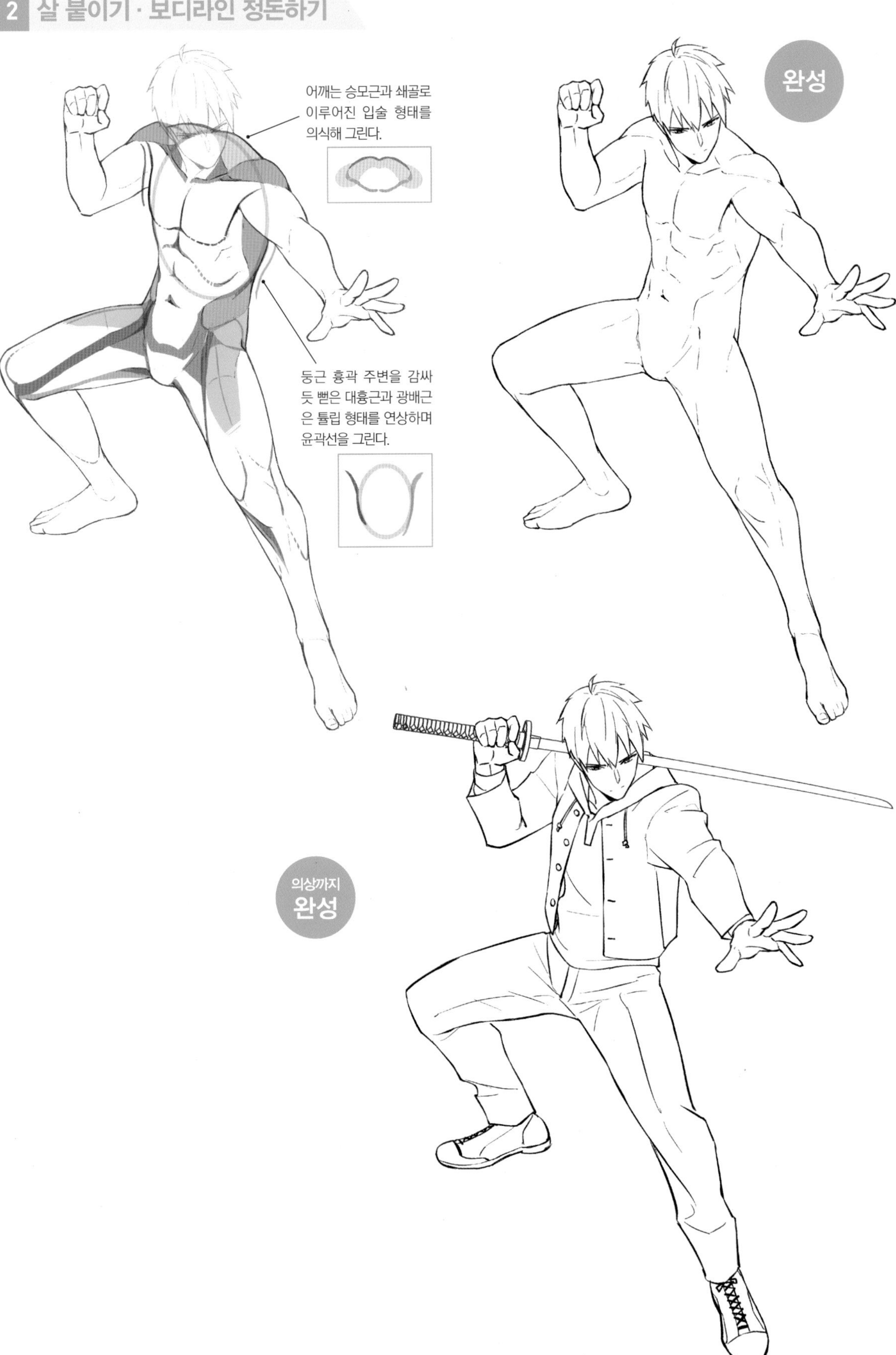

어깨는 승모근과 쇄골로 이루어진 입술 형태를 의식해 그린다.
둥근 흉곽 주변을 감싸 듯 뻗은 대흉근과 광배근은 튤립 형태를 연상하며 윤곽선을 그린다.
완성
의상까지 완성

PART 3 액션 포즈 그리기

검술

검술 검을 휘두른 직후 ① 전면

검을 휘두른 직후의 모습입니다. 머리카락과 옷에 움직임을 살짝 주면 생동감을 살릴 수 있습니다. 한쪽 손이 칼자루에서 자연스럽게 떨어진 모습으로 그리면 더욱 만화적인 포즈가 됩니다.

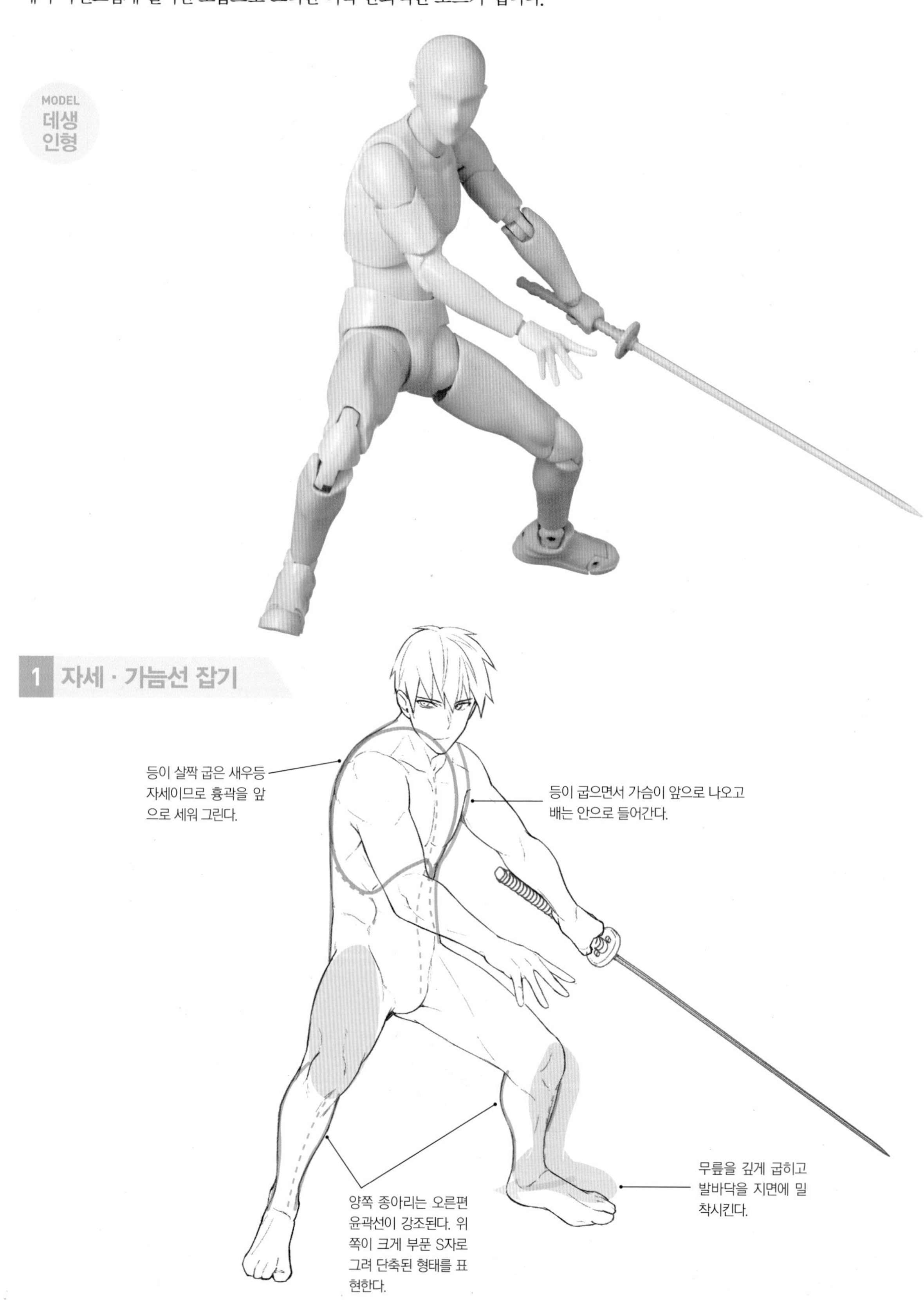
MODEL
데생
인형
1 자세 · 가늠선 잡기
등이 살짝 굽은 새우등 자세이므로 흉곽을 앞으로 세워 그린다.
등이 굽으면서 가슴이 앞으로 나오고 배는 안으로 들어간다.
무릎을 깊게 굽히고 발바닥을 지면에 밀착시킨다.
양쪽 종아리는 오른편 윤곽선이 강조된다. 위쪽이 크게 부푼 S자로 그려 단축된 형태를 표현한다.

2 살 붙이기 · 보디라인 정돈하기

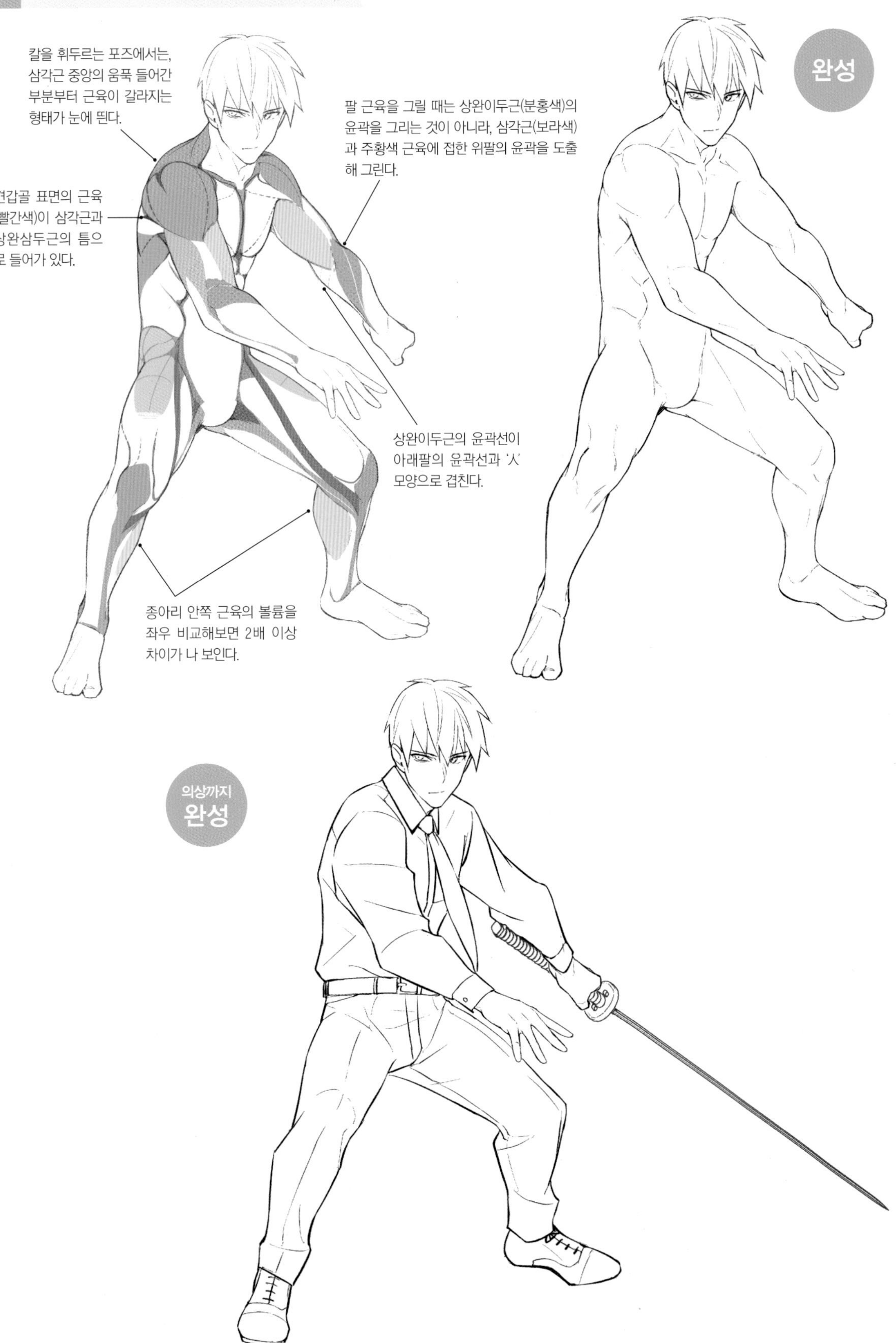

칼을 휘두르는 포즈에서는, 삼각근 중앙의 움푹 들어간 부분부터 근육이 갈라지는 형태가 눈에 띈다.
견갑골 표면의 근육 (빨간색)이 삼각근과 상완삼두근의 틈으로 들어가 있다.
팔 근육을 그릴 때는 상완이두근(분홍색)의 윤곽을 그리는 것이 아니라, 삼각근(보라색)과 주황색 근육에 접한 위팔의 윤곽을 도출해 그린다.
완성
상완이두근의 윤곽선이 아래팔의 윤곽선과 'ㅅ' 모양으로 겹친다.
종아리 안쪽 근육의 볼륨을 좌우 비교해보면 2배 이상 차이가 나 보인다.
의상까지 완성

검술

검을 휘두른 직후 ② 반측면, 로우 앵글

검을 휘두른 직후의 자세를 로우 앵글에서 바라본 모습입니다. 같은 포즈도 얼굴 표정이 바뀌면 확연히 다른 분위기를 연출하기도 합니다. 올바른 검법에서 다소 벗어난 자세지만, 있는 힘을 다해 검을 내리친 투지가 캐릭터의 표정으로 표현됩니다.

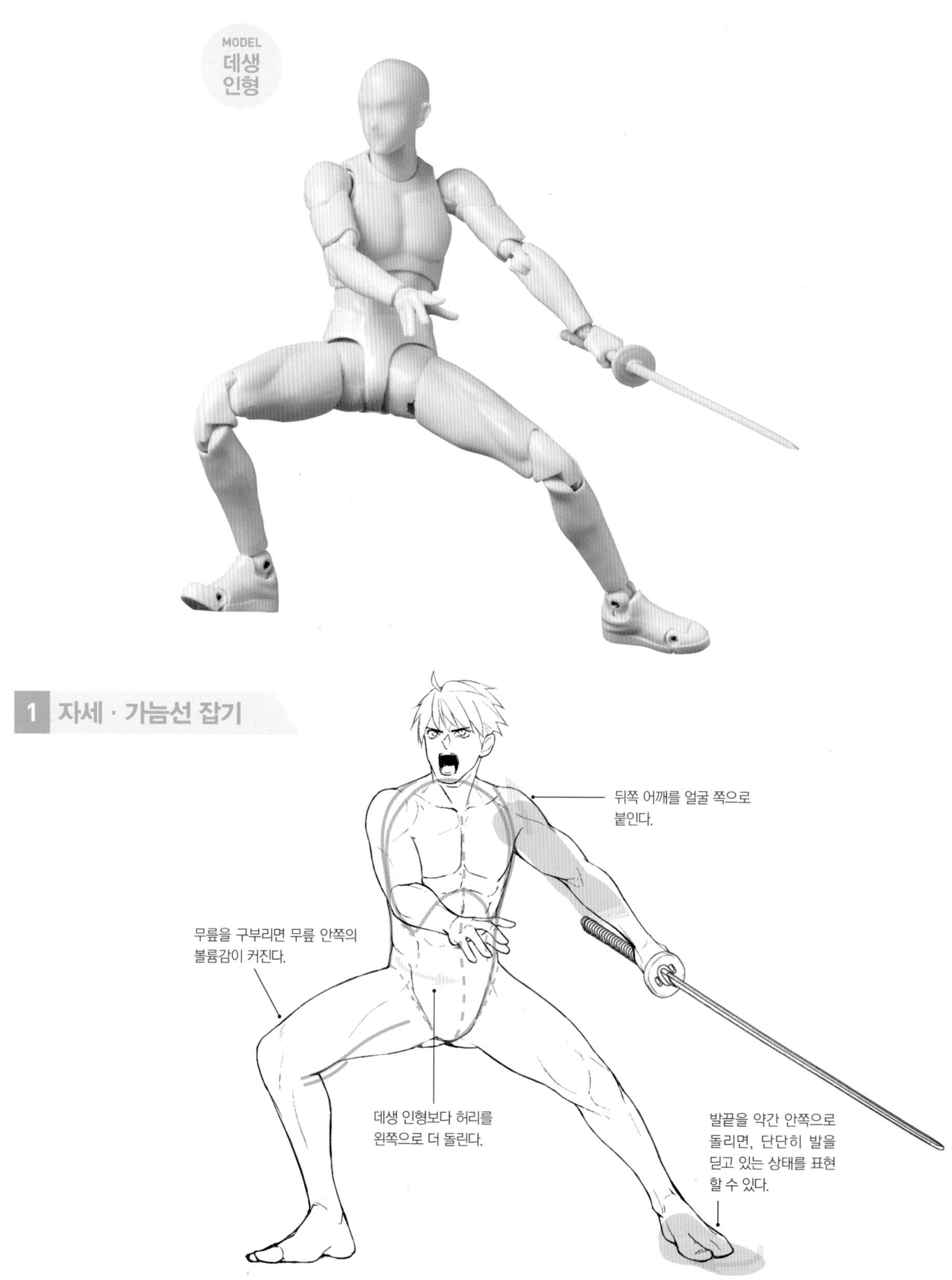
MODEL
데생
인형
1 자세 · 가늠선 잡기
뒤쪽 어깨를 얼굴 쪽으로
붙인다.
무릎을 구부리면 무릎 안쪽의
볼륨감이 커진다.
데생 인형보다 허리를
왼쪽으로 더 돌린다.
발끝을 약간 안쪽으로
돌리면, 단단히 발을
딛고 있는 상태를 표현
할 수 있다.

2 살 붙이기 · 보디라인 정돈하기

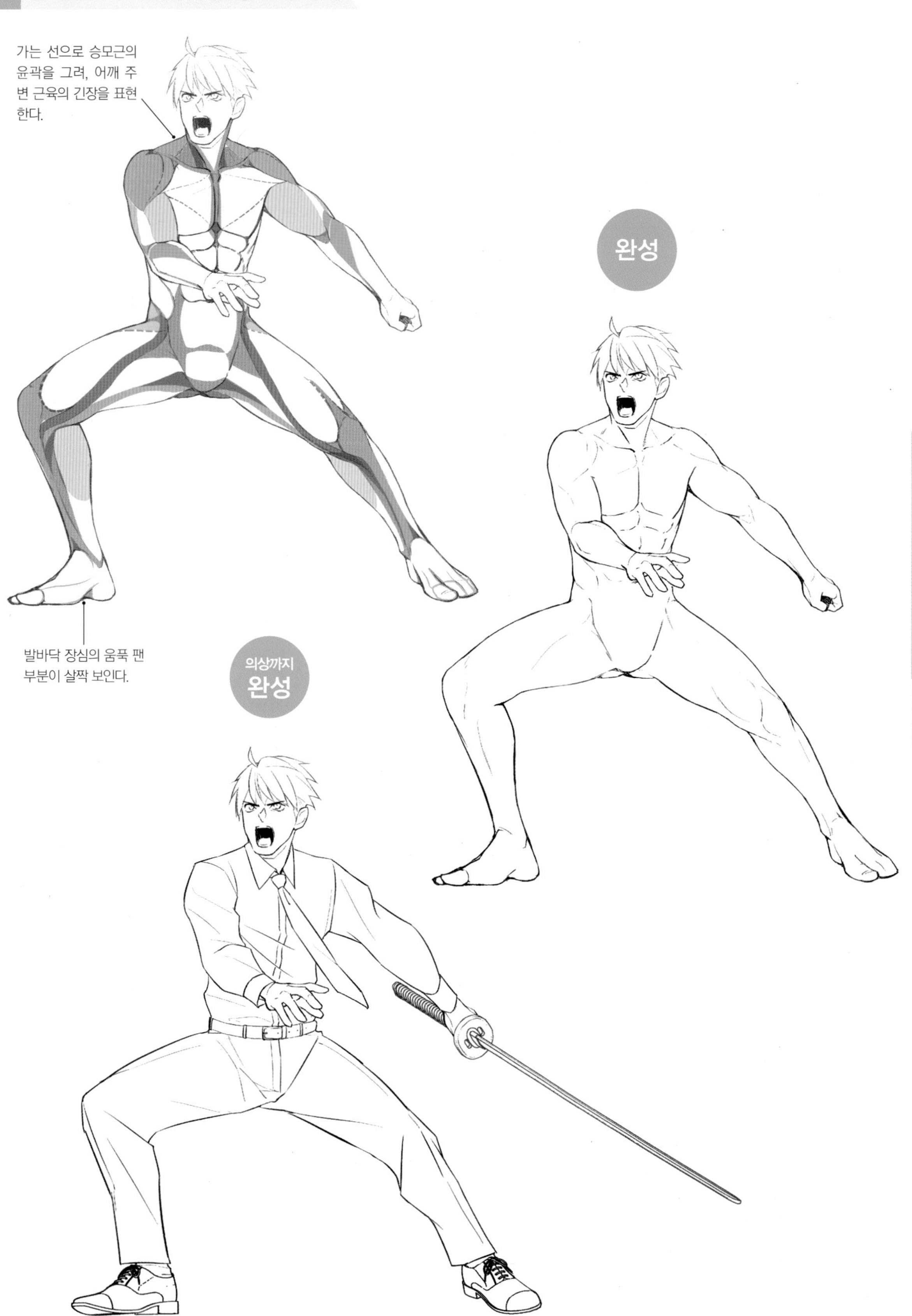
가는 선으로 승모근의 윤곽을 그려, 어깨 주변 근육의 긴장을 표현한다.
발바닥 장심의 움푹 팬 부분이 살짝 보인다.
완성
의상까지 완성

검을 뽑기 직전의 모습 ① 측면

검을 뽑아 드는 발검술을 행할 때는 몸이 앞으로 약간 기울어지면서, 머리부터 뒤로 쭉 뻗은 다리까지 거의 일직선이 됩니다. 검날이 살짝 보일 정도만 빼낸 상태를 묘사해 멋스러우면서도 긴장감이 느껴지는 분위기를 표현해 봅시다.

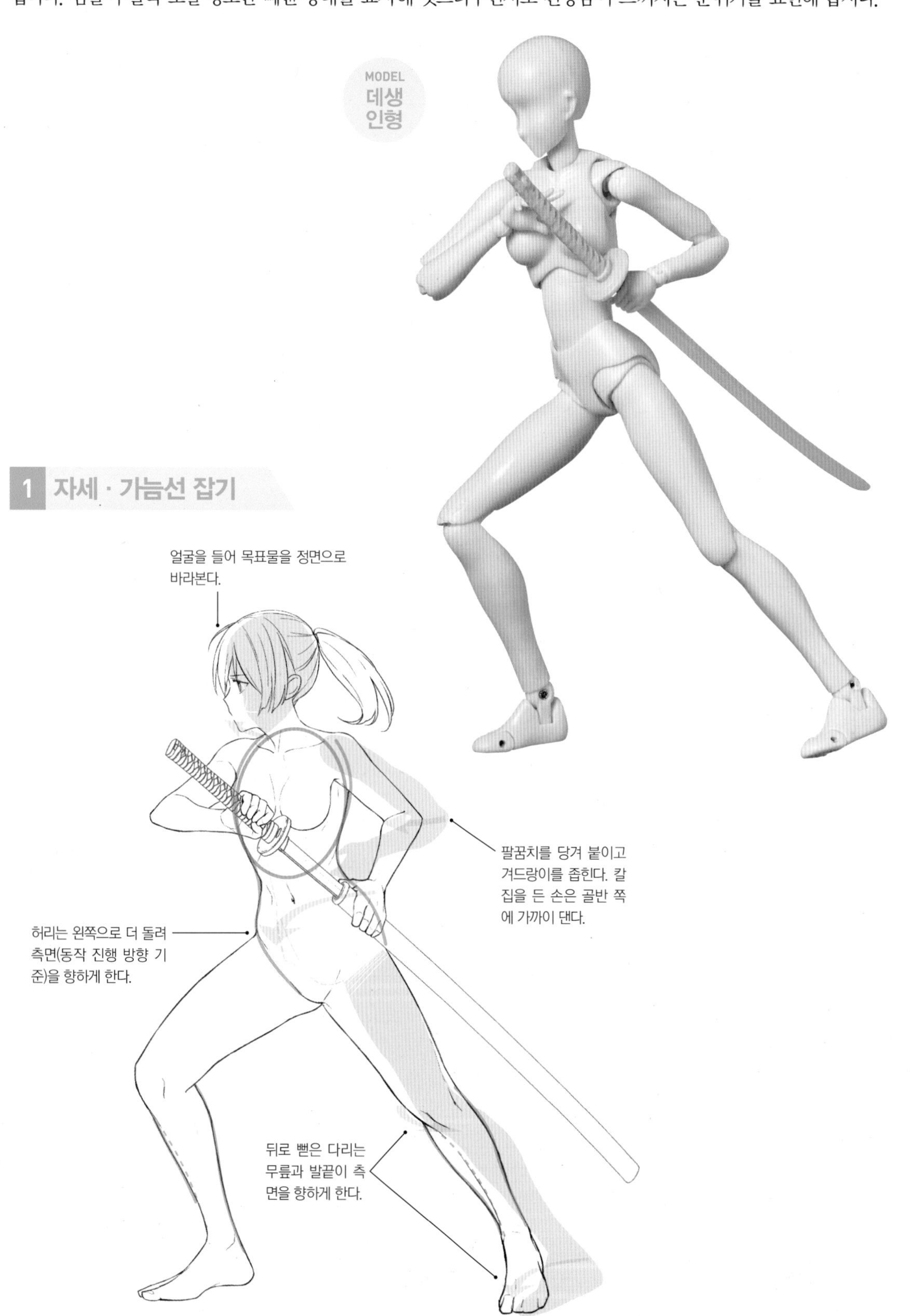
MODEL
데생
인형
1 자세 · 가늠선 잡기
얼굴을 들어 목표물을 정면으로 바라본다.
팔꿈치를 당겨 붙이고 겨드랑이를 좁힌다. 칼집을 든 손은 골반 쪽에 가까이 댄다.
허리는 왼쪽으로 더 돌려 측면(동작 진행 방향 기준)을 향하게 한다.
뒤로 뻗은 다리는 무릎과 발끝이 측면을 향하게 한다.

2 살 붙이기 · 보디라인 정돈하기

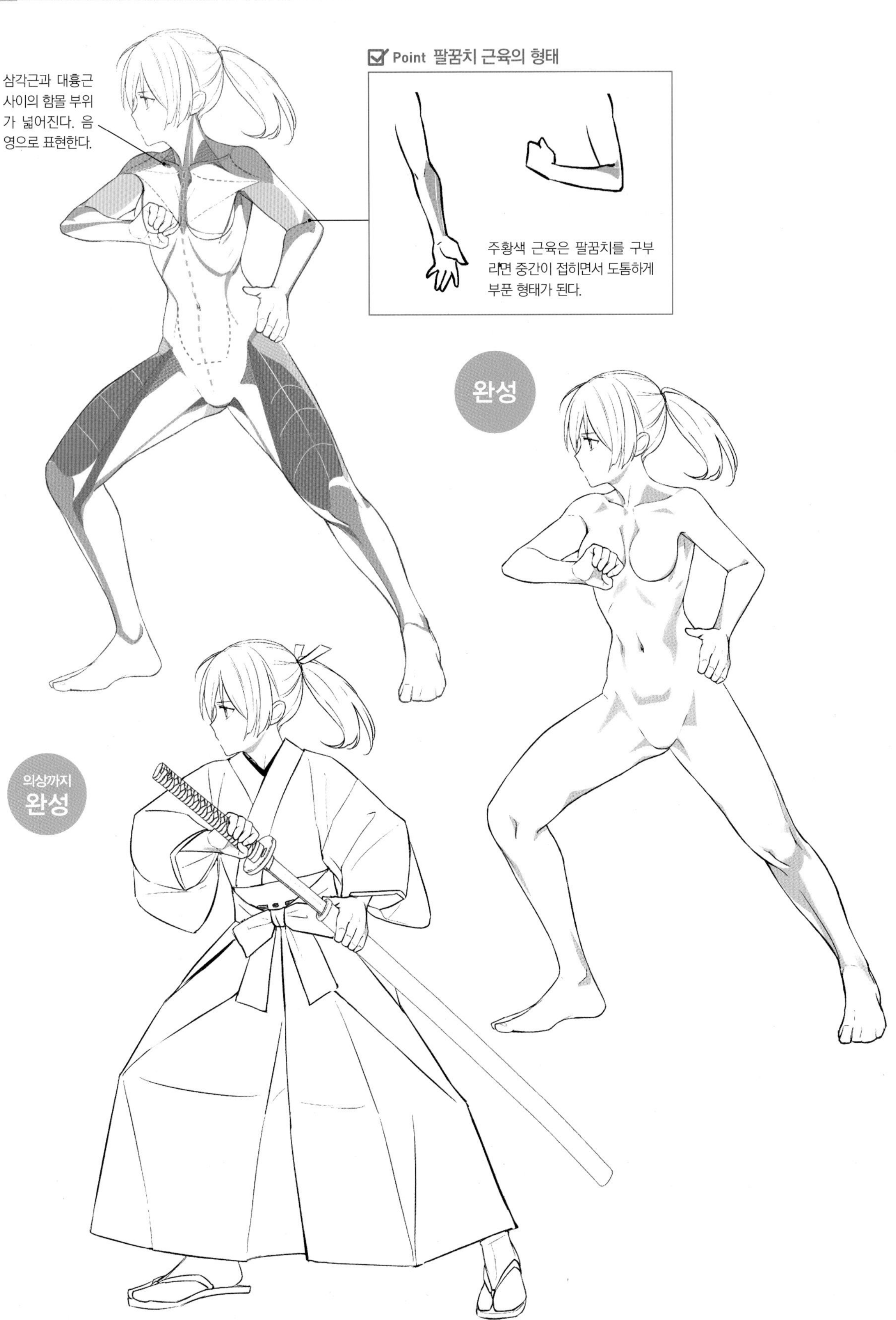

삼각근과 대흉근 사이의 함몰 부위가 넓어진다. 음영으로 표현한다.
Point 팔꿈치 근육의 형태
주황색 근육은 팔꿈치를 구부리면 중간이 접히면서 도톰하게 부푼 형태가 된다.
완성
의상까지 완성

검술 검을 뽑기 직전의 모습 ② 전면, 하이 앵글

발검하는 포즈를 하이 앵글로 바라본 모습입니다. 다리를 벌려 단단히 버틴 하체가 강조됩니다. 머리카락에 움직임을 주면 검을 빼는 기세와 박력을 효과적으로 표현할 수 있습니다. 검이 많이 단축되어 보인다는 점을 주의합니다.

1 자세 · 가늠선 잡기

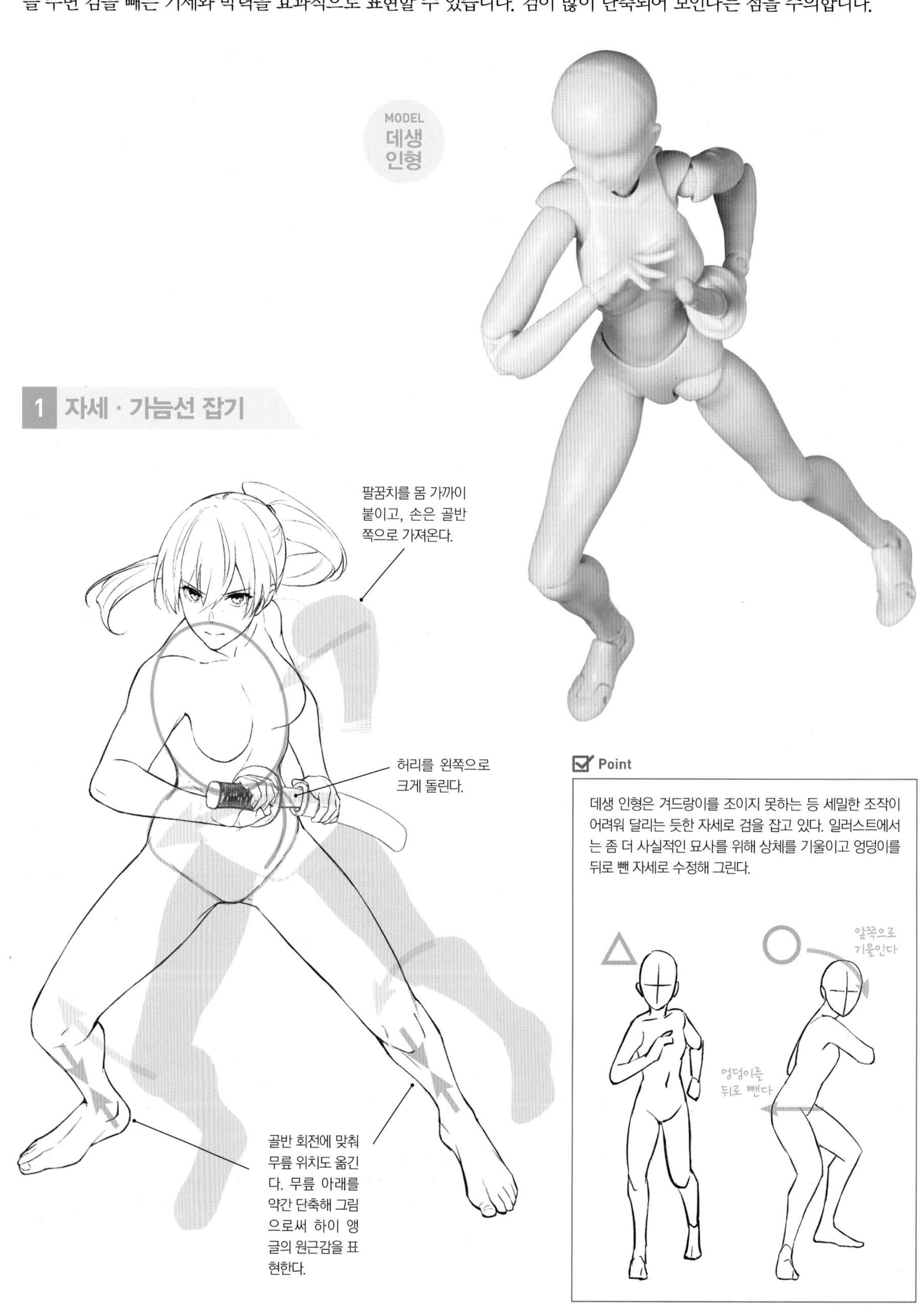

MODEL
데생 인형
팔꿈치를 몸 가까이 붙이고, 손은 골반 쪽으로 가져온다.
허리를 왼쪽으로 크게 돌린다.
골반 회전에 맞춰 무릎 위치도 옮긴다. 무릎 아래를 약간 단축해 그림으로써 하이 앵글의 원근감을 표현한다.
Point
데생 인형은 겨드랑이를 조이지 못하는 등 세밀한 조작이 어려워 달리는 듯한 자세로 검을 잡고 있다. 일러스트에서는 좀 더 사실적인 묘사를 위해 상체를 기울이고 엉덩이를 뒤로 뺀 자세로 수정해 그린다.
앞쪽으로 기울인다
엉덩이를 뒤로 뺀다

2 살 붙이기 · 보디라인 정돈하기

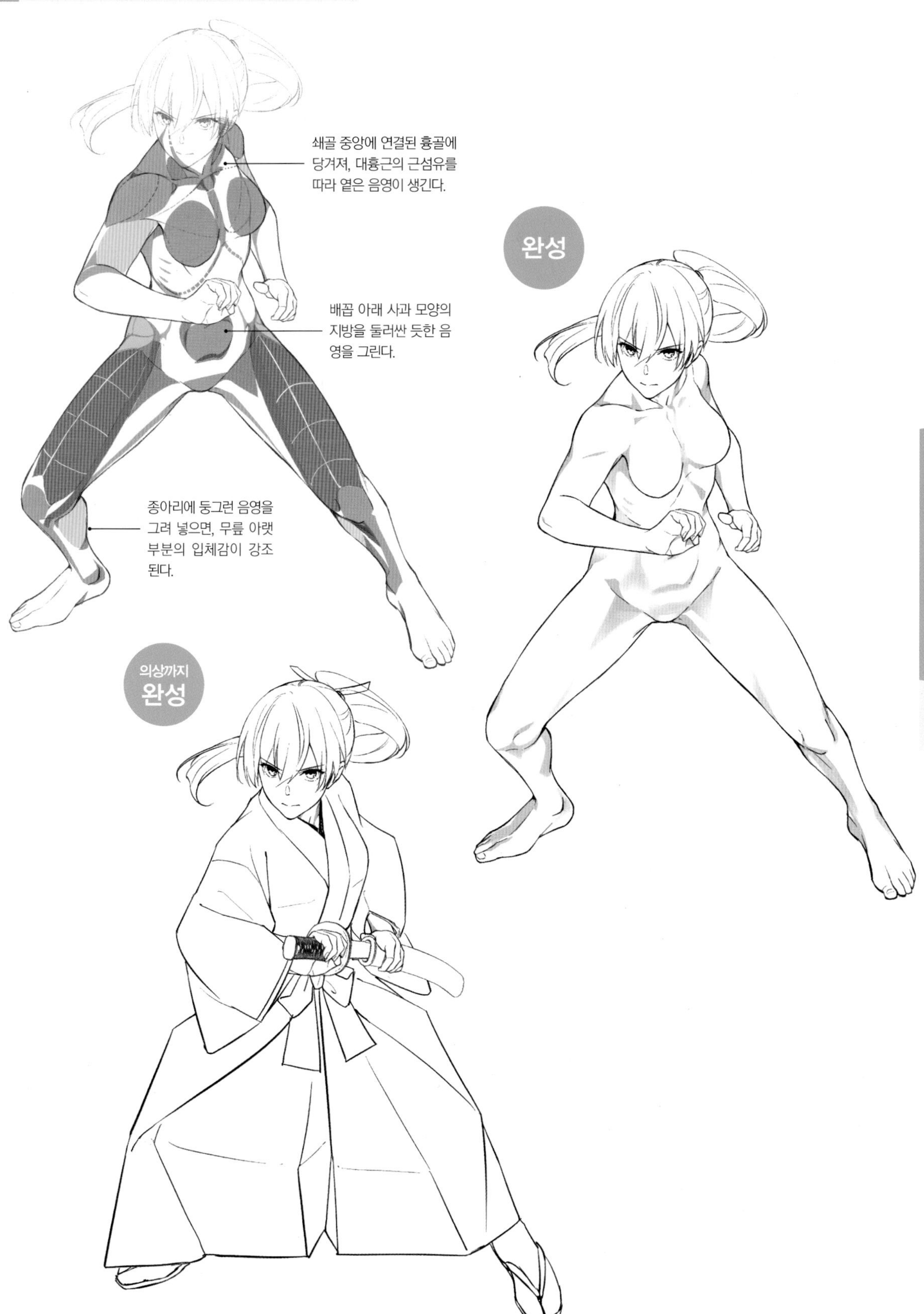

쇄골 중앙에 연결된 흉골에 당겨져, 대흉근의 근섬유를 따라 옅은 음영이 생긴다.
배꼽 아래 사과 모양의 지방을 둘러싼 듯한 음영을 그린다.
종아리에 둥그런 음영을 그려 넣으면, 무릎 아랫부분의 입체감이 강조된다.
완성
의상까지 완성

검술 치열한 검날 승부

격렬하게 검날 승부를 하는 모습입니다. 얼굴과 몸을 가까이 붙여, 두 사람의 검날이 단단히 맞부딪친 느낌을 살려 그립니다. 팽팽한 힘 겨루기를 표현하기 위해서는 팔과 다리의 각도도 주의해야 합니다.

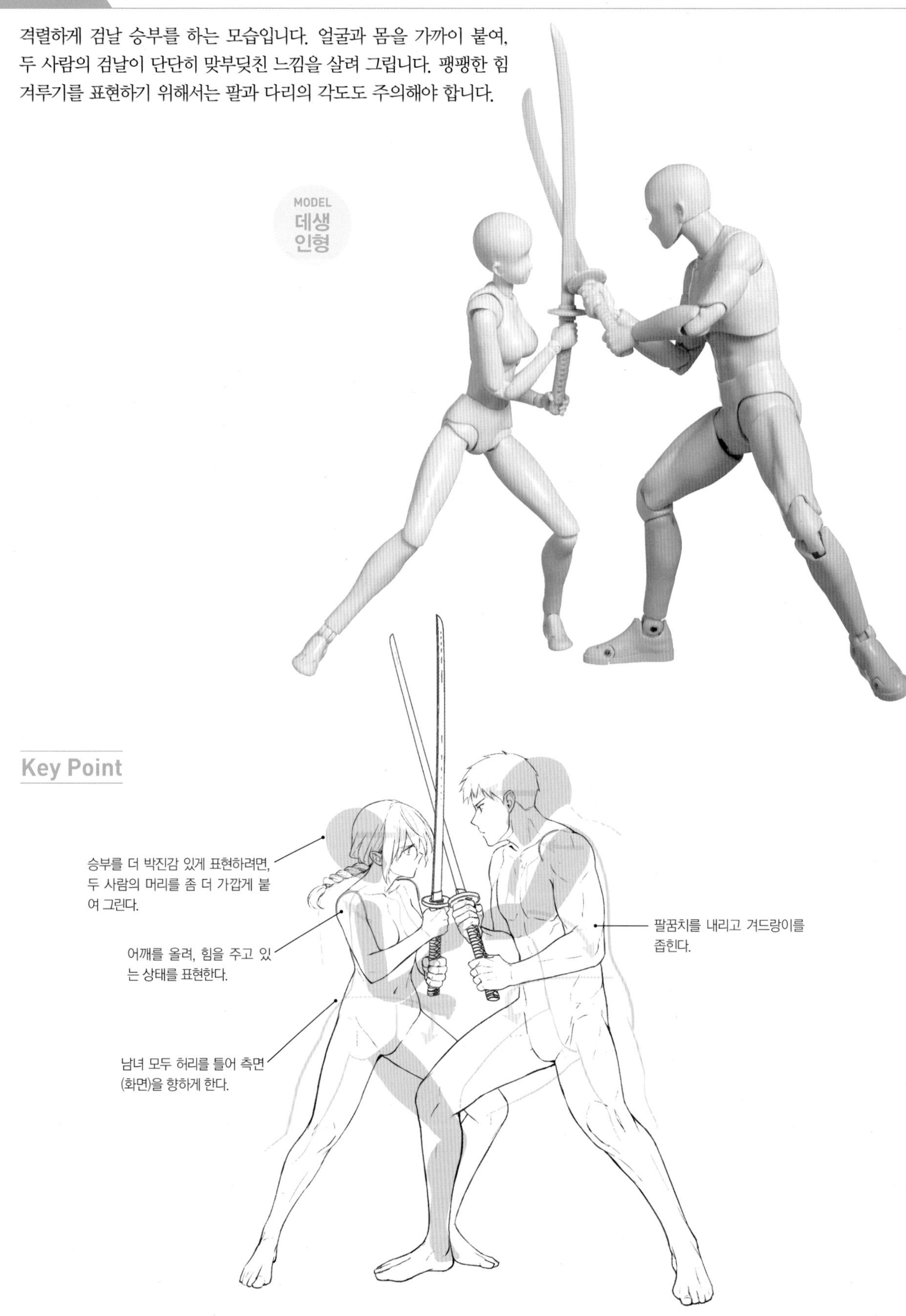
MODEL
데생 인형
Key Point
승부를 더 박진감 있게 표현하려면, 두 사람의 머리를 좀 더 가깝게 붙여 그린다.
어깨를 올려, 힘을 주고 있는 상태를 표현한다.
남녀 모두 허리를 틀어 측면(화면)을 향하게 한다.
팔꿈치를 내리고 겨드랑이를 좁힌다.

남성

1 자세 · 가늠선 잡기

상반신

2 살 붙이기 · 보디라인 정돈하기

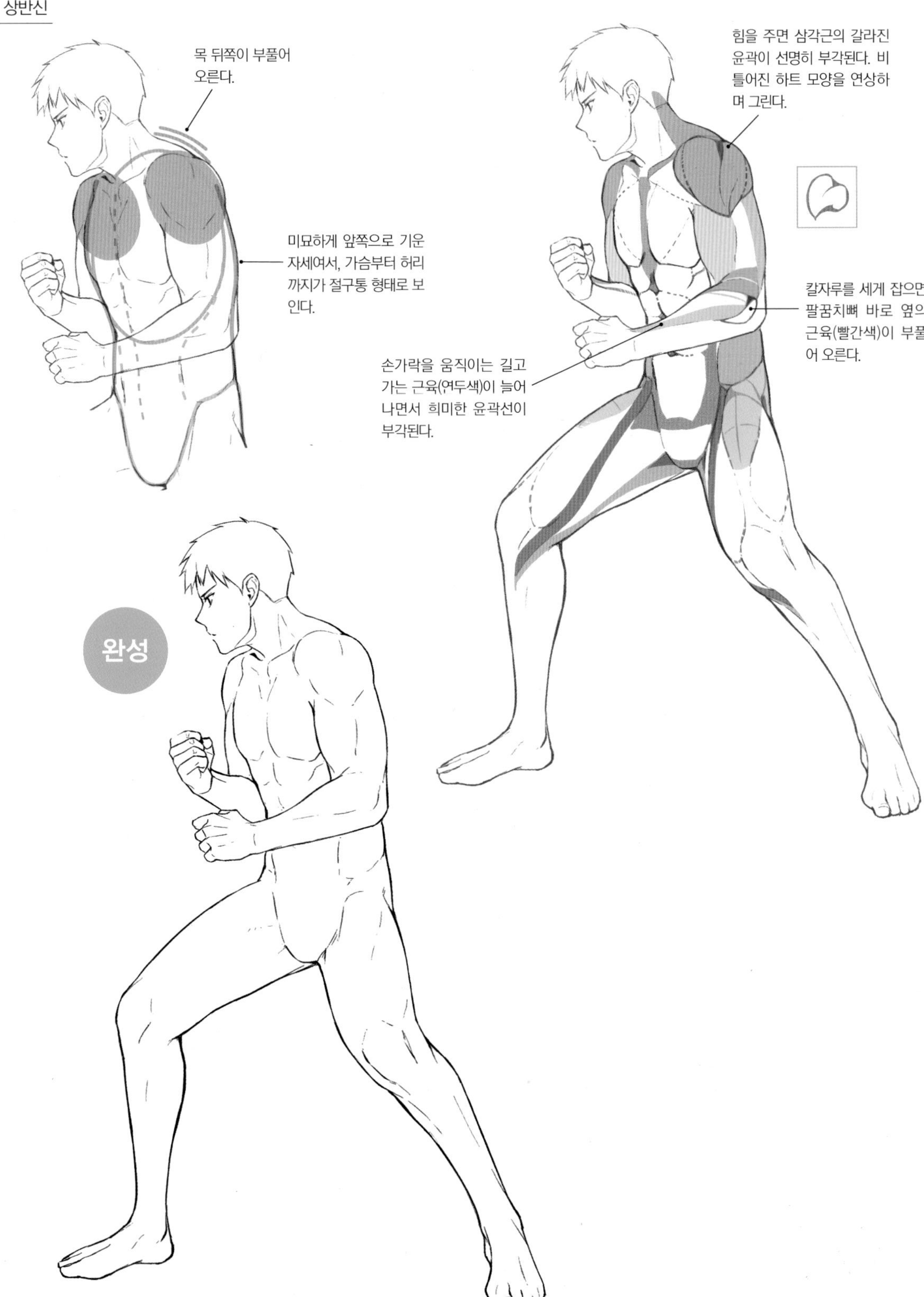
목 뒤쪽이 부풀어 오른다.
미묘하게 앞쪽으로 기운 자세여서, 가슴부터 허리까지가 절구통 형태로 보인다.
힘을 주면 삼각근의 갈라진 윤곽이 선명히 부각된다. 비틀어진 하트 모양을 연상하며 그린다.
칼자루를 세게 잡으면 팔꿈치뼈 바로 옆의 근육(빨간색)이 부풀어 오른다.
손가락을 움직이는 길고 가는 근육(연두색)이 늘어나면서 희미한 윤곽선이 부각된다.
완성

여성

1 자세 · 가늠선 잡기

2 살 붙이기 · 보디라인 정돈하기

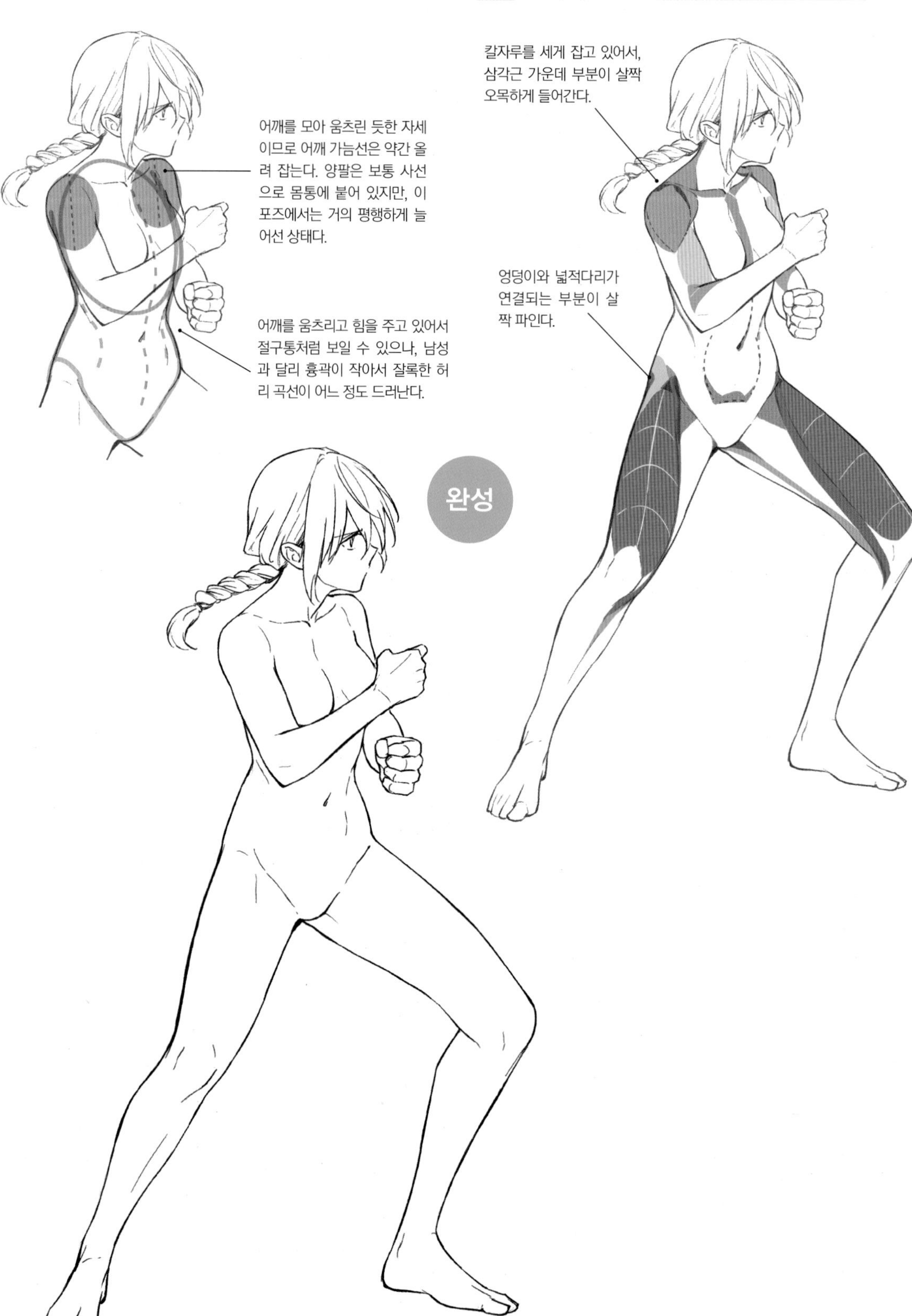
어깨를 모아 움츠린 듯한 자세이므로 어깨 가늠선은 약간 올려 잡는다. 양팔은 보통 사선으로 몸통에 붙어 있지만, 이 포즈에서는 거의 평행하게 늘어선 상태다.
어깨를 움츠리고 힘을 주고 있어서 절구통처럼 보일 수 있으나, 남성과 달리 흉곽이 작아서 잘록한 허리 곡선이 어느 정도 드러난다.
칼자루를 세게 잡고 있어서, 삼각근 가운데 부분이 살짝 오목하게 들어간다.
엉덩이와 넓적다리가 연결되는 부분이 살짝 파인다.
완성

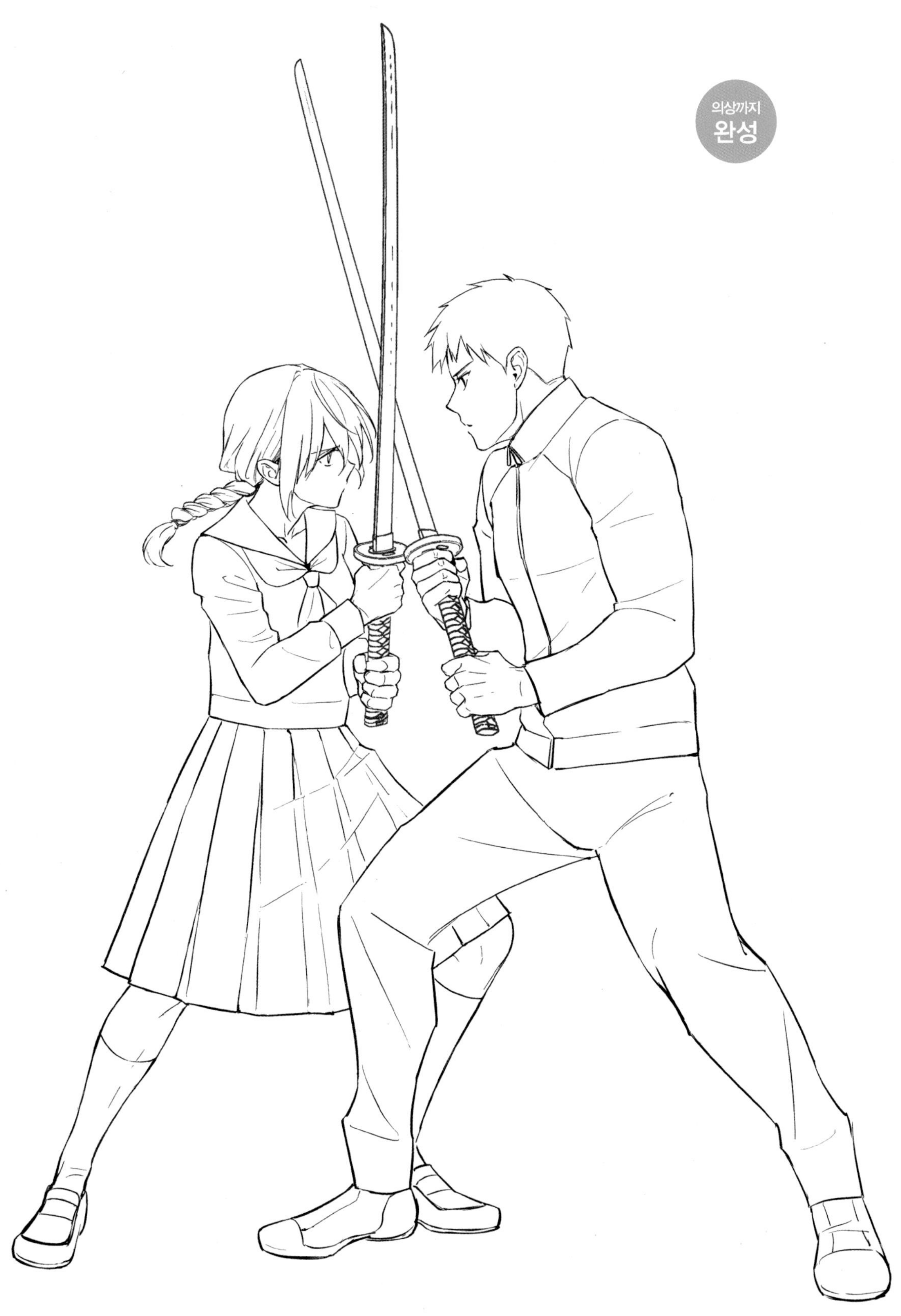
의상까지
완성

Original edition creative staff

Book design: Akira Hirano (CERTO Inc.)
Photography: Yumiko Yokota (STUDIO BANBAN)
Proofreading: Yume no hondana sha
Planning and editing: Chihiro Tsukamoto (Graphic-sha Publishing Co., Ltd.)

Cooperation: BANDAI SPIRITS CO., LTD. Collectors Division
Product cooperation: Maruman Corporation, STAEDTLER JAPAN Inc., Too Marker Products Inc., Faber-Castell Tokyo Mid-town, PLUS Corporation, PILOT Corporation

데생 인형으로 쉽게 배우는
포즈 일러스트 테크닉

1판 1쇄 | 2020년 4월 27일
1판 2쇄 | 2022년 10월 24일
지 은 이 | YANAMi
옮 긴 이 | 박 세 영
발 행 인 | 김 인 태
발 행 처 | 삼호미디어
등 록 | 1993년 10월 12일 제21-494호
주 소 | 서울특별시 서초구 강남대로 545-21 거림빌딩 4층
www.samhomedia.com
전 화 | (02)544-9456(영업부) / (02)544-9457(편집기획부)
팩 스 | (02)512-3593

ISBN 978-89-7849-618-6 (13600)

이 도서의 국립중앙도서관 출판예정도서목록(CIP)은
서지정보유통지원시스템 홈페이지(http://seoji.nl.go.kr)와
국가자료종합목록 구축시스템(http://kolis-net.nl.go.kr)에서 이용하실 수 있습니다.
(CIP제어번호 : CIP2020014510)